中2範囲の5科の力が実戦レベルまで伸びる問題集

英語

1 過去の文 …… 4
2 未来の文 …… 6
3 接続詞（that、when など） …… 8
4 have to、must …… 10
5 助動詞／会話表現 …… 12
6 「～するために」「～するための」など …… 14
7 「～すること」（不定詞・動名詞） …… 16
8 There is ～. の文 …… 18
9 look、give、call などの文 …… 20
10 比較(1) ……
11 比較(2) …… 24
12 受け身 …… 26
13 現在完了形(1) …… 28
14 現在完了形(2) …… 30

テストに役立つ
中２英語 よくあるミスとその対策 …… 32

数学

1 式の計算(1) …… 34
2 式の計算(2) …… 36
3 連立方程式の解き方 …… 38
4 連立方程式の利用 …… 40
5 １次関数 …… 42
6 方程式とグラフ …… 44
7 平行線と角 …… 46
8 図形の合同と証明 …… 48
9 三角形 …… 50
10 四角形 …… 52
11 確率、データの活用 …… 54

テストに役立つ
中２数学 よくあるミスとその対策 …… 56

理科

1 物質の成り立ち …… 58
2 いろいろな化学変化 …… 60
3 化学変化と質量 …… 62
4 葉のつくりとはたらき …… 64
5 細胞、からだのつくり …… 66
6 感覚器官と運動のしくみ …… 68
7 電流のはたらき …… 70
8 電流と磁界 …… 72
9 気象の観測、前線と天気の変化 …… 74
10 水蒸気と雲のでき方、圧力 …… 76
11 大気の動きと日本の天気 …… 78

テストに役立つ
中２理科 まちがいやすい操作や要点 …… 80

社会

1 日本の地域的特色 …… 82
2 九州地方と中国・四国地方のようす …… 84
3 近畿地方・中部地方のようす …… 86
4 関東地方・東北地方のようす …… 88
5 北海道地方のようす、身近な地域の調査 …… 90
6 ヨーロッパ人との出会いと全国統一 …… 92
7 江戸幕府の成立と鎖国 …… 94
8 産業の発達と幕府政治の展開 …… 96
9 欧米の進出と日本の開国 …… 98
10 明治維新 …… 100
11 日清・日露戦争と日本の産業革命 …… 102

テストに役立つ
中２社会 覚えておきたい重要年代 …… 104

国語

1 活用する自立語 …… 127
2 付属語 …… 125
3 短歌 …… 123
4 詩 …… 121
5 文学的文章① …… 119
6 文学的文章② …… 117
7 随筆 …… 115
8 説明的文章 …… 113
9 徒然草・枕草子 …… 111
10 平家物語 …… 109
11 漢文・漢詩 …… 107

テストに役立つ
中２国語 よくある弱点とその対策 …… 105

※国語は、いちばん後ろから始まります。

高校入試問題の掲載について

・問題の出題意図を損なわない範囲で、問題や写真の一部を変更・省略、また、解答形式を変更したところがあります。
・問題指示文、表記、記号などは、全体の統一のために変更したところがあります。
・解答・解説は、各都道府県発表の解答例をもとに、編集部が作成したものです。

本書の特長

中２範囲の５教科の力を、「基礎レベル問題」と「入試レベル問題」の２ステップで、入試レベルまで伸ばすことができます。くわしくてわかりやすい別冊解答つき。

本書の使い方

１項目は、「基礎レベル問題」と「入試レベル問題」の見開き２ページ構成です。

1 基礎レベル問題で、基本的な内容をまとめておさらいしましょう。

定期テストレベルの内容や重要用語を見直すのに適した問題を集めています。

便利なアイコンで、より効率的な学習に対応！

- **ミス注意** テストでミスしやすい問題です。別冊解答で、その対策を確認しましょう。
- **難** テストで差がつく、ややハイレベルな問題です。
- **入試** 実際の高校入試で出題された問題です。

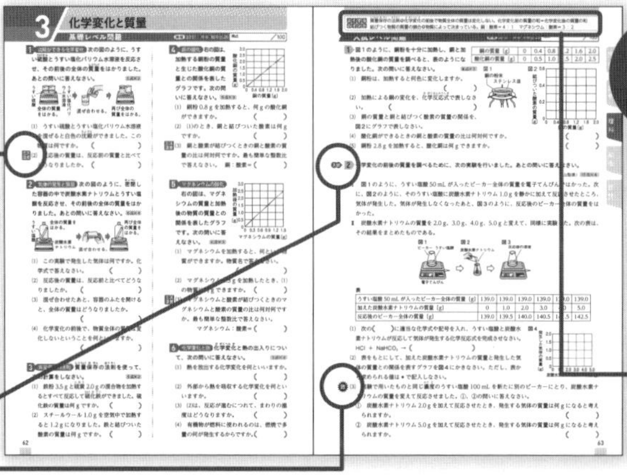

配点・制限時間つきのテスト形式の問題です。

重要なポイントをまとめています。

よくでるポイント

2 入試レベル問題で、高校入試に通用する得点力をつけましょう。

高校入試に出題されるようなレベルの高い問題を集めています。

3 答え合わせと見直しをしましょう。

問題を解いたら、答え合わせをしましょう。できなかった問題は、解説をよく読んでもう一度解き直すと、理解が定着し、弱点克服に役立ちます。

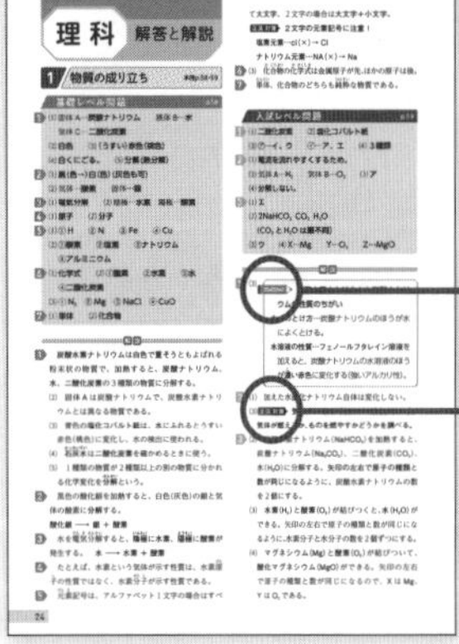

得点力アップのためのアドバイスも豊富！

- **memo** おさえておきたい重要なポイントをまとめてあります。
- **ミス対策** **ミス注意** のついた問題など、注意したい問題の対策です。

解答は別冊です。本冊からはずして使いましょう。

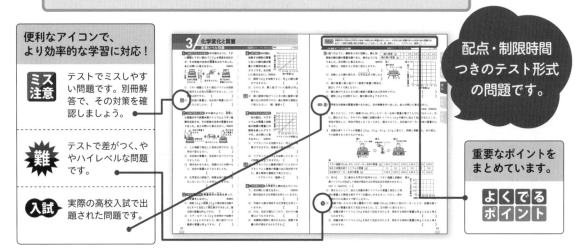

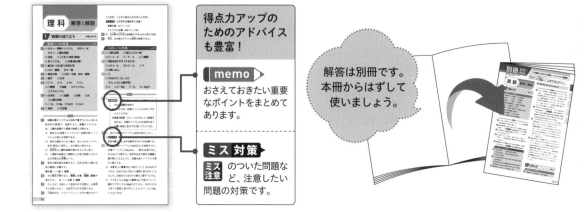

英 語

1 過去の文 …… 4
一般動詞の過去の文 / be 動詞の過去の文 / 過去進行形 / 過去の否定文 / 過去の疑問文

2 未来の文 …… 6
be going to の文（否定文 / 疑問文）/ will の文（否定文 / 疑問文）

3 接続詞（that、when など） …… 8
that / when / if / because / 接続詞の位置

4 have to、must …… 10
have to の文（否定文 / 疑問文）/ must の文（否定文 / 疑問文）

5 助動詞／会話表現 …… 12
May[Can] I ～? / Could[Would] you ～? / Can[Will] you ～? / Shall I[we] ～?

6 「～するために」「～するための」など …… 14
「～するために」「～して」「～するための」「～すること」を表す〈to＋動詞の原形〉

7 「～すること」（不定詞・動名詞） …… 16
「～すること」を表す〈to＋動詞の原形〉と動詞の ing 形 / 動詞による使い分け

8 There is ～. の文 …… 18
There is[are] ～. の文（否定文 / 疑問文）/ How many ～ are there ...?

9 look、give、call などの文 …… 20
〈look＋形容詞〉/〈give A B〉/〈call A B〉/〈人＋物〉→〈物＋to[for]＋人〉への書きかえ

10 比較(1) …… 22
比較級・最上級の形 /〈比較級＋than ...〉/〈the＋最上級＋in[of] ...〉/ as ～ as ...

11 比較(2) …… 24
like A better than B / like A the best / Which do you like better, A or B?

12 受け身 …… 26
受け身の文（否定文 / 疑問文）/ by を使わない受け身

13 現在完了形(1) …… 28
「～したことがある(経験)」/「～したところだ(完了)」「～してしまった(結果)」/「ずっと～している(継続)」/ 現在完了形でよく使われる語句

14 現在完了形(2) …… 30
現在完了形の否定文・疑問文

テストに役立つ
中 2 英語 よくあるミスとその対策 …… 32

1 過去の文

基礎レベル問題

時間 30分　解答 別冊 p.1　得点　　／100

1 動詞の過去形 次の動詞の過去形を（　　）に書きなさい。　3点×6

(1) want　（　　　　）
(2) like　（　　　　）
(3) study　（　　　　）
(4) see　（　　　　）
(5) meet　（　　　　）
(6) make　（　　　　）

2 過去の文 （　　）の語を適する形にかえて、（　　）に書きなさい。　5点×3

(1) 私は昨日学校へ行きました。
I (go) to school yesterday.
（　　　　）

(2) 私は今朝6時に起きました。
I (get) up at six this morning.
（　　　　）

(3) 私たちは昨年、同じクラスでした。
We (are) in the same class last year.　（　　　　）

3 過去進行形 （　　）の語を適する形にかえて、（　　）に書きなさい。　5点×2

(1) 私はそのとき英語を話していました。
I (am) (speak) English then.
（　　　　）（　　　　）

ミス注意 (2) 彼らは公園を走っていました。
They (are) (run) in the park.
（　　　　）（　　　　）

4 過去の否定文 ___に適する語を（　　）に書きなさい。　5点×3

(1) 私は昨日テレビを見ませんでした。
I did ___ watch TV yesterday.
（　　　　）

(2) 私たちはサッカーをしませんでした。
We ___ play soccer.
（　　　　）

(3) 私は疲れていませんでした。
I was ___ tired.
（　　　　）

5 過去の疑問文 ___に適する語を（　　）に書きなさい。　6点×4

(1) あなたは先週大阪を訪れましたか。
___ you visit Osaka last week?
（　　　　）

(2) *A* : 彼女は6時に起きましたか。
B : いいえ、起きませんでした。
A : ___ she get up at six?
B : No, she ___.
（　　　　），（　　　　）

(3) *A* : あなたは昨日の午後、学校にいましたか。
B : はい、いました。
A : ___ you at school yesterday afternoon?
B : Yes, I ___.
（　　　　），（　　　　）

(4) *A* : 彼はそのとき本を読んでいましたか。
B : いいえ、読んでいませんでした。
A : ___ he ___ a book then?
B : No, he ___.
（　　　　），（　　　　），（　　　　）

6 「何をしましたか」 ___に適する語を（　　）に書きなさい。　6点×3

(1) *A* : What ___ you do yesterday?
B : I ___ my father.
A : あなたは昨日何をしましたか。
B : 私は父を手伝いました。
（　　　　），（　　　　）

ミス注意 (2) *A* : Where did she ___?
B : She ___ to the library.
A : 彼女はどこに行きましたか。
B : 図書館へ行きました。
（　　　　），（　　　　）

(3) *A* : What ___ Yumi ___?
B : She ___ ___ English.
A : 由美は何をしていましたか。
B : 英語を勉強していました。
（　　　　），（　　　　），
（　　　　）（　　　　）

よくでるポイント　**過去の文**▶動詞を過去形にする。　**一般動詞の過去の否定文**▶動詞の前に didn't を入れる。動詞は原形。
一般動詞の過去の疑問文▶ Did で文を始める。　**過去進行形**▶ was, were のあとに動詞の ing 形を続ける。

入試レベル問題

時間 30分　解答 別冊 p.1　得点　／100

1 下の表はアン(Ann)の昨日の行動を記したものです。表の内容に合う対話文を完成させなさい。 10点×5

アンの昨日の行動	
9：00～11：00	日本語の勉強
12：00	昼食
2：00～4：00	友人とテニス
7：00	夕食
8：00	テレビ鑑賞
10：00	入浴
11：00	就寝

(1) *A* : Did Ann study Japanese in the morning?
B : (　　　　　), she (　　　　　).

(2) *A* : What did she do at noon?
B : She (　　　　　)(　　　　　).

(3) *A* : Was she cleaning her room around four?
B : (　　　　　), she (　　　　　).

(4) *A* : What (　　　　　) she do after dinner?
B : She (　　　　　) TV and then (　　　　　) a bath.

(5) *A* : What time did she go to bed?
B : She (　　　　　) to bed at (　　　　　).

2 次の日本文を英語に直しなさい。ただし数字も英語でつづること。 10点×3

(1) 私は今朝6時に起きました。

____

(2) 彼らはこの前の夏に北海道へ行きましたか。

____

ミス注意 (3) あなたは今日の午後2時には何をしていましたか。

____

入試 **3** 次の(　　)内の語を、例を参考にしながら、適切な形に変えたり、不足している語を補ったりなどして、話の流れに合うように英文を完成させなさい。 (長野県・改) 10点

> (例)〈登校中の会話〉*Kate*　: How was your weekend?
> *Hana* : (go) shopping with my family.　(答え)　I went

〈友達同士の会話〉
Meg : This is my favorite bag.
Saki : You always use it, don't you? I like the color. (where) it?　(注), don't you?：～しますよね。
Meg : I bought it at the department store near the station.

____ it?

入試 **4** 達也(Tatsuya)は、留学生のジョージ(George)と話をしています。場面に合う対話になるように、③の(　　)に適する3語以上の英語を書きなさい。なお、対話は①から⑤の順に行われている。(富山県・改) 10点

1.

①How was your weekend?
②I went to Tokyo with my family. I had a good time there.

2.

③(　　　　　)?
④I went to a *space museum. I learned many things and bought a book about space there.
⑤That's good.

(注) space：宇宙

____ ?

2 未来の文

基礎レベル問題

時間 30分　解答 別冊 p.1　得点　／100

1 be going to の文　____に適する語を(　　)に書きなさい。　5点×3

(1) 私は京都を訪問する予定です。
I'm ____ to visit Kyoto.
(　　　　)

(2) ボブは来週、日本を出発する予定です。
Bob ____ ____ to leave Japan next week.
(　　　　)(　　　　)

(3) 私たちは明日、サッカーをする予定です。
We ____ ____ to play soccer tomorrow.
(　　　　)(　　　　)

2 be going to の否定文・疑問文　____に適する語を(　　)に書きなさい。　5点×3

(1) 彼女は買い物に行く予定はありません。
She ____ ____ to go shopping.
(　　　　)(　　　　)

(2) *A*：あなたはあのホテルに滞在する予定ですか。
B：はい、そうです。
A：____ you ____ to stay at that hotel?
B：Yes, I ____.
(　　　　),(　　　　),(　　　　)

(3) 彼は何について話すつもりですか。
What ____ he ____ to talk about?
(　　　　),(　　　　)

3 will の文　____に適する語を(　　)に書きなさい。　5点×3

(1) 私たちは今日の午後、数学を勉強します。
We ____ study math this afternoon.
(　　　　)

(2) 私はあとであなたに電話をします。
____ call you later.
(　　　　)

ミス注意 (3) 彼は明日、忙しいでしょう。
He ____ ____ busy tomorrow.
(　　　　)(　　　　)

4 will の否定文・疑問文　(　　)内の指示にしたがって書きかえるとき、____に適する語を(　　)に書きなさい。　5点×3

(1) I will buy the new magazine.（否定文に）
I ____ ____ buy the new magazine.
(　　　　)(　　　　)

ミス注意 (2) We'll play soccer tomorrow.（否定文に）
We ____ play soccer tomorrow.
(　　　　)

(3) It will be snowy tomorrow.（疑問文に）
____ it ____ snowy tomorrow?
(　　　　),(　　　　)

5 未来の疑問文　____に適する語を(　　)に書きなさい。　8点×5

(1) *A*：____ you going to make dinner?
B：Yes, I ____.
A：あなたは夕食を作る予定ですか。
B：はい、その予定です。
(　　　　),(　　　　)

(2) *A*：____ she come here at five?
B：Yes, she ____.
A：彼女は5時にここに来るでしょうか。
B：はい、来るでしょう。
(　　　　),(　　　　)

(3) *A*：Where are you ____ to go?
B：I'm ____ to go to Tom's house.
A：あなたはどこへ行く予定ですか。
B：トムの家へ行く予定です。
(　　　　),(　　　　)

(4) *A*：What ____ she ____ after school?
B：She ____ practice the piano.
A：彼女は放課後、何をするでしょうか。
B：ピアノを練習するでしょう。
(　　　　),(　　　　),(　　　　)

(5) *A*：____ it ____ sunny tomorrow?
B：No, it ____. It'll be rainy.
A：明日は晴れるでしょうか。
B：いいえ。雨が降るでしょう。
(　　　　),(　　　　),(　　　　)

よくでるポイント　**未来の文**▶ be going to か will を使う。動詞は原形。　**be going to の否定文・疑問文**▶ be 動詞の文と同じ要領。
will の否定文▶ will のあとに not。　**will の疑問文**▶ Will で文を始める。

入試レベル問題

時間 30分　解答 別冊 p.2　得点　／100

1 下の表は健(**Ken**)が住んでいる町の天気予報です。表の内容に合う対話文になるように、(　　)に適する語を書きなさい。　6点×5

5月3日(木)	4日(金)	5日(土)	6日(日)

Kate : I'm (1)(　　　) to visit your town this weekend.
How (2)(　　　) the weather (3)(　　　) this weekend?

ミス注意 *Ken* : (4)(　　　) (5)(　　　) sunny.

2 次の日本文を(　　)内の語を使って英語に直しなさい。　10点×4

(1) 私たちは次の日曜日にテニスをする予定です。(going)

(2) 私は明日の午後、家にいないでしょう。(will)

(3) 今日はいつ雨が降りますか。(will)

難 (4) あなたはどのくらいそこに滞在する予定ですか。(going)

入試 **3** 次は、中学３年生の春希(**Haruki**)と **ALT**(外国人指導助手)のスミス先生(**Ms. Smith**)との対話の一部である。対話の流れに合うように□に入る英語を書きなさい。　(長崎県・改)　10点

Haruki : Our school brass band club will have a concert next Sunday. Did you know that?
Ms. Smith : No, I didn't. That sounds interesting. □ start?
Haruki : At 2 p.m. I'll give you this leaflet.
Ms. Smith : Thank you.

(注)brass band club：吹奏楽部　sound ～：(相手の話を聞いて)…は～そうです　leaflet：(広告の)ちらし

＿＿＿＿＿＿＿＿＿＿＿＿＿＿＿＿＿＿＿＿ start?

入試 **4** 由美(**Yumi**)は、友人のルーシー(**Lucy**)にメールを送ることにした。伝えたいことは、来月、英語を勉強している子供たちに英語の歌を歌ってあげるつもりなので、ルーシーも私の部屋に来てピアノを弾いてくれないかということである。あなたが由美なら、このことを伝えるために、どのようなメールを書くか。次の□の中に英語を補い、メールを完成させなさい。　(静岡県)　20点

> Hello, Lucy.
>
> □
>
> Bye,
> Yumi

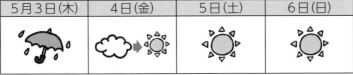

3 接続詞(that、when など)

基礎レベル問題

時間 30分　解答 別冊 p.2　得点 ／100

1 「～ということ」 ___ に適する語を(　　)に書きなさい。　4点×4

(1) それはいい考えだと私は思います。
I think ___ it's a good idea.
(　　　　)

(2) あなたは明日晴れると思いますか。
Do you ___ ___ it'll be sunny tomorrow? (　　　　)(　　　　)

(3) 彼はその女の子が歌手だと知りません。
He doesn't ___ ___ the girl is a singer. (　　　　)(　　　　)

(4) 私は英語が大事だと知っています。
I ___ English is important.
(　　　　)

2 「～のとき」 ___ に適する語を(　　)に書きなさい。　4点×3

(1) 私は10歳のとき、東京に住んでいました。
___ I was ten, I lived in Tokyo.
(　　　　)

(2) 私が起きたとき、くもっていました。
It was cloudy ___ I got up.
(　　　　)

ミス注意 (3) 彼が起きるときには、雨が降っているでしょう。
It'll be rainy ___ he ___ up.
(　　　　), (　　　　)

3 「もし～なら」 ___ に適する語を(　　)に書きなさい。　4点×3

(1) もしあなたが忙しいのなら、手伝いますよ。
___ you're busy, I'll help you.
(　　　　)

(2) もし何か質問があれば、私に聞いてください。
Please ask me ___ you have any questions. (　　　　)

ミス注意 (3) もし明日晴れたら、私はテニスをします。
___ it ___ sunny tomorrow, I'll play tennis. (　　　　), (　　　　)

4 「～なので」 ___ に適する語を(　　)に書きなさい。　4点×2

(1) 私は疲れていたので、早く寝ました。
I went to bed early ___ I was tired.
(　　　　)

(2) *A* : 昨日、なぜ早く帰宅したのですか。
B : かぜをひいていたからです。
A : Why did you go home early yesterday?
B : ___ I had a cold.
(　　　　)

5 接続詞の位置 (　　)内の語を正しい順に並べかえて(　　)に書きなさい。　8点×3

(1) 私は彼が正しいと思います。
I (that / he's / think) right.
(　　　　　　　　)

(2) もしひまなら手伝ってください。
Please help me (you're / if / free).
(　　　　　　　　)

(3) 私が帰宅したとき、リサは勉強していました。
Lisa was studying (I / home / when / came). (　　　　　　　　)

6 意味 ___ に適する日本語を(　　)に書きなさい。　7点×4

(1) When you called me, I was sleeping.
あなたが私に電話を ___ 、私は眠っていました。(　　　　)

(2) Please call me if you have time this afternoon.
今日の午後 ___ 、私に電話をください。
(　　　　)

(3) I think that this question is difficult.
私はこの問題が難しい ___ 。
(　　　　)

(4) *A* : Why do you like summer?
B : Because we have a long vacation.
A : あなたはなぜ夏が好きなのですか。
B : 長い休暇が ___ 。
(　　　　)

よくでるポイント　接続詞▶文と文を結ぶ働き　**that**▶「〜ということ」　**when**▶「〜のとき」
if▶「もし〜なら」　**because**▶「〜なので」

入試レベル問題

時間 30分　解答 別冊 p.3　得点　／100

1 (　　)内から適する語を選んで(　　)に書きなさい。　7点×4

(1) Kenta did not go out (that, if, because) it was raining.　(　　　)
(2) We know (that, when, but) Cathy likes reading.　(　　　)
(3) Let's play tennis tomorrow (that, if, and) it's sunny.　(　　　)
(4) I was watching TV (that, if, when) my father came home.　(　　　)

2 日本文の意味を表す英文になるように、(　　)内の語句を並べかえなさい。　8点×4

ミス注意 (1) 彼女はパーティーに来ないと私は思います。
I (will / the party / think / to / she / don't / come).
I ＿＿＿＿＿＿＿＿＿＿＿＿＿＿＿＿＿＿＿＿.

(2) 彼が外に出たとき、雪が降っていました。
(when / was / it / snowing) he went out.
＿＿＿＿＿＿＿＿＿＿＿＿＿＿＿＿＿＿＿＿ he went out.

(3) もし川がきれいでなかったら、これらの魚は生きられません。
These fish can't (the river / clean / live / if / isn't).
These fish can't ＿＿＿＿＿＿＿＿＿＿＿＿＿＿＿＿＿＿＿＿.

(4) 彼は疲れていたので、昨夜は早く寝ました。
Last night, he (went / tired / because / to bed / was / early / he).
Last night, he ＿＿＿＿＿＿＿＿＿＿＿＿＿＿＿＿＿＿＿＿.

入試 **3** 次の対話が成り立つように、(　　)内の語を並べかえて、英文を完成させなさい。(富山県・改)　8点

A : I have a cute cat. You can come to my house and play with my cat next Sunday.
B : Thanks. Can I ask Rio to come with me? She likes cats too.
A : (can / come / don't / I / she / think). She has a club activity every Sunday.

(注) ask Rio to come：リオに来るように頼む

＿＿＿＿＿＿＿＿＿＿＿＿＿＿＿＿＿＿＿＿＿＿＿＿＿＿＿＿.

入試 **4** 次はAとBの対話です。[(1)]〜[(4)]に入る最も適当なものを、ア〜エの中からそれぞれ1つずつ選び記号で答えなさい。
(福島県・改)　8点×4

[At school]
A : You have been practicing soccer so hard. [(1)]
B : Next week. [(2)]
A : I see. [(3)]
B : Wakaba Junior High School. They are a very good team.
A : [(4)] Good luck.

(注) have been practicing：ずっと練習している

ア It'll be our last one.
イ What school are you going to play against first?
ウ I'm sure your team will win the game.
エ When is your next tournament?

(1) (　　　)　(2) (　　　)　(3) (　　　)　(4) (　　　)

4 have to、must

基礎レベル問題

時間 30分　解答 別冊 p.3　得点 ／100

1 have to の文　___に適する語を(　　)に書きなさい。　5点×3

(1) 私は明日、早く起きなければなりません。
I ___ to get up early tomorrow.
(　　　)

(2) あなたは部屋をそうじしなければなりません。
You ___ ___ clean your room.
(　　　)(　　　)

(3) マークは日本語を勉強しなければなりません。
Mark ___ ___ study Japanese.
(　　　)(　　　)

2 have to の否定文　___に適する語を(　　)に書きなさい。　5点×3

(1) 私たちは今日、学校に行く必要はありません。
We ___ ___ to go to school today.
(　　　)(　　　)

(2) あなたはお皿を洗う必要はありません。
You ___ ___ ___ wash the dishes.
(　　　)(　　　)(　　　)

ミス注意 (3) リサは夕食を作る必要はありません。
Lisa ___ ___ ___ make dinner.
(　　　)(　　　)(　　　)

3 have to の疑問文　___に適する語を(　　)に書きなさい。　8点×3

(1) *A* : ___ I ___ to read this book?
B : Yes, you ___.
A : 私はこの本を読まなければなりませんか。
B : はい、読まなければなりません。
(　　　),(　　　),(　　　)

(2) *A* : ___ Mary ___ to do her homework?
B : Yes, she ___.
A : メアリーは宿題をしなければなりませんか。
B : はい、しなければなりません。
(　　　),(　　　),(　　　)

ミス注意 (3) *A* : ___ he ___ to stay home?
B : No, he ___.
A : 彼は家にいなければなりませんか。
B : いいえ、その必要はありません。
(　　　),(　　　),(　　　)

4 must の文　___に適する語を(　　)に書きなさい。　5点×2

(1) 私は明日、彼に会わなければなりません。
I ___ see him tomorrow.
(　　　)

(2) トムは宿題を終えなければなりません。
Tom ___ ___ his homework.
(　　　)(　　　)

5 must の否定文　否定文にかえるとき、___に適する語を(　　)に書きなさい。　5点×2

(1) We must swim here.
We ___ ___ swim here.
(　　　)(　　　)

(2) He must go out.
He ___ ___ out.
(　　　)(　　　)

6 must の疑問文　___に適する語を(　　)に書きなさい。　8点×2

(1) *A* : ___ we help our mother?
B : Yes, you ___.
A : 私たちは母を手伝わなければならないのですか。
B : はい、手伝わなければなりません。
(　　　),(　　　)

ミス注意 (2) *A* : ___ she come here?
B : No, she ___ ___ to.
A : 彼女はここに来なければなりませんか。
B : いいえ、来る必要はありません。
(　　　),(　　　)(　　　)

7 否定文の意味　___に適する日本語を(　　)に書きなさい。　5点×2

(1) You don’t have to practice the piano today.
あなたは今日、ピアノを練習する___。
(　　　)

(2) We must not take pictures here.
私たちはここで写真を___。
(　　　)

よくでるポイント 「～しなければならない」▶ have［has］to ～または must ～。動詞は原形。
have to の否定文・疑問文▶一般動詞の文と同じ要領。　**must の否定文・疑問文**▶ can や will の文と同じ要領。

入試レベル問題

時間 30分　解答 別冊 p.3　得点　／100

1 (　　)に適する語を書きなさい。　8点×5

(1) 健太は今日、父親を手伝わなければなりません。
Kenta (　　　) (　　　) his father today.

(2) 私たちはその国について学ばなければなりませんか。— はい、学ばなければなりません。
(　　　) we (　　　) to learn about the country?
— Yes, you (　　　).

(3) あなたは長い時間、テレビゲームをしてはいけません。
You (　　　) (　　　) play video games for a long time.

(4) 私は今日、宿題を終わらせなければなりませんか。— いいえ、その必要はありません。
(　　　) I finish my homework today?
— No, you (　　　) (　　　) to.

(5) 私たちは明日６時に家を出なければならないでしょう。
We will (　　　) (　　　) leave home at six tomorrow.

2 次の日本文を(　　)内の語を使って英語に直しなさい。　8点×5

(1) あなたは一生懸命勉強しなければなりません。(must)

____

(2) 私はピアノを弾かなければなりませんか。(do)

____

(3) 私たちは何時に起きなければなりませんか。(must)

____

(4) 彼女は私たちといっしょに来る必要はありません。(have)

____

(5) あなたたちはここで食べてはいけません。(must)

____

入試 **3** 次の対話文の□に入る最も適当な英語を、下のア～エから１つ選び、記号で答えなさい。
(岩手県)　10点

A : We'll have a party this Friday. Everything is ready.
B : Oh, is it?
A : Yes. So you □ have to bring anything for the party.
B : OK. I can't wait!
ア aren't　イ can　ウ don't　エ should　(　　)

入試 **4** 次の対話文について、(　　)内の語を正しく並べかえて意味が通る文を完成させ、その並べかえた順に記号をすべて書きなさい。
(沖縄県)　10点

A : Sam, students must clean the classroom by themselves in Japan.
B : Really? I didn't know that. (ア we　イ to　ウ don't　エ clean　オ have) our classroom in America.

(　　→　　→　　→　　→　　)

5 助動詞／会話表現

基礎レベル問題

時間 30分　解答 別冊p.4　得点　　／100

1 許可を求める文　____に適する語を(　　)に書きなさい。　6点×2

(1) あなたの辞書を使ってもいいですか。

____ I use your dictionary?

(　　　　)

(2) (電話で)ジェーンをお願いします。

____ ____ speak to Jane, please?

(　　　　)(　　　　)

2 依頼する文　____に適する語を(　　)に書きなさい。　6点×2

(1) ドアを閉めてくれますか。

____ ____ close the door?

(　　　　)(　　　　)

(2) 〈ていねいに〉ドアを閉めていただけますか。

____ ____ close the door?

(　　　　)(　　　　)

3 申し出る文・提案する文　____に適する語を(　　)に書きなさい。　7点×3

(1) *A* : ____ I open the window?

B : Yes, ____.

A : 窓を開けましょうか。

B : はい、お願いします。

(　　　　), (　　　　)

(2) *A* : ____ ____ play tennis?

B : Yes, let's.

A : (いっしょに)テニスをしましょうか。

B : はい、しましょう。

(　　　　)(　　　　)

(3) *A* : When and where ____ ____ meet?

B : How ____ at ten at the station?

A : All right.

A : いつどこで会いましょうか。

B : 10時に駅でどうですか。

A : わかりました。

(　　　　)(　　　　), (　　　　)

4 すすめる文・提案する文など　____に適する語を(　　)に書きなさい。　5点×3

(1) あなたはあのバスに乗るべきです。

You ____ take that bus.

(　　　　)

(2) お茶はいかがですか。

____ you like some tea?

(　　　　)

(3) 私といっしょに来ませんか。

____ don't you come with me?

(　　　　)

5 会話表現　____に適する語を(　　)に書きなさい。　8点×5

(1) *A* : ____ you call me this evening?

B : ____.

A : 今晩、電話してくれる。

B : いいよ。

(　　　　), (　　　　)

(2) *A* : ____ I ask you about your school?

B : Yes, ____ course.

A : あなたの学校についてたずねてもいいですか。

B : はい、もちろん。

(　　　　), (　　　　)

(3) *A* : ____ ____ take a message?

B : Yes. Go ahead.

A : 伝言を預っていただけますか。

B : はい。どうぞ。

(　　　　)(　　　　)

(4) *A* : ____ ____ I get to the museum?

B : Take the red train over there.

A : 博物館へはどう行けばいいですか。

B : 向こうの赤い電車に乗ってください。

(　　　　)(　　　　)

(5) *A* : Where ____ I get off?

B : You ____ get off at the second stop.

A : 私はどこで降りるべきですか。

B : 2つめの停留所で降りるべきです。

(　　　　), (　　　　)

よくでるポイント 「～してもいいですか」▶ May [Can] I ～?　「～していただけますか」▶ Could [Would] you ～?
「(私が)～しましょうか」▶ Shall I ～?　「(いっしょに)～しましょうか」▶ Shall we ～?

入試レベル問題

時間 30分　解答 別冊 p.4　得点　／100

1 (　　)に適する語を書きなさい。　7点×5

(1) 〈ていねいに〉あなたの町について話していただけますか。
(　　　　)(　　　　) talk about your town?

(2) 私は彼女の誕生日に何を買えばいいのでしょうか。
What (　　　　)(　　　　) buy for her birthday?

(3) このシャツを試着してもいいですか。 (　　　　)(　　　　) try this shirt on?

(4) 私が彼女に電話しましょうか。 (　　　　)(　　　　) call her?

(5) 手伝ってくれる？ (　　　　)(　　　　) help me?

2 次の英文の応答として適する文を、下のア～エから選んで、その記号を書きなさい。　7点×3

(1) *A* : I have some questions. Can I ask you about your country?
B : (　　　　) Go ahead.

(2) *A* : It's almost twelve. Shall we have lunch?
B : (　　　　) I'm hungry.

(3) *A* : Hello. May I help you?
B : (　　　　) I'm just looking.

ア No, thank you.	イ Yes, let's.	ウ Sorry, I can't.	エ Sure.

3 次の(　　)内の日本文を英語に直しなさい。　8点×3

(1) *A* : Hello. This is Ken. (トム〈Tom〉をお願いします。)
B : Hi, Ken. This is Tom speaking.

＿＿＿＿＿＿＿＿＿＿＿＿＿＿＿＿

ミス注意 (2) *A* : We're going to see a soccer game. (私たちといっしょに来ませんか。)
B : I'm sorry. I have plans today.

＿＿＿＿＿＿＿＿＿＿＿＿＿＿＿＿

(3) *A* : You have a lot of bags. (ドアを開けましょうか。)
B : Yes, please. It's very kind of you.

＿＿＿＿＿＿＿＿＿＿＿＿＿＿＿＿

入試 **4** 次の英文が、日本語と同じ意味になるように、□に入る最も適当な英語１語を語群から選んで書きなさい。　(北海道)　10点

May I □ you?　いらっしゃいませ。

語群 | help　come　thank　call |　(　　　　)

入試 **5** 次の(　　)内の英語を正しく並べかえて、対話文を完成させなさい。　(岩手県)　10点

A : We'll have a birthday party for my sister.
B : When?
A : Next Saturday. Why don't (join / us / you)?
B : Of course.

Why don't ＿＿＿＿＿＿＿＿＿＿＿＿＿＿＿＿?

6 「～するために」「～するための」など

基礎レベル問題

時間 30分　解答 別冊p.5　得点　／100

1 「～するために」「～して」 ＿＿に適する語を（　）に書きなさい。　5点×3

(1) 私はおばに会うために京都へ行く予定です。
I'm going to go to Kyoto ＿＿ ＿＿ my aunt.
（　　　）（　　　）

(2) 彼女は英語を教えるために日本に来ました。
She came to Japan ＿＿ ＿＿ English.
（　　　）（　　　）

(3) 私はその知らせを聞いて悲しかった。
I was sad ＿＿ ＿＿ the news.
（　　　）（　　　）

2 目的を答える ＿＿に適する語を（　）に書きなさい。　5点×2

(1) *A* : Why did you get up early this morning?
B : ＿＿ ＿＿ my homework.
A : あなたはなぜ今朝早く起きたのですか。
B : 宿題をするためです。
（　　　）（　　　）

(2) *A* : Why are you going to go to Canada?
B : ＿＿ ＿＿ English.
A : あなたはなぜカナダへ行くのですか。
B : 英語を勉強するためです。
（　　　）（　　　）

3 「～するための」 ＿＿に適する語を（　）に書きなさい。　5点×4

(1) 私は何か飲むものがほしいです。
I want something ＿＿ ＿＿.
（　　　）（　　　）

(2) 彼はテレビを見る時間がありません。
He doesn't have time ＿＿ ＿＿ TV.
（　　　）（　　　）

(3) 私はするべき宿題がたくさんあります。
I have a lot of homework ＿＿ ＿＿.
（　　　）（　　　）

(4) 鎌倉は訪れるのによい場所です。
Kamakura is a good place ＿＿ ＿＿.
（　　　）（　　　）

4 「～すること」 ＿＿に適する語を（　）に書きなさい。　5点×5

(1) 私はテニスをするのが好きです。
I like ＿＿ ＿＿ tennis.
（　　　）（　　　）

(2) 彼女はフランスへ行きたがっています。
She wants ＿＿ ＿＿ to France.
（　　　）（　　　）

(3) 健太はその箱を開けようとしました。
Kenta tried ＿＿ ＿＿ the box.
（　　　）（　　　）

(4) 私の夢はアメリカで働くことです。
My dream is ＿＿ ＿＿ in the U.S.
（　　　）（　　　）

(5) 彼の目標はその試合に勝つことです。
His goal is ＿＿ ＿＿ the game.
（　　　）（　　　）

5 いろいろな不定詞 ＿＿に適する日本語を（　）に書きなさい。　5点×6

(1) We went to the park to play tennis.
私たちはテニスを＿＿公園へ行きました。
（　　　　　）

(2) I want a book to read on the train.
私は電車で＿＿本がほしいです。
（　　　　　）

ミス注意 (3) She wants to buy a new bike.
彼女は新しい自転車を＿＿。
（　　　　　）

(4) It began to rain at that time.
そのとき、雨が＿＿。
（　　　　　）

(5) It's time to go to bed.
寝る＿＿。
（　　　　　）

(6) *A* : Why did you come to Japan?
B : To learn about Japanese culture.
A : あなたはなぜ日本に来たのですか。
B : 日本文化について＿＿。
（　　　　　）

よくでるポイント 不定詞▶〈to ＋動詞の原形〉の形。「～するために」「～するための」「～すること」などの意味を表す。
不定詞の働き▶①動詞を説明[修飾]する、②前の名詞や代名詞を説明[修飾]する、③動詞の目的語などになる。

入試レベル問題

時間 30分　解答 別冊 p.5　得点　／100

1 日本文の意味を表す英文になるように、(　　)内の語句を並べかえなさい。　10点×4

(1) 私は毎日英語を使うように努力します。
(will / English / I / try / use / to) every day.
________________________________ every day.

(2) あなたは名古屋で訪れるのによい場所を知っていますか。
(good places / you / visit / do / to / know) in Nagoya?
________________________________ in Nagoya?

(3) 私はあなたと話ができてうれしいです。
(you / talk / I'm / to / happy / with)
____

ミス注意 (4) 私は今日することが何もありません。
(have / to / don't / I / anything) do today.
________________________________ do today.

2 次の日本文を英語に直しなさい。　10点×2

(1) 彼女はねこを飼いたがっています。
____

(2) あなたは何か食べるものを持っていますか。
____

入試 **3** 次の日本文の内容と合うように、英文中の(　　)内のア～ウから最も適しているものを1つ選び、記号で答えなさい。　(大阪府) 10点

私の弟はサッカーをするために公園に行きました。
My brother went to the park (ア play　イ playing　ウ to play) soccer.　(　　)

入試 **4** 次の対話文の文意が通るように、(　　)内のア～エを正しく並べかえて、左から順にその記号を書きなさい。　(愛媛県) 10点

A : I need (ア at　イ up　ウ get　エ to) six o'clock tomorrow morning.
B : Really? You should go to bed early today.　(　→　→　→　)

入試 **5** 次の(　　)内の語を意味が通るように並べかえて、ア、イ、ウ、エの記号を用いて答えなさい。　(栃木県) 10点

A : What is your plan for this weekend?
B : My plan (ア shopping　イ to　ウ is　エ go) with my sister.
(　→　→　→　)

入試 **6** 次の対話が完成するように、(　　)の6つの語の中から5つを選んで正しい順番に並べたとき、その(　　)内で3番目と5番目にくる語の記号をそれぞれ答えなさい。(1つ不要な語があるので、その語は使用しないこと。)　(神奈川県) 10点

A : What (ア work　イ be　ウ you　エ did　オ to　カ want) when you were a child?
B : A doctor. I was interested in helping many people.　3番目(　　)　5番目(　　)

7 「～すること」(不定詞・動名詞)

基礎レベル問題

時間 30分　解答 別冊p.5　得点　　　／100

1 「～すること」 ____ に適する語を(　　)に書きなさい。　5点×4

(1) 私はテニスをすることが好きです。
I like ____ tennis.
(　　　　)

(2) 彼はサッカーをすることが好きです。
He likes ____ ____ soccer.
(　　　　)(　　　　)

ミス注意 (3) 彼らは音楽を聞いて楽しみました。
They enjoyed ____ ____ music.
(　　　　)(　　　　)

ミス注意 (4) 彼女はメールを書き終えました。
She finished ____ an e-mail.
(　　　　)

2 主語などになる「～すること」 ____ に適する語を(　　)に書きなさい。　5点×4

(1) 英語を話すことは彼にとって簡単です。
____ English is easy for him.
(　　　　)

(2) トムの望みは野球の試合を見ることです。
Tom's hope is ____ ____ a baseball game.
(　　　　)(　　　　)

(3) 彼の趣味は料理をすることです。
His hobby is ____ .
(　　　　)

(4) 本を読むことはおもしろいです。
____ books ____ interesting.
(　　　　), (　　　　)

3 前置詞のあとの「～すること」 ____ に適する語を(　　)に書きなさい。　5点×2

(1) 私を手伝ってくれてありがとう。
Thank you for ____ me.
(　　　　)

(2) 彼女はピアノを弾くのが上手です。
She is good ____ ____ the piano.
(　　　　)(　　　　)

4 使い分け (　　)内から適するものを選んで(　　)に書きなさい。両方とも適するときは○を書きなさい。　5点×6

(1) 私は手紙を書くのが好きです。
I like (writing / to write) a letter.
(　　　　)

(2) 彼女はパンダを見たがっています。
She wants (seeing / to see) a panda.
(　　　　)

(3) 私たちは彼らと話をして楽しみました。
We enjoyed (talking / to talk) with them.
(　　　　)

(4) テレビゲームをするのをやめなさい。
Stop (playing / to play) video games.
(　　　　)

ミス注意 (5) 昼食を食べるのはどうですか。
How about (having / to have) lunch?
(　　　　)

(6) 雪が降り始めました。
It started (snowing / to snow).
(　　　　)

5 不定詞と動名詞 ____ に適する語(句)(1語または2語)を(　　)に書きなさい。　4点×5

(1) 彼はその本を読み終えました。
He finished ____ the book.
(　　　　)

(2) 午後に雨が降りやみました。
It stopped ____ in the afternoon.
(　　　　)

(3) リサは日本語を勉強することに興味があります。
Lisa is interested in ____ Japanese.
(　　　　)

(4) あなたはどこへ行きたいですか。
Where do you want ____ ?
(　　　　)

(5) 私たちは英語を話す必要があります。
We need ____ English.
(　　　　)

よくでるポイント 「～すること」▶〈to ＋動詞の原形〉(不定詞)や動詞の ing 形(動名詞)で表し、動詞の目的語などになる。
〈to ＋動詞の原形〉を目的語にとる動詞▶ want など　**動詞の ing 形を目的語にとる動詞**▶ enjoy, finish, stop など

入試レベル問題

時間 30分　解答 別冊 p.6　得点　　／100

1 (　　)内の語を適する形にかえて、1語または2語で(　　)に書きなさい。　4点×5

(1) 私たちはその映画を見たかった。
We wanted (see) the movie.　(　　　　)

(2) 彼女は友達への手紙を書き終えました。
She finished (write) a letter to her friend.　(　　　　)

(3) 私はあなたにあなたの国についてたずねたいのですが。
I'd like (ask) you about your country.　(　　　　)

(4) あなたはコンピューターを使うことに興味がありますか。
Are you interested in (use) a computer?　(　　　　)

(5) 健太、テレビを見るのをやめなさい。
Kenta, stop (watch) TV.　(　　　　)

2 日本文の意味を表す英文になるように、(　　)内の語句を並べかえなさい。　6点×4

(1) あなたはこの本を読みたいですか。　(would / this book / you / read / like / to)

____

(2) 彼はいつギターの練習を始めましたか。　(start / when / the guitar / did / practicing / he)

____

(3) 彼は宿題を終わらせようとしました。　(his homework / finish / he / to / tried)

____

難 (4) メアリーは何も言わないで部屋を出て行きました。
Mary (out of / without / anything / went / saying / the room).
Mary ______________________________.

3 次の日本文を英語に直しなさい。　8点×4

(1) 彼女は友達と話すことを楽しみました。

____

(2) パーティーに来てくれてありがとう。

____

(3) 私たちは地球(the earth)について考え始めました。

____

(4) あなたは将来、何になりたいですか。

____

入試 **4** 次の英文は、高校1年生の生徒が、英語の授業について書いた感想です。[(1)]～[(3)]に入る英語を、あとの語群から選び、必要に応じて適切な形に変えたり、不足している語を補ったりして、英文を完成させなさい。ただし、2語以内で答えること。　(兵庫県・改)　8点×3

Our class had a speech contest. Before the contest, I needed [(1)] very hard for it. I felt relaxed when I finally [(2)] making my speech during the contest. By [(3)] to the speeches of my classmates, I learned how to make a better speech for the next time.

finish	get	listen	practice	receive

(注)how to ～：～のしかた

(1)(　　　　)　(2)(　　　　)　(3)(　　　　)

8 There is ～. の文

基礎レベル問題

時間 30分　解答 別冊 p.6　得点　　／100

1 「～があります」 ___ に適する語を（　）に書きなさい。　6点×4

(1) 部屋の中にベッドが１つあります。
___ ___ a bed in the room.
（　　　）（　　　）

(2) 机の上に本が２冊あります。
___ ___ two books on the desk.
（　　　）（　　　）

ミス注意 (3) びんの中に牛乳が少しあります。
___ ___ a little milk in the bottle.
（　　　）（　　　）

ミス注意 (4) 公園に自転車が何台かありました。
___ ___ some bikes in the park.
（　　　）（　　　）

2 「～がありません」 ___ に適する語を（　）に書きなさい。　6点×2

(1) この町にホテルはありません。
There ___ ___ a hotel in this town.
（　　　）（　　　）

ミス注意 (2) この水族館に、サメはいませんでした。
There ___ any sharks in this aquarium.
（　　　）

3 場所を表す語句 ___ に適する語を（　）に書きなさい。　4点×4

(1) いすの下にかばんがあります。
There's a bag ___ the chair.
（　　　）

(2) この近くに郵便局はありますか。
Is there a post office ___ here?
（　　　）

(3) 壁に絵がかかっています。
There's a picture ___ the wall.
（　　　）

ミス注意 (4) そこに古い時計がありました。
There was an old clock ___.
（　　　）

4 「～がありますか」 ___ に適する語を（　）に書きなさい。　8点×3

(1) *A* : ___ ___ a piano by the window?
B : Yes, ___ ___.
A : 窓のそばにピアノがありますか。
B : はい、あります。
（　　　）（　　　），
（　　　）（　　　）

(2) *A* : ___ ___ any apples in the box?
B : No, ___ ___.
A : その箱の中にりんごはありますか。
B : いいえ、ありません。
（　　　）（　　　），
（　　　）（　　　）

(3) *A* : ___ ___ a bank here last year?
B : Yes, ___ ___.
A : 昨年ここに銀行がありましたか。
B : はい、ありました。
（　　　）（　　　），
（　　　）（　　　）

5 「いくつありますか」 ___ に適する語を（　）に書きなさい。　8点×3

(1) *A* : ___ ___ pens ___ ___ on the desk?
B : Three.
A : 机の上にペンは何本ありますか。
B : ３本です。
（　　　）（　　　），
（　　　）（　　　）

(2) *A* : ___ ___ balls are there in the box?
B : There ___ ___.
A : 箱の中にボールはいくつありますか。
B : ６個あります。
（　　　）（　　　），
（　　　）（　　　）

(3) *A* : ___ many ___ were there in the park?
B : There ___ ___.
A : その公園に子供は何人いましたか。
B : ３人いました。
（　　　），（　　　），
（　　　）（　　　）

よくでるポイント 「～があります」▶ There is[are] ～.　あとに場所を表す語句を続ける。
There is[are] ～. の否定文▶ be動詞のあとに not。　There is[are] ～. の疑問文▶ be動詞で文を始める。

入試レベル問題

時間 30分　解答 別冊 p.7　得点　／100

1 日本文の意味を表す英文になるように、(　　)内の語句を並べかえなさい。　8点×3

(1) テーブルの上にカップが2つありました。　(were / the table / two cups / there / on)

＿＿＿＿＿＿＿＿＿＿＿＿＿＿＿＿＿＿＿＿

難 ミス注意 (2) この本の中に悲しい話は1つもありません。
(sad / in / there / stories / no / are) this book.

＿＿＿＿＿＿＿＿＿＿＿＿＿＿＿＿＿＿＿＿ this book.

(3) この街に訪れるのによい場所はありますか。
(any / are / visit / in / there / good / to / places) this city?

＿＿＿＿＿＿＿＿＿＿＿＿＿＿＿＿＿＿＿＿ this city?

2 絵の内容について、次の問いにそれぞれ3語以上の英語で答えなさい。　8点×3

(1) Are there any pens on the desk?

＿＿＿＿＿＿＿＿＿＿＿＿＿＿＿＿＿＿＿＿

(2) How many books are there on the desk?

＿＿＿＿＿＿＿＿＿＿＿＿＿＿＿＿＿＿＿＿

(3) What is under the window?

＿＿＿＿＿＿＿＿＿＿＿＿＿＿＿＿＿＿＿＿

3 次の日本文を英語に直しなさい。　8点×4

(1) ドアのそばに女の子が2人います。

＿＿＿＿＿＿＿＿＿＿＿＿＿＿＿＿＿＿＿＿

(2) 駅の近くにスーパーマーケットはありますか。

＿＿＿＿＿＿＿＿＿＿＿＿＿＿＿＿＿＿＿＿

(3) 1年には12か月あります。

＿＿＿＿＿＿＿＿＿＿＿＿＿＿＿＿＿＿＿＿

(4) あなたの学校に英語の先生は何人いますか。

＿＿＿＿＿＿＿＿＿＿＿＿＿＿＿＿＿＿＿＿

入試 **4** 次の対話文の□に入る最も適当な英語を、下のア～エから1つ選び、記号で答えなさい。(岩手県)　10点

A : Do you like reading books, Tom?
B : Yes. I want to read Japanese manga. □ there a library in this town?
A : Yes. You can enjoy reading many Japanese manga there.

ア Do　イ Does　ウ Are　エ Is　(　　)

入試 **5** 次の対話について、□に入る最も適当なものを、ア～エから選び、記号で答えなさい。(北海道)　10点

A : Excuse me. Where can I find a library near here?
B : □ You can go to the city library if you use a bus.
A : Thank you. I'll go there by bus.

ア There are many parks around the city.　イ This isn't your book.
ウ This is mine.　エ There isn't one around here.　(　　)

9 look、give、call などの文

基礎レベル問題

時間 30分　解答 別冊 p.7　得点　　／100

1 「〜に見える」 ___ に適する語を(　　)に書きなさい。　4点×4

(1) あなたはうれしそうに見えます。
You ___ happy.
(　　　　)

(2) 彼はおなかがすいているように見えます。
He ___ hungry.
(　　　　)

(3) 私の姉は教師になりました。
My sister ___ a teacher.
(　　　　)

(4) それはよさそうですね[よいように聞こえます]。
That ___ good.
(　　　　)

2 「AにBを与える」 ___ に適する語を(　　)に書きなさい。　4点×4

(1) 私は彼に日本文化についての本をあげます。
I'll ___ him a book about Japanese culture.
(　　　　)

(2) あなたのノートを見せてくれますか。
Can you ___ me your notebook?
(　　　　)

(3) グリーン先生が私たちに英語を教えています。
Ms. Green ___ us English.
(　　　　)

(4) あなたに質問をしてもいいですか。
Can I ___ you a question?
(　　　　)

3 〈物＋to[for]＋人〉 ___ に適する語を(　　)に書きなさい。　4点×2

(1) 私は彼にプレゼントをあげました。
I gave a present ___ him.
(　　　　)

(2) 彼女は私たちに昼食を作りました。
She made lunch ___ us.
(　　　　)

4 「AをBと呼ぶ」 ___ に適する語を(　　)に書きなさい。　5点×2

(1) 私は佐藤彩花です。アヤと呼んでください。
I'm Sato Ayaka. Please ___ me Aya.
(　　　　)

(2) 彼女はその犬をジョンと名づけました。
She ___ the dog John.
(　　　　)

5 いろいろな文型 (　　)内の語句を正しい順に並べかえて(　　)に書きなさい。　6点×5

ミス注意 (1) 私は彼に手紙を送りました。
I (him / a letter / sent).
(　　　　　　　　)

(2) 昨日、彼女は悲しそうでした。
Yesterday, (looked / she / sad).
(　　　　　　　　)

(3) 私たちは彼女をリサと呼びます。
We (Lisa / call / her).
(　　　　　　　　)

(4) 健はそれらを私たちに見せてくれました。
Ken (them / to / showed / us).
(　　　　　　　　)

ミス注意 (5) 彼女は母親に似ています。
She (her mother / looks / like).
(　　　　　　　　)

6 動詞の使い分け ___ に適する語を□内から選んで(　　)に書きなさい。それぞれの語は1度ずつしか使えません。　5点×4

(1) My father ___ me the book.
(　　　　)

(2) My brother ___ a good doctor.
(　　　　)

(3) My friends ___ me Saki.
(　　　　)

(4) My mother ___ young.
(　　　　)

looked	became
called	bought

よくでるポイント 「～に見える」▶〈look ＋形容詞〉 「A(人)にB(物)を与える」▶〈give A B〉〈give B to A〉
「A(人)にB(物)を見せる」▶〈show A B〉〈show B to A〉 「AをBと呼ぶ」▶〈call A B〉

入試レベル問題

時間 30分 解答 別冊 p.7 得点 ／100

1 (　　)内から適する語を選んで(　　)に書きなさい。 5点×5

(1) You (like, look, watch) tired. What's the matter? (　　　　)

(2) Please (lend, look, use) me your pencil. (　　　　)

(3) I'll (become, ask, talk) him a lot of things about his school. (　　　　)

(4) He's Thomas Brown. We (make, give, call) him Tom. (　　　　)

(5) Your idea (sounds, likes, tells) great. (　　　　)

2 ほぼ同じ内容を表す英文になるように、(　　)に適する語を書きなさい。 5点×3

(1) Bob sent her an e-mail yesterday.
Bob sent an e-mail (　　　　)(　　　　) yesterday.

ミス注意 (2) Ms. Sato is our music teacher.
Ms. Sato (　　　　)(　　　　) music.

難 (3) What's the name of this bird in English?
What do you (　　　　) this bird in English?

3 日本文の意味を表す英文になるように、(　　)内の語句を並べかえなさい。 10点×4

(1) 私たちはこれらの花を日本語で「桜」と呼んでいます。
(in / we / these flowers / call / 'sakura') Japanese.
________________________________ Japanese.

(2) 暗く、そして寒くなってきています。 (dark / and / it's / getting / cold)
____

(3) 駅へ行く道を教えていただけませんか。
(the station / you / me / could / to / tell / the way)
____

(4) 母は私たちにケーキを作ってくれました。 (made / us / my mother / a cake / for)
____

入試 **4** 次の(　　)内の英語を正しく並べかえて、対話文を完成させなさい。 (岩手県) 10点

A : What did you do last weekend?
B : I went to Hiraizumi and took some pictures there.
A : Can (me / show / some / you)?
B : Of course. Here are the pictures.

Can ________________________________?

入試 **5** 次の対話について、(　　)内の語を正しく並べかえて、英文を完成させなさい。 (岐阜県) 10点

(休み時間の教室で)

Emi : I heard you went to the zoo. Did you see the baby lion?
Ms. Baker : Yes. I'll show (it / you / some / of / pictures).
Emi : Wow, it's so cute! I want to go and see it.

I'll show ________________________________.

10 比較(1)

基礎レベル問題

時間 30分　解答 別冊p.8　得点　／100

1 比較級・最上級　次の語の比較級と最上級を(　　)に書きなさい。ただし、2語になる語もあります。　3点×8

比較級　　最上級

(1) long(長い)
(　　　)－(　　　)

(2) large(大きい、広い)
(　　　)－(　　　)

(3) busy(忙しい)
(　　　)－(　　　)

ミス注意 (4) big(大きい)
(　　　)－(　　　)

(5) beautiful(美しい)
(　　　)－(　　　)

(6) famous(有名な)
(　　　)－(　　　)

ミス注意 (7) well(上手に)
(　　　)－(　　　)

ミス注意 (8) many(多数の)
(　　　)－(　　　)

2 「…より～」　____に適する語を(　　)に書きなさい。　4点×5

(1) 私は美咲より年上です。
I'm ____ ____ Misaki.
(　　　)(　　　)

ミス注意 (2) 今日は昨日より暑いです。
Today is ____ ____ yesterday.
(　　　)(　　　)

(3) 私は今朝、母より早く起きました。
I got up ____ ____ my mother this morning.
(　　　)(　　　)

(4) この本はあの本よりおもしろいです。
This book is ____ ____ than that one.
(　　　)(　　　)

(5) 私はこの映画はあの映画よりもわくわくすると思います。
I think this movie is ____ ____ ____ that one.
(　　　)(　　　)(　　　)

3 「いちばん～」　____に適する語を(　　)に書きなさい。　5点×4

(1) 兄は家族の中でいちばん背が高いです。
My brother is the ____ ____ my family.
(　　　)(　　　)

(2) ジムはクラスでいちばん速く走ります。
Jim runs the ____ ____ his class.
(　　　)(　　　)

ミス注意 (3) サムは5人の中でいちばん上手に踊ります。
Sam dances the ____ ____ the five.
(　　　)(　　　)

(4) この本がすべての中でいちばんおもしろいです。
This book is the ____ ____ ____ all.
(　　　)(　　　)(　　　)

4 「…と同じくらい～」　____に適する語を(　　)に書きなさい。　6点×3

(1) 私はケイトと同じ年齢です。
I'm ____ old ____ Kate.
(　　　), (　　　)

(2) トムは太郎と同じくらい上手に泳ぎます。
Tom swims ____ well ____ Taro.
(　　　), (　　　)

(3) この本はあの本と同じくらいおもしろいです。
This book is ____ ____ ____ that one.
(　　　)(　　　)(　　　)

5 「…ほど～ではない」　____に適する語を(　　)に書きなさい。　6点×3

(1) 私はケイトほど背が高くありません。
I'm ____ as tall ____ Kate.
(　　　), (　　　)

(2) テニスはサッカーほど人気ではありません。
Tennis ____ as popular ____ soccer.
(　　　), (　　　)

(3) 彼はリサほど上手に歌いません。
He ____ sing ____ well ____ Lisa.
(　　　), (　　　), (　　　)

入試レベル問題

時間 30 分　解答 別冊 p.8　得点　／100

1 (　　)内の指示にしたがって書きかえるとき、(　　)に適する語を書きなさい。　8 点×３

(1) This picture is beautiful.　(「３枚の中でいちばん」という意味を加えた文に)
This picture is the (　　　　)(　　　　)(　　　　) the three.

ミス注意 (2) Question 1 is more difficult than Question 3.　(ほぼ同じ内容の文に)
Question 3 is (　　　　)(　　　　) Question 1.

難 (3) Baseball isn't as popular as soccer in that country.　(ほぼ同じ内容の文に)
Soccer is (　　　　)(　　　　)(　　　　) baseball in that country.

2 日本文の意味を表す英文になるように、(　　)内の語句を並べかえなさい。　8 点×４

(1) 月は地球より小さい。　(is / the moon / the earth / than / smaller)

＿＿＿＿＿＿＿＿＿＿＿＿＿＿＿＿＿＿＿＿＿＿＿＿

(2) 秋がスポーツにいちばんよい季節だと私は思います。
(think / best / fall / the / I / is / season) for sports.
＿＿＿＿＿＿＿＿＿＿＿＿＿＿＿＿＿＿＿＿ for sports.

難 (3) 富士山は日本のほかのどの山よりも高いです。
Mt. Fuji (mountain / higher / any / than / is / other) in Japan.
Mt. Fuji ＿＿＿＿＿＿＿＿＿＿＿＿＿＿＿＿＿＿＿＿ in Japan.

(4) 冬休みは夏休みほど長くありません。
(as / as / winter vacation / summer vacation / isn't / long)

＿＿＿＿＿＿＿＿＿＿＿＿＿＿＿＿＿＿＿＿＿＿＿＿

3 絵の内容に合う対話文になるように、(　　)に適する語を書きなさい。　8 点×３

(1) *A* : Is Ken (　　　　) than Tom?
B : Yes, he is. But he is shorter than Lisa.

(2) *A* : Is Ken older than Lisa?
B : No, he isn't. He's (　　　　)(　　　　) as Lisa.

(3) *A* : Is Tom (　　　　) than Lisa?
B : No. He's twelve and the (　　　　) of the three.

入試 **4** 次の(　　)内の語を意味が通るように並べかえて、ア、イ、ウ、エの記号を用いて答えなさい。
(栃木県)　10 点

A : Is Tom the tallest in this class?
B : No. He (ア tall　イ not　ウ as　エ is) as Ken.
(　　→　　→　　→　　)

入試 **5** 次の対話文の□に入れるのに最も適当なものを、下のア～エから１つ選び、記号で答えなさい。
(熊本県)　10 点

A : Which restaurant is the □ from here? I'm very hungry.
B : How about ABC restaurant? We can get there in only a few minutes.
ア fastest　イ highest　ウ latest　エ nearest　(　　)

11 比較(2)

基礎レベル問題

時間 30分　解答 別冊 p.9　得点　　／100

1「～のほうが好き」 ___ に適する語を(　　)に書きなさい。　6点×2

(1) 私は春より夏のほうが好きです。

I like summer ___ than spring.

(　　　　)

(2) 彼は赤より青のほうが好きです。

He likes blue ___ ___ red.

(　　　　)(　　　　)

2「どちらのほうが好きか」 ___ に適する語を(　　)に書きなさい。　7点×2

(1) あなたは数学と英語ではどちらのほうが好きですか。

___ do you like ___, math ___ English?

(　　　　),(　　　　),(　　　　)

(2) 彼女は犬とねこではどちらのほうが好きですか。

___ does she like ___, dogs ___ cats?

(　　　　),(　　　　),(　　　　)

3「～がいちばん好き」 ___ に適する語を(　　)に書きなさい。　6点×2

(1) 私はすべてのスポーツの中でテニスがいちばん好きです。

I like tennis the ___ ___ all sports.

(　　　　)(　　　　)

(2) 彼はその3つの中でこのシャツがいちばん好きです。

He likes this shirt the ___ ___ the three.　(　　　　)(　　　　)

4「何[どれ]がいちばん好きか」 ___ に適する語を(　　)に書きなさい。　6点×2

(1) あなたはすべての動物の中で何がいちばん好きですか。

___ do you like the ___ of all animals?

(　　　　),(　　　　)

(2) 彼女はどの教科がいちばん好きですか。

___ subject does she like the ___?

(　　　　),(　　　　)

5「どちらがより～か」 ___ に適する語を(　　)に書きなさい。　10点×2

(1) *A* : ___ is ___ interesting, this book ___ that one?

B : This one is.

A : この本とあの本とではどちらがよりおもしろいですか。

B : この本です。

(　　　　),(　　　　),(　　　　)

ミス注意 (2) *A* : ___ can run ___, Kate ___ Ann?

B : Ann can.

A : ケイトとアンとではどちらがより速く走ることができますか。

B : アンです。

(　　　　),(　　　　),(　　　　)

6「どれがいちばん～か」 ___ に適する語を(　　)に書きなさい。　10点×3

(1) *A* : ___ lake is the ___ in Japan?

B : Lake Biwa ___.

A : どの湖が日本でいちばん大きいですか。

B : 琵琶湖です。

(　　　　),(　　　　),(　　　　)

(2) *A* : ___ can swim the ___ of the four?

B : Jim ___.

A : 4人の中でだれがいちばん上手に泳ぐことができますか。

B : ジムです。

(　　　　),(　　　　),(　　　　)

(3) *A* : ___ sport is as popular ___ soccer here?

B : Basketball ___.

A : ここでは何のスポーツがサッカーと同じくらい人気がありますか。

B : バスケットボールです。

(　　　　),(　　　　),(　　　　)

入試レベル問題

時間 30分　解答 別冊 p.9　得点 ／100

1 （　）に適する語を書きなさい。　10点×4

(1) 私はラーメンよりうどんのほうが好きです。

I like *udon* (　　　)(　　　) *ramen*.

(2) あなたはどの季節がいちばん好きですか。

(　　　) season do you like the (　　　)?

(3) あなたとジェーンとでは、どちらのほうが背が高いですか。

Who is (　　　), you (　　　) Jane?

(4) 月と地球と太陽とでは、どれがいちばん大きいですか。

(　　　) is the (　　　), the moon, the earth (　　　) the sun?

2 右の表の内容に合う対話文になるように、（　）に適する語を書きなさい。　10点×3

(1) *A* : Is tennis more popular than volleyball in this class?

B : (　　　), it (　　　).

(2) *A* : Which is more popular, soccer (　　　) basketball?

B : (　　　) is.

(3) *A* : What is the (　　　) popular sport in this class?

B : (　　　) is.

クラスで人気のスポーツベスト5	
1位	野球(baseball)
2位	サッカー(soccer)
3位	バレーボール(volleyball)
4位	バスケットボール(basketball)
5位	テニス (tennis)

入試 **3** 次の文の(　)の中に入れるのに最も適するものを、あとのア～エから1つ選び、記号で答えなさい。　(神奈川県)　10点

Which school event do you like (　　　)?

ア good　イ well　ウ better than　エ the best　(　　)

入試 **4** 次の対話が完成するように、(　)内の6つの語の中から5つを選んで正しい語順に並べたとき、その(　)内で3番目と5番目にくる語の記号をそれぞれ答えなさい。(1つ不要な語があるので、その語は使用しないこと。)　(神奈川県)　10点

A : Who is (ア tennis　イ the　ウ of　エ best　オ in　カ player) the five?

B : Aya is. She won the city tournament last month.

3番目(　　)　5番目(　　)

入試 **5** 次の場面をふまえ、下の問いに答えなさい。　(岩手県・改)　10点

〔場面〕 あなたは英語の授業で、アメリカに帰国した友人のマーク(Mark)にメッセージを伝える方法について、次のワークシートに自分の考えとその理由を書いています。

【ワークシートの一部】

英語の質問：Which do you like better, sending an e-mail or talking on the phone?

[　　　　　　　　]

I have two reasons.

あなたは質問のどちらの方法を選びますか。ワークシートの英語の質問の答えとして、[　　]に入る適当な英語を、6語以上で書きなさい。ただし、e-mailは1語として数えます。

12 受け身

基礎レベル問題

時間 30分　解答 別冊 p.9　得点　　　／100

1 受け身の文　___に適する語を(　　)に書きなさい。　5点×5

(1) この部屋は毎日掃除されます。

This room is ___ every day.

(　　　　)

(2) このゲームは4人でプレーされます。

This game ___ ___ by four people.

(　　　　)(　　　　)

(3) 彼の物語は多くの生徒に読まれています。

His stories ___ read ___ many students.

(　　　　), (　　　　)

(4) あの絵はヴァン・ゴッホによって描かれました。

That picture ___ painted ___ Van Gogh.

(　　　　), (　　　　)

(5) コンピューターは10年間使われました。

The computers ___ ___ for ten years.

(　　　　)(　　　　)

2 受け身の否定文　___に適する語を(　　)に書きなさい。　5点×4

(1) この植物は日本では栽培されていません。

This plant is ___ grown in Japan.

(　　　　)

(2) この自動車は日本製ではありません。

These cars are ___ ___ in Japan.

(　　　　)(　　　　)

(3) 昨年、北海道はたくさんの外国人に訪問されることはありませんでした。

Hokkaido ___ ___ visited by many people from different countries last year.

(　　　　)(　　　　)

(4) これらの寺は江戸時代に建てられたものではありません。

These temples ___ not ___ in the Edo period.

(　　　　), (　　　　)

3 受け身の疑問文　___に適する語を(　　)に書きなさい。　5点×5

(1) あなたの国でフランス語は使われていますか。

___ French ___ in your country?

(　　　　), (　　　　)

(2) あのケーキはメグによって作られたのですか。

___ that cake ___ by Meg?

(　　　　), (　　　　)

(3) [(2)に答えて]はい、そうです。

Yes, ___ ___.

(　　　　)(　　　　)

(4) これらの料理はすべてジョンによって食べられたのですか。

___ all these dishes ___ by John?

(　　　　), (　　　　)

(5) [(4)に答えて]いいえ、ちがいます。

No, they ___ ___.

(　　　　)(　　　　)

4 byを使わない受け身　___に適する語を(　　)に書きなさい。　6点×5

(1) ユウタは歴史に興味があります。

Yuta is ___ ___ history.

(　　　　)(　　　　)

(2) この机は木製ですか。

Is this desk ___ ___ wood?

(　　　　)(　　　　)

(3) この城は多くの人々に知られています。

This castle is ___ ___ many people.

(　　　　)(　　　　)

(4) 私たちはそのニュースに驚きました。

We ___ surprised ___ the news.

(　　　　), (　　　　)

(5) 地面は雪で覆われていました。

The ground was ___ ___ snow.

(　　　　)(　　　　)

よくでるポイント
受け身▶〈be 動詞＋過去分詞〉の形。過去分詞は動詞の変化形の１つ。行為をする人は、by ～ で表す。
受け身の be 動詞▶主語や現在か過去かによって、am、is、are、was、were を使い分ける。

入試レベル問題

時間 30分　解答 別冊 p.10　得点　／100

1 日本文の意味を表す英文になるように、(　　)内の語句を並べかえなさい。ただし、不足する１語を補って書きなさい。 10点×3

(1) カギはそこには見つかりませんでした。　(the key / found / there / was)

____

(2) この店は何時に閉められますか。　(closed / this / what / shop / time)

____

(3) 私たちは歴史に興味があります。　(are / history / we / interested)

____

2 次の日本文を英語に直しなさい。ただし、数字も英語でつづること。 10点×3

(1) この国では多くの教師が必要とされています。

____

(2) この袋は何でできていますか。

____

(3) あの写真は100年前に撮られました。

____

入試 **3** 次の日本文の内容と合うように、英文中の(　　)内のア～ウから最も適しているものを１つ選び、記号で答えなさい。 (大阪府) 10点

この本はいつ書かれましたか。

When was this book (ア　write　イ　wrote　ウ　written)?　(　　)

入試 **4** 次の(　　)内の英語を正しく並べかえて、対話文を完成させなさい。 (岩手県) 10点

A : Do you study English at home every day?

B : Yes, I do. I also study French.

A : Why do you study English and French?

B : The two languages (are / in / taught) my country.

The two languages ______________________________ my country.

入試 **5** 次の対話について、(　　)内の語をすべて用い、意味が通るように並べかえて、正しい英文を完成させなさい。 (宮崎県) 10点

A : (called / this / is / flower / what) in English?

B : Sorry, I don't know.

______________________________ in English?

入試 **6** 次の対話が完成するように、(　　)内の６つの語の中から５つを選んで正しい語順に並べたとき、その(　　)内で３番目と５番目にくる語の記号をそれぞれ答えなさい。(１つ不要な語があるので、その語は使用しないこと。) (神奈川県) 10点

A : A lot of people use English all over the world.

B : Yes. English is (ア　by　イ　people　ウ　as　エ　many　オ　uses　カ　spoken) their first language.　３番目(　　)　５番目(　　)

英語 数学 理科 社会 国語

13 現在完了形(1)

基礎レベル問題

時間 30分　解答 別冊 p.10　得点　　／100

1 「～したことがある(経験)」 ___に適する語を(　　)に書きなさい。　6点×5

(1) 私は以前京都を訪れたことがあります。
I've ___ Kyoto before.
(　　　)

(2) 生徒たちは以前その選手に会ったことがあります。
The students ___ ___ the player before.
(　　　)(　　　)

(3) 彼女はこの映画を何度も見たことがあります。
She ___ ___ this movie many times.
(　　　)(　　　)

(4) 私たちは一度ニューヨークへ行ったことがあります。
We ___ ___ to New York once.
(　　　)(　　　)

(5) 彼は富士山に3回登ったことがあります。
He ___ ___ Mt. Fuji three times.
(　　　)(　　　)

2 「～したところだ(完了)」「～してしまった(結果)」 ___に適する語を(　　)に書きなさい。　5点×4

(1) 私はちょうど宿題を終えたところです。
I have just ___ my homework.
(　　　)

(2) 彼はすでに昼食を食べました。
He has already ___ lunch.
(　　　)

(3) 彼らはビーチへ行ってしまいました。
They ___ ___ to the beach.
(　　　)(　　　)

(4) 彼女は鍵をなくしてしまいました。
She ___ ___ her key.
(　　　)(　　　)

3 「ずっと～している(継続)」 ___に適する語を(　　)に書きなさい。　6点×5

(1) 私は東京に2020年から住んでいます。
I have ___ in Tokyo since 2020.
(　　　)

(2) 彼は英語を4年間勉強しています。
He has ___ English for four years.
(　　　)

(3) 彼女は昨夜から病気です。
She ___ been sick since last night.
(　　　)

(4) 彼女たちは知り合って5年になります。
They ___ ___ each other for five years.
(　　　)(　　　)

(5) 佐藤先生は先週からずっと忙しい。
Mr. Sato ___ ___ busy since last week.
(　　　)(　　　)

4 現在完了形でよく使われる語句 ___に適する語を(　　)に書きなさい。　5点×4

(1) 私はその美術館に3回行ったことがあります。
I've been to the museum three ___.
(　　　)

(2) 彼はもう家に帰りました。
He has ___ gone home.
(　　　)

(3) 私たちは先週から大阪にいます。
We've been in Osaka ___ last week.
(　　　)

(4) 妹は3年前からバスケットボールチームに入っています。
My sister has been on the basketball team ___ three years.
(　　　)

よくでるポイント **現在完了形**▶〈have [has]＋過去分詞〉の形。「～したことがある(経験)」「～したところだ(完了)」「～してしまった(結果)」「ずっと～している(継続)」などの意味を表す。

入試レベル問題

時間 30分　解答 別冊 p.10　得点　　／100

1 日本文の意味を表す英文になるように、(　　)内の語句を並べかえなさい。ただし、必要ならば下線部の語を適する形に直して書きなさい。 10点×6

(1) 私は２回ロンドンに行ったことがあります。 (have / London / I / twice / be / to)

____

(2) 私たちはちょうどレポートを書いたところです。 (have / just / write / the report / we)

____

(3) 彼らはカナダに行ってしまいました。 (go / Canada / to / have / they)

____

(4) 彼女は先月からここにいます。 (has / month / since / here / last / she / be)

____

(5) 彼は彼女と知り合って３年になります。 (her / for / he / years / know / has / three)

____

(6) 母はすでにその本を読みました。 (the book / my / has / mother / read / already)

____

入試 **2** 次は、小学校で職場体験をした留学生の **Emily** と、受け入れ先の小学校の担当者である岡先生 (**Mr. Oka**) との対話の一部である。２人は、その日の体験について話をしている。これを読んで、(　　)内の語を、適切な形にして、英語１語で書きなさい。 (山口県・改) 10点

Mr. Oka : Emily, you worked very hard today.

Emily : Thank you. I'm tired because I have (be) busy since this morning. (　　　　)

入試 **3** 次の対話文について、(　　)に入る１語をあとの語群から選び、自然な会話になるように適切な形に変えて１語で書きなさい。 (沖縄県・改) 10点

A : Is Jack your friend?

B : Yes. We have (　　　　) each other for ten years.

語群：sing	slow	good	know	eat	play

(　　　　)

入試 **4** 次の(　　)内の英語を正しく並べかえて、対話文を完成させなさい。 (岩手県) 10点

A : Do you know John?

B : Yes. (been / have / we) friends for ten years.

A : You met him when you were little.

B : That's right.

________________________________ friends for ten years.

入試 **5** 次の対話文の［　　］に入る最も適当な英語を、下のア～エから１つ選び、記号で答えなさい。(岩手県・改) 10点

A : Do you know where Mary is? (注)where Mary is　メアリーがどこにいるか

B : Yes. She's at home. She didn't come to school today.

A : What happened?

B : She ［　　　　］ sick since last week. I hope she'll come to school tomorrow.

ア didn't have　イ has been　ウ isn't feeling　エ was felt (　　　　)

14 現在完了形(2)

基礎レベル問題

時間 30分　解答 別冊 p.11　得点　　／100

1 現在完了形(経験)の否定文・疑問文 ___に適する語を(　)に書きなさい。　6点×8

(1) 私は沖縄を訪れたことが一度もありません。

I ___ never ___ Okinawa.

(　　　),(　　　)

(2) 彼はすしを食べたことが一度もありません。

He ___ never ___ *sushi.*

(　　　),(　　　)

(3) 私たちはその寺に行ったことが一度もありません。

We have ___ been ___ the temple.

(　　　),(　　　)

(4) *A*：あなたは今までにこの本を読んだことがありますか。

B：はい、あります。

A：___ you ever read this book?

B：Yes, I ___.

(　　　),(　　　)

(5) *A*：あなたたちは今までに京都に行ったことがありますか。

B：いいえ、ありません。

A：___ you ever ___ to Kyoto?

B：No, we ___.

(　　　),(　　　),(　　　)

(6) あなたは何回この映画を見たことがありますか。

___ many ___ have you seen this movie?

(　　　),(　　　)

(7) 彼女は何回海外旅行をしたことがありますか。

___ ___ ___ has she traveled abroad?

(　　　)(　　　)(　　　)

(8) [(7)に答えて] 2回あります。

___.

(　　　)

2 現在完了形(完了・結果)の否定文・疑問文 ___に適する語を(　)に書きなさい。　6点×4

(1) 私はまだ夕食を食べていません。

I have ___ eaten dinner yet.

(　　　)

(2) 彼女はまだ帰宅していません。

She ___ ___ come home yet.

(　　　)(　　　)

(3) *A*：電車はもう出発してしまいましたか。

B：はい、出発してしまいました。

A：___ the train left yet?

B：Yes, it ___.

(　　　),(　　　)

(4) *A*：あなたはもう宿題をしましたか。

B：いいえ、していません。

A：___ you ___ your homework yet?

B：No, I ___.

(　　　),(　　　),(　　　)

3 現在完了形(継続)の否定文・疑問文 ___に適する語を(　)に書きなさい。　7点×4

(1) 私は長い間、彼女に会っていません。

I ___ seen her for a long time.

(　　　)

(2) 先週から雨が降っていません。

It ___ been rainy since last week.

(　　　)

(3) *A*：彼らは先週からここにいるのですか。

B：いいえ、そうではありません。

A：___ they ___ here since last week?

B：No, they ___.

(　　　),(　　　),(　　　)

(4) あなたはどのくらい日本に住んでいますか。

___ ___ have you lived in Japan?

(　　　)(　　　)

よくでるポイント	
	現在完了形の否定文▶〈have [has] not ＋過去分詞〉の形。経験の否定文では not より never を使うことが多い。
	現在完了形の疑問文▶主語の前に have [has] を出す。過去分詞はそのまま。

入試レベル問題

時間 30分　解答 別冊 p.11　得点　　／100

1 日本文の意味を表す英文になるように、(　　)内の語句を並べかえなさい。　9点×3

(1) あなたはもう駅につきましたか。　(you / got / to / have / yet / the station)

____

(2) 彼はいつから日本に住んでいますか。　(has / lived / in / long / he / how / Japan)

____

(3) 私は外国に行ったことが一度もありません。　(I've / abroad / been / never)

____

2 次の日本文を英語に直しなさい。　9点×3

(1) あなたは何回、富士山に登ったことがありますか。

____

(2) 私はまだお風呂に入っていません。

____

(3) 1週間雨が降っていません。

____

入試 **3** 次の日本文の内容と合うように、英文中の(　　)内のア～ウからそれぞれ最も適しているものを1つずつ選び、記号で答えなさい。　(大阪府)　8点×2

(1) 私はこのような甘いりんごを食べたことがありません。

I have never (ア　eat　　イ　ate　　ウ　eaten) a sweet apple like this.　(　　　)

(2) あなたはもう宿題を終えましたか。

Have you (ア　finish　　イ　finished　　ウ　finishing) your homework yet?　(　　　)

入試 **4** 次の(　　)内の語を最も適当な形にして、対話文を完成させなさい。ただし、1語で答えること。　(千葉県)　10点

A : Have you ever (sing) an English song?

B : Yes, I have.　(　　　)

入試 **5** 次の対話文について、(　　)に入る1語をあとの語群から選び、自然な会話になるように<u>適切な形に変えて1語で</u>書きなさい。　(沖縄県・改)　10点

A : I visited Hokkaido last month for the first time.

B : Really?　I have never (　　　　) there.

語群：can　　hot　　speak　　be

(　　　)

入試 **6** 次の文の(　　)の中に入れるのに最も適するものを、あとのア～エから1つ選び、記号で答えなさい。　(神奈川県)　10点

My grandfather lives in Osaka, and I (　　　　) him for two months.

ア　don't see　　イ　was seeing　　ウ　was seen　　エ　haven't seen　(　　　)

テストに役立つ

中2英語　よくあるミスとその対策

will や must(助動詞)　6~7、10~11ページ

□ will、must などのあとの動詞は原形

(will の文)　She will **clean** her room.

→ 動詞は原形

(must の文)　He must **clean** his room.

ミス対策　clean を *cleans* にしたり、*wills* や *musts* と助動詞に s をつけたりしない！

接続詞 when、if　8~9ページ

□ when ～、if ～に続く文の動詞の形

ミス対策　接続詞の when や if に続く文の中では、未来のことも動詞は現在形で表す！

If it **is** sunny tomorrow, I'll play tennis.

→ 未来のことでも現在形

(もし明日晴れたら、私はテニスをします。)

have to と must　10~11ページ

□ 否定の意味の違いに注意

don't[doesn't] have to

→「～する必要はない」(不必要)

must not →「～してはいけない」(強い禁止)

不定詞と動名詞　16~17ページ

□ 動詞に注意…動詞には不定詞か動名詞のどちらかしか目的語にとらないものがある。どの動詞がどちらを目的語にとるのか覚えよう。

不定詞を目的語にとる動詞	want to ～ (～したい) hope to ～ (～することを望む)
動名詞を目的語にとる動詞	enjoy ～ing (～して楽しむ) finish ～ing (～し終える) stop ～ing (～するのをやめる)
どちらも目的語にとる動詞	like (好む) begin / start (始める) love (大好きである)

比較級・最上級の形　22~23ページ

□ er、est のつけ方…形容詞、副詞の語尾に er、est をつける。次のような語尾のときは要注意。

語尾	er、est のつけ方
e で終わる	→ r、st だけをつける 例▸ large － larger － largest
〈子音字＋y〉	→ y を i にかえて er、est をつける 例▸ busy － busier － busiest
〈短母音＋子音字〉	→ 語尾の1字を重ねて er、est 例▸ big － bigger － biggest

受け身　26~27ページ

□〈be 動詞＋過去分詞〉の形

○ be 動詞の使い分け

・主語が単数か複数か

・現在か過去か

によって am、is、are、was、were を使い分ける。

○過去分詞は、動詞の変化形の１つ

・規則動詞→過去形と同じ変化

・不規則動詞→１つずつ覚える

現在完了形　28~31ページ

□〈have[has]＋過去分詞〉の形

・主語が３人称単数のときには has

□ ３つの用法それぞれでよく使われる語句

経験	ever (今までに)、never (一度も～ない)、once (１回)、twice (２回)、～ times (～回)
完了・結果	just (ちょうど)、already (すでに)、yet (〈否定文で〉まだ、〈疑問文で〉もう)
継続	for (～の間)、since (～以来)

数学

1 式の計算(1) …… 34
単項式と多項式、式の次数、同類項、多項式の加減、多項式と数の乗除、式の値

2 式の計算(2) …… 36
単項式の乗除、式の値、文字式の利用、等式の変形

3 連立方程式の解き方 …… 38
連立方程式の解、連立方程式の解き方（加減法・代入法)、いろいろな連立方程式

4 連立方程式の利用 …… 40
連立方程式の解と係数、連立方程式の利用

5 1次関数 …… 42
1次関数、1次関数の値の変化、1次関数のグラフ、1次関数の式

6 方程式とグラフ …… 44
方程式とグラフ、連立方程式の解とグラフ、1次関数の利用

7 平行線と角 …… 46
対頂角、同位角・錯角、平行線と角、三角形の内角と外角、多角形の内角と外角

8 図形の合同と証明 …… 48
合同な図形の性質、三角形の合同条件、証明のしくみと進め方

9 三角形 …… 50
二等辺三角形、逆、正三角形、直角三角形の合同条件

10 四角形 …… 52
平行四辺形、長方形・ひし形・正方形、平行線と面積

11 確率、データの活用 …… 54
確率の求め方、確率の性質、四分位数と箱ひげ図、ヒストグラムと箱ひげ図、データの分布の比較

テストに役立つ
中２数学 よくあるミスとその対策 …… 56

1 式の計算(1)

基礎レベル問題

時間 30分　解答 別冊 p.12　得点　　／100

1 多項式の項　多項式《たこうしき》 $2a^2-5ab-a+4$ の項を、すべて答えなさい。　3点

（　　　　）

2 単項式の次数　次の単項式の次数を答えなさい。　3点×4

(1) $5x$　（　　）
(2) $-3a^2$　（　　）
(3) $4ab^2$　（　　）
(4) $-xy^2z$　（　　）

3 多項式の次数　次の多項式は、それぞれ何次式ですか。　3点×4

(1) $2a-3$　（　　）
(2) $-x^2+1$　（　　）
(3) $3a-5ab^2$　（　　）
(4) $x^2-2xy-y^2$　（　　）

4 同類項を見つける　次の式の同類項を答えなさい。　3点×2

(1) $5a-3b+c-2a-6b$
（　　　　）

(2) $-3x^2+xy+5x+2x^2-3xy$
（　　　　）

5 同類項をまとめる　次の式の同類項をまとめて簡単にしなさい。　3点×3

(1) $a+4b-2a+3b$
（　　　　）

(2) $-x+7y+4x-9y$
（　　　　）

(3) $2x^2-5x-3+2x-3x^2$
（　　　　）

6 多項式の加法　次の計算をしなさい。　4点×3

(1) $(2a+b)+(3a-2b)$
（　　　　）

(2) $(x-5y)+(-4x+3y)$
（　　　　）

(3) $(4x^2-x)+(-6x+x^2)$
（　　　　）

7 多項式の減法　次の計算をしなさい。　4点×3

(1) $(3a-b)-(a-2b)$
（　　　　）

(2) $(-x+4y)-(3x-5y)$
（　　　　）

(3) $(7a-4b)-(3a-b-8)$
（　　　　）

8 縦書きの加法・減法　次の計算をしなさい。　3点×2

(1)
$$\begin{array}{rr} & 5a-7b \\ +) & a+2b \\ \hline \end{array}$$
（　　　　）

(2)
$$\begin{array}{rr} & 2x^2-\ \ x+8 \\ -) & x^2-3x+5 \\ \hline \end{array}$$
（　　　　）

9 2つの式の和と差　次の問いに答えなさい。　4点×2

(1) 下の2つの式の和を求めなさい。
$2a+3b-c$、$3a-3b+5c$
（　　　　）

ミス注意 (2) 下の左の式から、右の式をひいた差を求めなさい。
x^2-5x-9、$-3x^2+2x-5$
（　　　　）

ミス注意 **10** 多項式と数の乗法・除法　次の計算をしなさい。　3点×4

(1) $-5(x-3y)$
（　　　　）

(2) $(9a-6b)\times\frac{1}{3}$
（　　　　）

(3) $(-12x+8y)\div4$
（　　　　）

(4) $(15a^2-10a)\div(-5)$
（　　　　）

11 式の値　$x=3$、$y=-2$ のとき、次の式の値を求めなさい。　4点×2

(1) $(5x-2y)-(4x-y)$
（　　　　）

(2) $(9x-6y)\div(-3)$
（　　　　）

よくでるポイント
同類項▷文字の部分がまったく同じ項。　**多項式の減法**▷ −(　)は、かっこ内の各項の符号を変えてはずす。
(数)×(多項式)▷数を、多項式のすべての項にかける。　**式の値**▷式を簡単にしてから数値を代入する。

入試レベル問題

時間 30分　解答 別冊 p.12　得点　／100

1 次の計算をしなさい。　4点×4

(1) $3ab-2b-4ab+a-2b$　（　　　）

(2) $x^2-5xy+2x+xy-3x-4x^2$　（　　　）

入試 (3) $\frac{1}{3}x+y-2x+\frac{1}{2}y$　（青森県）　（　　　）

(4) $\frac{3}{4}x^2-2x+\frac{1}{7}-\frac{1}{2}x^2-\frac{2}{3}x$　（　　　）

2 次の計算をしなさい。　4点×4

(1) $(7x-x^2)+(-5x^2+4-3x)$　（　　　）

入試 (2) $(6x+y)-(9x+7y)$　（山口県）　（　　　）

(3) $4a-\{b-(5a-2b)+4a\}$　（　　　）

(4) $\left(\frac{3}{2}x-\frac{2}{5}y\right)-\left(\frac{2}{3}x-\frac{1}{2}y+\frac{5}{9}\right)$　（　　　）

入試 **3** 次の計算をしなさい。　4点×6

(1) $3(a-2b)+4(-a+3b)$　（宮崎県）　（　　　）

(2) $7(2x-y)-(x-5y)$　（山梨県）　（　　　）

(3) $3(a-3b)-4(-a+2b)$　（新潟県）　（　　　）

(4) $6\left(\frac{2}{3}a-\frac{3}{2}b\right)-(a-3b)$　（千葉県）　（　　　）

(5) $\frac{x+2y}{3}+\frac{x-y}{5}$　（大分県）　（　　　）

(6) $\frac{3a-b}{4}-\frac{a-2b}{6}$　（大阪府）　（　　　）

ミス注意 **4** $A=2x^2-x+5$、$B=-x^2+8x$ として、次の式を計算しなさい。　4点×4

(1) $A+B$　（　　　）

(2) $A-2B$　（　　　）

(3) $(A+B)-(A-B)$　（　　　）

難 (4) $A-(B-3A)$　（　　　）

入試 難 **5** ある式に $3a-5b$ をたす計算を間《ま》違《ちが》えて、ある式から $3a-5b$ をひいてしまったために、答えが $-2a+4b$ となりました。正しく計算をしたときの答えを求めなさい。　（徳島県）　10点

（　　　）

ミス注意 **6** 次の問いに答えなさい。　6点×3

入試 (1) $x=\frac{1}{5}$、$y=-\frac{3}{4}$ のとき、$(7x-3y)-(2x+5y)$ の値を求めなさい。　（京都府）

（　　　）

入試 (2) $x=\frac{1}{2}$、$y=-3$ のとき、$2(x-5y)+5(2x+3y)$ の値を求めなさい。　（秋田県）

（　　　）

(3) $a=2$、$b=-4$ のとき、$a+b-\frac{5a-2b}{3}$ の値を求めなさい。

（　　　）

2 式の計算(2)

基礎レベル問題

時間 30分　解答 別冊 p.13　得点　　／100

1 単項式の乗法 次の計算をしなさい。　3点×4

(1)　$(-3x)\times5y$

（　　　）

(2)　$(-2a)\times(-4b)$

（　　　）

(3)　$5xy\times(-4y)$

（　　　）

(4)　$(-a)\times\dfrac{1}{4}ab$

（　　　）

ミス注意 **2 累乗をふくむ単項式の乗法** 次の計算をしなさい。　4点×4

(1)　$-(2a)^2$

（　　　）

(2)　$(-3x)^2$

（　　　）

(3)　$-x\times(-xy)^2$

（　　　）

(4)　$4xy\times(-2y)^2$

（　　　）

3 単項式の除法 次の計算をしなさい。　3点×4

(1)　$12ab\div3b$

（　　　）

(2)　$5x^2\div x$

（　　　）

(3)　$7x^2y\div(-y)$

（　　　）

(4)　$6a^2b\div(-2ab)$

（　　　）

4 係数に分数をふくむ単項式の除法 次の計算をしなさい。　4点×3

(1)　$9a^2\div\left(-\dfrac{9}{5}a\right)$

（　　　）

(2)　$-\dfrac{5}{2}xy\div\left(-\dfrac{5}{4}y\right)$

（　　　）

(3)　$\dfrac{1}{6}a^2b\div\left(-\dfrac{1}{18}a\right)$

（　　　）

5 式の値 $x=-2$、$y=3$ のとき、次の式の値を求めなさい。　4点×2

(1)　$(-2x)^2\times xy$

（　　　）

(2)　$15x^2y\div(-3x)$

（　　　）

6 文字式の利用（2けたの自然数） 一の位が0でない2けたの自然数の、十の位の数を a、一の位の数を b とするとき、次の問いに答えなさい。　4点×3

(1)　この数を、a、b を使って表しなさい。

（　　　）

(2)　この数の十の位の数と一の位の数を入れかえてできる数を、a、b を使って表しなさい。

（　　　）

(3)　もとの数から、十の位の数と一の位の数を入れかえた数をひいた差を、a、b を使って表しなさい。

（　　　）

7 文字式の利用（偶数と奇数） 2つの整数 m、n を使って、次の数を表しなさい。　4点×3

(1)　2つの奇数《きすう》

（　　　）

(2)　2つの偶数《ぐうすう》の和

（　　　）

(3)　2つの奇数の差

（　　　）

8 等式の変形 次の等式を、〔　〕の中の文字について解きなさい。　4点×4

(1)　$a-2b=9$　〔a〕

（　　　）

ミス注意 (2)　$5x-y=-10$　〔y〕

（　　　）

(3)　$\ell=4\pi r$　〔r〕

（　　　）

(4)　$a=8(m+n)$　〔m〕

（　　　）

よくでるポイント
単項式の乗法▶係数の積に文字の積をかける。
単項式の除法▶分数の形にして約分する。
文字を使った説明▶整数 m、n などを使った式に表す。
等式の変形▶方程式を解くのと同じように変形する。

入試レベル問題

時間 30分　解答 別冊 p.13　得点　／100

1 次の計算をしなさい。　5点×8

(1) $5x\times(-6xy)$

入試 (2) $2a\times(-3a)^2$　（沖縄県）

入試 (3) $28x^3y^2\div4x^2y$　（佐賀県）

(4) $7a^2\div\left(-\dfrac{14}{5}a\right)$

入試 (5) $a^2\times ab^2\div a^3b$　（秋田県）

入試 (6) $6ab\div(-9a^2b^2)\times3a^2b$　（熊本県）

入試 (7) $24ab^2\div(-6a)\div(-2b)$　（青森県）

入試 (8) $6xy^2\div\left(-\dfrac{3}{5}xy\right)\div(-2x)^3$　（22 埼玉県）

2 次の式の値を求めなさい。　6点×2

(1) $x=5$、$y=-3$ のとき、$3x^2y\div(-9x)$ の値

(2) $a=-\dfrac{1}{3}$、$b=\dfrac{3}{2}$ のとき、$6a^2b\times(-3b)\div9a$ の値

ミス注意 **3** (3、5)、(11、13) のように連続する 2 つの奇数について答えなさい。　7点×2

(1) 連続する 2 つの奇数を、整数 n を使って表しなさい。

難 (2) 連続する 2 つの奇数の和は、4 の倍数になることを説明しなさい。

入試 **4** 次の等式を、〔　〕の中の文字について解きなさい。　6点×4

(1) $3x+7y=21$　〔x〕　（滋賀県）

(2) $3(4x-y)=6$　〔y〕　（香川県）

(3) $a=\dfrac{2b-c}{5}$　〔c〕　（栃木県）

(4) $b=\dfrac{5a+4}{7}$　〔a〕　（大阪府）

5 右の図の長方形を、直線 ℓ を軸《じく》として 1 回転させてできる円柱を A、この長方形の縦の長さを 3 倍の $3a$ cm とし、横の長さを半分の $\dfrac{1}{2}b$ cm として、直線 ℓ を軸として 1 回転させてできる円柱を B とします。円柱 A と円柱 B の体積の比を求めなさい。　10点

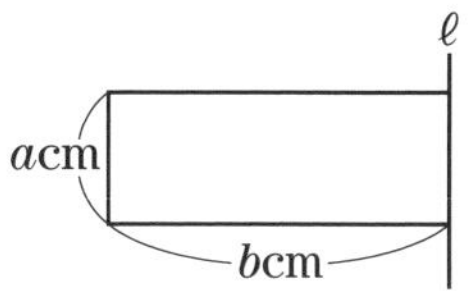

基礎レベル問題

時間 30分　解答 別冊 p.14　得点　／100

1 2元1次方程式を成り立たせる値の組　下の表は、2元1次方程式 $3x+y=5$ を成り立たせる x、y の値を示したものです。表の㋐、㋑にあてはまる数を求めなさい。　3点×2

x	0	1	2	3	4	5
y	5	2	㋐	-4	㋑	-10

㋐（　　　）㋑（　　　）

2 2元1次方程式の解　2元1次方程式 $x+6y=24$ について、次の問いに答えなさい。　5点×2

(1) $x=-10$、$y=5$ は、この2元1次方程式の解といえますか。

（　　　）

(2) x、y がともに自然数のとき、この2元1次方程式の解をすべて求めなさい。

（　　　）

3 連立方程式の解　次のア〜ウのうち、連立方程式 $\begin{cases} 2x+y=5 \\ x+y=3 \end{cases}$ の解であるものはどれですか。記号で答えなさい。　5点

ア　$x=3$、$y=1$　　イ　$x=2$、$y=1$
ウ　$x=2$、$y=-1$

（　　　）

4 加減法　次の連立方程式を、加減法で解きなさい。　5点×4

(1) $\begin{cases} x+2y=6 \\ x-3y=-4 \end{cases}$

（　　　）

(2) $\begin{cases} 5x-2y=-11 \\ 3x+2y=3 \end{cases}$

（　　　）

(3) $\begin{cases} 2x-y=2 \\ -5x+3y=-2 \end{cases}$

（　　　）

(4) $\begin{cases} 4x+3y=2 \\ 2x+5y=-6 \end{cases}$

（　　　）

5 代入法　次の連立方程式を、代入法で解きなさい。　5点×3

(1) $\begin{cases} y=2x \\ 5x-y=6 \end{cases}$

（　　　）

(2) $\begin{cases} 2x-5y=7 \\ x=2y+3 \end{cases}$

（　　　）

(3) $\begin{cases} y-2x=1 \\ 3x-2y=-5 \end{cases}$

（　　　）

6 かっこのある連立方程式　次の連立方程式を解きなさい。　6点×2

(1) $\begin{cases} x-y=-6 \\ 2x+3(y-4)=-14 \end{cases}$

（　　　）

(2) $\begin{cases} 5(x+y)=2y-12 \\ x+2y=-1 \end{cases}$

（　　　）

7 係数に分数や小数をふくむ連立方程式　次の連立方程式を解きなさい。　6点×4

ミス注意 (1) $\begin{cases} \dfrac{x}{2}-\dfrac{y}{3}=-1 \\ y=2x+1 \end{cases}$

（　　　）

(2) $\begin{cases} 3x-2y=-14 \\ \dfrac{1}{4}x-\dfrac{1}{8}y=-1 \end{cases}$

（　　　）

(3) $\begin{cases} 0.4x+0.1y=-0.5 \\ x-3y=2 \end{cases}$

（　　　）

(4) $\begin{cases} 2x-5y=9 \\ 0.3x+0.4y=0.2 \end{cases}$

（　　　）

ミス注意 **8** $A=B=C$ の形の連立方程式

方程式 $3x-y=5x+y=8$ を解きなさい。　8点

（　　　）

よくでるポイント
加減法▶左辺どうし、右辺どうしをたすかひくかして、1つの文字を消去する。
代入法▶一方の式を $x=$～や $y=$～の形に変形し、それを他方の式に代入して、1つの文字を消去する。

入試レベル問題

時間 30分　解答 別冊 p.14　得点 ／100

1 2元1次方程式 $5x-2y+4=0$ について、次の問いに答えなさい。　6点×2

(1) $y=-3$ のときの、x の値を求めなさい。

ミス注意 (2) x、y がともに0以上10以下の整数であるとき、この方程式の解をすべて求めなさい。

2 次のア～ウの連立方程式のうち、$x=-4$、$y=3$ が解になっているものはどれですか。記号で答えなさい。　6点

ア $\begin{cases} x+y=-1 \\ 3x-y=9 \end{cases}$　イ $\begin{cases} 3x+y=8 \\ 2x-5y=-21 \end{cases}$　ウ $\begin{cases} 5x-y=-23 \\ -x+4y=16 \end{cases}$

入試 **3** 次の連立方程式を解きなさい。　5点×6

(1) $\begin{cases} 7x+y=19 \\ 5x+y=11 \end{cases}$　(大阪府)

(2) $\begin{cases} x=4y+1 \\ 2x-5y=8 \end{cases}$　(22 東京都)

(3) $\begin{cases} 5x+2y=4 \\ 3x-y=9 \end{cases}$　(岐阜県)

(4) $\begin{cases} x-3y=5 \\ 3x+5y=1 \end{cases}$　(島根県)

(5) $\begin{cases} 3x+5y=2 \\ -2x+9y=11 \end{cases}$　(23 埼玉県)

(6) $\begin{cases} 4x+3y=-7 \\ 3x+4y=-14 \end{cases}$　(京都府)

4 次の連立方程式を解きなさい。　6点×6

(1) $\begin{cases} 3x+5y=1 \\ 4x=-5(y+1)+3 \end{cases}$

(2) $\begin{cases} 2(x+1)-(y+1)=6 \\ 3(x-1)+2(y-1)=-1 \end{cases}$

入試 (3) $\begin{cases} x+y=9 \\ 0.5x-\dfrac{1}{4}y=3 \end{cases}$　(秋田県)

(4) $\begin{cases} 0.1x-0.4y=1.2 \\ x=10+3y \end{cases}$

入試 (5) $\begin{cases} 0.2x+0.8y=1 \\ \dfrac{1}{2}x+\dfrac{7}{8}y=-2 \end{cases}$　(神奈川県・改)

(6) $\begin{cases} 2x-3(y-1)=-8 \\ 0.2x-0.07y=0.05 \end{cases}$

入試 **5** 次の方程式を解きなさい。　8点×2

(1) $2x+y=5x+3y=-1$　(滋賀県)

(2) $x-16y+10=5x-14=-8y$　(大阪府)

4 連立方程式の利用

基礎レベル問題

時間 30分　解答 別冊 p.15　得点　／100

1 連立方程式の解と係数　次の問いに答えなさい。　6点×3

(1) 連立方程式 $\begin{cases} ax+3y=-2 \\ x+by=8 \end{cases}$ の解が $x=2$、$y=-2$ であるとき、a、b の値を求めなさい。

（　　　　）

(2) 連立方程式 $\begin{cases} ax-y=b \\ x+ay=b \end{cases}$ の解が $x=-1$、$y=2$ であるとき、次の問いに答えなさい。

① x、y の値を連立方程式に代入して、a、b についての連立方程式をつくりなさい。

（　　　　）

② ①の連立方程式を解いて、a、b の値を求めなさい。

（　　　　）

2 2元1次方程式をつくる　次の x と y の関係を等式で表しなさい。　5点×2

(1) 1個 x 円のドーナツを3個と、1個 y 円のマフィンを2個買ったら、代金は全部で600円になった。

（　　　　）

(2) A地点からB地点までの x km を時速4 km で歩き、B地点からC地点までの y km を時速3 km で歩いたら、全部で2時間かかった。（　　　　）

3 2つの数の関係　大、小2つの数があります。その2つの数の和は75で、大きい数は小さい数の3倍よりも5小さいそうです。このとき、次の問いに答えなさい。　8点×2

(1) 大きい数を x、小さい数を y として、x と y についての連立方程式をつくりなさい。

（　　　　）

(2) (1)の連立方程式を解いて、2つの数を求めなさい。

（　　　　）

4 代金と個数　1個250円のケーキと1個150円のシュークリームを合わせて7個買ったら、代金は1450円でした。このとき、次の問いに答えなさい。　8点×2

(1) ケーキを x 個、シュークリームを y 個買ったとして、x と y についての連立方程式をつくりなさい。

（　　　　）

(2) (1)の連立方程式を解いて、買ったケーキとシュークリームの個数を求めなさい。

（　　　　）

5 速さと道のり　A地点からC地点までの38 km の道のりを、途中のB地点までは船に乗って時速24 km で進み、B地点からC地点までは時速4 km で歩いたところ、全体で2時間かかりました。このとき、次の問いに答えなさい。　10点×2

(1) 船で進んだ道のりを x km、歩いた道のりを y km として、x と y についての連立方程式をつくりなさい。

（　　　　）

(2) (1)の連立方程式を解いて、船で進んだ道のりと歩いた道のりを求めなさい。

（　　　　）

6 割合　セーターを定価の30%引きで、シャツを定価の20%引きで、1枚ずつ買ったら8000円でした。これらを定価で買うと11000円になります。このとき、次の問いに答えなさい。　10点×2

ミス注意 (1) セーターの定価を x 円、シャツの定価を y 円として、x と y についての連立方程式をつくりなさい。

（　　　　）

(2) (1)の連立方程式を解いて、セーターとシャツの定価をそれぞれ求めなさい。

（　　　　）

よくでるポイント
連立方程式の解と係数▶解を方程式に代入し、係数についての1次方程式や連立方程式を解く。
連立方程式の利用▶x、y とするものを決め、等しい数量関係から2つの方程式をつくり、方程式を解く。

入試レベル問題

時間 30分　解答 別冊 p.15　得点　　／100

入試 **1** 次の問いに答えなさい。　10点×2

(1) 連立方程式 $\begin{cases} ax+by=-11 \\ bx-ay=-8 \end{cases}$ の解が $x=-6$、$y=1$ であるとき、a、b の値を求めなさい。(茨城県)

難 (2) x、y についての連立方程式Ⓐ、Ⓑがあります。連立方程式Ⓐ、Ⓑの解が同じであるとき、a、b の値を求めなさい。(千葉県)

Ⓐ $\begin{cases} -x-5y=7 \\ ax+by=9 \end{cases}$　　Ⓑ $\begin{cases} 2bx+ay=8 \\ 3x+2y=5 \end{cases}$

2 1個80円のみかんと1個150円のりんごを合わせて12個買ったら、代金は1240円でした。みかんとりんごを、それぞれ何個買いましたか。　16点

入試 **3** ある3けたの自然数Xがあり、各位の数の和は15です。また、Xの百の位の数と一の位の数を入れかえてつくった数をYとすると、XからYをひいた値は396でした。十の位の数が7のとき、Xを求めなさい。(23 埼玉県)　16点

入試 **4** ある高校の昨年度の全校生徒数は500人でした。今年度は昨年度と比べて、市内在住の生徒数が20%減り、市外在住の生徒数が30%増えましたが、全校生徒数は昨年度と同じ人数でした。今年度の市内在住の生徒数を求めなさい。(21 埼玉県)　16点

入試 **5** 花子さんは、学校の遠足で動物園に行きました。行きと帰りは同じ道を通り、帰りは途中《とちゅう》にある公園で休憩《きゅうけい》しました。行きは午前9時に学校を出発し、分速80mで歩いたところ、動物園に午前9時50分に着きました。帰りは午後2時に動物園を出発し、動物園から公園までは分速70mで歩きました。公園で10分間休憩し、公園から学校までは分速60mで歩いたところ、午後3時10分に学校に着きました。このとき、学校から公園までの道のりと、公園から動物園までの道のりは、それぞれ何mであったか、方程式をつくって求めなさい。なお、途中の計算も書くこと。(石川県)　16点

(答) 学校から公園までの道のり　　　m、公園から動物園までの道のり　　　m

難 ミス注意 **6** ある列車が、1360mのトンネルに入り始めてから完全に出るまでに80秒かかりました。また、この列車が、860mの鉄橋を渡《わた》り始めてから渡り終わるまでに55秒かかりました。列車は一定の速さで走ったものとして、列車の長さと時速を求めなさい。　16点

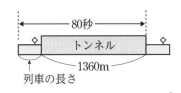

5　1次関数

基礎レベル問題

時間 30分　解答 別冊 p.16　得点　／100

1 1次関数の式（式の形）　y が x の関数で、次の式で表されるとき、1次関数であるものには○、そうでないものには×をつけなさい。　3点×4

(1)　$y=-4x+9$　（　　）

(2)　$y=2x^2+3$　（　　）

(3)　$y=-\frac{1}{2}x$　（　　）

ミス注意 (4)　$y=\frac{5}{x}$　（　　）

2 1次関数の式（数量関係）　次のうち、y が x の1次関数であるものはどれですか。2つ選んで、記号で答えなさい。　6点

ア　自動車で、時速 60 km で x 時間走ったときの道のり y km

イ　1辺の長さが x cm の正方形の面積 y cm^2

ウ　長さ 18 cm のローソクが1分間に 0.3 cm ずつ短くなるとき、火をつけてから x 分後のローソクの長さ y cm

エ　面積が 36 cm^2 の長方形の縦の長さ x cm と横の長さ y cm

（　　）

3 変化の割合　1次関数 $y=2x-1$ について、次の場合の変化の割合を求めなさい。　3点×2

(1)　x の値が1から5まで変わるとき　（　　）

(2)　x の値が -2 から3まで変わるとき　（　　）

4 y の増加量　1次関数 $y=-5x+3$ で、次の場合の y の増加量を求めなさい。　3点×2

(1)　x の増加量が1のとき　（　　）

(2)　x の増加量が4のとき　（　　）

5 グラフ上の点　次の点A、Bは1次関数 $y=3x-1$ のグラフ上の点です。□にあてはまる数を求めなさい。　3点×2

(1)　A(5、□)　（　　）

(2)　B(□、-4)　（　　）

6 1次関数のグラフの傾きと切片　次の直線の傾《かたむ》きと切片を答えなさい。　3点×4

(1)　$y=3x-5$　（　　）

(2)　$y=\frac{1}{3}x-1$　（　　）

(3)　$y=-5x$　（　　）

(4)　$y=-\frac{5}{2}x+3$　（　　）

7 1次関数のグラフのかき方　次の1次関数のグラフをかきなさい。　4点×4

(1)　$y=2x+1$

(2)　$y=-x+3$

(3)　$y=\frac{1}{2}x-3$

ミス注意 (4)　$y=-\frac{2}{3}x+2$

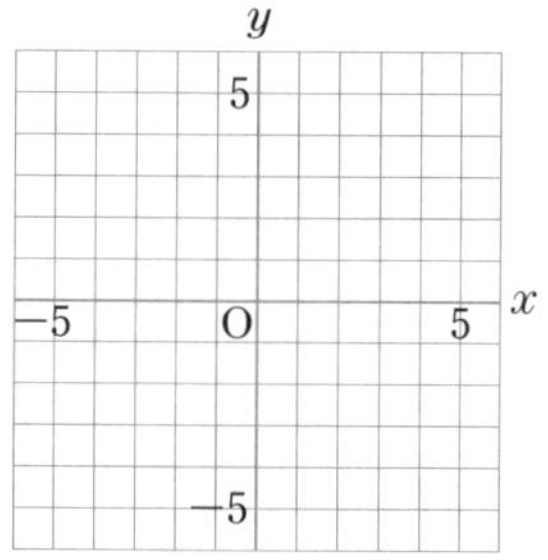

8 傾きと切片から式を求める　次の1次関数の式を求めなさい。　4点×3

(1)　グラフの傾きが -2 で、切片が3である。　（　　）

(2)　変化の割合が3で、グラフが点(0、-6)を通る。　（　　）

(3)　グラフが直線 $y=5x$ に平行で、点(0、3)を通る。　（　　）

9 傾きと通る1点から式を求める　次の1次関数の式を求めなさい。　6点×2

(1)　グラフの傾きが4で、点(2、6)を通る。　（　　）

(2)　変化の割合が -3 で、グラフが点(3、0)を通る。　（　　）

10 通る2点から式を求める　次の1次関数の式を求めなさい。　6点×2

(1)　グラフが2点(-2、0)、(0、6)を通る。　（　　）

(2)　グラフが2点(3、-1)、(1、3)を通る。　（　　）

よくでるポイント　**1次関数の式**▷ $y=ax+b$（a、b は定数）　**1次関数 $y=ax+b$ のグラフ**▷傾き a、切片 b の直線。
グラフのかき方▷切片と傾きを利用して、通る2点を見つける。　**式の求め方**▷ $y=ax+b$ にわかる値を代入。

入試レベル問題

時間 30分　解答 別冊 p.16　得点　／100

入試 1 次のア～エの中から、y が x の1次関数であるものをすべて選んで、記号を書きなさい。

（21 愛知県） 15点

ア　1辺の長さが x cm である立方体の体積 y cm^3

イ　面積が 50 cm^2 である長方形の縦の長さ x cm と横の長さ y cm

ウ　半径が x cm である円の周の長さ y cm

エ　5％の食塩水 x g に含まれる食塩の量 y g

（　　　　）

2 1次関数 $y=-\frac{4}{5}x+3$ で、次の場合の y の増加量を求めなさい。 5点×2

(1)　x の増加量が5のとき　（　　　）

(2)　x の増加量が -10 のとき　（　　　）

3 次の問いに答えなさい。 10点×4

(1)　直線 $y=2x+3$ に平行で、点(3、5)を通る直線の式を求めなさい。

（　　　　）

入試 (2)　関数 $y=ax+b$ について、x の値が2増加すると y の値が4増加し、$x=1$ のとき $y=-3$ です。このとき、a、b の値をそれぞれ求めなさい。 （青森県）

（　　　　）

入試 (3)　1次関数 $y=-2x+1$ について、x の変域が $-1 \leqq x \leqq 2$ のとき、y の変域を求めなさい。 （長崎県）

（　　　　）

入試 (4)　Aは2点(−3、−8)、(1、4)を通る直線上の点で、x 座標が3です。このとき、点Aの y 座標を求めなさい。 （22 愛知県）

（　　　　）

入試 4 1次関数 $y=-3x+5$ について述べた文として正しいものを、次のア～エから1つ選び、記号で答えなさい。 （鳥取県） 15点

ア　グラフは点(−3、5)を通る直線である。

イ　x の値が2倍になるとき、y の値も2倍になる。

ウ　x の変域が $1 \leqq x \leqq 2$ のとき、y の変域は $-1 \leqq y \leqq 2$ である。

エ　x の値が1から3まで変わるとき、y の増加量は -3 である。

（　　　）

ミス注意 5 右の図の直線(1)、(2)の式をそれぞれ求めなさい。 10点×2

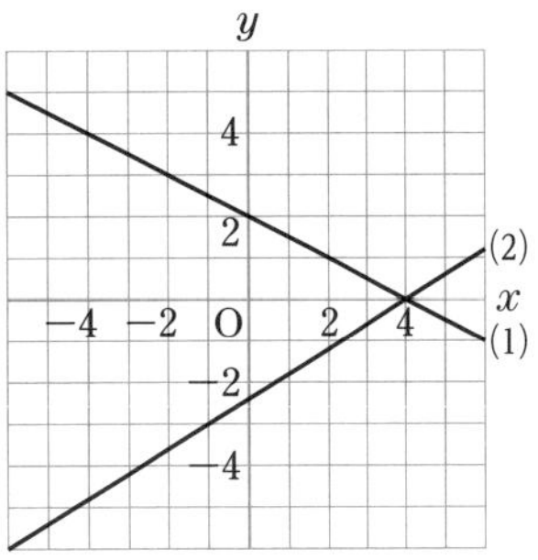

(1)（　　　　）

(2)（　　　　）

6 方程式とグラフ

基礎レベル問題

時間 30分　解答 別冊 p.17　得点　／100

1 方程式のグラフ(1) 2元1次方程式 $2x+y=3$ について、次の問いに答えなさい。　5点×2

(1) この方程式を、y について解きなさい。

(　　　　)

(2) この方程式のグラフをかきなさい。

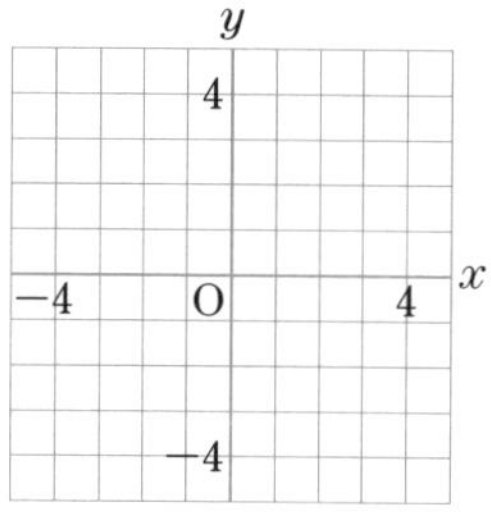

2 方程式のグラフ(2) 次の方程式のグラフをかきなさい。　5点×3

(1) $3x-y=4$

(2) $x+2y=1$

(3) $2x-3y=-3$

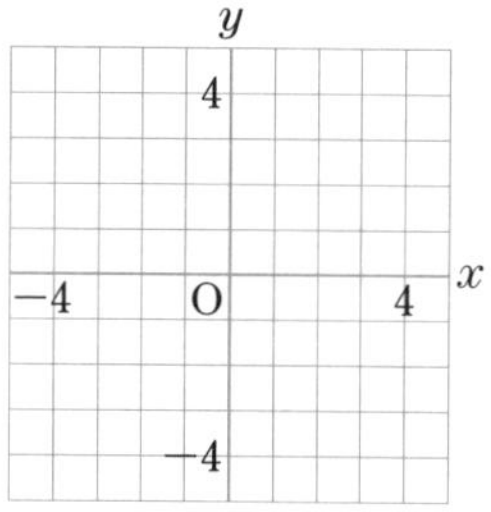

ミス注意 **3 $y=k$、$x=h$ のグラフ** 次の方程式のグラフを選んで、記号で答えなさい。　5点×3

(1) $y=-3$

(　　　　)

(2) $x=3$

(　　　　)

(3) $x=3y$

(　　　　)

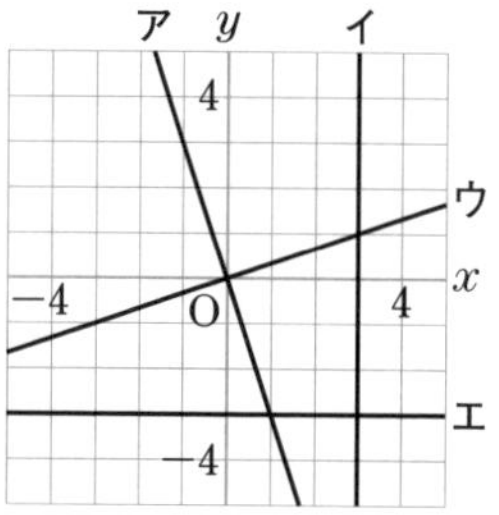

4 連立方程式の解とグラフ 下の図の直線①の方程式は $2x+y=3$、直線②の方程式は $x-2y=4$ です。これについて、次の問いに答えなさい。　4点×2

(1) 直線①と直線②の交点の座標を、図から求めなさい。

(　　　　)

(2) 連立方程式

$$\begin{cases} 2x+y=3 \\ x-2y=4 \end{cases}$$

の解を求めなさい。　(　　　　)

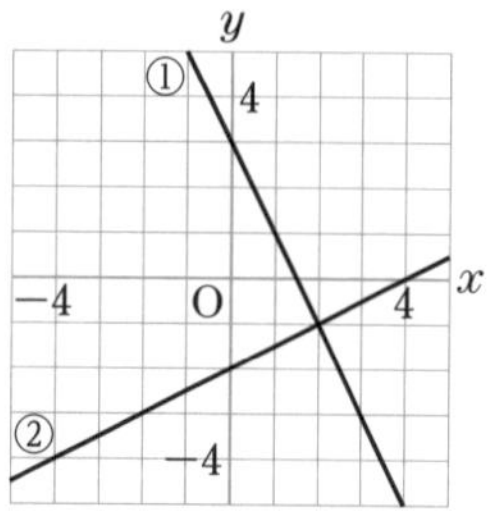

5 2直線の交点の座標 次の①②の方程式のグラフの交点の座標を求めなさい。　6点

$$\begin{cases} 3x+2y=2 & \cdots① \\ 5x-2y=-18 & \cdots② \end{cases}$$

(　　　　)

6 ばねの長さと重さ 下の表は、ばねにおもりをつるしたときの、おもりの重さ x g とそのときのばねの長さ y cm の関係を示したものです。次の問いに答えなさい。　6点×2

x	0	3	6	9	12	15
y	12	13.5	15	16.5	18	19.5

(1) y を x の式で表しなさい。

(　　　　)

(2) このばねに 20 g のおもりをつるすと、ばねの長さは何 cm になりますか。

(　　　　)

7 直線と三角形の面積 右の図の直線 ℓ は $y=2x+8$ のグラフで、点 A、B は、それぞれ直線 ℓ と x 軸、y 軸との交点です。このとき、次の問いに答えなさい。　6点×2

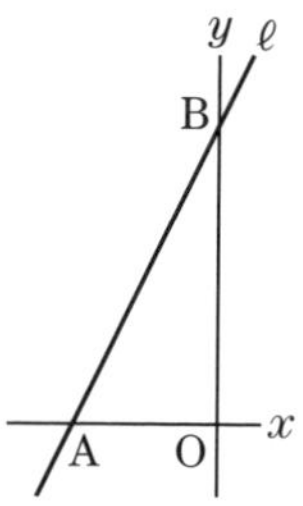

(1) 点 A の座標を求めなさい。

(　　　　)

(2) △AOB の面積を求めなさい。ただし、座標の1目もりは1 cm とします。

(　　　　)

8 速さ・時間・距離とグラフ たくやさんは、家を出発して 1200 m 離《はな》れた公園まで歩き、少し休んでから歩いて帰ってきました。下のグラフはそのときのようすを表したものです。次の問いに答えなさい。

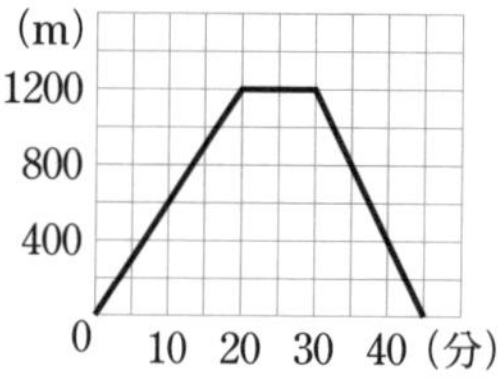

(1) 休んだ時間は何分ですか。　6点

(　　　　)

(2) 行きと帰りの速さは、それぞれ分速何 m ですか。　8点×2

行き…(　　　　)　帰り…(　　　　)

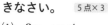

よくでるポイント
2元1次方程式のグラフ▶ $y=ax+b$ の形に変形してかく。 **$y=k$、$x=h$ のグラフ**▶それぞれ x 軸、y 軸に平行。
連立方程式の解▶グラフの交点の x 座標、y 座標の組。 **2直線の交点の座標**▶連立方程式を解いて解を求める。

入試レベル問題

時間 30分　解答 別冊 p.17　得点 ／100

1 次の方程式のグラフをかきなさい。　((1)秋田県) 6点×5

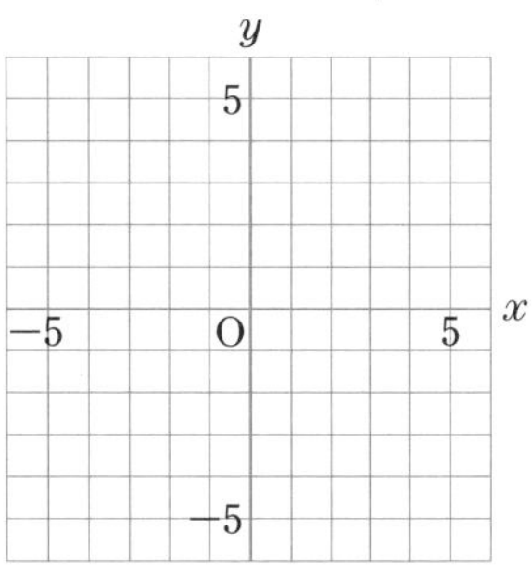

入試 (1)　$2x+3y=-6$

(2)　$3x+y-4=0$

(3)　$3x-5y=0$

(4)　$5y-25=0$

(5)　$9+3x=0$

入試 難 **2** a、b を0でない定数とします。右の図において、ℓ は2元1次方程式 $ax+by=1$ のグラフを表します。次のア～エのうち、a、b について述べた文として正しいものを1つ選び、記号で答えなさい。　(大阪府) 20点

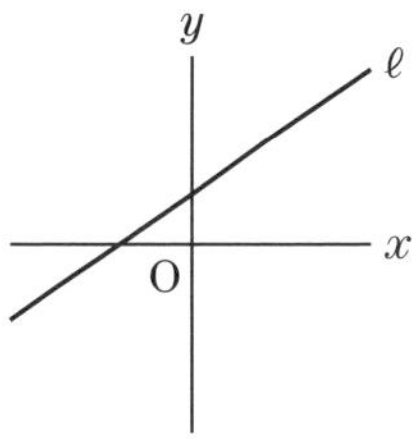

ア　a は正の数であり、b も正の数である。
イ　a は正の数であり、b は負の数である。
ウ　a は負の数であり、b は正の数である。
エ　a は負の数であり、b も負の数である。

(　　　　)

3 右の図で、点Pは2直線 ℓ、m の交点です。これについて、次の問いに答えなさい。　10点×3

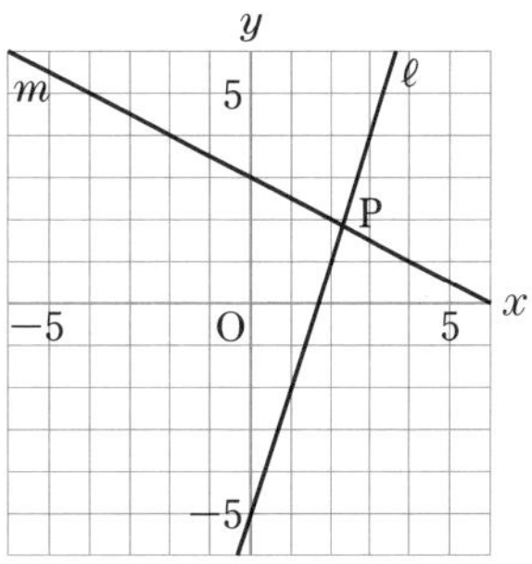

(1)　直線 ℓ の式を求めなさい。

(　　　　)

(2)　直線 m の式を求めなさい。

(　　　　)

(3)　点Pの座標を求めなさい。

(　　　　)

入試 **4** 駅から3600m離れた図書館まで、まっすぐで平らな道があります。健司さんは、午前10時に駅を出発し、毎分60mの速さで図書館に歩いて向かいました。駅から1800m離れた地点で立ち止まって休憩《きゅうけい》し、休憩後は毎分120mの速さで図書館に走って向かい、午前10時50分に図書館に着きました。図は、健司さんが駅を出発してから x 分後に、駅から y m離れた地点にいるとして、x と y の関係を表したグラフの一部です。

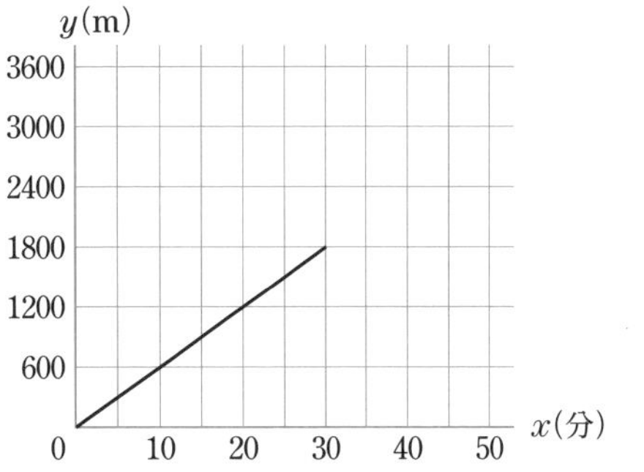

(秋田県) 10点×2

(1)　健司さんが駅から1800m離れた地点で休憩を始めてから、図書館に着くまでの x と y の関係を表したグラフを、図にかき加えなさい。

(2)　健司さんの姉の美咲《みさき》さんは、健司さんが駅を出発した時刻と同じ時刻に、自転車に乗って図書館を出発し、毎分240mの速さで駅に向かっていたところ、歩いて図書館に向かう健司さんと出会いました。美咲さんと健司さんが出会ったときの時刻を求めなさい。

(　　　　)

平行線と角

基礎レベル問題

時間 30分　解答 別冊 p.18　得点 ／100

1 対頂角 右の図のように、3直線が1点で交わっているとき、次の角の大きさを求めなさい。　4点×3

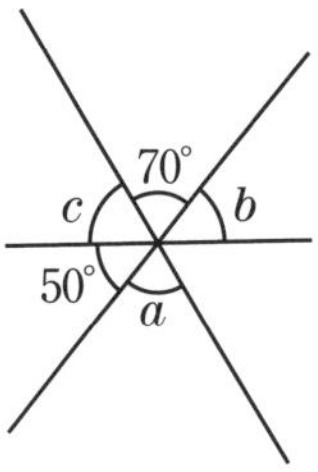

(1)　$\angle a$

(　　　)

(2)　$\angle b$

(　　　)

(3)　$\angle a+\angle b+\angle c$

(　　　)

2 同位角・錯角 右の図について、次の角を答えなさい。　4点×2

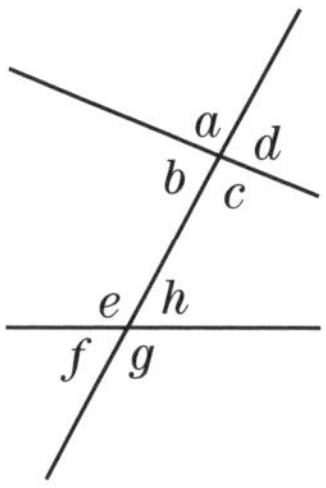

(1)　$\angle a$ の同位角

(　　　)

(2)　$\angle b$ の錯角《さっかく》

(　　　)

3 平行線と角 右の図で、$\ell /\!/ m$ のとき、$\angle x$、$\angle y$ の大きさを求めなさい。　5点×2

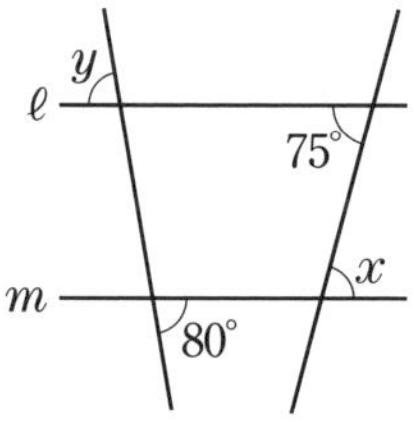

$\angle x=$(　　　)

$\angle y=$(　　　)

4 平行であることの説明

右の図で、

$\angle a+\angle b=180°$

ならば、$\ell /\!/ m$ であることを、次のように説明しました。□にあてはまる数やことばを答えなさい。　4点×3

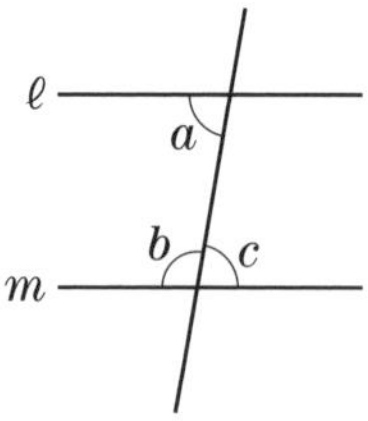

〔説明〕　$\angle a+\angle b=180°$ より、

$\angle a=180°-\angle b$　…①

また、一直線の角だから、

$\angle b+\angle c=$ ［(1)］°

これより、$\angle c=$ ［(2)］°$-\angle b$　…②

①、②より、$\angle a=\angle c$ で、［(3)］が等しいから、$\ell /\!/ m$ である。

(1)(　　　)　(2)(　　　)　(3)(　　　)

5 三角形の内角・外角の性質の説明

右の図で、

$\angle A+\angle B=\angle ACD$

であることを、次のように説明しました。

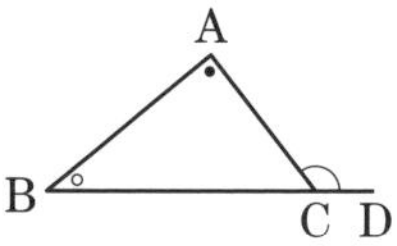

□にあてはまる記号を答えなさい。　4点×2

〔説明〕　$\angle A+\angle B+\angle ACB=180°$

より、$\angle A+\angle B=180°-\angle$ ［(1)］　…①

また、$\angle BCD$ は一直線で $180°$ だから、

$\angle$ ［(2)］ $=180°-\angle ACB$　…②

①、②より、$\angle A+\angle B=\angle ACD$

(1)(　　　)　(2)(　　　)

6 三角形の内角・外角 次の図で、$\angle x$ の大きさを求めなさい。　5点×2

(1)

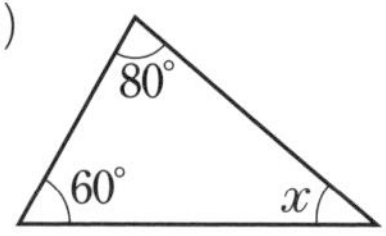

(2)

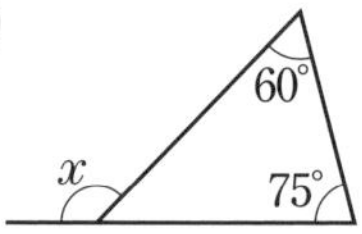

(　　　)　(　　　)

7 多角形の内角の和 多角形で、1つの頂点から対角線をひいたとき、下の表の(　)にあてはまる数を書きなさい。　4点×5

多角形	三角形の数	内角の和
三角形	1	180°×1
四角形	2	180°×2
五角形	3	(1) 180°×(　　)
六角形	(2)(　　)	(3) 180°×(　　)
八角形	(4)(　　)	(5) 180°×(　　)

ミス注意 **8** 多角形の内角の和と外角の和 次の問いに答えなさい。　5点×4

(1)　七角形の内角の和は何度ですか。

(　　　)

(2)　正八角形の1つの内角の大きさは何度ですか。

(　　　)

(3)　十角形の外角の和は何度ですか。

(　　　)

(4)　正十角形の1つの外角の大きさは何度ですか。

(　　　)

よくでるポイント
平行線の性質 ▶ 2直線が平行ならば、同位角・錯角は等しい。　***n* 角形の内角の和** ▶ $180^\circ \times (n-2)$
三角形の内角・外角の性質 ▶ 内角の和は180°、外角はそれととなり合わない2つの内角の和に等しい。

入試レベル問題

時間 30分　解答 別冊 p.18　得点 ／100

1 次の図で、$\ell /\!/ m$ のとき、$\angle x$、$\angle y$ の大きさを求めなさい。　5点×4

(1)

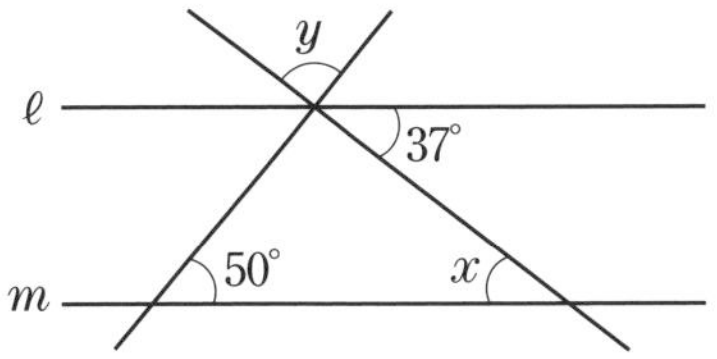

$\angle x =$ (　　　)　$\angle y =$ (　　　)

(2)

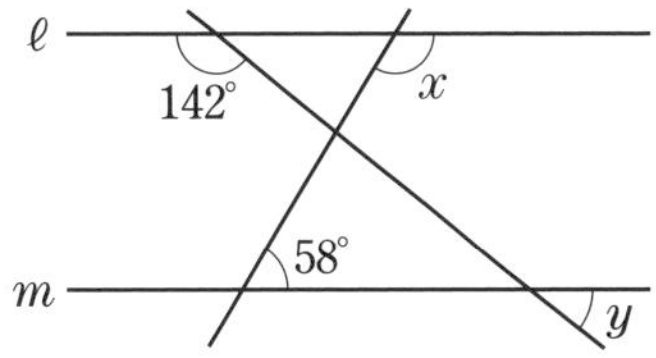

$\angle x =$ (　　　)　$\angle y =$ (　　　)

2 次の図で、$\angle x$ の大きさを求めなさい。　8点×2

(1)

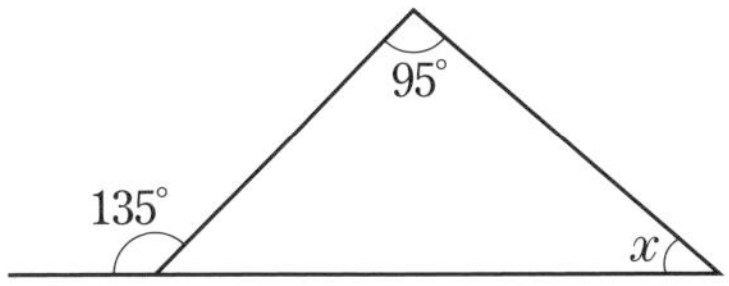

(　　　)

入試 (2)　(21 埼玉県)

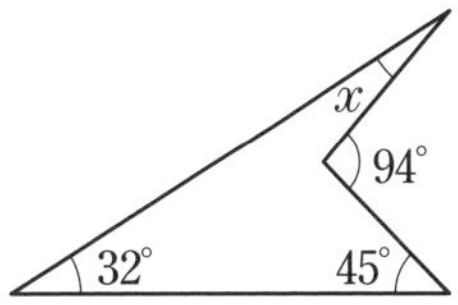

(　　　)

入試 **3** 次の図で、$\ell /\!/ m$ のとき、$\angle x$ の大きさを求めなさい。　10点×2

ミス注意 (1)　(愛媛県)

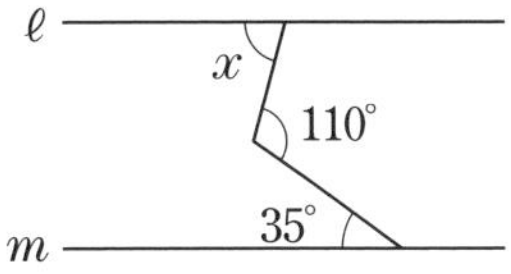

(　　　)

(2)　(島根県)

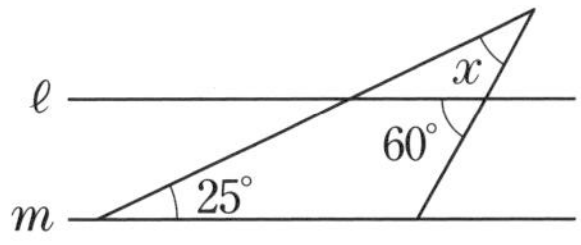

(　　　)

4 次の問いに答えなさい。　8点×4

(1)　十二角形の内角の和を求めなさい。

(　　　)

入試 (2)　1つの内角の大きさが140°である正多角形の内角の和を求めなさい。　(大阪府)

(　　　)

(3)　1つの外角が45°になる正多角形を答えなさい。

(　　　)

入試 (4)　右の図で、$\angle x$ の大きさは何度か、求めなさい。　(兵庫県)

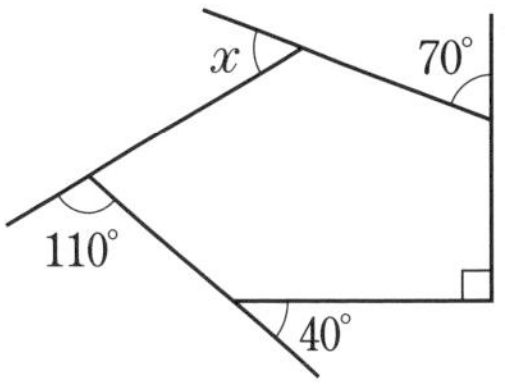

(　　　)

入試 難 **5** 右の図のように、$\angle C = 90^\circ$、$\angle D = 120^\circ$ の四角形 ABCD があります。同じ印をつけた角の大きさが等しいとき、$\angle x$ の大きさを求めなさい。

(徳島県)　12点

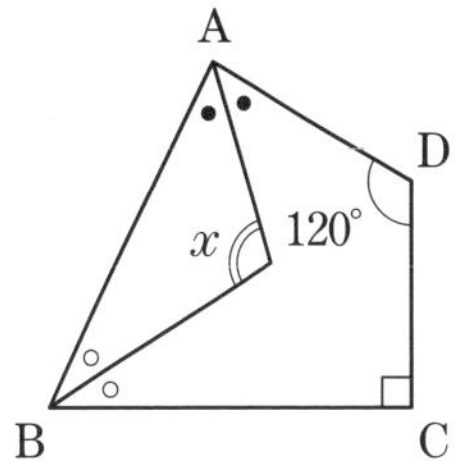

(　　　)

8 図形の合同と証明

基礎レベル問題

時間 30分　解答 別冊 p.19　得点 ／100

1 合同な図形の性質と表し方 **下の2つの四角形は合同で、頂点BとF、CとGがそれぞれ対応しています。これについて、次の問いに答えなさい。** 5点×3

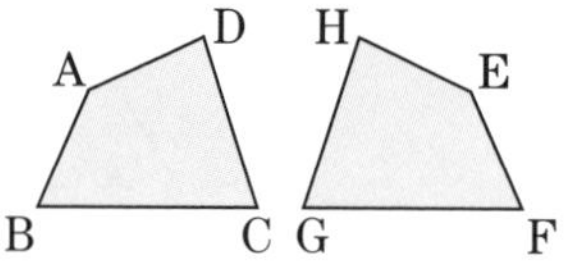

(1) 辺ABと長さの等しい辺はどれですか。

（　　　　）

(2) ∠Hと大きさの等しい角はどれですか。

（　　　　）

ミス注意 (3) 2つの四角形が合同であることを、記号≡を使って表しなさい。

（　　　　）

2 三角形の合同条件 **次の図から、合同な三角形を3組選んで、記号で答えなさい。また、そのとき使った合同条件も答えなさい。** 5点×3

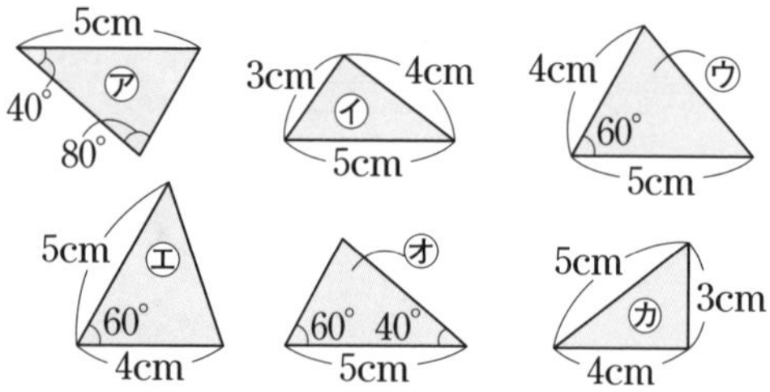

・（　　　　）
・（　　　　）
・（　　　　）

ミス注意 **3** 合同になるために必要な条件 **下の図は、BC＝EF、∠B＝∠Eである2つの三角形です。この2つの三角形が合同になるには、このほかにどんな条件をつけ加えればよいですか。次からあてはまる条件をすべて選んで、記号で答えなさい。** 4点

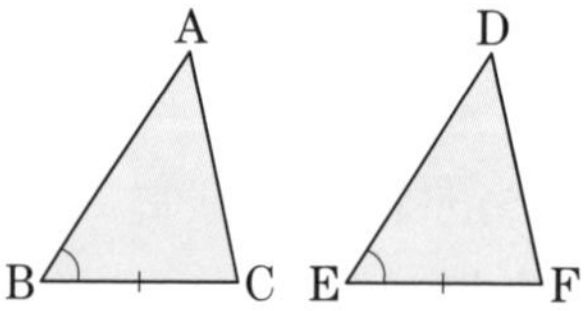

ア　AB＝DE　　イ　AC＝DF
ウ　∠A＝∠D　　エ　∠C＝∠F

（　　　　）

4 仮定と結論 **次のことがらについて、仮定と結論をそれぞれ答えなさい。** 5点×6

(1) △ABCで、AB＝ACならば、∠B＝∠Cである。

仮定…（　　　　）
結論…（　　　　）

(2) 2直線が平行ならば、錯角は等しい。

仮定…（　　　　）
結論…（　　　　）

(3) xが18の倍数ならば、xは6の倍数である。

仮定…（　　　　）
結論…（　　　　）

5 証明のしくみと進め方 **右の図で、AB∥CD　AB＝DC　ならば、AO＝DOであることを証明するとき、次の問いに答えなさい。** 6点×6

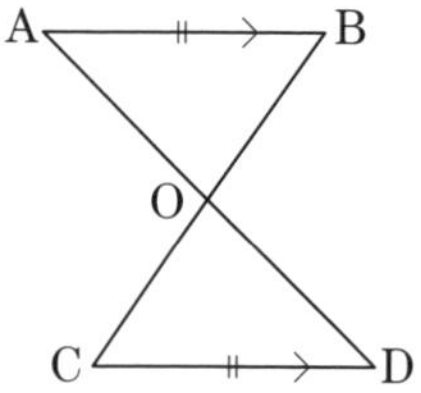

(1) 仮定と結論を答えなさい。

仮定…（　　　　）
結論…（　　　　）

(2) 結論を導くためには、どの三角形とどの三角形の合同を示せばよいですか。

（　　　　）

(3) この証明のすじ道は、下の□内のようになります。□にあてはまる根拠《こんきょ》となることがらを、次のア～エから選んで、記号で答えなさい。

ア　対頂角の性質　　イ　合同な図形の性質
ウ　平行線の性質　　エ　三角形の合同条件

△OABと△ODCで、
AB∥CD、AB＝DC　←仮定
∠OAB＝∠ODC
∠OBA＝∠OCD　← ①
↓ ← ②
△OAB≡△ODC
↓ ← ③
AO＝DO

①（　　）②（　　）③（　　）

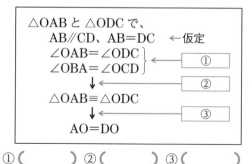

よくでるポイント **三角形の合同条件**▶「3組の辺」「2組の辺とその間の角」「1組の辺とその両端の角」が、それぞれ等しい。　**図形の証明**▶仮定と結論をはっきりさせ、根拠となることがらを示しながら、結論を導く。

入試レベル問題

時間 30分　解答 別冊 p.19　得点　／100

入試 **1** **△ABC と △DEF において、BC＝EF であるとき、条件として加えても △ABC≡△DEF が常に成り立つとは限らないものを、ア、イ、ウ、エのうちから1つ選んで、記号で答えなさい。**

（栃木県）20点

ア　AB＝DE、AC＝DF　　イ　AB＝DE、∠B＝∠E
ウ　AB＝DE、∠C＝∠F　　エ　∠B＝∠E、∠C＝∠F

（　　）

入試 **2** **右の図のように、四角形 ABCD があり、AB＝BC、CD＝DA です。∠BAD＝110°、∠CBD＝40°のとき、∠ADC の大きさは何度ですか。**

（広島県）20点

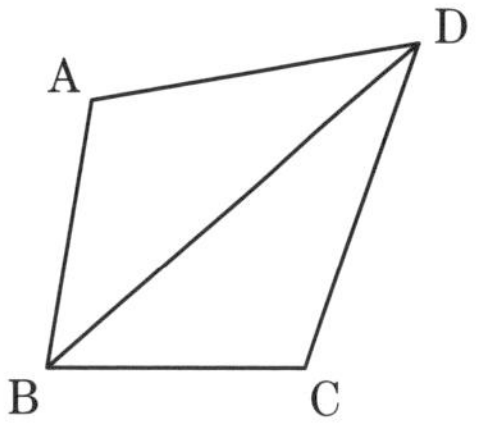

（　　）

3 **右の図で、△ABC は正三角形です。辺 BC 上に点 D を、辺 AC 上に点 E を、∠BAD＝∠CBE となるようにとるとき、AD＝BE となることを証明します。次の問いに答えなさい。**　5点×7

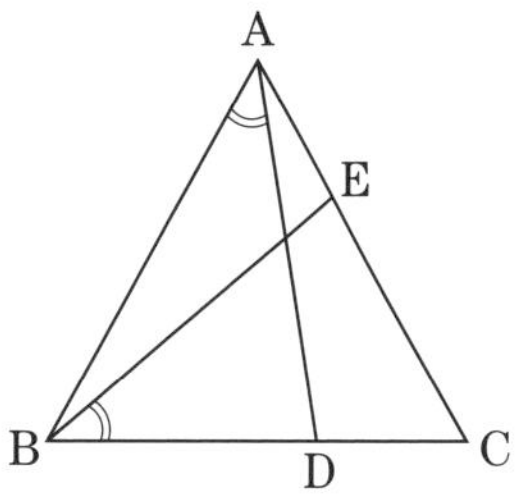

(1)　仮定と結論を答えなさい。

仮定…（　　　　）　結論…（　　　　）

(2)　次の証明の［　　］にあてはまるものを答えなさい。

〔証明〕　△ABD と △BCE において、

仮定より、△ABC は正三角形だから、

AB＝BC　……①　　∠ABD＝［㋐］＝60°……②

また、∠BAD＝［㋑］　……③

①、②、③より、［㋒］がそれぞれ等しいので、

［㋓］

合同な図形の［㋔］ので、AD＝BE

㋐（　　）　㋑（　　）　㋒（　　）

㋓（　　）　㋔（　　）

入試 難 **4** **右の図において、△ABC≡△DBE であり、辺 AC と辺 BE との交点を F、辺 BC と辺 DE との交点を G、辺 AC と辺 DE との交点を H とします。このとき、AF＝DG となることを証明しなさい。**（福島県）25点

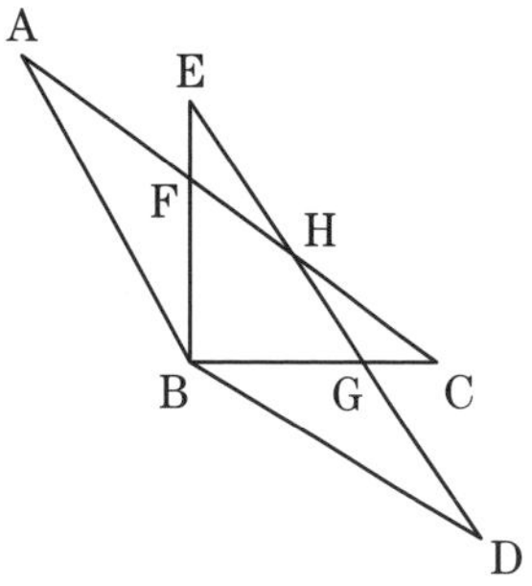

（　　　　）

9 三角形

基礎レベル問題

時間 30分　解答 別冊 p.20　得点　　／100

1 二等辺三角形の定義と定理　**次の問いに答えなさい。**　5点×3

(1)　二等辺三角形の定義

「　　　　三角形を二等辺三角形という。」の　　　にあてはまることばを答えなさい。（　　　　）

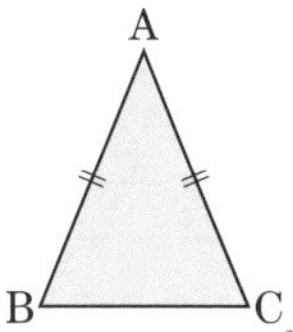

(2)　定理「二等辺三角形の2つの底角は等しい。」の仮定と結論を、上の図の記号を使って表しなさい。

仮定…（　　　　）

結論…（　　　　）

2 二等辺三角形の性質と角　**下の図で、同じ印をつけた辺の長さは等しいとして、∠x の大きさを求めなさい。**　6点×2

(1)

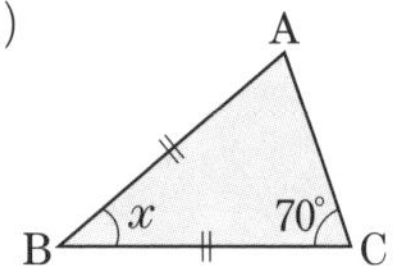

（　　　　）

(2)

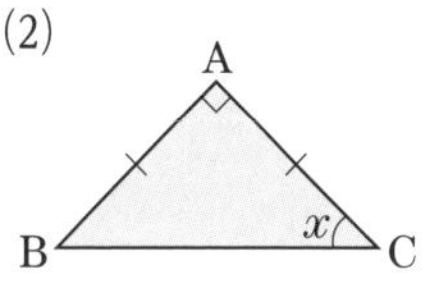

（　　　　）

3 二等辺三角形の定理の証明　**下の図で、定理「二等辺三角形の頂角の二等分線は、底辺を垂直に2等分する。」を証明します。　　にあてはまるものを答えなさい。**　6点×3

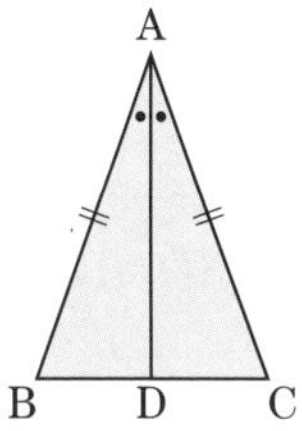

〔証明〕 ∠Aの二等分線と辺BCとの交点をDとする。

△ABDと△ACDにおいて、

仮定より、AB＝AC　…①

∠BAD＝　㋐　…②

また、共通な辺だから、AD＝AD　…③

①、②、③より、　㋑　が、それぞれ等しいので、△ABD≡△ACD

よって、BD＝CD…④　∠ADB＝∠ADC…⑤

⑤と、∠ADB＋∠ADC＝180°から

∠ADB＝　㋒　°　つまり、AD⊥BC…⑥

④、⑥より、二等辺三角形の頂角の二等分線は、底辺を垂直に2等分する。

㋐（　　　　）

㋑（　　　　）　㋒（　　　　）

4 二等辺三角形になるための条件　**次の三角形のうち、二等辺三角形であるものを選び、記号で答えなさい。**　5点

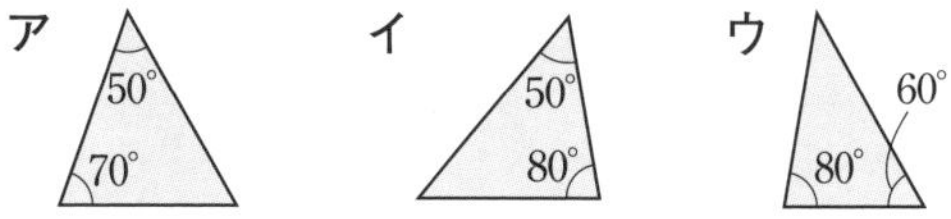

（　　　　）

ミス注意 **5** 逆とその真偽　**次のことがらの逆を答えなさい。また、それが正しいかどうかも答えなさい。**　8点×3

(1)　整数 a、b で、a も b も偶数ならば、$a+b$ は偶数である。

（　　　　）

(2)　2直線が平行ならば、同位角は等しい。

（　　　　）

(3)　四角形で、ひし形ならば、向かい合った2組の辺はそれぞれ平行である。

（　　　　）

6 正三角形の定義と性質　**下の正三角形ABCについて答えなさい。**　5点×2

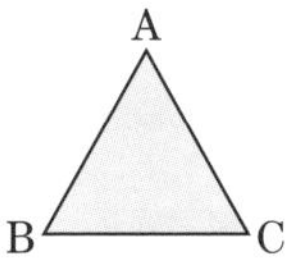

(1)　正三角形の定義を、図の記号を使って表しなさい。

（　　　　）

(2)　正三角形の3つの角の大きさの関係を式で表しなさい。（　　　　）

7 直角三角形の合同条件　**下の図から、合同な直角三角形を2組見つけて、記号で答えなさい。また、そのとき使った直角三角形の合同条件も答えなさい。**　8点×2

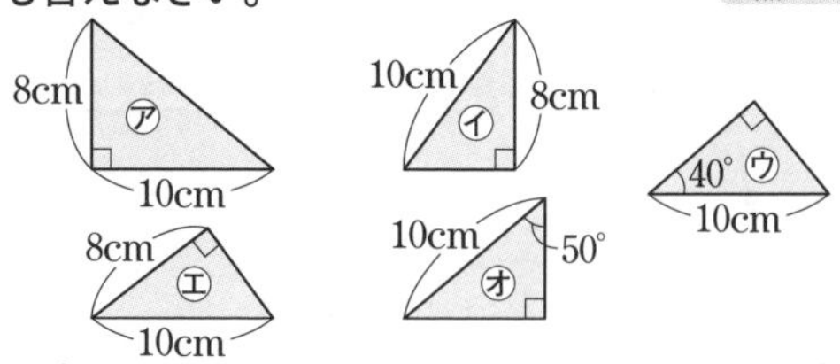

・（　　　　）

・（　　　　）

よくでるポイント **二等辺三角形の性質**▶△ABC で、AB＝AC⇔∠B＝∠C　**正三角形の性質**▶△ABC で、AB＝BC＝CA⇔∠A＝∠B＝∠C
直角三角形の合同条件▶①斜辺と 1 つの鋭角がそれぞれ等しい　②斜辺と他の 1 辺がそれぞれ等しい

入試レベル問題

時間 30 分　解答 別冊 p.21　得点　／100

入試 **1** **右の図の三角形 ABC は、AB＝AC の二等辺三角形であり、頂点 C における外角 ∠ACD を調べると、∠ACD＝114°です。∠BAC の大きさを求めなさい。**

（群馬県）15 点

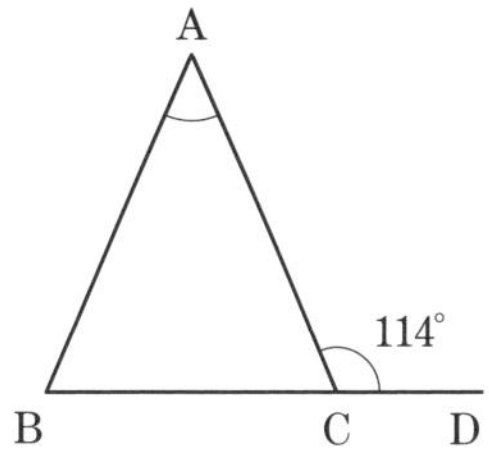

2 **右の図で、△ABC は AB＝AC の二等辺三角形です。辺 AB 上に点 D を、辺 AC 上に点 E を、BD＝CE となるようにとり、BE と CD との交点を P とします。このとき、次の問いに答えなさい。**

15 点× 2

(1)　△BCD≡△CBE であることを証明しなさい。

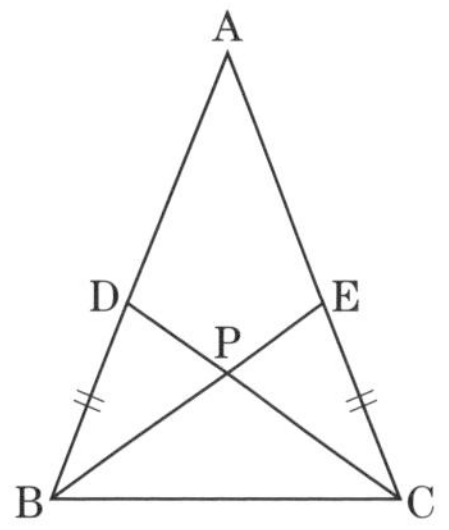

(2)　△PBC が二等辺三角形であることを証明しなさい。

入試 **3** **右の図で、D は △ABC の辺 AB 上の点で、DB＝DC であり、E は辺 BC 上の点で、F は線分 AE と DC との交点です。∠DBE＝47°、∠DAF＝31°のとき、∠EFC の大きさは何度か、求めなさい。**

（21 愛知県）15 点

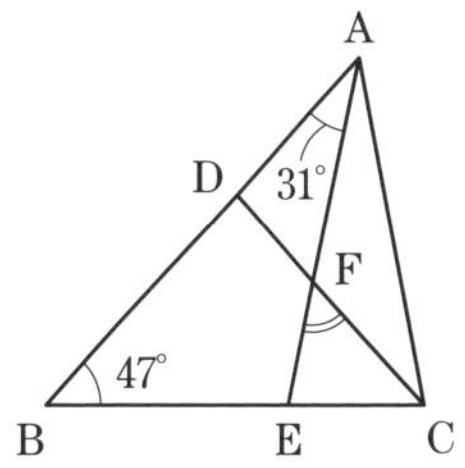

入試 難 **4** **右の図のように、△ABC があり、直線 ℓ は点 B を通り辺 AC に平行な直線です。また、∠BAC の二等分線と辺 BC、ℓ との交点をそれぞれ D、E とします。AC＝BE であるとき、△ABD≡△ACD となることを証明しなさい。**

（福島県）20 点

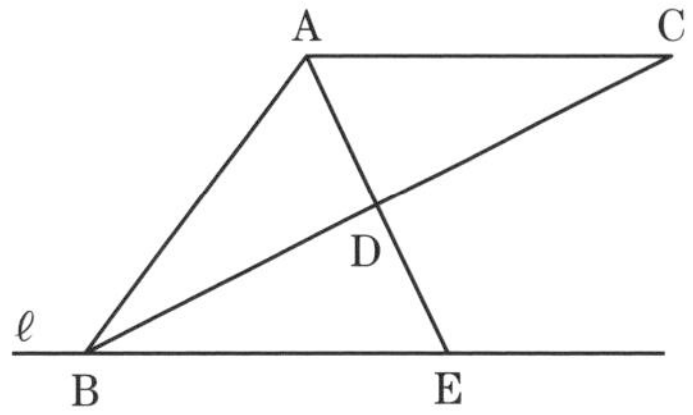

入試 **5** **右の図のように、正方形 ABCD の辺 BC 上に点 E をとり、頂点 B、D から線分 AE にそれぞれ垂線 BF、DG をひきます。このとき、△ABF≡△DAG であることを証明しなさい。**

（栃木県）20 点

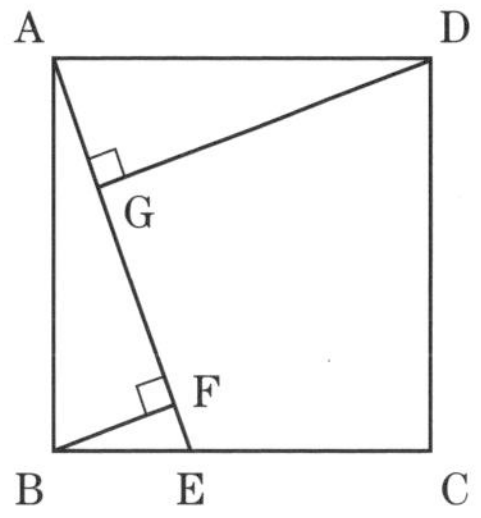

10 四角形

基礎レベル問題

時間 30分　解答 別冊 p.21　得点　／100

1 平行四辺形の定義と性質 下の図の平行四辺形ABCDについて答えなさい。　4点×5

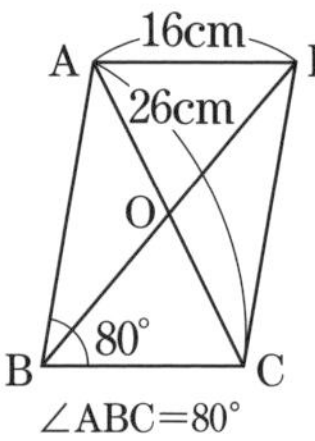

(1) 平行四辺形の定義を、右の図の記号を使って表しなさい。

（　　　　）

(2) 次の線分の長さや角の大きさを求めなさい。

① 線分 BC（　　）　② 線分 OC（　　）

③ ∠ADC（　　）　④ ∠BCD（　　）

2 平行四辺形になるための条件

右の四角形ABCDが平行四辺形になるための条件を、□にあてはまる記号を入れて完成させなさい。　4点×7

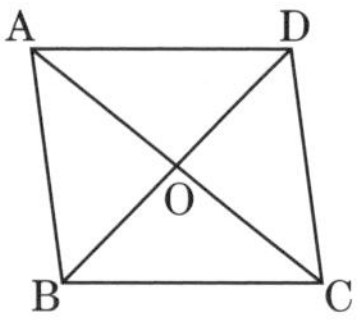

(1) （定義） AB∥DC、AD □ BC

（　　）

(2) AB＝DC、AD＝□

（　　）

(3) ∠BAD＝ ① 、∠ABC＝ ②

①（　　）②（　　）

(4) AO＝ ① 、BO＝ ②

①（　　）②（　　）

(5) AB＝DC、AB □ DC

（　　）

3 平行四辺形になるための条件の証明 対角線がそれぞれの中点で交わる四角形は、平行四辺形であることを、下の図を使って証明するとき、次の問いに答えなさい。

(1) この証明での仮定と結論を、右の図の記号を使って表しなさい。　6点×2

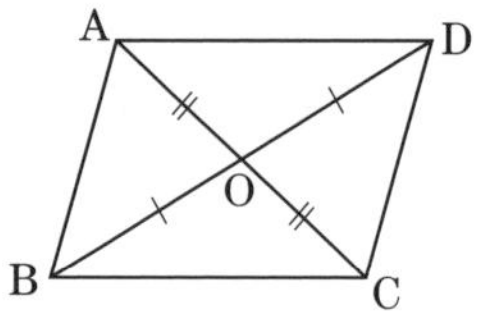

仮定…（　　　　）

結論…（　　　　）

(2) 次の証明の□にあてはまるものを答えなさい。　4点×4

〔証明〕 △OABと△OCDにおいて、

仮定より、OA＝OC　…①

OB＝OD　…②

対頂角だから、∠AOB＝ ㋐ 　…③

①、②、③より、 ㋑ がそれぞれ等しいので、△OAB≡△OCD

合同な図形の対応する角だから、

∠OAB＝ ㋒

よって、 ㋓ が等しいので、

AB∥DC　…④

同じようにして、△OAD≡△OCBから、AD∥BC　…⑤

④、⑤より、四角形ABCDは平行四辺形である。

㋐（　　）㋑（　　）

㋒（　　）㋓（　　）

4 四角形の対角線の性質 次の四角形の対角線の性質を答えなさい。　4点×3

(1) 長方形

（　　　　）

(2) ひし形

（　　　　）

(3) 正方形

（　　　　）

5 平行線と面積 次の問いに答えなさい。　6点×2

(1) 右の図で、ℓ∥mのとき、△ADEと面積が等しい三角形をすべて答えなさい。

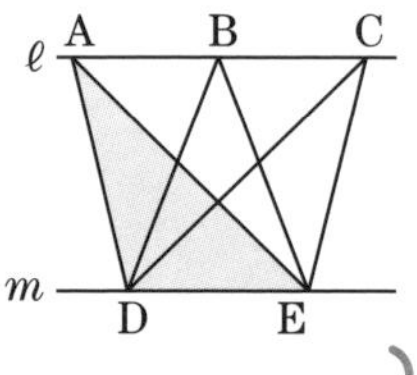

（　　　　）

ミス注意 (2) 右の四角形ABCDが平行四辺形のとき、△ABCと面積が等しい三角形を、すべて答えなさい。

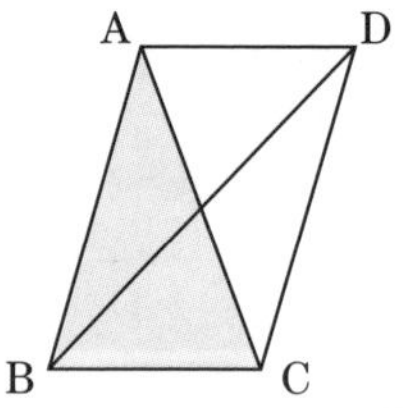

（　　　　）

よくでるポイント **平行四辺形の性質** ▶ 2組の対辺が等しい、2組の対角が等しい、対角線はそれぞれの中点で交わる。 **平行線と面積** ▶ PQ∥AB ⇨ △PAB＝△QAB　△PAB＝△QAB ⇨ PQ∥AB

入試レベル問題

時間 30分　解答 別冊 p.22　得点　／100

1 下の図で、四角形 ABCD は平行四辺形です。∠x の大きさを求めなさい。　10点×2

(1)

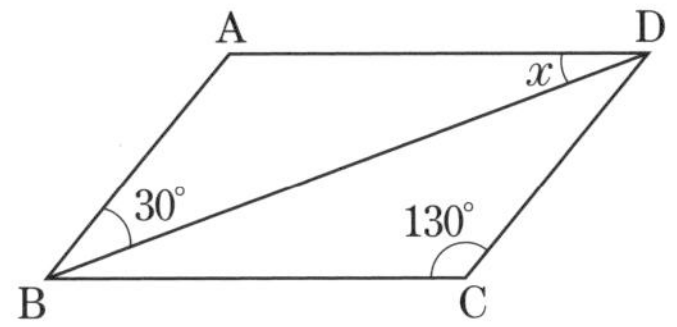

(2)

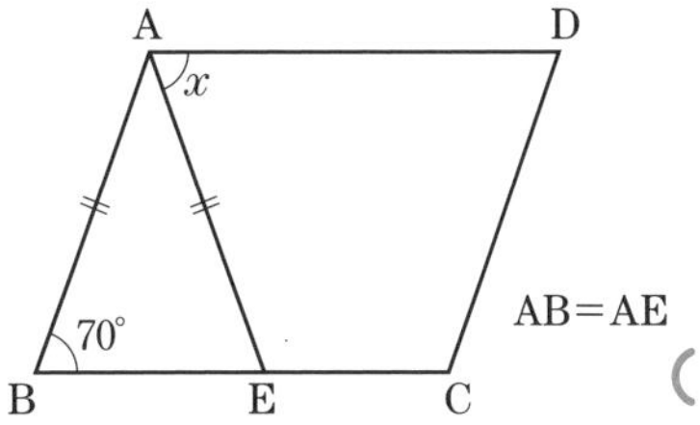

入試 **2** 次の四角形 ABCD で必ず平行四辺形になるものを、下のア～オの中から 2 つ選び、記号で答えなさい。　（鹿児島県）15点

ア　AD∥BC、AB＝DC　　イ　AD∥BC、AD＝BC　　ウ　AD∥BC、∠A＝∠B

エ　AD∥BC、∠A＝∠C　　オ　AD∥BC、∠A＝∠D

入試 難 **3** 右の図のように、平行四辺形 ABCD の辺 AB、BC、CD、DA 上に 4 点 E、F、G、H をそれぞれとり、線分 EG と BH、DF との交点をそれぞれ I、J とします。AE＝BF＝CG＝DH のとき、△BEI≡△DGJ であることを証明しなさい。　（23 埼玉県）20点

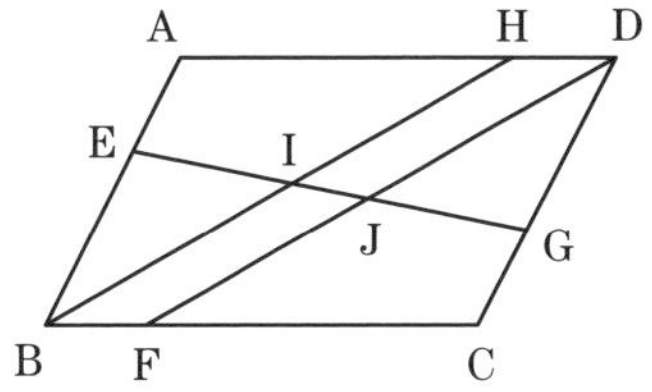

難 **4** 右の図のような平行四辺形 ABCD で、∠BAD の二等分線と辺 BC との交点を E とします。点 E を通って辺 AB に平行な直線をひき、辺 AD との交点を F とするとき、次の問いに答えなさい。　15点×2

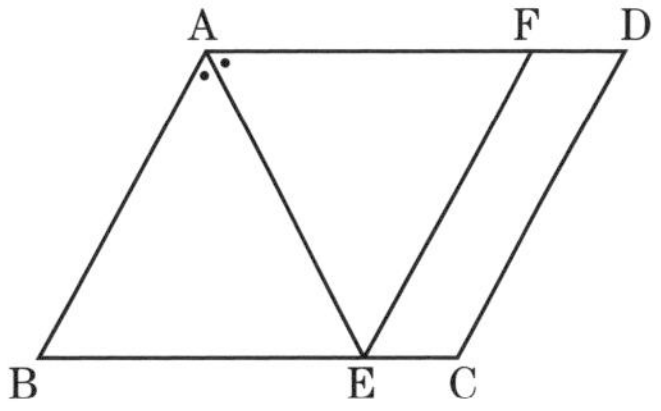

(1)　四角形 ABEF はひし形であることを証明しなさい。

(2)　EC＋CD＝AD であることを証明しなさい。

入試 **5** 右の図のような平行四辺形 ABCD で、辺 CD 上にあり、頂点 C、D と重ならない点を E、線分 AC と線分 BE の交点を F とします。このとき、△ABC と面積が等しい三角形を、次のア～エから 1 つ選び、記号で答えなさい。　（山口県）15点

ア　△ACE　　イ　△BCE　　ウ　△ABE　　エ　△BCF

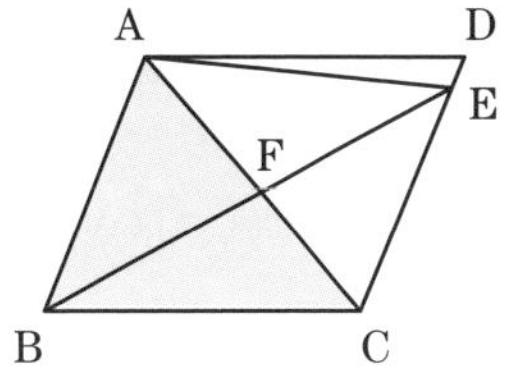

基礎レベル問題

時間 30分　解答 別冊 p.22　得点　／100

1 確率の求め方の基本

[1]、[2]、[3]、[4]、[5]の5枚のカードをよくきってから、1枚をひきます。このとき、次の問いに答えなさい。

4点×4

(1) ひき方は、全部で何通りありますか。

(　　　)

(2) 偶数の出方は、何通りありますか。

(　　　)

(3) 偶数が出る確率を求めなさい。

(　　　)

(4) 奇数が出る確率を求めなさい。

(　　　)

2 樹形図を使った確率の求め方

A、B、Cの3人が横に並んで写真を撮《と》ります。このとき、次の問いに答えなさい。

4点×6

(1) 右のような樹形図に表して、並び方を考えました。図の①～④にあてはまるものを答えなさい。

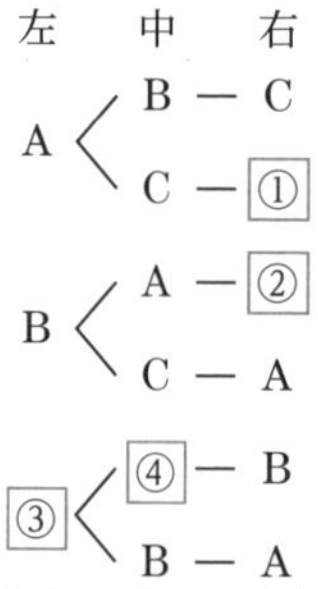

①(　　　) ②(　　　)
③(　　　) ④(　　　)

(2) A、B、Cの並び方は、全部で何通りありますか。

(　　　)

(3) どの並び方も同様に確からしいものとして、Aが真ん中にくる確率を求めなさい。

(　　　)

3 確率の性質

1～6のどの目の出方も同様に確からしい1つのさいころを1回投げるとき、次の問いに答えなさい。

5点×4

(1) 6の目が出る確率を求めなさい。

(　　　)

(2) 9の目が出る確率を求めなさい。

(　　　)

(3) 6以外の目が出る確率を求めなさい。

(　　　)

(4) 6以下の目が出る確率を求めなさい。

(　　　)

4 四分位数と箱ひげ図

次のデータは、A中学校の男子10人のハンドボール投げのデータを、距離《きょり》の短い順に並べたものです。次の問いに答えなさい。

4点×5

13	15	17	18	21	23	24	25	28	32(m)

(1) 四分位数と四分位範囲《しぶんいはんい》を求めなさい。

第1四分位数(　　　)　第2四分位数(　　　)
第3四分位数(　　　)　四分位範囲　(　　　)

(2) このデータを箱ひげ図に表しなさい。

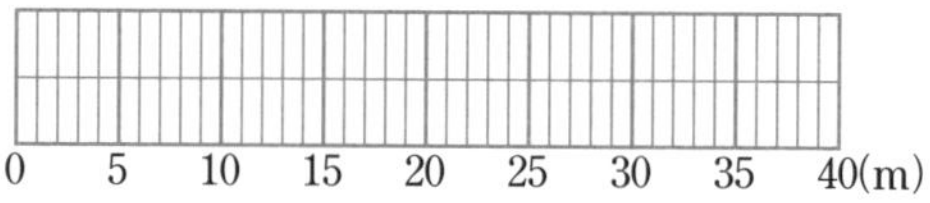

5 ヒストグラムと箱ひげ図

左下のヒストグラムは、右下のア～エの箱ひげ図のいずれかに対応しています。その箱ひげ図を記号で答えなさい。

5点

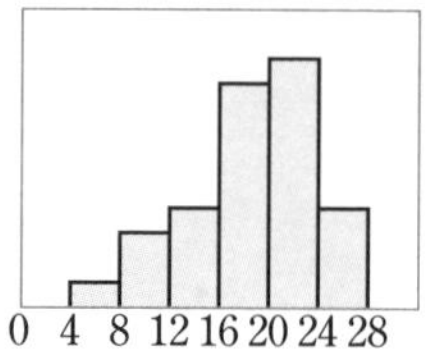

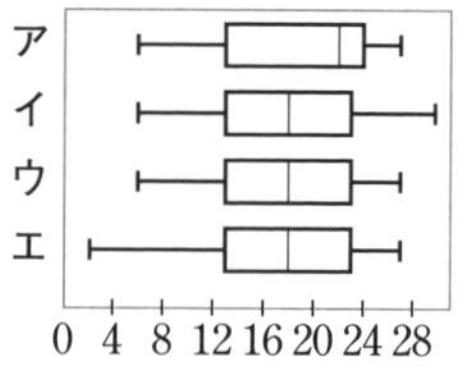

(　　　)

6 データの分布の比較

次の図は、1組～4組のある競技の記録を箱ひげ図にまとめたものです。この図から読み取れることとして、(1)～(3)は正しいといえますか。「正しい、正しくない、この図からはわからない」で答えなさい。

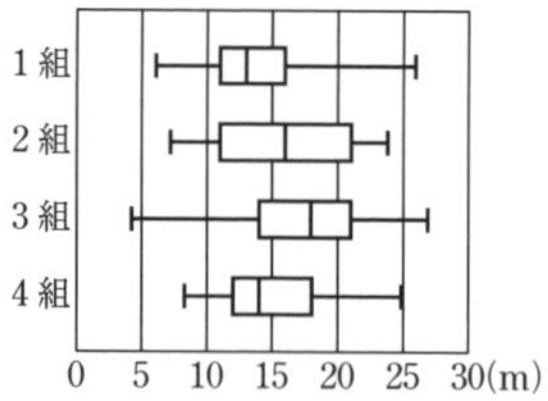

5点×3

(1) いちばん人数が多いのは、3組である。

(　　　)

(2) 1組と2組では、2組のほうが四分位範囲が大きい。(　　　)

(3) 4組の生徒の半数より多くが15m以上である。(　　　)

確率の性質▶あることがらの起こる確率を p とすると、$0≦p≦1$
あることがらが起こらない確率は、$1-p$

箱ひげ図▶データの最小値、第1四分位数、第2四分位数(中央値)、第3四分位数、最大値をまとめた図。

入試レベル問題

時間 30分　解答 別冊 p.23　得点 ／100

入試 **1** **大小2つのさいころを同時に投げるとき、次の確率を求めなさい。** 10点×4

(1) 出る目の数の和が5の倍数になる確率 (愛媛県・改)

(　　　)

(2) 出る目の数の積が25以上になる確率 (栃木県)

(　　　)

(3) 出る目の数の積が12の約数になる確率 (和歌山県・改)

(　　　)

(4) 出る目の数の和が素数になる確率 (徳島県・改)

(　　　)

2 **3枚の硬貨《こうか》を同時に投げるとき、次の確率を求めなさい。** 10点×2

(1) 3枚とも表になる確率

(　　　)

ミス注意 (2) 少なくとも1枚は裏になる確率

(　　　)

入試 **3** **赤玉2個、青玉3個が入っている袋《ふくろ》があります。この袋から、玉を1個取り出し、それを袋に戻《もど》さないで、続けて玉を1個取り出します。このとき、取り出した2個の玉の色が異なる確率を求めなさい。** (長野県) 15点

(　　　)

入試 **4** **次のデータは、ある中学校のバスケットボール部員A～Kの11人が1人10回ずつシュートをしたときの成功した回数を表したものです。このとき、四分位範囲を求めなさい。** (青森県) 10点

バスケットボール部員	A	B	C	D	E	F	G	H	I	J	K
成功した回数(回)	6	5	10	2	3	5	9	8	4	7	9

(　　　)

入試 難 **5** **右の図は、ある中学校の3年生25人が受けた国語、数学、英語のテストの得点のデータを箱ひげ図に表したものです。このとき、これらの箱ひげ図から読み取れることとして正しく説明しているものを、次のア～エの中から2つ選んで、その記号を書きなさい。** (茨城県) 15点

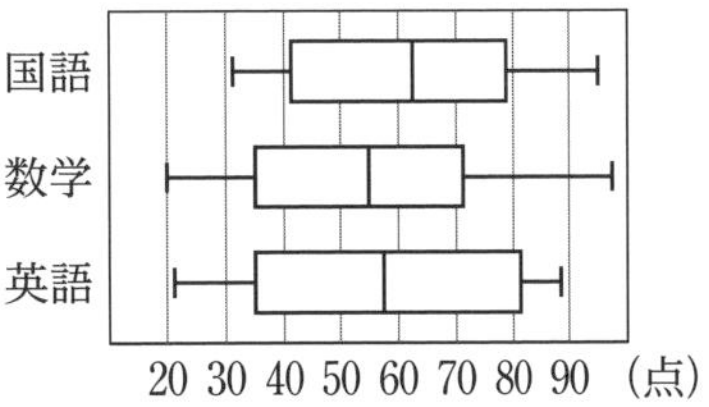

ア　3教科の中で国語の平均点が一番高い。
イ　3教科の合計点が60点以下の生徒はいない。
ウ　13人以上の生徒が60点以上の教科はない。
エ　英語で80点以上の生徒は6人以上いる。

(　　　)

テストに役立つ

中2数学　よくあるミスとその対策

式の計算
p.34〜37

□ **単項式の乗法**

ミス▶ 累乗《るいじょう》の計算の符号《ふごう》ミス

対策▶ 次の計算をきちんと区別する。

$$\begin{cases}-(2x)^2=-(2x\times2x)=-4x^2\\(-2x)^2=(-2x)\times(-2x)=4x^2\end{cases}$$

例▶ $-5xy\times(-3x)^2$

[誤] $=-5xy\times(-9x^2)=45x^3y$

[正] $=-5xy\times9x^2=-45x^3y$

連立方程式
p.38〜41

□ **係数に分数・小数をふくむ連立方程式**

ミス▶ 数の項へのかけ忘れ

対策▶ 係数が $\begin{cases}\text{分数→分母の最小公倍数}\\\text{小数→10、100、…}\end{cases}$ を、

両辺にかっこをつけてからかけよう！

例▶ $\begin{cases}\frac{2}{3}x-\frac{1}{2}y=4 & \cdots①\\0.2x-0.1y=1 & \cdots②\end{cases}$

①×6

[誤] $\frac{2}{3}x\times6-\frac{1}{2}y\times6=4\to4x-3y=4$

[正] $\left(\frac{2}{3}x-\frac{1}{2}y\right)\times6=4\times6\to4x-3y=24$

②×10

[誤] $2x-y=1$

[正] $(0.2x-0.1y)\times10=1\times10$

$\to2x-y=10$

1次関数
p.42〜45

□ **傾きが分数の1次関数のグラフのかき方**

ミス▶ 傾きぐあいのミス

対策▶ 切片や傾きから x、y 座標が整数になる2点を見つける。

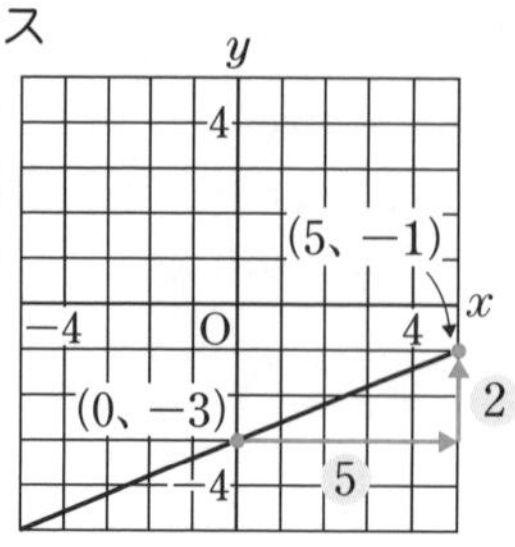

例▶ $y=\frac{2}{5}x-3$

→傾き $\frac{2}{5}$、切片 -3

→2点(0、−3)、(5、−1)を通る。

図形の調べ方
p.46〜49

□ **三角形の合同条件を使った証明**

ミス▶ 三角形の合同を示して証明を終えるミス

対策▶ 結論を書き出しておく。

例▶ 右の図で、同じ印がついた辺や角が等しいとき、AD＝CD を示す。

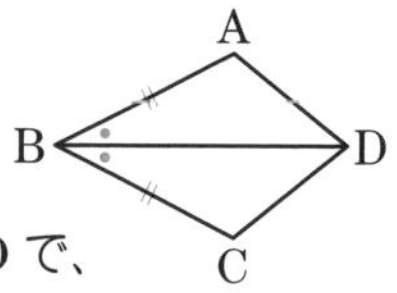

〔証明〕 △ABD と △CBD で、

仮定より、AB＝CB、∠ABD＝∠CBD

共通な辺だから、BD＝BD

2組の辺とその間の角がそれぞれ等しいから、

△ABD≡△CBD　←ここで終わりにしない！

合同な図形の対応する辺は等しいから、

AD＝CD　←結論

図形の性質
p.50〜53

□ **直角三角形の合同**

ミス▶ 三角形の合同条件だけを考えるミス

対策▶ 直角三角形の合同条件

{ 斜辺《しゃへん》と他の1辺 / 斜辺と1鋭角《えいかく》 } に着目！

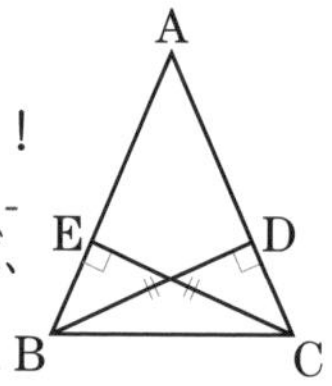

例▶ 右の図で、BD＝CE ならば、△BCE≡△CBD を証明。

[誤] { BC＝CB だが、 / ∠BCE＝∠CBD がいえず、証明できない。 }

[正] { BC＝CB で、直角三角形の斜辺と他の1辺がそれぞれ等しいから合同。 }

確率、データの活用
p.54〜55

□ **確率の求め方**

ミス▶ すべての場合を調べずに早合点するミス

対策▶ 樹形図に表して、すべての場合を確認！

例▶ 2枚の硬貨 A、B を同時に投げるとき、1枚は表、1枚は裏となる確率は、

[誤] すべての場合は(表、表)、(表、裏)、(裏、裏)の3通りだから、$\frac{1}{3}$

[正] 樹形図より、$\frac{2}{4}=\frac{1}{2}$

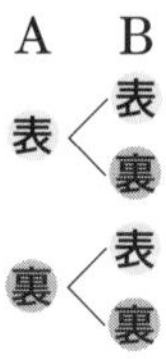

理科

1 物質の成り立ち …… **58**
炭酸水素ナトリウムの加熱、酸化銀の加熱、水の分解、原子と分子、元素記号、化学式、物質の種類

2 いろいろな化学変化 …… **60**
鉄と硫黄の反応、金属の加熱、物質の燃焼、還元、化学反応式

3 化学変化と質量 …… **62**
沈殿ができる化学変化、気体の発生と質量、質量保存の法則、銅の酸化、マグネシウムの酸化、化学変化と熱

4 葉のつくりとはたらき …… **64**
顕微鏡の使い方、葉のつくり、光合成のしくみ、光合成、植物の呼吸、蒸散

5 細胞、からだのつくり …… **66**
細胞、からだの成り立ち、消化と吸収、呼吸、血液の循環、排出

6 感覚器官と運動のしくみ …… **68**
刺激と感覚器官、目のつくり、耳のつくり、神経系、無意識に起こる反応、動くしくみ

7 電流のはたらき …… **70**
回路、電気用図記号、電流計・電圧計、回路と電圧・電流、電圧・電流・抵抗、電力、電力量

8 電流と磁界 …… **72**
電流と磁界、電流が受ける力、電磁誘導、直流と交流、真空放電、静電気

9 気象の観測、前線と天気の変化 …… **74**
気象観測、気圧、高気圧と低気圧、気団、前線

10 水蒸気と雲のでき方、圧力 …… **76**
空気中の水蒸気、湿度の計算、気温・湿度と天気、雲のでき方、圧力

11 大気の動きと日本の天気 …… **78**
大気の動き、季節ごとにふく風、昼と夜にふく風、冬の天気、夏の天気、春・秋、つゆの天気

テストに役立つ
中2理科 まちがいやすい操作や要点 …… **80**

1 物質の成り立ち

基礎レベル問題

時間 30分　解答 別冊 p.24　得点　／100

1 炭酸水素ナトリウムの加熱 炭酸水素ナトリウムを加熱したときの変化を、次の式で表しました。あとの問いに答えなさい。　3点×7

炭酸水素ナトリウム
→ 固体A ＋ 液体B ＋ 気体C

ミス注意 (1) 固体A、液体B、気体Cはそれぞれ何ですか。
固体A（　　　）
液体B（　　　）
気体C（　　　）

(2) 固体Aは何色ですか。（　　　）

(3) 液体Bを青色の塩化コバルト紙につけると、塩化コバルト紙は何色に変化しますか。（　　　）

(4) 気体Cを石灰水《せっかいすい》に通すと、石灰水はどうなりますか。（　　　）

(5) 炭酸水素ナトリウムを加熱したときに起こる化学変化《かがくへんか》を何といいますか。
（　　　）

2 酸化銀の加熱 右の図のようにして、酸化銀を加熱しました。次の問いに答えなさい。4点×3

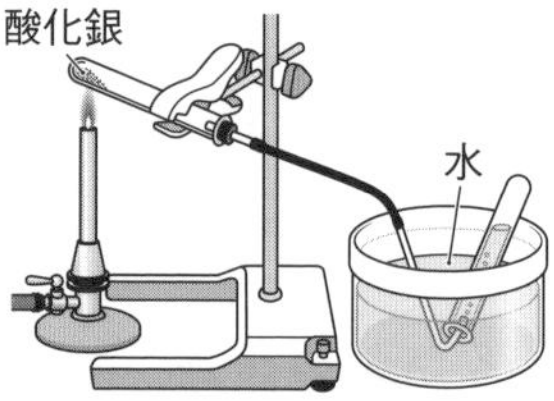

(1) 加熱によって、試験管の中の酸化銀は、何色から何色に変化しましたか。
（　　　）色→（　　　）色

ミス注意 (2) 酸化銀を加熱すると気体が発生し、固体が残りました。気体、固体はそれぞれ何ですか。
気体（　　　）　固体（　　　）

3 水の分解 右の図のように、水に少量の水酸化ナトリウムをとかして電流を流しました。次の問いに答えなさい。2点×3

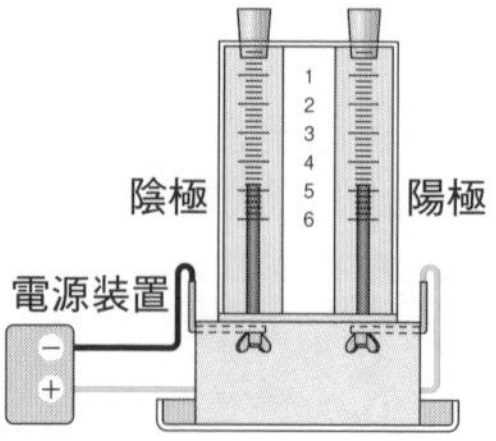

(1) 物質に電流を流して分解《ぶんかい》することを何といいますか。（　　　）

ミス注意 (2) 陰極《いんきょく》、陽極《ようきょく》に発生する気体は何ですか。
陰極（　　　）　陽極（　　　）

4 原子と分子 次の問いに答えなさい。　3点×2

(1) 物質をつくる最小の粒子《りゅうし》を何といいますか。（　　　）

(2) いくつかの原子《げんし》が結びついた粒子で、物質の性質を示す最小の単位を何といいますか。（　　　）

5 元素記号 次の問いに答えなさい。　3点×8

(1) 次の①～④の元素《げんそ》を元素記号で表しなさい。
① 水素（　　　）　② 窒素《ちっそ》（　　　）
③ 鉄（　　　）　④ 銅（　　　）

(2) 次の①～④の元素記号が表している元素の名称を書きなさい。
① O（　　　）
② Cl（　　　）
③ Na（　　　）
④ Al（　　　）

6 化学式 次の問いに答えなさい。　3点×9

(1) 物質を元素記号を使って表したものを何といいますか。（　　　）

ミス注意 (2) 次の①～④のモデルは、何という物質を表していますか。

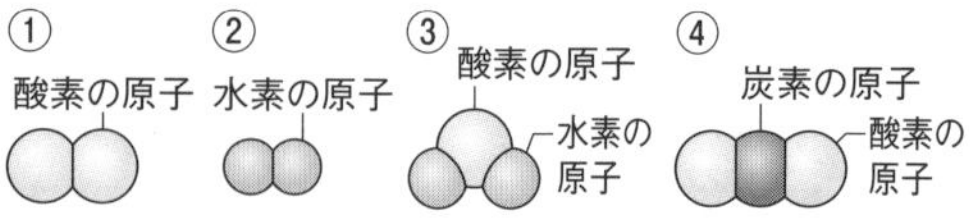

①（　　　）　②（　　　）
③（　　　）　④（　　　）

(3) 次の①～④の物質を化学式《かがくしき》で表しなさい。
① 窒素（　　　）
② マグネシウム（　　　）
③ 塩化ナトリウム（　　　）
④ 酸化銅（　　　）

7 物質の種類 次の問いに答えなさい。　2点×2

(1) 1種類の元素でできている物質を何といいますか。（　　　）

(2) 2種類以上の元素でできている物質を何といいますか。（　　　）

よくでる ポイント **分解**▷1種類の物質が2種類以上の別の物質に分かれる変化。　**原子と分子《ぶんし》**▷原子は物質をつくる最小の粒子。分子は原子が結びついた粒子。　**単体《たんたい》と化合物《かごうぶつ》**▷単体は1種類の元素、化合物は2種類以上の元素でできている。

入試レベル問題

時間 30分　解答 別冊 p.24　得点　／100

1 右の図のようにして、炭酸水素ナトリウムを加熱すると、気体が発生して石灰水が白くにごり、試験管Aの口付近に液体がつきました。試験管Aの中には白色の物質が残りました。次の問いに答えなさい。　6点×5

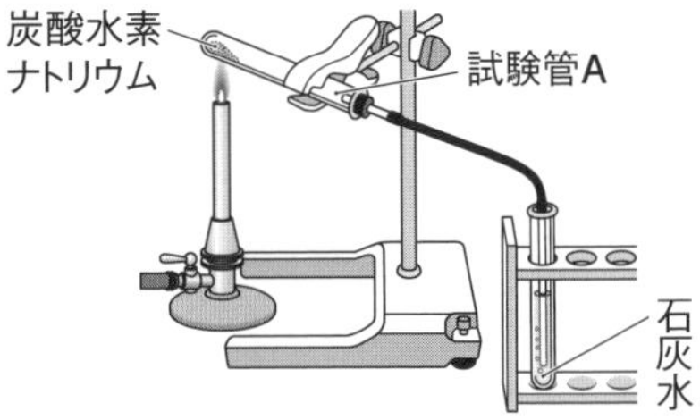

(1) 石灰水を白くにごらせた物質は何ですか。
（　　　　　）

(2) 試験管Aについた液体が水かどうかを確かめるには、何を使えばよいですか。（　　　　）

ミス注意 (3) 白色の物質(㋐)と炭酸水素ナトリウム(㋑)にそれぞれ水を加えて性質を調べました。水へのとけ方やフェノールフタレイン溶液を加えたときの色の変化を、次のア～エから2つずつ選びなさい。

ア　水に少しとける。　　イ　水にとけやすい。　　㋐（　　　　）　㋑（　　　　）

ウ　濃《こ》い赤色になる。　　エ　うすい赤色になる。

(4) 炭酸水素ナトリウムは、加熱すると何種類の物質に分解しましたか。（　　　　）

2 右の図のように、水に少量の水酸化ナトリウムをとかして電流を流すと、陰極と陽極にそれぞれ気体A、Bが発生しました。次の問いに答えなさい。　6点×5

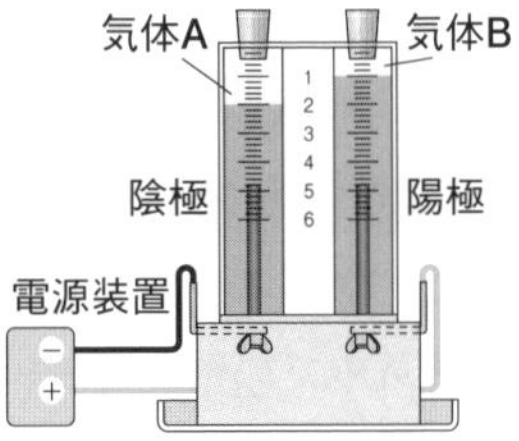

(1) 水に少量の水酸化ナトリウムをとかしたのはなぜですか。
（　　　　　　　　　　）

ミス注意 (2) 陰極と陽極に発生した気体A、Bを、化学式で答えなさい。
気体A（　　　　）　気体B（　　　　）

ミス注意 (3) 気体Aの確認のしかたは、次のア、イのどちらですか。（　　）

ア　マッチの火を近づけて、気体が燃えるかどうかを調べる。

イ　火をつけた線香を中に入れて、線香が激しく燃えるかどうかを調べる。

(4) 気体A、Bは、化学変化によって別の物質に分解しますか。（　　　　）

入試 **3** 物質の分類や化学式、化学反応式《かがくはんのうしき》について、次の問いに答えなさい。　5点×8

(1) 1種類の元素からできている物質を表す言葉を、次のア～エから1つ選びなさい。（和歌山県）

ア　混合物　　イ　酸化物《さんかぶつ》　　ウ　純物質《じゅんぶっしつ》　　エ　単体　　（　　）

(2) 炭酸水素ナトリウムを加熱したときの化学変化を、化学反応式で表すとどうなりますか。次の式を完成させなさい。（福岡県）

（　　　　　）→ Na_2CO_3 ＋（　　　　）＋（　　　　）

(3) 水素と酸素が結びついて水ができるときの化学変化を表したモデルとして最も適当なものを、次のア～エから1つ選びなさい。ただし、水素原子を○、酸素原子を●、水分子を○●○で表すものとします。（千葉県）

（　　）

ア　○○　＋　●　→　○●○

イ　○　○　＋　●　→　○●○

ウ　○○　○○　＋　●●　→　○●○　○●○

エ　○　○　○　○　＋　●　●　→　○●○　○●○

難 (4) 次の［X］、［Y］、［Z］の中に化学式を書き入れて、マグネシウムが酸化《さんか》して酸化マグネシウムができるときの化学変化を表す化学反応式を完成させなさい。（新潟県）

2［X］＋［Y］→ 2［Z］　　X（　　　　）　Y（　　　　）　Z（　　　　）

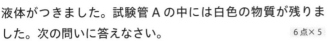

2 いろいろな化学変化

基礎レベル問題

時間 30分　解答 別冊 p.25　得点　／100

1 鉄と硫黄の反応 右の図のように、鉄粉と硫黄《いおう》の粉末の混合物《こんごうぶつ》を加熱すると、赤くなって反応し、黒色の物質に変化しました。次の問いに答えなさい。　4点×3

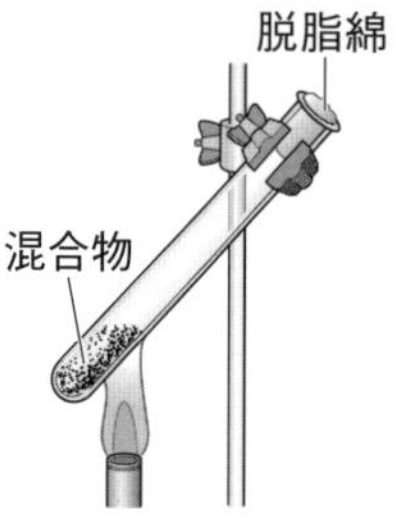

(1) 反応が始まったとき、加熱をやめると、反応は進む、進まないのどちらですか。
（　　　　）

(2) 加熱後にできた黒色の物質は何ですか。
（　　　　）

ミス注意 (3) 黒色の物質は、磁石につく、つかないのどちらですか。（　　　　）

2 金属の加熱 右の図のように、マグネシウムリボンを空気中で加熱すると、まぶしく輝《かがや》きながら燃えて白色の物質に変化しました。次の問いに答えなさい。3点×4

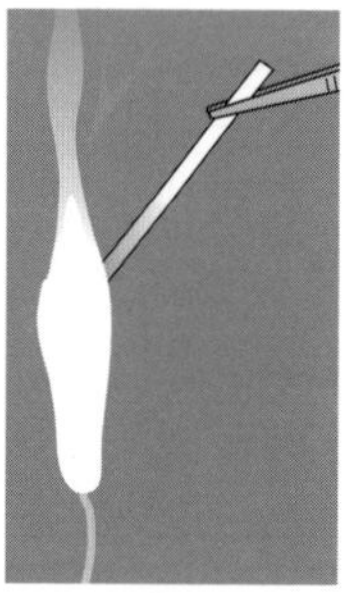

(1) 加熱によって、マグネシウムと結びついた物質は何ですか。（　　　　）

(2) 物質が(1)と結びつく化学変化《かがくへんか》を何といいますか。（　　　　）

(3) (2)によってできた物質を何といいますか。
（　　　　）

(4) 白色の物質は何ですか。（　　　　）

3 物質の燃焼 次の㋐～㋒は、炭素、水素、有機物の燃焼《ねんしょう》を式に表したものです。あとの問いに答えなさい。　4点×3

㋐ 炭素　＋ [A] ⟶ 二酸化炭素
㋑ 水素　＋ [A] ⟶ 水
㋒ 有機物 ＋ [A] ⟶ 水 ＋ [B]

(1) A、B にあてはまる物質は何ですか。
A（　　　　）　B（　　　　）

(2) 物質と A が結びつく化学変化の中で、燃焼とはどのような変化のことですか。
（　　　　）

4 還元 次の式は、酸化銅と炭素の粉末の混合物を、試験管に入れて加熱したときの物質の変化を表したものです。あとの問いに答えなさい。　4点×5

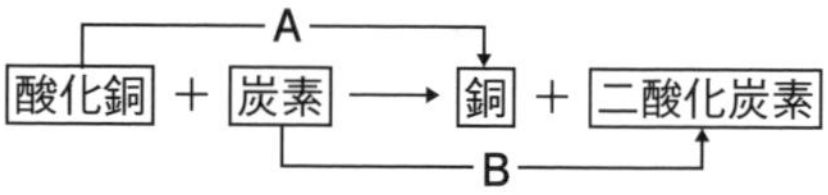

(1) 酸化銅は銅と何が結びついた化合物《かごうぶつ》ですか。（　　　　）

(2) 二酸化炭素は何という原子が結びついた化合物ですか。2つ書きなさい。
（　　　　）
（　　　　）

(3) A のように、酸化銅が銅になる化学変化を何といいますか。（　　　　）

(4) B のように、炭素が二酸化炭素になる化学変化を何といいますか。（　　　　）

5 化学反応式 次の式は、いろいろな化学変化を表した化学反応式《かがくはんのうしき》です。あとの問いに答えなさい。　4点×11

鉄と硫黄が結びつく反応
（ ① ）＋ S ⟶（ ② ）

銅の酸化《さんか》
2（ ③ ）＋ O_2 ⟶ 2（ ④ ）

水素の燃焼
（ ⑤ ）＋ O_2 ⟶ 2（ ⑥ ）

酸化銅と炭素の反応
2CuO ＋（ ⑦ ）⟶（ ⑧ ）＋ CO_2

水の分解《ぶんかい》
（ ⑨ ）⟶ $2H_2$ ＋（ ⑩ ）

ミス注意 (1) 化学反応式を書くとき、⟶の左右で原《げん》子《し》の種類とそれらの原子の何を一致《いっち》させますか。（　　　　）

(2) ①～⑩の空欄《くうらん》にあてはまる化学式を必要な係数もふくめて、それぞれ書きなさい。

①（　　　　）　②（　　　　）
③（　　　　）　④（　　　　）
⑤（　　　　）　⑥（　　　　）
⑦（　　　　）　⑧（　　　　）
⑨（　　　　）　⑩（　　　　）

よくでるポイント 酸化▶酸素が結びつく化学変化。光・熱が出る酸化は燃焼。
還元《かんげん》▶酸化物から酸素がとり除かれる化学変化。酸素をとり除く炭素や水素は酸化される。

入試レベル問題

時間 30分　解答 別冊 p.25　得点　　／100

1 **図1のように、酸化銅と炭素の粉末を混ぜ合わせて加熱すると、気体が発生して石灰水《せっかいすい》が白くにごり、試験管の中に赤褐色《せきかっしょく》の物質ができました。次の問いに答えなさい。** 10点×6

図1

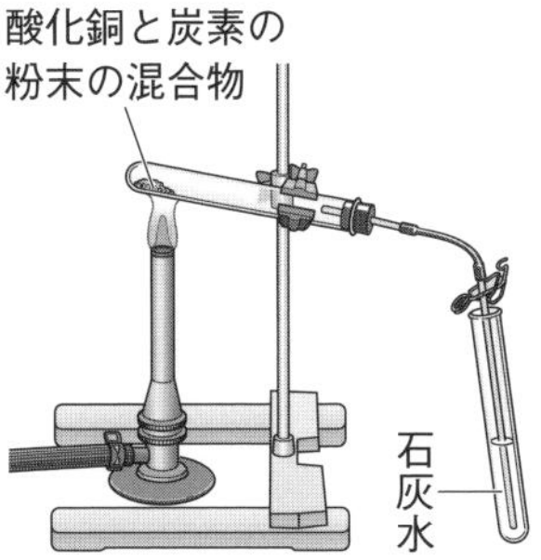

(1) 発生した気体は何ですか。物質名で答えなさい。

（　　　　　　　　）

(2) 赤褐色の物質をとり出し，金属製のさじで強くこすると，どのような性質を示しますか。

（　　　　　　　　　　　　　　　　　）

ミス注意 (3) **図2**は，この実験における物質の変化を表したモデルです。これを化学反応式で表しなさい。

（　　　　　　　　　　　）

図2

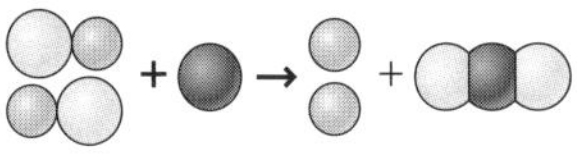

(4) 酸化銅と炭素に起こった化学変化を，それぞれ何といいますか。

酸化銅（　　　　　）　炭素（　　　　　）

難 (5) この実験での炭素のかわりに水素を使うと，赤褐色の物質のほかに何という物質ができますか。化学式で答えなさい。

（　　　　　）

入試 **2** **鉄粉と硫黄（粉末）を混合して熱したときの変化を調べるために，【実験Ⅰ】，【実験Ⅱ】を行いました。次の問いに答えなさい。** （沖縄県・改） 10点×4

図1

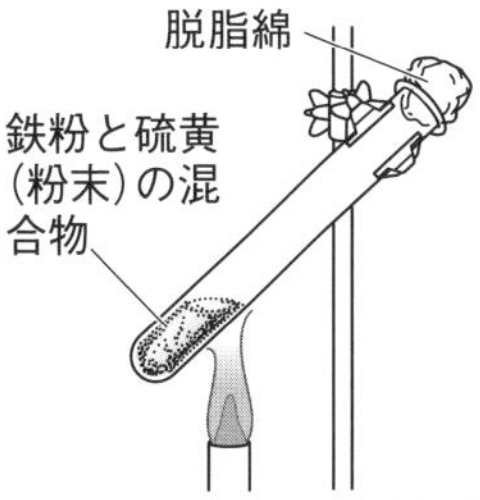

【実験Ⅰ】 鉄粉と硫黄（粉末）をよく混合して試験管に入れ，**図1**のように混合物の上部をガスバーナーで加熱した。混合物の色が赤くなったところで加熱をやめても激しく熱が出て，その熱によって反応が続いた。やがて鉄粉と硫黄（粉末）は残らずすべて反応し，試験管の中には，黒色の物質ができた。

(1) 反応前の鉄粉と硫黄（粉末）の混合物，反応後に生成した黒色の物質に磁石をそれぞれ近づけました。このときのようすとして，最も適当な組み合わせはどれですか。右の**ア**～**エ**から1つ選びなさい。

	反応前の鉄粉と硫黄（粉末）の混合物	反応後に生成した黒色の物質
ア	磁石につかない	磁石につく
イ	磁石につかない	磁石につかない
ウ	磁石につく物質がある	磁石につく
エ	磁石につく物質がある	磁石につかない

（　　　）

(2) 反応後に生成した黒色の物質は何ですか，化学式で答えなさい。 （　　　　　）

難 (3) 実験Ⅰと同じ方法で鉄粉8.0 gと硫黄（粉末）4.0 gを熱すると，一方の物質は完全に反応し，もう一方の物質は一部が反応せずに残りました。このとき，反応後に生成した黒色の物質は何gですか。ただし，鉄粉と硫黄（粉末）が反応するとき，それぞれの物質の質量比は一定で，7：4であることがわかっています。 （　　　　　）

【実験Ⅱ】 実験Ⅰで生成した黒色の物質が十分に冷えてからとり出し，粉末にした。この粉末を試験管に少量とり，**図2**のようにうすい塩酸を加えたところ，気体が発生した。

図2

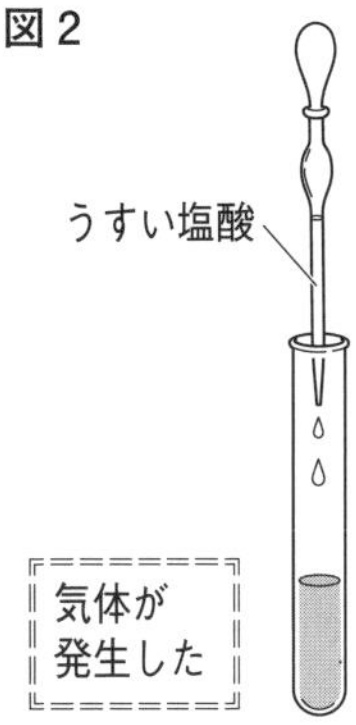

ミス注意 (4) 発生した気体の色とにおいについて，正しく述べているものはどれですか。最も適当なものを次の**ア**～**エ**から1つ選びなさい。 （　　　）

ア うすい黄緑色で，刺激臭がする。　**イ** 褐色《かっしょく》で，無臭《むしゅう》である。
ウ 無色で，卵の腐《くさ》ったようなにおいがする。　**エ** 無色で，無臭である。

3 化学変化と質量

基礎レベル問題

時間 30分　解答 別冊 p.26　得点　／100

1 沈殿ができる化学変化 次の図のように、うすい硫酸《りゅうさん》とうすい塩化バリウム水溶液を反応させ、その前後の全体の質量《しつりょう》をはかりました。あとの問いに答えなさい。　5点×2

(1)　うすい硫酸とうすい塩化バリウム水溶液を混ぜると白色の沈殿《ちんでん》ができました。この物質は何ですか。（　　　　）

ミス注意 (2)　反応後の質量は、反応前の質量と比べてどうなりましたか。（　　　　）

2 気体の発生と質量 次の図のように、密閉《みっぺい》した容器の中で炭酸水素ナトリウムとうすい塩酸を反応させ、その前後の全体の質量をはかりました。あとの問いに答えなさい。　6点×4

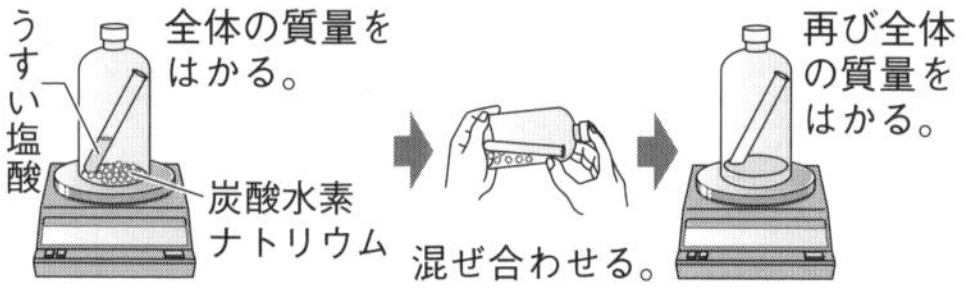

(1)　この実験で発生した気体は何ですか。化学式で答えなさい。（　　　　）

(2)　反応後の質量は、反応前と比べてどうなりましたか。（　　　　）

(3)　混ぜ合わせたあと、容器のふたを開けると、全体の質量はどうなりましたか。

（　　　　）

(4)　化学変化の前後で、物質全体の質量は変化しないということを何といいますか。

（　　　　）

3 質量保存の法則 質量《しつりょう》保存《ほぞん》の法則《ほうそく》を使って、次の計算をしなさい。　5点×2

(1)　鉄粉 3.5 g と硫黄《いおう》 2.0 g の混合物を加熱するとすべて反応して硫化鉄《りゅうかてつ》ができました。硫化鉄の質量は何 g ですか。（　　　　）

(2)　スチールウール 1.0 g を空気中で加熱すると 1.2 g になりました。鉄と結びついた酸素の質量は何 g ですか。（　　　　）

4 銅の酸化 右の図は、加熱する銅粉の質量と生じた酸化銅の質量との関係を表したグラフです。次の問いに答えなさい。　6点×3

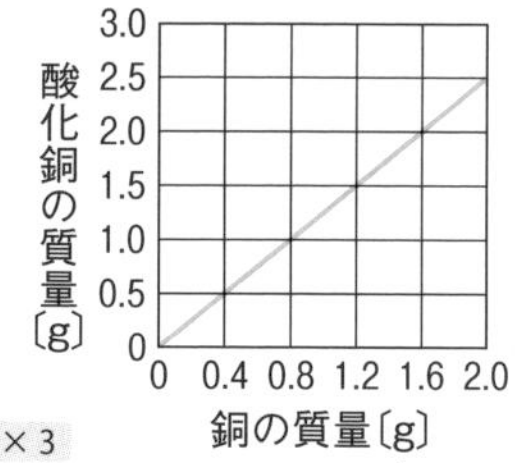

(1)　銅粉 0.8 g を加熱すると、何 g の酸化銅ができますか。（　　　　）

(2)　(1)のとき、銅と結びついた酸素は何 g ですか。（　　　　）

ミス注意 (3)　銅と酸素が結びつくときの銅と酸素の質量の比は何対何ですか。最も簡単な整数比で答えなさい。　銅：酸素＝（　　　　）

5 マグネシウムの酸化

右の図は、マグネシウムの質量と加熱後の物質の質量との関係を表したグラフです。次の問いに答えなさい。　6点×3

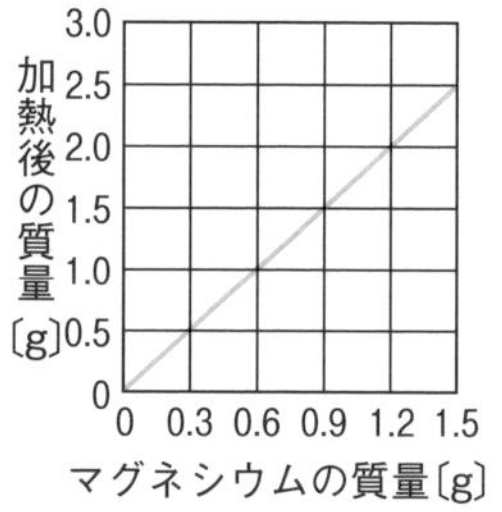

(1)　マグネシウムを加熱すると、何という物質ができますか。物質名で答えなさい。

（　　　　）

(2)　マグネシウム 0.3 g を加熱したとき、(1)の物質は何 g できますか。（　　　　）

ミス注意 (3)　マグネシウムと酸素が結びつくときのマグネシウムと酸素の質量の比は何対何ですか。最も簡単な整数比で答えなさい。

マグネシウム：酸素＝（　　　　）

6 化学変化と熱 化学変化《かがくへんか》と熱の出入りについて、次の問いに答えなさい。　5点×4

(1)　熱を放出する化学変化を何といいますか。

（　　　　）

(2)　外部から熱を吸収する化学変化を何といいますか。（　　　　）

(3)　(2)は、反応が進むにつれて、まわりの温度はどうなりますか。（　　　　）

(4)　有機物が燃料に使われるのは、燃焼で多量の何が発生するからですか。（　　　　）

質量《しつりょう》保存《ほぞん》の法則《ほうそく》▶化学変化《かがくへんか》の前後で物質全体の質量は変化しない。化学変化前の質量の和＝化学変化後の質量の和
結びつく物質の質量の割合▶物質によって決まっている。銅：酸素＝4：1　マグネシウム：酸素＝3：2

入試レベル問題

時間 30分　解答 別冊 p.26　得点　／100

1 図1のように、銅粉を十分に加熱し、銅と加熱後の酸化銅の質量を調べると、表のようになりました。次の問いに答えなさい。　8点×5

銅の質量〔g〕	0	0.4	0.8	1.2	1.6	2.0
酸化銅の質量〔g〕	0	0.5	1.0	1.5	2.0	2.5

図1

図2
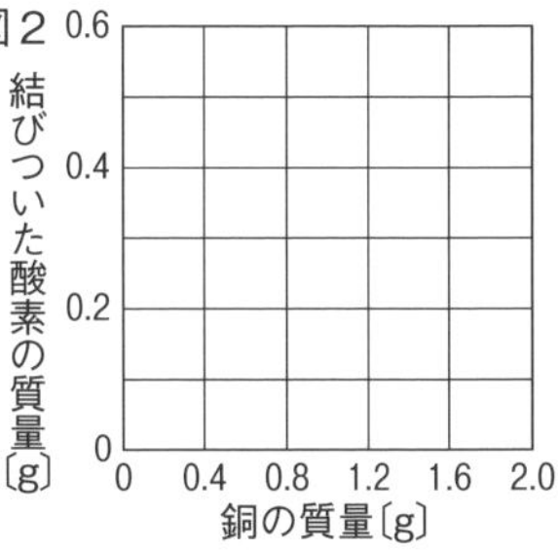

(1) 銅粉は、加熱すると何色に変化しますか。　（　　　）

(2) 加熱による銅の変化を、化学反応式《かがくはんのうしき》で表しなさい。　（　　　）

(3) 銅の質量と銅と結びつく酸素の質量の関係を、**図2**にグラフで表しなさい。

(4) 酸化銅ができるときの銅と酸素の質量の比は何対何ですか。　（　　　）

(5) 銅粉 2.8 g を加熱すると、酸化銅は何 g できますか。　（　　　）

入試 **2** 化学変化の前後の質量を調べるために、次の実験を行いました。あとの問いに答えなさい。

（山梨県）15点×4

Ⅰ　**図1**のように、うすい塩酸 50 mL が入ったビーカー全体の質量を電子てんびんではかった。次に、**図2**のように、そのうすい塩酸に炭酸水素ナトリウム 1.0 g を静かに加えて反応させたところ、気体が発生した。気体が発生しなくなったあと、**図3**のように、反応後のビーカー全体の質量をはかった。

Ⅱ　炭酸水素ナトリウムの質量を 2.0 g、3.0 g、4.0 g、5.0 g と変えて、同様に実験した。次の表は、その結果をまとめたものである。

表

うすい塩酸 50 mL が入ったビーカー全体の質量〔g〕	139.0	139.0	139.0	139.0	139.0	139.0
加えた炭酸水素ナトリウムの質量〔g〕	0	1.0	2.0	3.0	4.0	5.0
反応後のビーカー全体の質量〔g〕	139.0	139.5	140.0	140.5	141.5	142.5

(1) 次の（　　）に適当な化学式や記号を入れ、うすい塩酸と炭酸水素ナトリウムが反応して気体が発生する化学反応式を完成させなさい。
$HCl + NaHCO_3 \rightarrow$（　　　）

図4
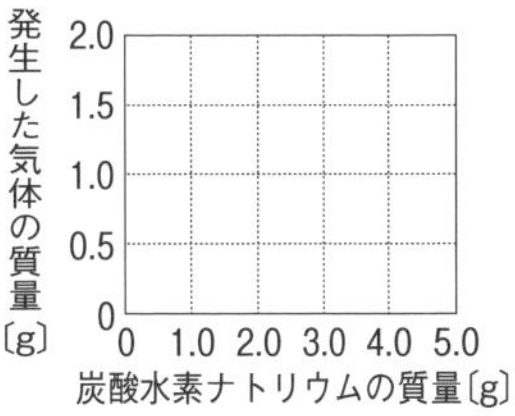

(2) 表をもとにして、加えた炭酸水素ナトリウムの質量と発生した気体の質量との関係を表すグラフを**図4**にかきなさい。ただし、表から求められる値は●で記入しなさい。

難 (3) 実験で用いたものと同じ濃度《のうど》のうすい塩酸 100 mL を新たに別のビーカーにとり、炭酸水素ナトリウムの質量を変えて反応させました。①、②の問いに答えなさい。

① 炭酸水素ナトリウム 2.0 g を加えて反応させたとき、発生する気体の質量は何 g になると考えられますか。　（　　　）

② 炭酸水素ナトリウム 5.0 g を加えて反応させたとき、発生する気体の質量は何 g になると考えられますか。　（　　　）

4 葉のつくりとはたらき

基礎レベル問題

時間 30分　解答 別冊p.26　得点 ／100

1 顕微鏡の使い方 右の図の顕微鏡《けんびきょう》について、次の問いに答えなさい。　4点×4

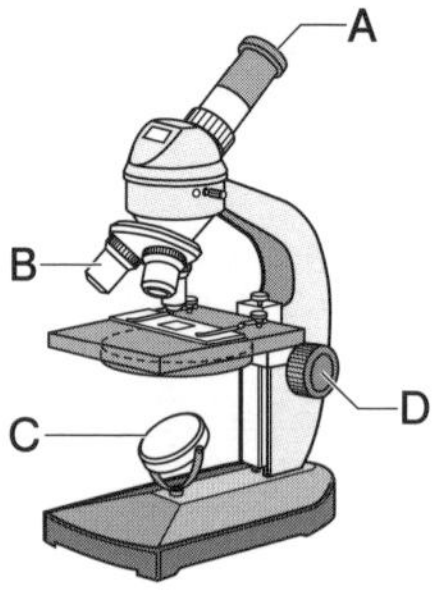

(1) A、Cの部分をそれぞれ何といいますか。
A（　　）
C（　　）

(2) Aは「10×」、Bは「20」と表示してあるものを使いました。このときの顕微鏡の倍率は何倍ですか。（　　）

(3) ピントを合わせるときに操作するのは、A〜Dのどれですか。（　　）

2 葉のつくり 次の図は、葉の断面のようすです。あとの問いに答えなさい。　6点×5

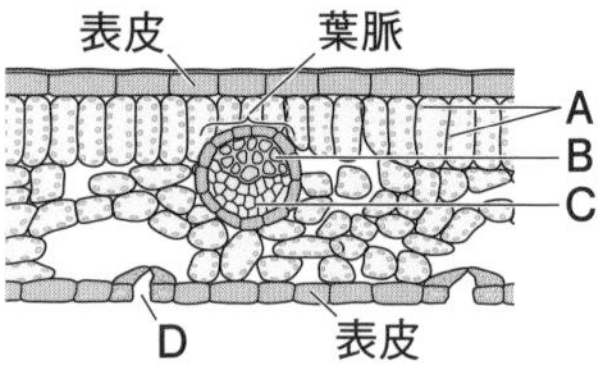

(1) Aは細胞《さいぼう》の中にある緑色の粒です。Aを何といいますか。（　　）

ミス注意 (2) 根から吸収した水が通る管は、B、Cのどちらですか。また、その管を何といいますか。　記号（　　）　名称（　　）

(3) Dのすきまを何といいますか。（　　）

(4) Dは、ふつう葉の表側と裏側のどちらに多いですか。（　　）

3 光合成のしくみ 次の式は、植物が行う光合《こうごう》成《せい》のはたらきを表したものです。あとの問いに答えなさい。　6点×3

↓光
［ A ］＋水 ⟶ デンプンなど＋［ B ］

(1) A、Bにあてはまる物質は何ですか。
A（　　）
B（　　）

(2) 光合成のはたらきは、植物の細胞の何という部分で行われますか。（　　）

4 光合成 次の図の実験で、葉をヨウ素液につけると、aの部分だけ青紫色に変化しました。あとの問いに答えなさい。　6点×2

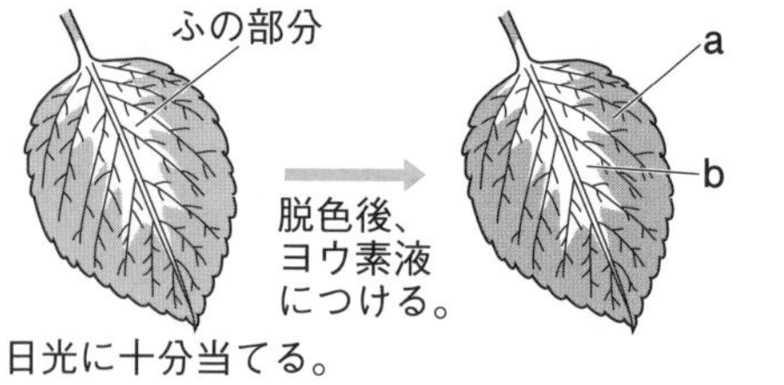

(1) aの部分を青紫色に変化させた物質は何ですか。（　　）

ミス注意 (2) bの部分が青紫色に変化しなかったのは、葉の細胞の中に何がないからですか。（　　）

5 植物の呼吸 次の実験で、袋の中の気体を石《せっ》灰水《かいすい》に通すと、Bのほうだけ石灰水が白くにごりました。あとの問いに答えなさい。　6点×2

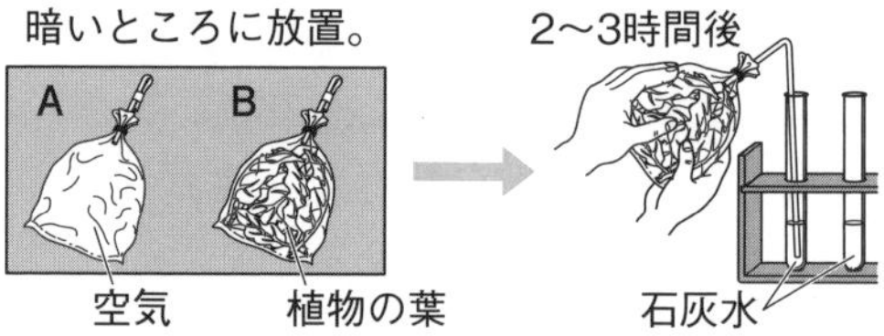

(1) 石灰水を白くにごらせた物質は何ですか。（　　）

(2) (1)の物質は、植物の何というはたらきによって生じましたか。（　　）

6 蒸散 右の図で、Bの葉にだけワセリンをぬり、風通しのよい所にしばらく置きました。次の問いに答えなさい。　6点×2

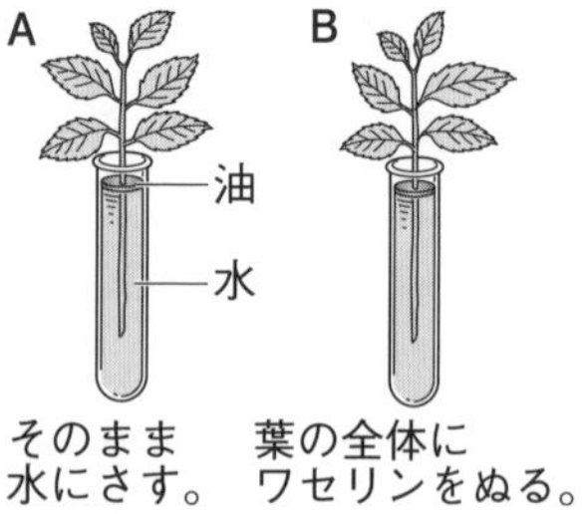

(1) 水の減少量が多いのはA、Bのどちらですか。（　　）

(2) 水の量が減ったのは、植物の何というはたらきによるものですか。（　　）

よくでるポイント **葉脈《ようみゃく》**▷葉の維管束《いかんそく》。網状脈《もうじょうみゃく》と平行脈《へいこうみゃく》。 **光合成**▷二酸化炭素＋水──→デンプン＋酸素 葉緑体で行われる。
呼吸▷酸素をとり入れ、二酸化炭素を出す。 **蒸散**▷気孔《きこう》から水蒸気が放出されるはたらき。

入試レベル問題

時間 30分 解答 別冊 p.27 得点 ／100

1 右の図は、植物の葉の断面のようすを模式的に表したものです。次の問いに答えなさい。 8点×7

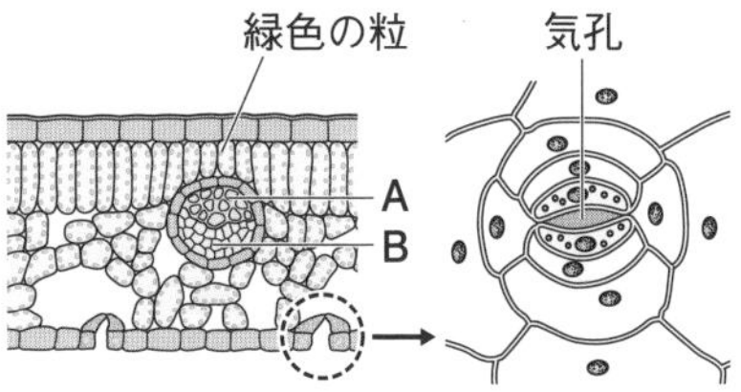

ミス注意 (1) A、B の管をそれぞれ何といいますか。

A（　　　　） B（　　　　）

(2) A の管は、どのような物質が通りますか。

（　　　　）

(3) 細胞の中にある緑色の粒で行われるはたらきを何といいますか。 （　　　　）

難 (4) 葉で行われるはたらきによって、気孔を出入りする気体は何ですか。3つ書きなさい。

（　　　　）（　　　　）（　　　　）

入試 **2** 植物のはたらきを調べるために、次の実験を行いました。あとの問いに答えなさい。 （和歌山県） 11点×4

Ⅰ　4本の試験管 A～D を用意し、ほぼ同じ大きさのオオカナダモを試験管 A、B にそれぞれ入れた。

Ⅱ　青色の BTB 溶液に息をふきこんで緑色にしたものを、すべての試験管に入れて満たしたあと、すぐにゴム栓《せん》でふたをした（**図1**）。

Ⅲ　試験管 B、D の全体をアルミニウムはくでおおい、試験管 B、D に光が当たらないようにした。

Ⅳ　4本の試験管を光が十分に当たる場所に数時間置いた（**図2**）。

Ⅴ　試験管の BTB 溶液の色を調べ、その結果をまとめた（**表**）。

表　Ⅴの結果

試験管	A	B	C	D
BTB 溶液の色	青色	黄色	緑色	緑色

図1　BTB溶液を入れた4本の試験管

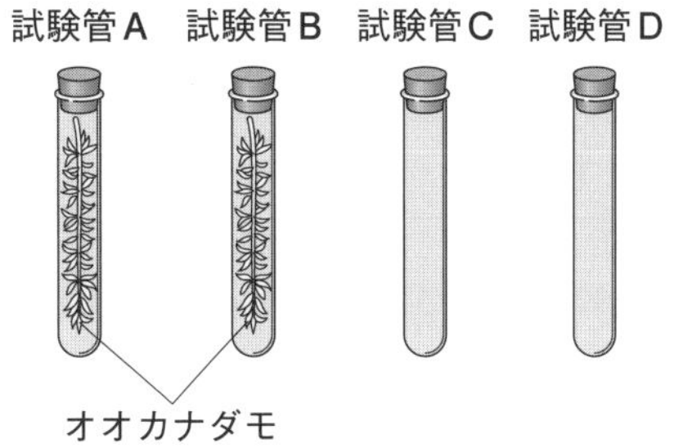

図2　光が十分に当たる場所に置いた4本の試験管

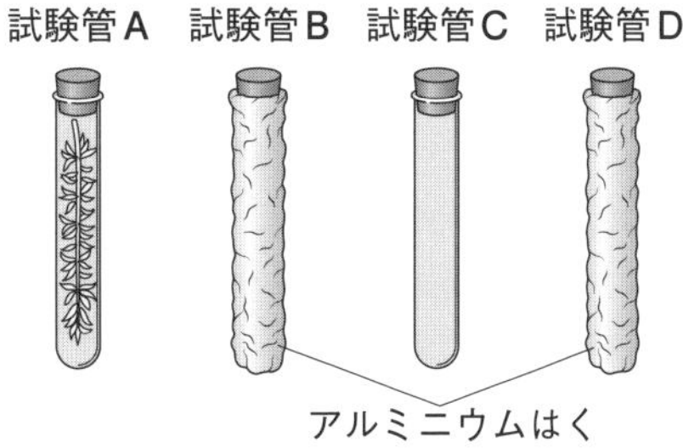

ミス注意 (1) 実験では、試験管 C や試験管 D を用意し、調べたいことがら以外の条件を同じにしました。このような実験を何といいますか。 （　　　　）

(2) 次の文は、実験の結果を考察したものです。文中の①、②について、それぞれア、イのうち適切なものを1つ選びなさい。また、文中の［ X ］にあてはまる物質の名称を答えなさい。

①（　　） ②（　　）

X（　　　　）

> 試験管 A では、植物のはたらきである呼吸と光合成の両方が同時に行われているが、①{ ア　呼吸　　イ　光合成 } の割合のほうが大きくなるため、オオカナダモにとり入れられる［ X ］の量が多くなり、試験管 A の BTB 溶液の色は青色になる。
> 一方、試験管 B では、②{ ア　呼吸　　イ　光合成 } だけが行われるため、オオカナダモから出される［ X ］により、試験管 B の BTB 溶液の色は黄色になる。

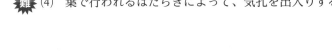

5 細胞、からだのつくり

基礎レベル問題

時間 30分　解答 別冊 p.27　得点　　／100

1 細胞 次の図は植物と動物の細胞《さいぼう》のつくりです。あとの問いに答えなさい。　3点×6

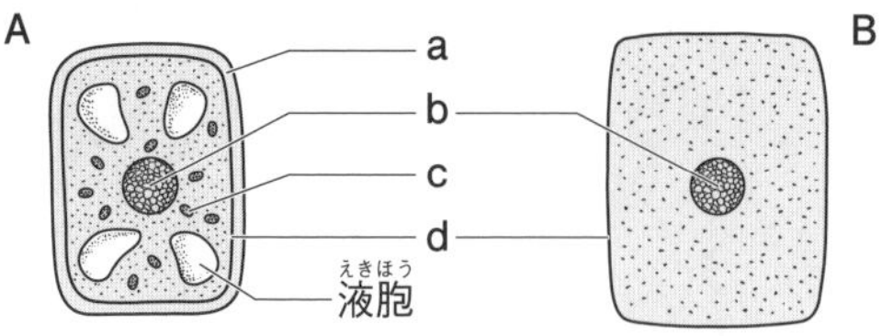

(1) 植物の細胞はA、Bのどちらですか。（　　）

(2) a～dの部分をそれぞれ何といいますか。
a（　　）　b（　　）
c（　　）　d（　　）

(3) aとb以外の部分をまとめて何といいますか。（　　）

2 からだの成り立ち 生物のからだについて、次の問いに答えなさい。　4点×4

(1) からだが1個の細胞でできている生物を何といいますか。（　　）

(2) からだが多くの細胞でできている生物を何といいますか。（　　）

(3) (2)で、形やはたらきが同じ細胞の集まりを何といいますか。（　　）

(4) いくつかの(3)が集まって特定のはたらきをする部分を何といいますか。（　　）

3 消化と吸収 右の図は、ヒトの消化器官《しょうかきかん》を表したものです。次の問いに答えなさい。　3点×6

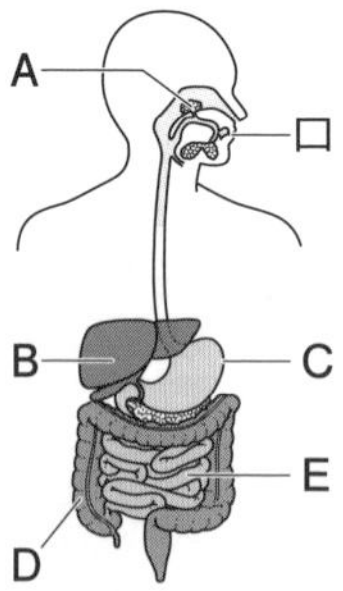

(1) C、Dの器官を何といいますか。C（　　）
D（　　）

(2) Aから出る消化液《しょうかえき》を何といいますか。（　　）

ミス注意 (3) デンプンとタンパク質は、消化されて最終的に何という物質に分解《ぶんかい》されますか。
デンプン（　　）
タンパク質（　　）

(4) 分解された栄養分を吸収するのは、A～Eのどこですか。（　　）

4 呼吸 右の図は、ヒトの肺のつくりを表したものです。次の問いに答えなさい。　4点×4

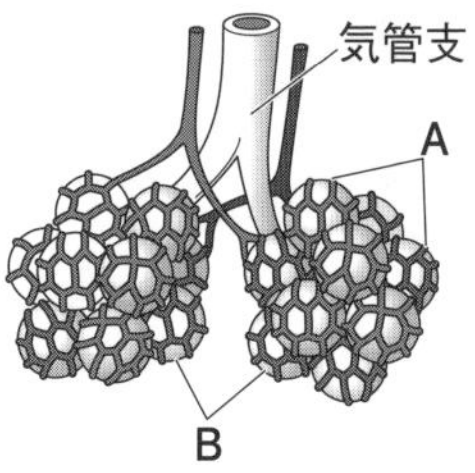

(1) A、Bをそれぞれ何といいますか。
A（　　）　B（　　）

(2) BからAに入る気体は何ですか。（　　）

(3) 肺での呼吸運動は、ろっ骨《こつ》と何の動きによって行われますか。（　　）

5 血液の循環 右の図は、ヒトの血液の循《じゅん》環《かん》を模式的に表したものです。次の問いに答えなさい。　4点×5

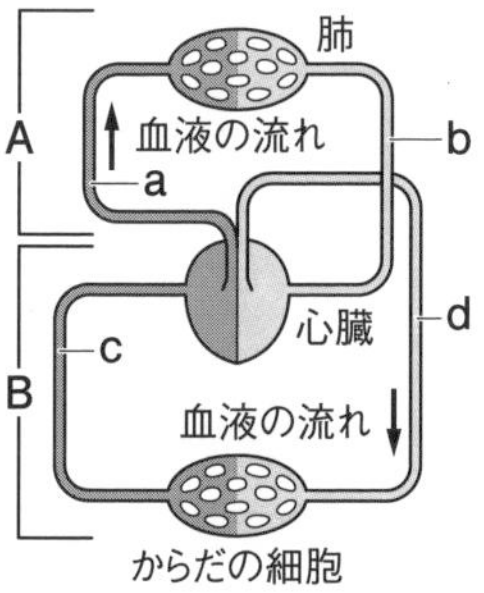

(1) A、Bの血液循環を何といいますか。　A（　　）　B（　　）

ミス注意 (2) a～dの血管のうち、酸素を多くふくむ血液が流れている血管はどれですか。2つ選びなさい。（　　）（　　）

(3) からだの各部分で、血液から細胞を満たす組織液《そしきえき》に渡される物質は何ですか。次のア～エからすべて選びなさい。（　　）

ア　酸素　　イ　二酸化炭素
ウ　栄養分　エ　尿素《にょうそ》などの不要物

6 排出 右の図は、ヒトの排出《はいしゅつ》に関係している器官《きかん》です。次の問いに答えなさい。　4点×3

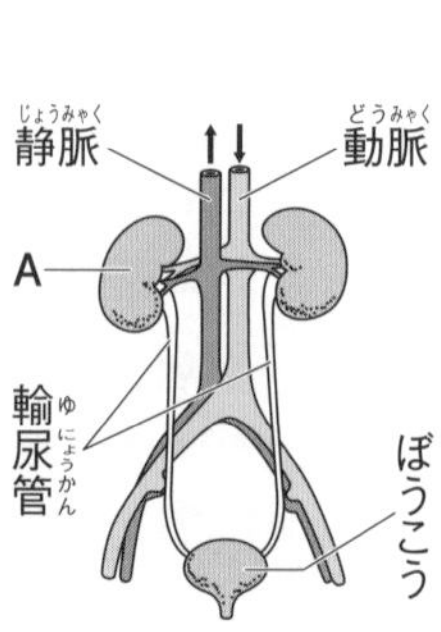

(1) Aは何という器官ですか。（　　）

(2) 細胞で生じるアンモニアを尿素につくりかえる器官は何ですか。（　　）

(3) Aでこし出される尿素などをふくむ液体の不要物を何といいますか。（　　）

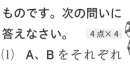

よくでるポイント　細胞のつくり▶核《かく》と細胞膜《さいぼうまく》がある。植物の細胞には、葉緑体《ようりょくたい》、液胞《えきほう》、細胞壁《さいぼうへき》がある。
からだのつくり▶肺胞《はいほう》では呼吸《こきゅう》。小腸の柔毛《じゅうもう》から栄養分を吸収。肝臓《かんぞう》で尿素をつくり、じん臓《ぞう》で尿《にょう》になる。

入試レベル問題

時間 30分　解答 別冊 p.28　得点　／100

1 右の図の細胞について、次の問いに答えなさい。　5点×6

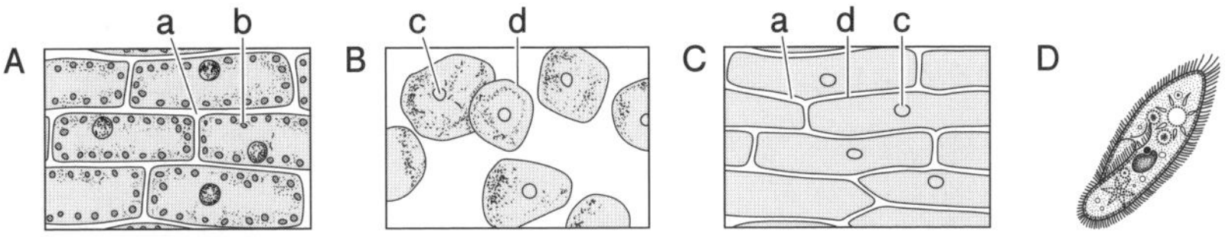

オオカナダモの葉の細胞　ヒトのほおの内側の粘膜　タマネギの表皮の細胞　ゾウリムシ

(1) A～Cのように、多数の細胞からできている生物を何といいますか。（　　）

(2) Dの、細胞の数は何個ですか。（　　）

(3) a、cの部分をそれぞれ何といいますか。　a（　　）　c（　　）

(4) 酢酸《さくさん》カーミンで赤色に染まる部分は、a～dのどれですか。（　　）

(5) 光合成のはたらきが行われる部分は、a～dのどれですか。（　　）

2 ヒトの消化のはたらきについて、次の問いに答えなさい。　5点×7

(1) 次の文の空欄《くうらん》にあてはまる言葉を書きなさい。（　　）

器官はいくつかの（　　　）が集まって特定のはたらきをする部分です。

(2) 消化液にふくまれ、栄養分を分解するはたらきのある物質を何といいますか。（　　）

(3) 1つの消化液で、デンプン、タンパク質、脂肪《しぼう》を分解する(2)をふくむ消化液は何ですか。

（　　）

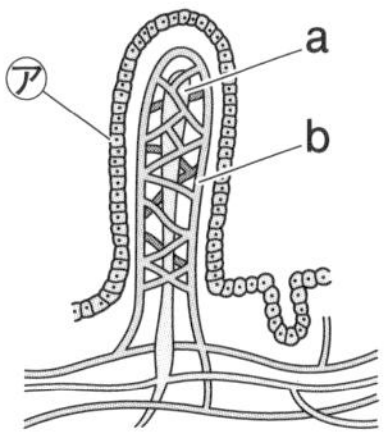

(4) 右の図のつくりは、何という器官にありますか。（　　）

(5) 図の㋐の突起《とっき》を何といいますか。（　　）

(6) ㋐の突起の中にあるaの管を何といいますか。（　　）

ミス注意 (7) bの管に入る物質を次のア～エからすべて選びなさい。（　　）

ア　脂肪酸《しぼうさん》　　イ　アミノ酸　　ウ　ブドウ糖　　エ　モノグリセリド

入試 **3** ヒトの血液循環について、次の問いに答えなさい。(長崎県・改)　7点×5

図

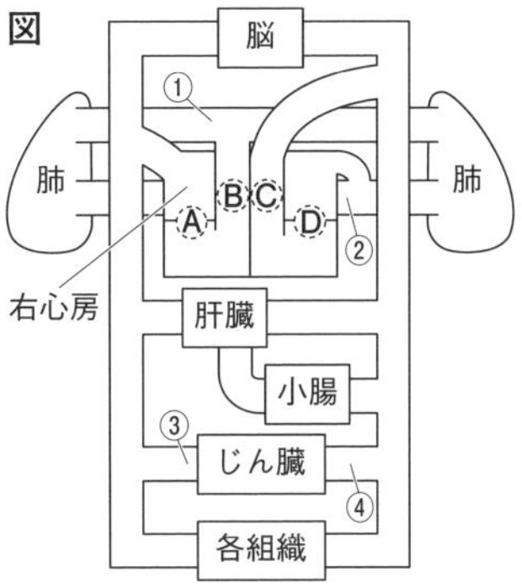

(1) 図は、ヒトの血液循環の経路を模式的に示したものです。また、図中のA～Dは血液の逆流を防ぐための心臓内の弁の場所を示しています。心室が収縮するときの、AとBにある弁の形として適当なものを、ア～エからそれぞれ選びなさい。

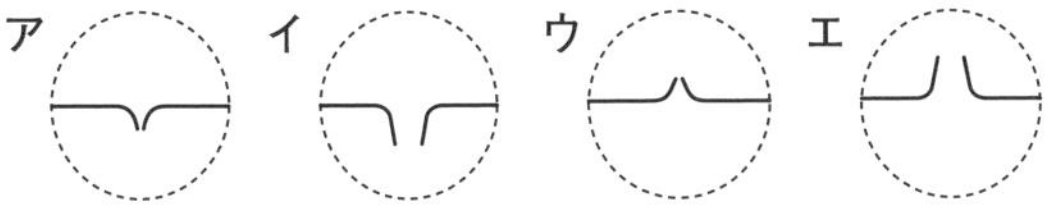

A（　　）
B（　　）

難 (2) 図の①～④の血管のうち、血液中にふくまれる酸素の割合が最も小さいものと、血液中にふくまれる尿素の割合が最も小さいものの組み合わせとして正しいものを、次のア～エから選びなさい。

ア　①・③　　イ　①・④　　ウ　②・③　　エ　②・④　（　　）

(3) ヒトの器官の特徴について説明した次の文の（ X ）、（ Y ）に言葉を入れ、文を完成させなさい。

X（　　）　Y（　　）

ヒトには、物質移動を効率よく行うため、器官内部の表面積を大きくしているものがある。例えば、小腸の壁にはたくさんのひだがあり、そのひだの表面に（ X ）があることで、栄養分の吸収が効率よく行われている。また、肺の気管支の先端には（ Y ）があることで、酸素と二酸化炭素の交換が効率よく行われている。

6 感覚器官と運動のしくみ

基礎レベル問題

時間 30分　解答 別冊 p.28　得点　／100

1 刺激と感覚器官　刺激《しげき》と感覚器官《かんかくきかん》について、次の問いに答えなさい。　4点×5

(1) 次の①～④の刺激を受けとる感覚器官はそれぞれ何ですか。

① におい　（　　　）

② 光　（　　　）

③ 音　（　　　）

④ 温度や圧力《あつりょく》　（　　　）

(2) 感覚器官で受けとった刺激は、からだのどこに伝わったとき刺激として感じますか。

（　　　）

2 目のつくり　次の図は、ヒトの目のつくりです。あとの問いに答えなさい。　4点×4

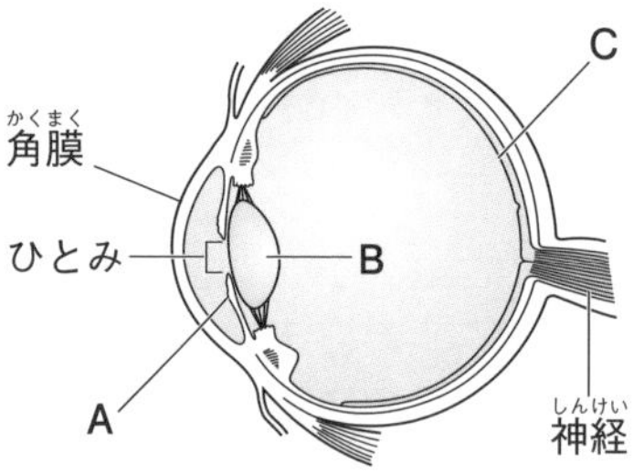

(1) A～Cの部分をそれぞれ何といいますか。

A（　　　）　B（　　　）

C（　　　）

(2) 光の刺激を受けとる感覚細胞《かんかくさいぼう》は、A～Cのどの部分にありますか。　（　　　）

3 耳のつくり　次の図は、ヒトの耳のつくりです。あとの問いに答えなさい。　4点×4

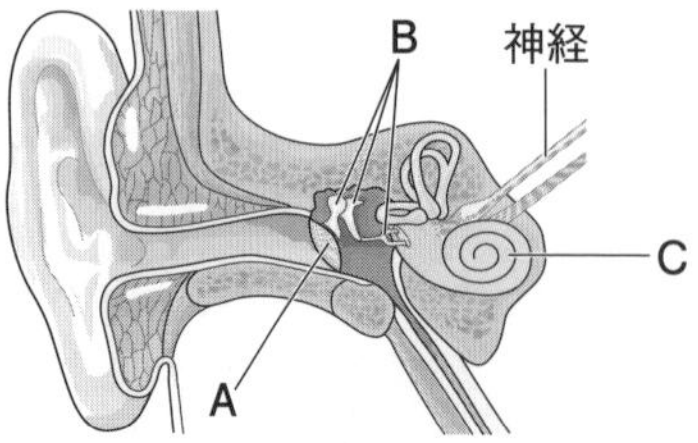

(1) A～Cの部分をそれぞれ何といいますか。

A（　　　）　B（　　　）

C（　　　）

(2) 音の振動《しんどう》を刺激として受けとる感覚細胞があるのは、A～Cのどの部分ですか。

（　　　）

4 神経系　次の図は、刺激を受けとって反応が起こるまでの信号の伝わる経路を表したものです。あとの問いに答えなさい。　5点×4

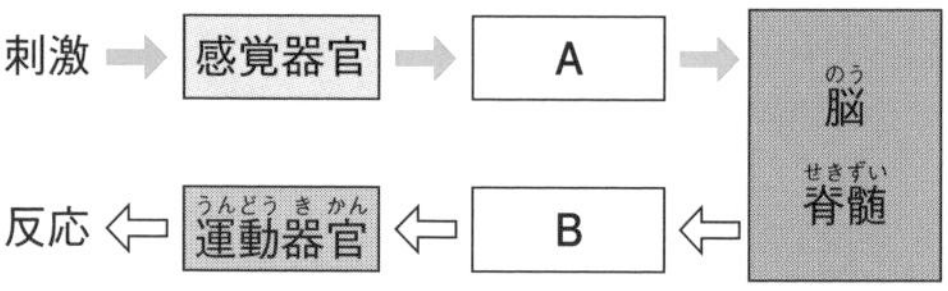

(1) A、Bの神経をそれぞれ何といいますか。

A（　　　）

B（　　　）

(2) 脳・脊髄は、刺激の信号に対して判断・命令などを行います。このような神経を何といいますか。　（　　　）

(3) (2)に対して、A、Bをまとめて何神経といいますか。　（　　　）

5 無意識に起こる反応　「熱いものに手がふれると、とっさに手を引っこめる。」という反応について、次の問いに答えなさい。　4点×2

(1) このように、意識とは無関係に起こる反応を何といいますか。　（　　　）

ミス注意 (2) 刺激の信号は、次の経路で筋肉《きんにく》に伝わって反応が起こります。Aにあてはまる言葉を書きなさい。　（　　　）

皮膚《ひふ》→感覚神経《かんかくしんけい》→（A）→運動神経《うんどうしんけい》→筋肉

6 動くしくみ　右の図は、うでのつくりを示したものです。次の問いに答えなさい。　5点×4

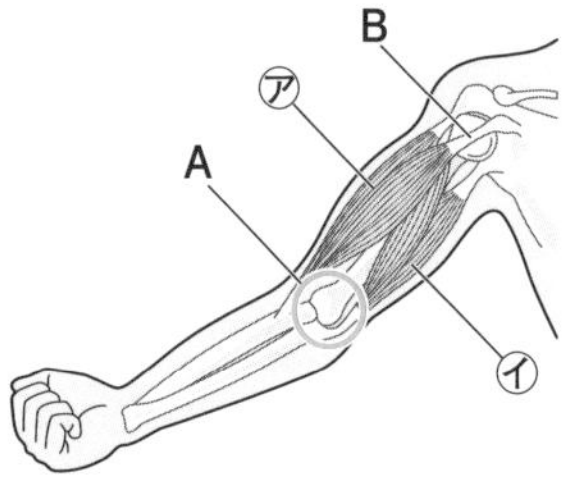

(1) 骨と骨がつながっているAの部分を何といいますか。

（　　　）

(2) 筋肉と骨をつなぐBを何といいますか。

（　　　）

ミス注意 (3) うでを曲げるときとのばすとき、縮む筋肉は、それぞれ㋐、㋑のどちらですか。

曲げるとき（　　　）

のばすとき（　　　）

よくでるポイント
感覚器官▶目は網膜《もうまく》、耳はうずまき管《かん》が刺激を受けとる。　皮膚《ひふ》は熱さ・冷たさ、痛《いた》さ、圧力を受けとる。
刺激《しげき》と反応《はんのう》▶感覚器官⇒感覚神経⇒脳・脊髄⇒運動神経⇒運動器官。　反射《はんしゃ》▶刺激に対して無意識に起こる反応。

入試レベル問題

時間 30分　解答 別冊 p.29　得点　　／100

1 次の問いに答えなさい。　5点×8

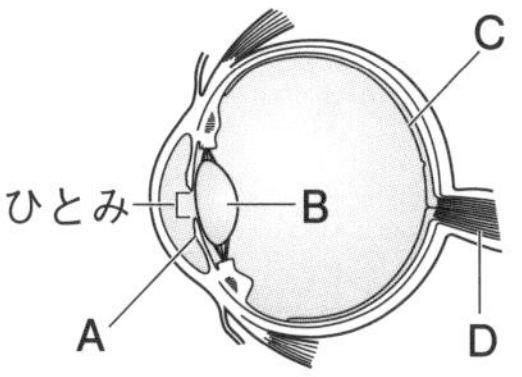

(1)　右の図は、ヒトの目のつくりです。目のように、刺激を受けとる器官を何といいますか。（　　　）

(2)　右の図で、次の①～③のはたらきをする部分はA～Dのどれですか。また、その部分の名称を書きなさい。

①　光の刺激を受けとる細胞がある。　記号（　　）　名称（　　）

②　光を屈折させてCの上に像を結ぶ。　記号（　　）　名称（　　）

③　のび縮みして、目に入る光の量を変える。　記号（　　）　名称（　　）

(3)　ヒトのからだで、温度や圧力、痛みなどの刺激を受けとる器官は何ですか。（　　　）

2 右の図は、ヒトの神経系と刺激の信号の伝わり方を表したものです。次の問いに答えなさい。　6点×7

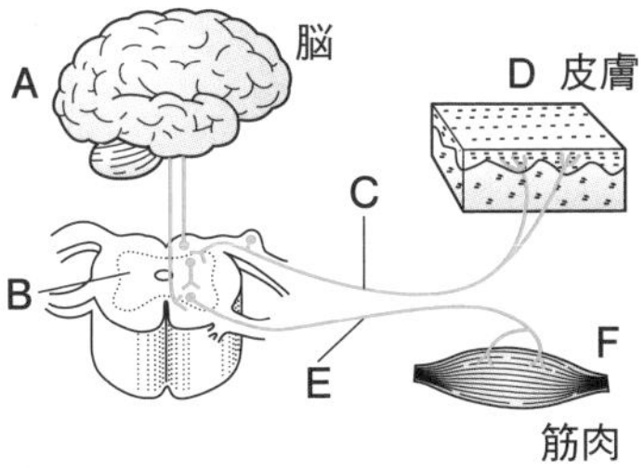

(1)　Bの神経の束《たば》を何といいますか。（　　　）

(2)　AやBの神経をまとめて何といいますか。（　　　）

(3)　C、Eの神経をそれぞれ何といいますか。

C（　　　）　E（　　　）

(4)　手が熱いものにさわったとき、熱いと感じる前に、思わず手を引っこめる。

①　「熱いと感じる」のは、刺激の信号がA～Fのどこに伝わったときですか。（　　）

ミス注意 ②　「思わず手を引っこめる」とき、皮膚で刺激を受けとったあと、信号はどのように伝わって反応が起こりますか。A～Fから選び、伝わる順に記号を並べなさい。

（　　　　　）

(5)　意識とは無関係に起こる反応の例として、ひとみの大きさの変化があります。暗い場所から明るい場所に出たとき、ひとみの大きさはどのように変化しますか。（　　　）

入試 **3** 花子さんは、運動会のリレーで太郎さんからバトンを受けとろうとして、うでをうしろにのばし、顔を前に向けて走り始めた。花子さんは、バトンが手にふれたことを感じたので、バトンをにぎり、うでを曲げて走っていった。次の問いに答えなさい。

（愛媛県）　6点×3

ミス注意 (1)　**図1**は、下線部のときの刺激や命令の伝わり方を模式的に表したものです。**図1**のア～エは、それぞれ感覚器官、運動器官、脊髄、脳のいずれかであり、⟹は、刺激や命令が伝わる方向を表しています。感覚器官と脳は、**図1**のア～エのどれにあたりますか。それぞれ1つずつ選びなさい。

感覚器官（　　）　脳（　　）

図1

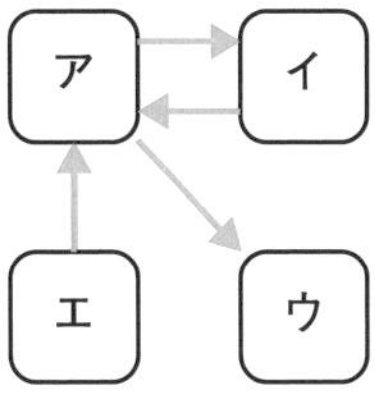

(2)　**図2**は、ヒトの肩とうでの骨を模式的に表したものです。**図2**のようにうでを曲げるとき、縮む筋肉の両端《りょうはし》のけんは、どの部分についていますか。**図2**のア～エのうち、適当なものを1つ選びなさい。（　　）

図2

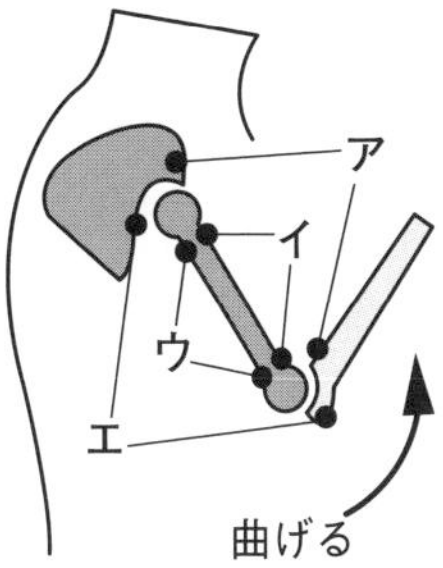

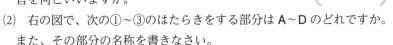

7 電流のはたらき

基礎レベル問題

時間 30分　解答 別冊 p.29　得点　／100

1 回路 次の2つの回路《かいろ》について、あとの問いに答えなさい。 4点×3

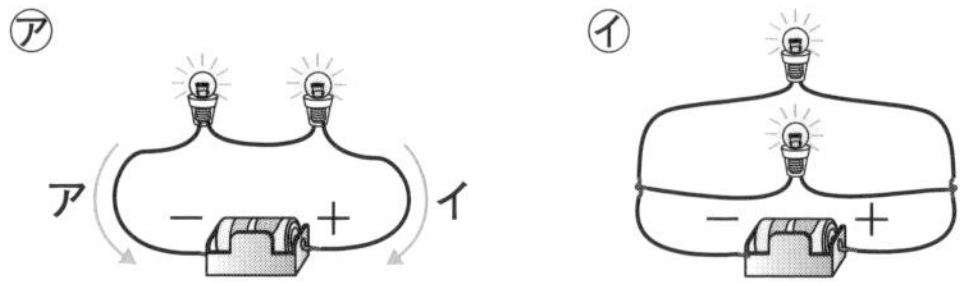

(1) ㋐の回路で、電流《でんりゅう》の流れる向きは、ア、イのどちらですか。（　　）

(2) 1つの豆電球をはずしたとき、もう一方の豆電球が消えるのは、㋐、㋑のどちらですか。（　　）

(3) ㋑の回路を何といいますか。

（　　）

2 電気用図記号 次の①～③は、器具の名称を、④～⑥は、電気用図記号をそれぞれ答えなさい。 4点×6

① ⊗ （　　）

② ─┤├─ （　　）

③ Ⓐ （　　）

④ 電圧計《でんあつけい》 （　　）

⑤ スイッチ （　　）

⑥ 抵抗器《ていこうき》 （　　）

3 電流計・電圧計 右の図のようにして、電熱線に加わる電圧と流れる電流の大きさを調べました。次の問いに答えなさい。 4点×4

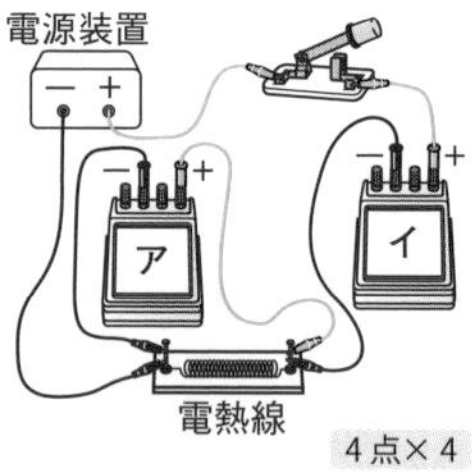

(1) 上の図で、電流計、電圧計は、ア、イのどちらですか。記号を書きなさい。

電流計（　　）　電圧計（　　）

ミス注意 (2) 使用した−端子《マイナスたんし》は、電流計は500 mA、電圧計は15 Vです。

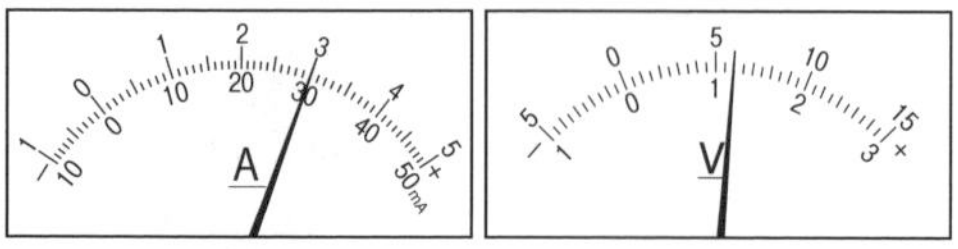

電流計　　電圧計

① 電流は何Aですか。（　　）

② 電圧は何Vですか。（　　）

4 回路と電圧・電流 図1、2の回路について、あとの問いに答えなさい。 4点×4

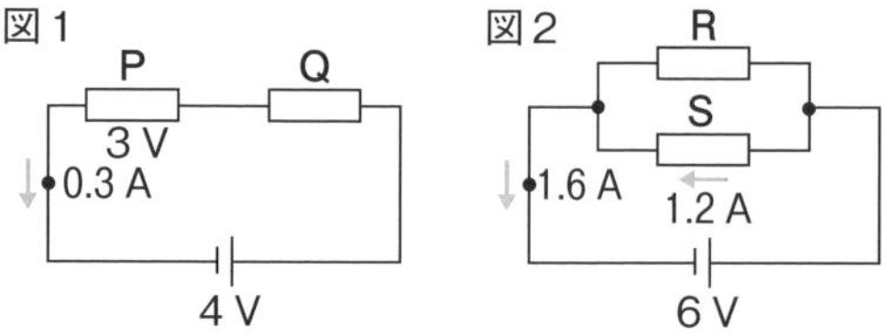

(1) 図1で、電熱線Qに加わる電圧は何Vですか。（　　）

(2) 図1で、電熱線Pを流れる電流は何Aですか。（　　）

(3) 図2で、電熱線Sに加わる電圧は何Vですか。（　　）

(4) 図2で、電熱線Rを流れる電流は何Aですか。（　　）

5 電圧・電流・抵抗 次の回路で、㋐は電熱線の抵抗《ていこう》、㋑は回路を流れる電流、㋒は電熱線に加わる電圧をそれぞれ求めなさい。 4点×3

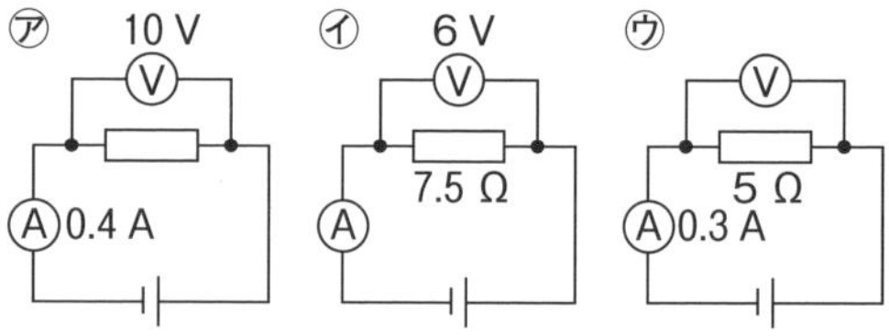

㋐（　　）　㋑（　　）

㋒（　　）

6 電力 次の問いに答えなさい。 5点×2

(1) 電力《でんりょく》は、1秒間に消費する何の量を表したものですか。（　　）

(2) 電熱線に9Vの電圧を加えると2Aの電流が流れました。この電熱線の電力は何Wですか。（　　）

7 電力量 次の問いに答えなさい。 5点×2

(1) 次の式は、電力量《でんりょくりょう》を求める式です。（　　）にあてはまる言葉を書きなさい。

電力量〔J〕＝（　　）×時間〔s〕

ミス注意 (2) 930 Wの電子レンジを1分間使用しました。このときの電力量は何Jですか。

（　　）

よくでるポイント オームの法則▶電熱線に流れる電流が電圧に比例する。電圧〔V〕＝抵抗〔Ω〕×電流〔A〕
電力▶1秒間に消費する電気エネルギーの量。　電力量▶一定時間に消費した電気エネルギーの総量。

入試レベル問題

時間 30分　解答 別冊 p.30　得点　／100

1 右の表は、いろいろな電気器具の電力を示したものです。次の問いに答えなさい。　10点×4

電気器具	電力の表示
パソコン	100 V - 44 W
エアコン	100 V - 740 W
トースター	100 V - 830 W
テレビ	100 V - 200 W

(1) 表の電気器具をそれぞれ 100 V の電源につないだとき、流れる電流が最も大きい電気器具はどれですか。（　　）

(2) 表の電気器具をすべて使用したときの電力の合計は何 W ですか。（　　）

(3) パソコンを 10 分間使用したときの電力量は何 J ですか。（　　）

ミス注意 (4) エアコンを 5 時間使用したときの電力量は何 kWh ですか。（　　）

2 図1のように、抵抗 6 Ω の電熱線に 9 V の電圧を加えて電流を流し、1分ごとに水の上昇温度《じょうしょうおんど》をはかりました。図2は、その結果をグラフに表したものです。次の問いに答えなさい。　10点×3

図1

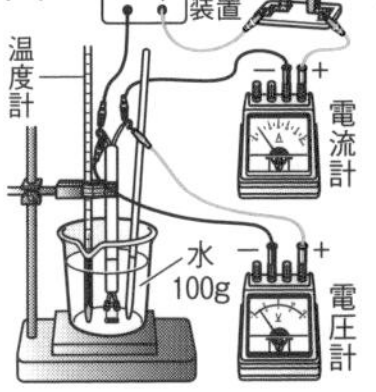

図2

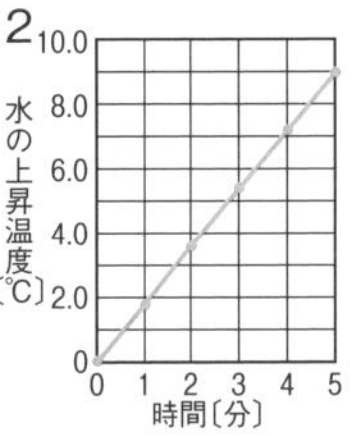

(1) 電熱線の電力は何 W ですか。（　　）

(2) 電熱線の 5 分間の発熱量は何 J ですか。（　　）

難 (3) 図2から、5分間に水 100 g が電熱線から得た熱量は何 J といえますか。ただし、水 1 g の温度を 1 ℃上昇させるのに必要な熱量を 4.2 J とします。（　　）

入試 **3** 表1は、3種類の抵抗器 X～Z のそれぞれについて、両端《りょうはし》に加わる電圧と流れた電流をまとめたものです。これについて、次の問いに答えなさい。ただし、抵抗器 X～Z はオームの法則が成り立つものとします。
（兵庫県・改）　10点×3

表1

抵抗器	電圧〔V〕	電流〔mA〕
X	3.0	750
Y	3.0	375
Z	3.0	150

図1

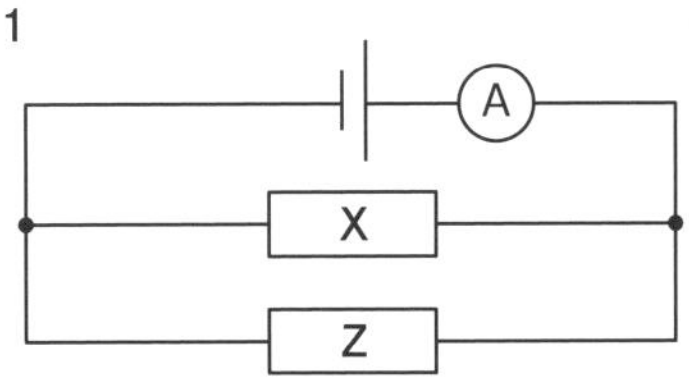

(1) 抵抗器 X の抵抗の大きさは何Ωですか。（　　）

(2) 図1のように、抵抗器 X と Z を用いて回路をつくり、電源装置で、6.0 V の電圧を加えたとき、電流計が示す値《あたい》は何 A ですか。（　　）

(3) 図2のように、抵抗器 X～Z と2つのスイッチを用いて回路をつくりました。ただし、図の ① ～ ③ には抵抗器 X～Z のいずれかがつながれています。表2はスイッチ 1、2 のいずれか1つを入れ、電源装置で 6.0 V の電圧を加えたときの電流計が示す値をまとめたものです。図2の ① ～ ③ につながれている抵抗器の組み合わせとして適切なものはどれですか。次のア～カから選びなさい。（　　）

図2

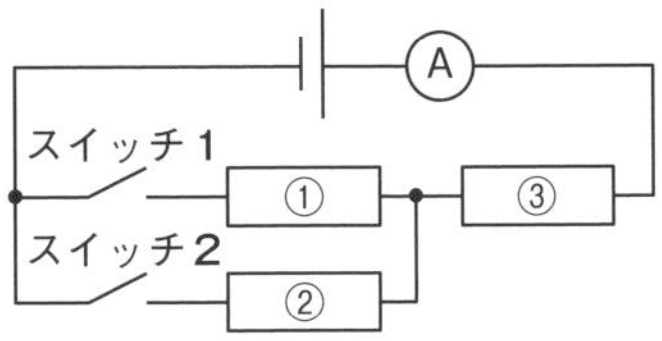

表2

	電流計の値〔mA〕
スイッチ1だけを入れる	250
スイッチ2だけを入れる	500

ア ①抵抗器 X　②抵抗器 Y　③抵抗器 Z
イ ①抵抗器 X　②抵抗器 Z　③抵抗器 Y
ウ ①抵抗器 Y　②抵抗器 X　③抵抗器 Z
エ ①抵抗器 Y　②抵抗器 Z　③抵抗器 X
オ ①抵抗器 Z　②抵抗器 X　③抵抗器 Y
カ ①抵抗器 Z　②抵抗器 Y　③抵抗器 X

8 電流と磁界

基礎レベル問題

時間 30分　解答 別冊 p.30　得点　　／100

1 電流と磁界 右の図のように、厚紙に導線を通し、A～C点に磁針を置いて電流《でんりゅう》を流しました。次の問いに答えなさい。 5点×4

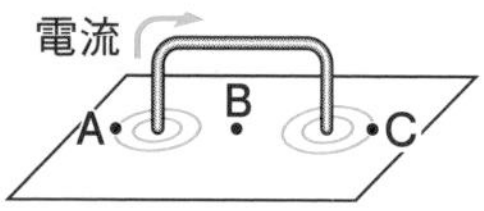

(1) 磁界《じかい》のようすを表す、図に示した曲線を何といいますか。（　　）

ミス注意 (2) A～C点に置いた磁針の振《ふ》れはどうなりますか。次のア～エからそれぞれ選びなさい。

A（　　）　B（　　）　C（　　）

2 電流が受ける力 次の図のように、磁石の磁界の中に置いたコイルに電流を流しました。あとの問いに答えなさい。 6点×3

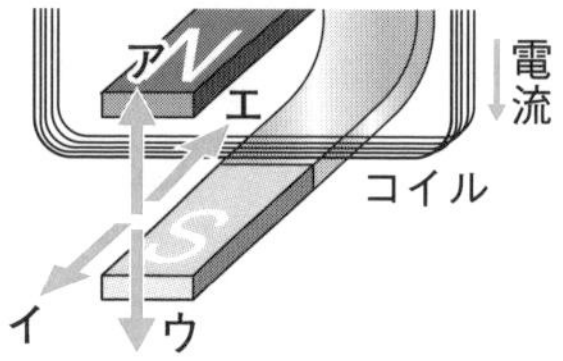

(1) 磁石の磁界の向きは、ア～エのどれですか。（　　）

(2) コイルの動く向きを逆にする方法を2つ書きなさい。（　　）（　　）

3 電磁誘導 図1のように、棒磁石のN極をコイルに急に近づけると、電流がイの向きに流れました。あとの問いに答えなさい。 6点×2

図1

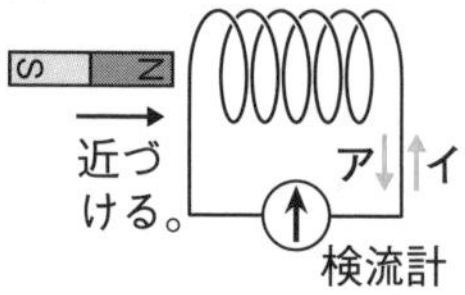

図2

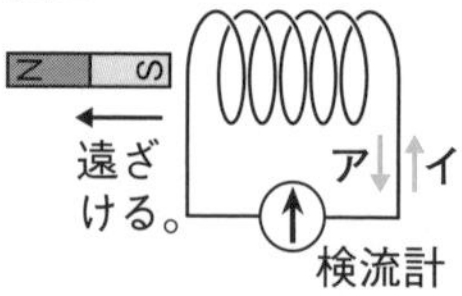

(1) 図のようにして、コイルに電流が流れる現象を何といいますか。（　　）

ミス注意 (2) 図2のように、コイルから磁石のS極を遠ざけました。コイルに流れる電流の向きはア、イのどちらですか。（　　）

4 直流と交流 次の図は、直流《ちょくりゅう》と交流《こうりゅう》の流れ方をオシロスコープで調べたものです。あとの問いに答えなさい。 5点×5

A

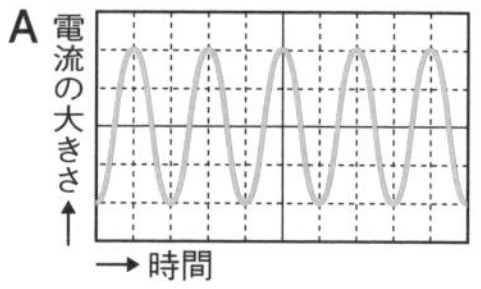

B

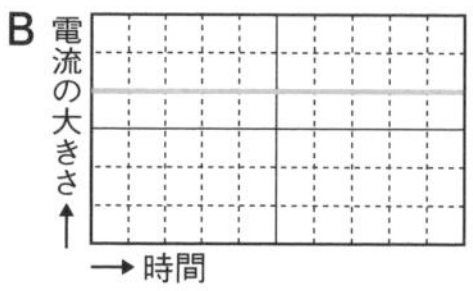

(1) 交流はA、Bのどちらですか。（　　）

(2) 交流の向きが1秒間に変化する回数を何といいますか。（　　）

ミス注意 (3) 次の①～③は、A、Bどちらの電流ですか。

① 電池から流れる電流。（　　）

② 発電所で発生する電流。（　　）

③ コンセントから流れる電流。（　　）

5 真空放電 次の図の放電管《ほうでんかん》のA、Bに大きな電圧《でんあつ》を加えると、Aから飛び出した粒子《りゅうし》の流れによって金属板のかげができました。あとの問いに答えなさい。 5点×3

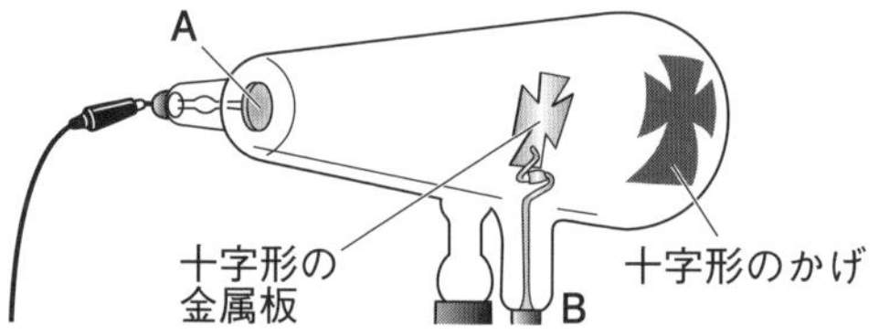

(1) Aは＋極《プラスきょく》、－極《マイナスきょく》のどちらですか。（　　）

(2) Aから飛び出した粒子の流れを何といいますか。（　　）

(3) (2)は、＋、－のどちらの電気を帯びていますか。（　　）

6 静電気 右の図のように、2種類の物体を摩擦《まさつ》すると電気が生じます。次の問いに答えなさい。 5点×2

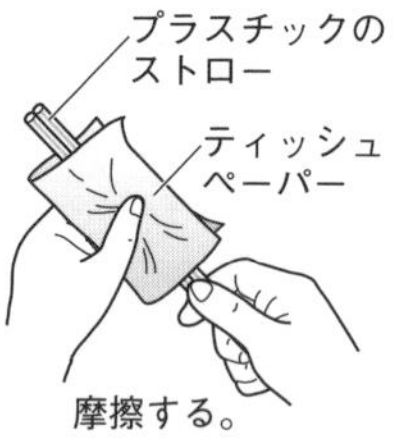

(1) 物体に生じた電気を何といいますか。（　　）

(2) 摩擦したとき、物体が電気を帯びるのは、物体間を何という粒子が移動するためですか。（　　）

よくでるポイント 電流と磁界▶電流は右ねじが進む向き、磁界は右ねじを回す向き。　電磁誘導《でんじゆうどう》▶磁界が変化するとコイルに電流が流れる。　電流の正体▶電子《でんし》の流れ（電流と逆向き）。

入試レベル問題

時間 30分　解答 別冊 p.31　得点　／100

1 右の図のように、コイルに電流を流すと、Aに置いた磁針が図のように振れました。次の問いに答えなさい。　10点×3

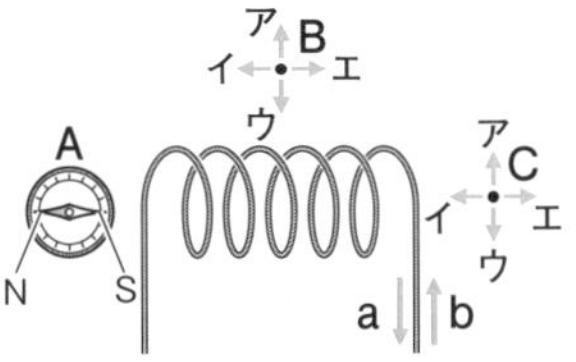

(1) コイルに流れている電流の向きは、a、bのどちらですか。（　　）

(2) B、C点に磁針を置くと、磁針のN極がさす向きは、ア～エのどれですか。　B点（　　）　C点（　　）

2 右の図のような真空放電管《しんくうほうでんかん》を使って、陰極線《いんきょくせん》を調べました。次の問いに答えなさい。　11点×2

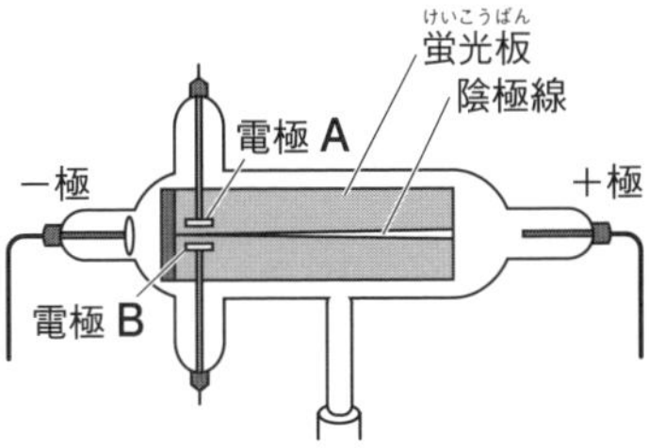

(1) 陰極線は何という粒子の流れですか。（　　）

(2) 電極A、B間に電圧《でんあつ》を加えると、陰極線が上向きに曲がった。＋極はA、Bのどちらですか。（　　）

入試 **3** エナメル線を数回巻いたコイルをつくり、図1のような装置を組みました。コイルに一定の大きさの電圧をかけると、端子《たんし》Aから端子Bの向きに電流が流れ、コイルが連続して回転しました。

図2は、図1のコイルを、端子A側から見た模式図であり、コイルに、端子Aから端子Bの向きに電流が流れると、矢印の向きに力がはたらくことを示しています。これについて、次の問いに答えなさい。　（山口県）　16点×3

図1

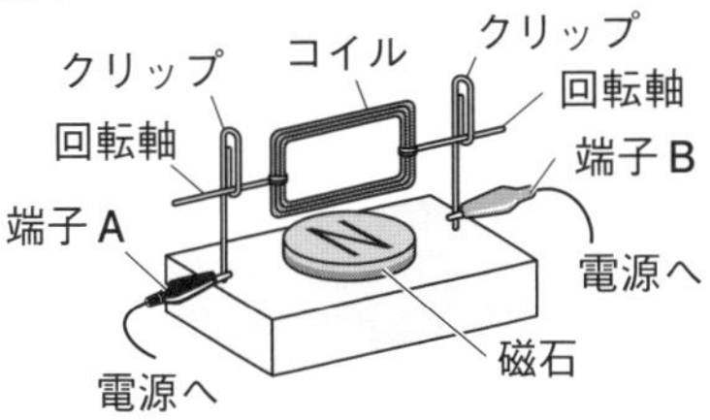

〔コイルを連続して回転させるため、回転軸になる部分の一方は、エナメルを全部はがし、もう一方は、半分だけはがしている。〕

図2

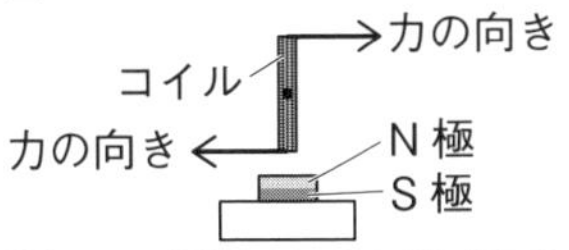

〔端子A側から見た模式図〕

(1) 流れる向きが一定で変わらない電流を何といいますか。（　　）

難 (2) 電流の向きを、端子Bから端子Aの向きに変えると、コイルにはたらく力の向きはどのようになりますか。次のア～エから選びなさい。（　　）

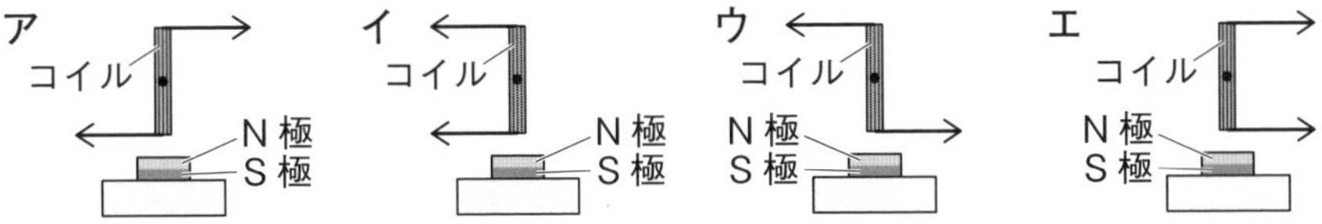

〔端子A側から見た模式図〕

(3) 図1のコイルにはたらく力を大きくする操作として適切なものはどれですか。次のア～エから選びなさい。ただし、コイルにかかる電圧は変わらないものとします。（　　）

ア　電気抵抗《でんきていこう》の大きいエナメル線でつくったコイルに変える。

イ　コイルのエナメル線の巻数を少なくする。

ウ　磁石を裏返してS極を上に向ける。

エ　磁石をより磁力の大きい磁石に変える。

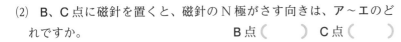

9 気象の観測、前線と天気の変化

基礎レベル問題

時間 30分　解答 別冊 p.31　得点　／100

1 気象観測 気象《きしょう》の観測や天気図記号について、次の問いに答えなさい。　3点×4

(1) 気温をはかるときの地表からの高さは、約何mですか。（　　）

(2) 右の図が表す天気、風力《ふうりょく》、風向《ふうこう》は何ですか。

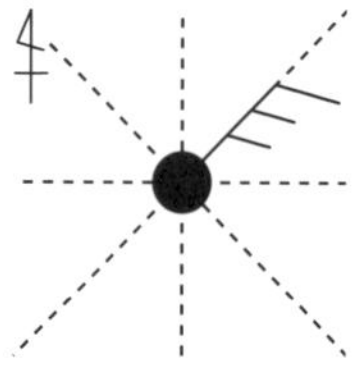

天気（　　）

風力（　　）

風向（　　）

2 気圧 次の図は、日本付近の天気図の一部です。あとの問いに答えなさい。　4点×6

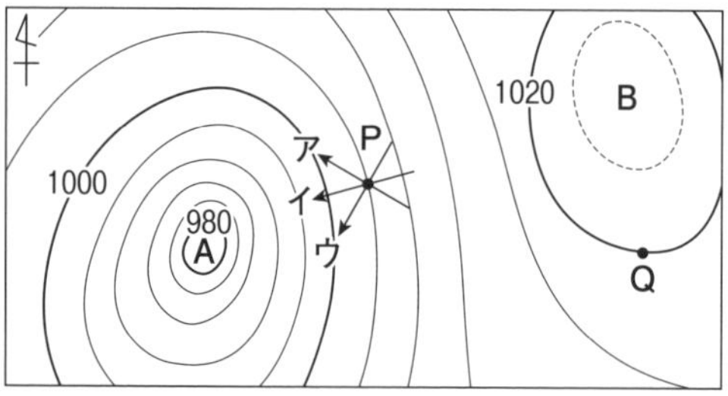

(1) 図の曲線を何といいますか。（　　）

(2) A、Bのようなところを何といいますか。

A（　　）　B（　　）

ミス注意 (3) P地点の気圧《きあつ》は何hPaですか。また、およその風向はア～ウのどれですか。

気圧（　　）　風向（　　）

(4) P地点とQ地点で、風が強い地点はどちらですか。（　　）

3 高気圧と低気圧 次の図は、高気圧《こうきあつ》と低気圧《ていきあつ》のようすです。あとの問いに答えなさい。　4点×2

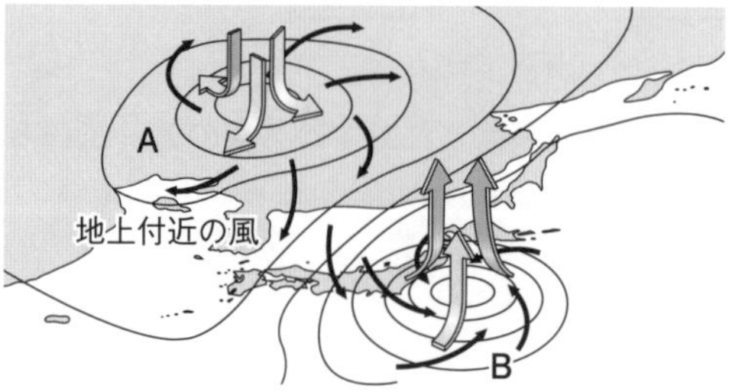

(1) 低気圧はA、Bのどちらですか。（　　）

(2) 雲が発生しにくく、天気がよいのはA、Bのどちらですか。（　　）

4 気団 右の図は、日本付近の気団《きだん》です。次の問いに答えなさい。　4点×7

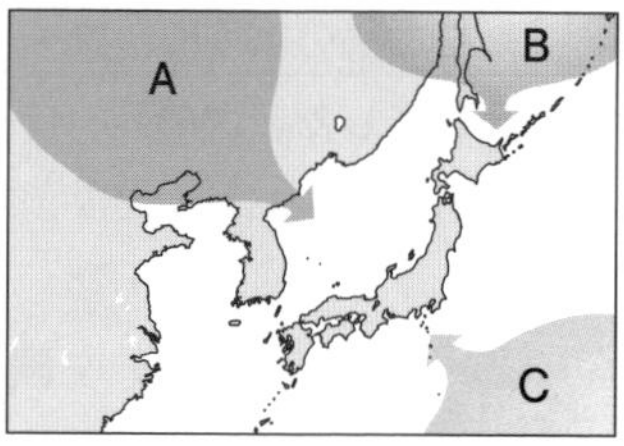

(1) 気団は、どのような性質の空気のかたまりですか。（　　）

(2) 図のA～Cの気団をそれぞれ何といいますか。

A（　　）

B（　　）

C（　　）

(3) 次の①～③の性質の気団を、図のA～Cから選びなさい。

① 高温でしめっている気団。（　　）

② 低温でしめっている気団。（　　）

③ 冬に発達する気団。（　　）

5 前線 次の図は、2つの前線《ぜんせん》のようすを模式的に表したものです。あとの問いに答えなさい。　4点×7

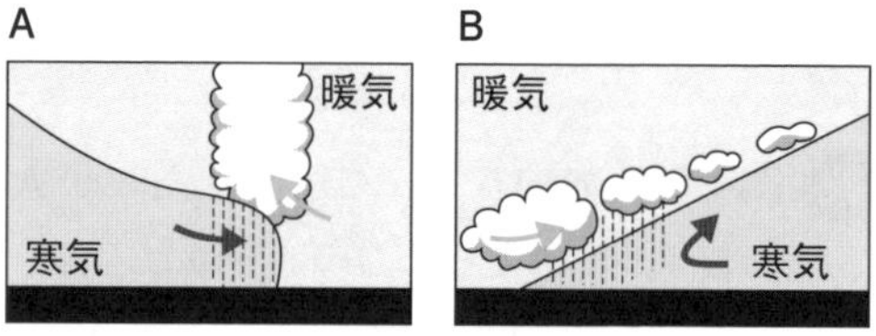

(1) 前線は、性質の異なる何がぶつかってできますか。（　　）

(2) A、Bの前線をそれぞれ何といいますか。また、天気図に表すときの記号を書きなさい。

A（　　）　記号（　　）

B（　　）　記号（　　）

ミス注意 (3) A、Bの前線の特徴を、次のア～エからそれぞれすべて選びなさい。

A（　　）　B（　　）

ア　弱い雨が長時間降る。

イ　強い雨が短時間降る。

ウ　通過後は気温が急に下がり、風が北寄りに変わる。

エ　通過後は気温が上がり、風は南寄りに変わる。

よくでるポイント
高気圧▶下降気流《かこうきりゅう》、時計回りにふき出す。天気がよい。　低気圧▶上昇気流《じょうしょうきりゅう》、反時計回りにふきこむ。天気が悪い。
寒冷前線《かんれいぜんせん》▶積乱雲《せきらんうん》により、強い雨が短時間。通過後は気温低下。　温暖前線《おんだんぜんせん》▶乱層雲《らんそううん》、弱い雨が長時間降る。

入試レベル問題

時間 30分　解答 別冊 p.32　得点　／100

1 右の図は、ある日の乾湿計《かんしつけい》の乾球温度計《かんきゅうおんどけい》と湿球温度計《しっきゅうおんどけい》の示度《しど》を示したものです。表は、湿度表《しつどひょう》の一部です。次の問いに答えなさい。　9点×4

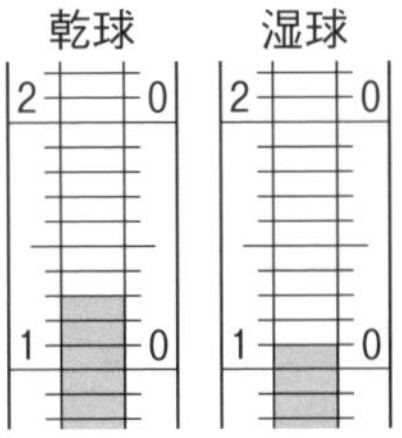

湿度表

乾球の示度〔℃〕	乾球と湿球の示度の差〔℃〕					
	0	1	2	3	4	5
15	100	89	78	68	58	48
14	100	89	78	67	57	46
13	100	88	77	66	55	45
12	100	88	76	65	53	43
11	100	87	75	63	52	40

(1)　このときの気温は何℃ですか。　（　　　）

(2)　このときの湿度は何％ですか。湿度表を用いて求めなさい。　（　　　）

(3)　乾球と湿球の示度の差が大きいときほど、湿度はどのようになりますか。　（　　　）

(4)　乾球と湿球の示度が等しいとき、湿度は何％ですか。　（　　　）

2 右の図は、前線が通過したある地点で、天気、風向、風力、気圧、気温を観測して、その結果をグラフに表したものです。次の問いに答えなさい。　8点×5

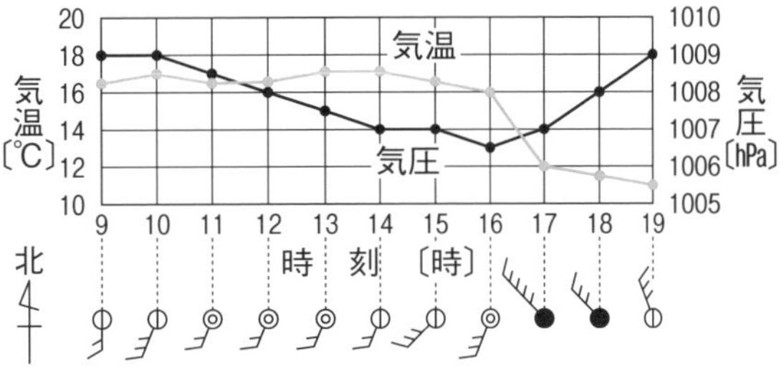

(1)　通過した前線は何ですか。　（　　　）

(2)　前線が通過したのは何時ごろですか。次のア～エから選びなさい。　（　　　）

ア　10時から11時　　イ　12時から13時　　ウ　14時から15時　　エ　16時から17時

(3)　前線が通過するときの天気はどのようなようすですか。次のア～エから選びなさい。　（　　　）

ア　弱い雨が降っていた。　　イ　おだやかに晴れていた。

ウ　突風《とっぷう》がふき、強い雨が降った。　　エ　うすい雲でおおわれていた。

ミス注意 (4)　前線の通過後の気温と風向について述べた、次の文の①、②にあてはまる言葉を書きなさい。

前線の通過後、気温は急に①（　　　）、風向は②（　　　）寄りに変わった。

入試 **3** 図は、日本付近で見られる天気図に示された低気圧のようすを模式的に表したものであり、□で囲まれた部分は、海面上に引いた線A—Bに沿って、海面に垂直な断面を南から見て示したものです。ただし、前線C、Dは実線で示しています。これについて、次の問いに答えなさい。　（愛媛県）　8点×3

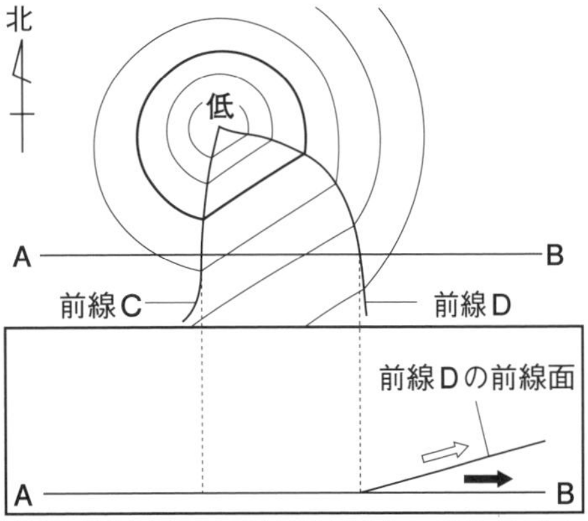

〔寒気の動く向きを➡、暖気の動く向きを⇨で示している。〕

(1)　次の文の①、②の｛　｝の中から、それぞれ適当なものを選びなさい。

前線Dは、①｛ア　寒冷前線　　イ　温暖前線｝である。また、線A—Bで示される地点の、前線Dの東側では、②｛ウ　積乱雲　　エ　乱層雲｝が生じて、雨が降ることが多い。

①（　　　）　②（　　　）

(2)　前線C付近のようすを、図の□内に模式的に表すとどうなりますか。図の□内の前線D付近のようすの表し方にならって、「前線Cの前線面」を実線で、前線C付近の「寒気の動く向き」を➡で、前線C付近の「暖気の動く向き」を⇨で表しなさい。

水蒸気と雲のでき方、圧力

基礎レベル問題

時間 30分　解答 別冊 p.32　得点　　／100

1 空気中の水蒸気 右の図は、気温と空気1 m^3 中にふくむことができる水蒸気の限度の質量《しつりょう》との関係をグラフに表したものです。次の問いに答えなさい。　5点×4

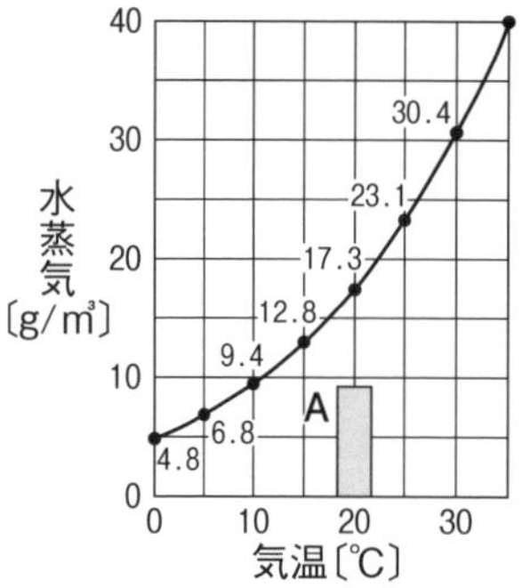

(1)　下線部のことを何といいますか。
（　　　　　　）

(2)　(1)は、気温が高いほどどうなりますか。
（　　　　　　）

(3)　空気中の水蒸気が凝結《ぎょうけつ》し始めるときの温度を何といいますか。（　　　　　　）

ミス注意 (4)　図の空気Aは、気温20℃で9.4 g/m^3 の水蒸気をふくんでいます。空気Aの(3)の温度は何℃ですか。（　　　　　　）

2 湿度の計算 次の式は、湿度《しつど》を求める式です。あとの問いに答えなさい。　7点×5

$$湿度[\%] = \frac{\text{空気}1\,\text{m}^3\text{中にふくまれている(　①　)[g/m}^3]}{\text{その空気と同じ気温での(　②　)[g/m}^3]} \times 100$$

(1)　湿度は、空気の何の度合いを表したものですか。（　　　　　　）

ミス注意 (2)　上の式の①、②に、あてはまる言葉を書きなさい。

①（　　　　　　）
②（　　　　　　）

(3)　飽和水蒸気量が30 g/m^3 の空気中にふくまれている水蒸気量が15 g/m^3 のとき、この空気の湿度は何%ですか。
（　　　　　　）

ミス注意 (4)　気温25℃、空気中にふくまれている水蒸気量が12.8 g/m^3 の空気の湿度は何%ですか。小数第1位を四捨五入して答えなさい。ただし、25℃の飽和水蒸気量は23.1 g/m^3 です。（　　　　　　）

3 気温・湿度と天気 次の図は、風がおだやかで晴れた日の気温と湿度の変化を表したグラフです。あとの問いに答えなさい。　5点×3

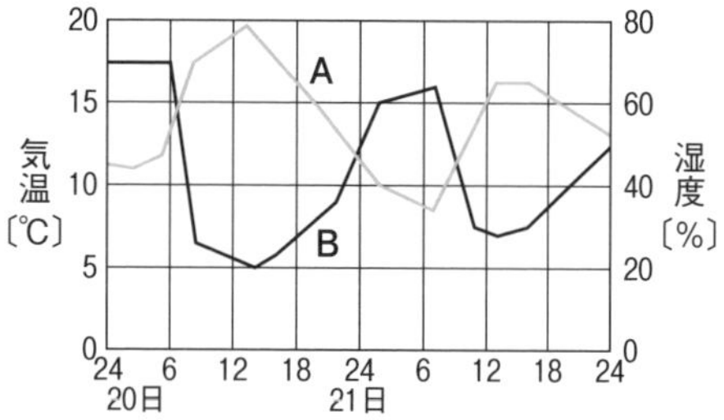

(1)　気温のグラフはA、Bのどちらですか。
（　　　　　　）

(2)　次の①、②のとき、湿度はそれぞれどのように変化していますか。

①　気温が上がるとき。（　　　　　　）

②　気温が下がるとき。（　　　　　　）

4 雲のでき方 右の図は、空気のかたまりが上昇《じょうしょう》し、Aで雲が発生したことを表しています。次の問いに答えなさい。　5点×4

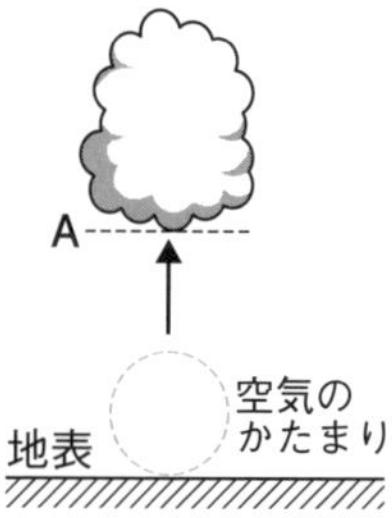

(1)　雲が発生するとき、何という気流《きりゅう》が生じていますか。（　　　　　　）

(2)　空気のかたまりが上昇するとき、空気の体積と温度はそれぞれどうなりますか。

体積（　　　　　　）　温度（　　　　　　）

(3)　Aの高さで雲が発生し始めたときの空気の温度は、その空気の何に等しいですか。

（　　　　　　）

5 圧力 右の図のように、質量1.8 kgの直方体の物体を、Aの面を下にして床に置きました。質量100 gの物体にはたらく重力《じゅうりょく》の大きさを1 Nとして、床が物体から受ける圧力《あつりょく》は何Paですか。（　　　　　　）　10点

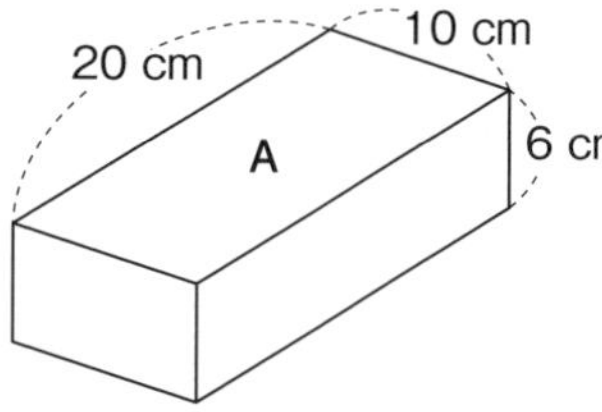

よくでる ポイント 露点《ろてん》▶空気中の水蒸気が凝結するときの温度。　湿度▶飽和水蒸気量に対してふくまれている水蒸気量の割合。
雲のでき方▶空気が上昇して温度が下がり、露点に達したとき雲ができ始める。

入試レベル問題

時間 30分　解答 別冊 p.32　得点　／100

1 気温、湿度、露点の関係について、次の問いに答えなさい。　10点×4

ミス注意 (1) 気温が高くなると、湿度と露点は、それぞれどのように変化しますか。ただし、空気中の水蒸気量は変化しないものとします。　湿度（　　　）露点（　　　）

(2) 気温が変化しないとき、露点が高くなると、湿度はどうなりますか。（　　　）

ミス注意 (3) 気温はちがうが湿度が同じとき、露点が高いのは、気温が高いときと低いときのどちらですか。
（　　　）

2 右の図の丸底フラスコの中を水でぬらし、大形注射器のピストンをすばやく押《お》したり引いたりすると、フラスコの中が白くくもったり、くもりが消えたりしました。次の問いに答えなさい。　10点×4

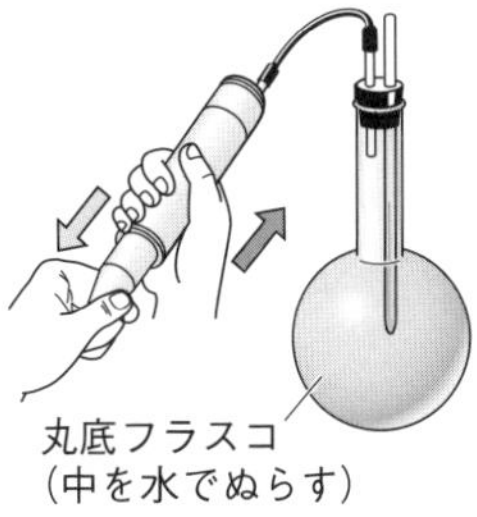

(1) フラスコの中がくもって白く見えたものは何ですか。
（　　　）

(2) ①ピストンを押したとき、②ピストンを引いたとき、フラスコの中の温度や白いくもりはどうなりますか。次のア～エからそれぞれすべて選びなさい。　①（　　　）②（　　　）

ア　温度が上がる。　イ　温度が下がる。　ウ　白くくもる。　エ　白いくもりが消える。

(3) この実験から、ピストンを引くと、フラスコ内の空気の体積は大きくなります。自然界でこれと同じことが起こるのは、空気のかたまりがどうなるときですか。（　　　）

入試 **3** 風通しのよい部屋で換気《かんき》をしながら、図1のように熱を伝えやすい金属製のコップに室温と同じ温度の水を入れ、氷の入った大型試験管によって水温を徐々《じょじょ》に下げた。しばらくするとコップの表面がくもり始めた。このときの室温と水温を表に記録し、同じ操作を1時間ごとにくり返した。なお、コップの表面の温度は水温と等しいものとする。図2は気温と飽和水蒸気量の関係を表したものです。これについて、次の問いに答えなさい。　（千葉県）　10点×2

図1

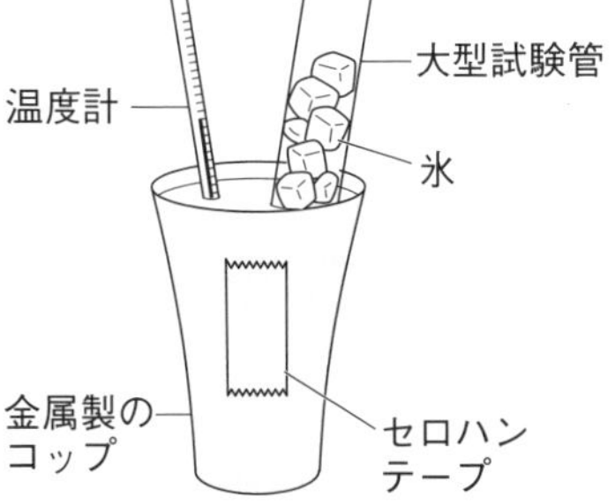

時刻〔時〕	9	10	11	12	13	14	15	16	17
室温〔℃〕	25.9	26.7	27.8	29.1	29.7	30.7	31.3	32.5	30.0
水温〔℃〕	24.1	24.7	25.2	24.9	25.0	25.1	24.2	24.0	24.6

図2

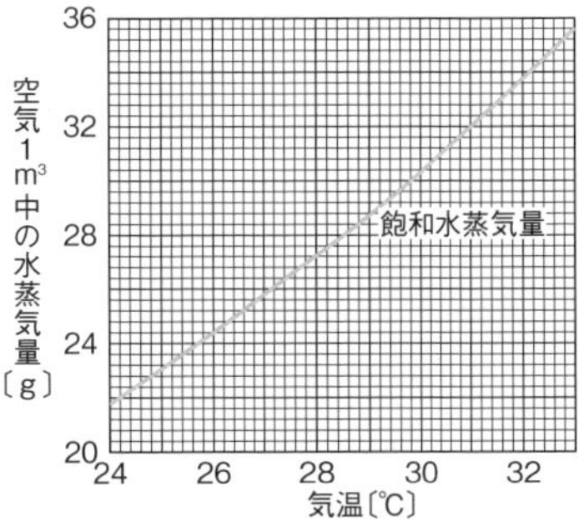

難 (1) 9時に測定した空気にふくまれる水蒸気量は1 m^3 あたり何gですか。次のア～エから選びなさい。（　　　）

ア　21.9　イ　24.2　ウ　25.9　エ　90.5

ミス注意 (2) 表に示した9時から17時の間に、部屋の湿度はどのように変化しましたか。次のア～エから選びなさい。（　　　）

ア

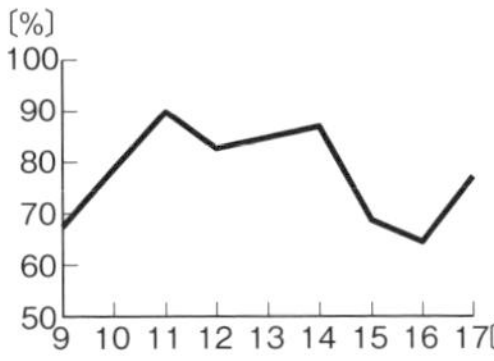

イ

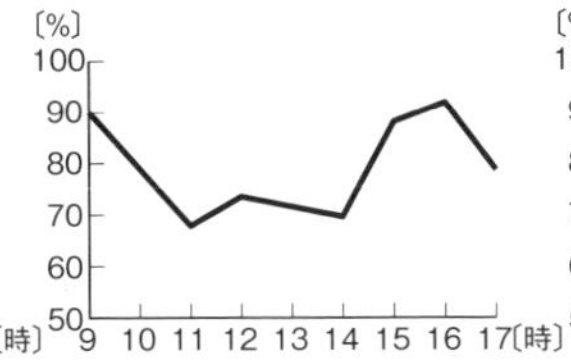

ウ

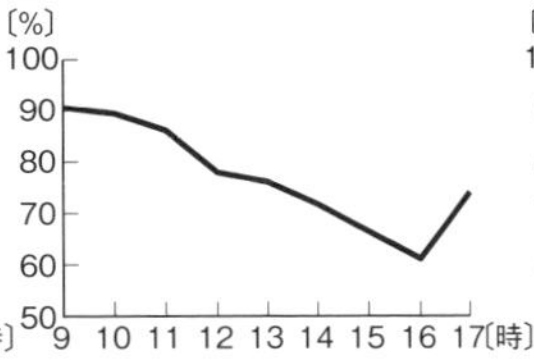

エ

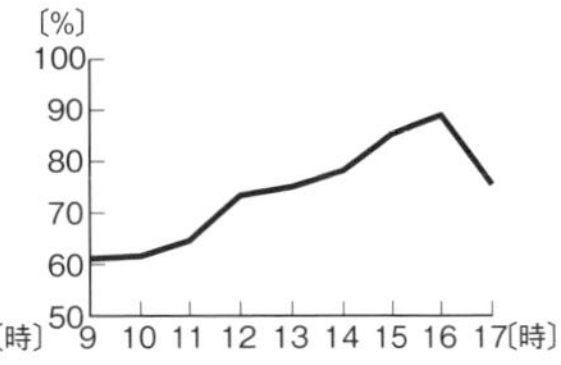

11 大気の動きと日本の天気

基礎レベル問題

時間 30分　解答 別冊 p.33　得点　　／100

1 大気の動き 次の図は、地球の大気《たいき》の動きを表したものです。あとの問いに答えなさい。

5点×3

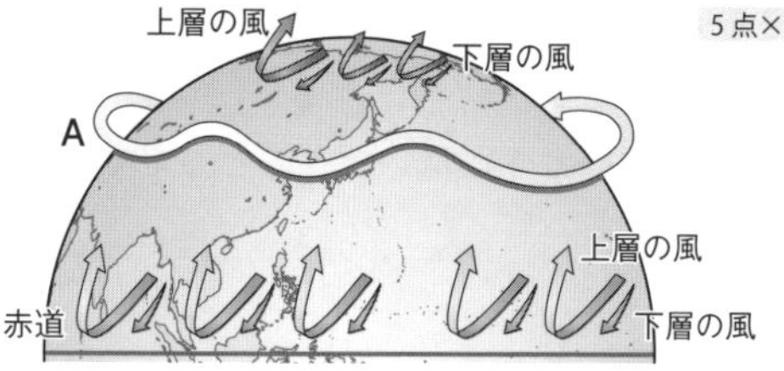

(1) 中緯度帯《ちゅういどたい》の上空をふいているAを何といいますか。（　　　　）

(2) Aの風向《ふうこう》は何ですか。（　　　　）

(3) 図のような大気の動きは、何のエネルギーによって起こりますか。（　　　　）

2 季節ごとにふく風

右の図は、夏や冬にほぼ決まった向きにふく風を表したものです。次の問いに答えなさい。 5点×6

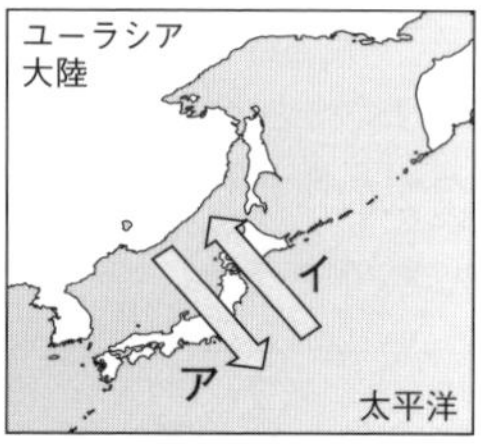

(1) 図のように、季節ごとにふく風を何といいますか。（　　　　）

(2) 夏と冬で、温度が高いのは大陸、海洋のどちらですか。
夏（　　　　）
冬（　　　　）

(3) 夏と冬で、気圧《きあつ》が高くなるのは大陸と海洋のどちらですか。
夏（　　　　）
冬（　　　　）

(4) 冬にふく風はア、イのどちらですか。（　　）

3 昼と夜にふく風

右の図は、晴れた日の昼と夜にふく風の向きを表したものです。次の問いに答えなさい。

4点×3

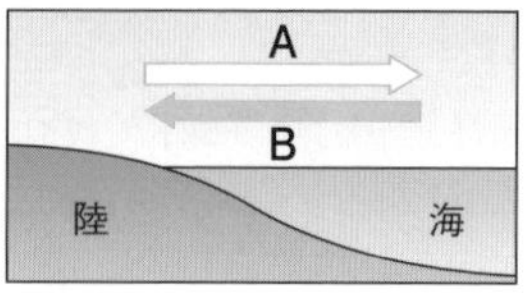

ミス注意 (1) A、Bの風をそれぞれ何といいますか。
A（　　　　）　B（　　　　）

ミス注意 (2) 夜にふく風はA、Bのどちらですか。（　　）

4 冬の天気 右の図は、冬によく見られる天気図です。次の問いに答えなさい。

5点×3

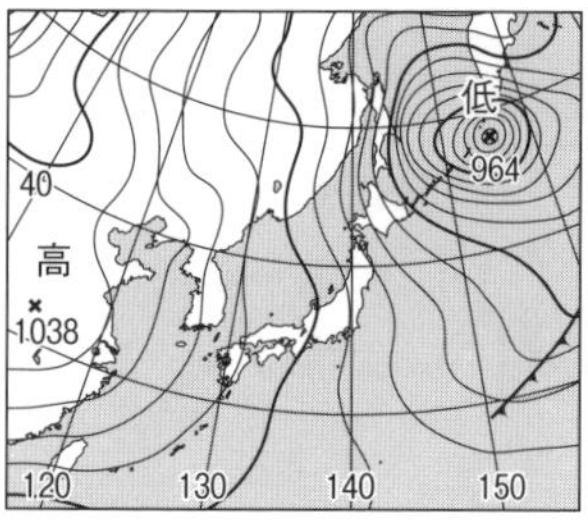

(1) 図の気圧配《きあつはい》置《ち》を何といいますか。（　　　　）

(2) 日本の冬の天気に影響をおよぼす大陸で発達する気団《きだん》は何ですか。（　　　　）

(3) （　　）にあてはまる言葉を書きなさい。
日本海側の天気が雪のとき、太平洋側では乾燥した（　　　　）の天気が多い。

5 夏の天気 右の図は、夏によく見られる天気図です。次の問いに答えなさい。

4点×2

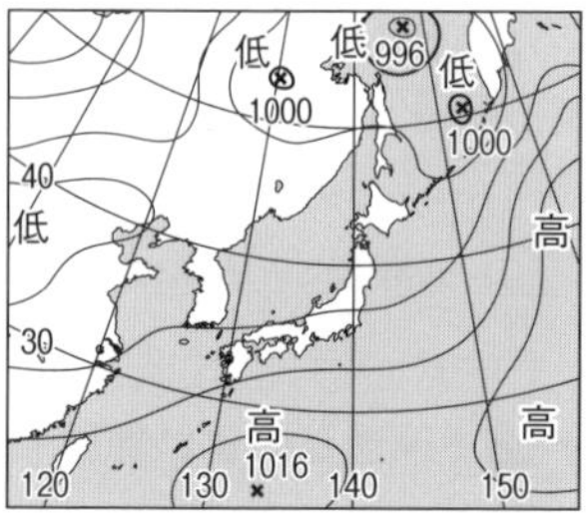

(1) 日本の夏の天気に影響をおよぼす海洋で発達する気団は何ですか。（　　　　）

(2) 日本の夏の季節の特徴は、次のア～ウのどれですか。（　　）

ア　おだやかで、空気が乾燥している。

イ　気温が高く、空気がしめっている。

ウ　気温が高く、雨やくもりの日が多い。

6 春・秋、つゆの天気 次の問いに答えなさい。

4点×5

(1) 高気圧《こうきあつ》や低気圧《ていきあつ》が交互に通過して、天気が変わりやすいのは次の［　］のどの季節ですか。　［ 冬　夏　春や秋　つゆ ］
（　　　　）

(2) つゆの時期に、日本列島付近に東西にのびる前線《ぜんせん》は何ですか。（　　　　）

(3) (2)の前線をつくる2つの気団は何ですか。
（　　　　）（　　　　）

ミス注意 (4) 台風《たいふう》は、何という低気圧が発達したものですか。（　　　　）

よくでるポイント 気圧と風▶風は気圧の高いほうから低いほうにふく。 季節風《きせつふう》と海陸風《かいりくふう》▶陸と海の温度差で高気圧になるほうからふく。
日本の天気▶冬は西高東低《せいこうとうてい》、北西の風。夏は南東の風、むし暑い。つゆは停滞前線《ていたいぜんせん》で雨とくもりの日が続く。

入試レベル問題

時間 30分　解答 別冊 p.33　得点 ／100

1 次の図は、季節によく見られる天気図です。あとの問いに答えなさい。　8点×5

A　B　C　D

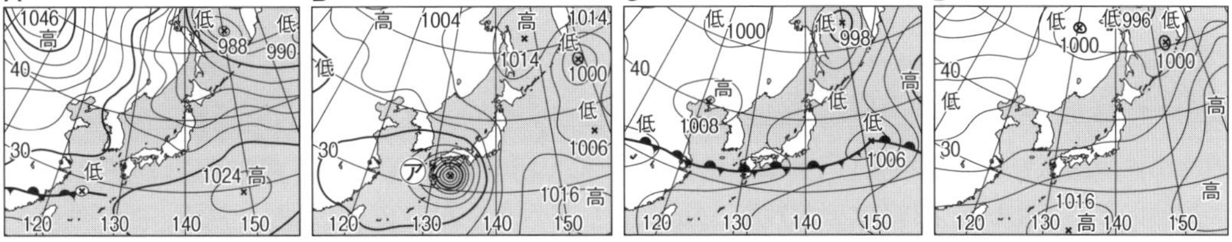

(1) Aの天気図がよく見られる季節には、日本付近を低気圧や高気圧が交互に通過していきます。この通過していく高気圧のことをとくに何といいますか。（　　　）

(2) Bの㋐の動きは、このあとしだいに東寄りに向きを変えます。この動きに影響をおよぼす、日本付近の上空をふいている強い風を何といいますか。（　　　）

(3) Cに見られる、東西方向にのびている前線を何といいますか。（　　　）

(4) Cのとき、本州付近ではどのような天気になりますか。次のア～エから選びなさい。（　　　）

ア　晴れ、くもり、雨が周期的に変わる。　　イ　晴れの日が長く続き、むし暑い。
ウ　雨やくもりの日が多い。　　エ　雪が降り続く。

(5) Dでは、南に高気圧、北に低気圧があります。このような気圧配置を何といいますか。（　　　）

入試 **2** Sさんは風について調べ、次のようにまとめました。これについて、あとの問いに答えなさい。

（大阪府）12点×5

・空気はあたためられるほど膨張《ぼうちょう》し密度《みつど》が小さくなるのでⓐ［ア　上昇《じょうしょう》　イ　下降《かこう》］しやすくなります。

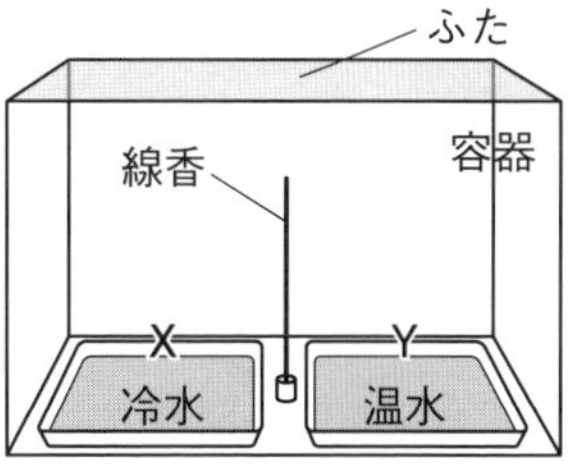

・図のような冷水と温水を入れた容器内における空気の動きを、線香のけむりを用いて観察したところ、容器内の下のほうにある空気は、図中のⓑ［ウ　XからY　　エ　YからX］の向きに移動しました。

・陸と海とでは、あたたまりやすく冷めやすいのは陸であることから、海岸付近における夏の晴れた日の昼ごろの気圧を比較すると、気圧がより高くなるのはⓒ［オ　陸　カ　海］です。そのため夏の晴れた日の昼ごろの海岸付近ではⓓ［キ　陸風《りくかぜ》　ク　海風《うみかぜ》］がふくと考えられます。

・陸風や海風は、1日の中での陸と海における気圧のちがいにより起こる局地的な風です。同じようなしくみで、1年の中での大陸と海洋における気圧のちがいにより起こる規模の大きな風が季節風です。

難 (1) 文中のⓐ［　　　］～ⓓ［　　　］から適切なものをそれぞれ1つずつ選びなさい。

ⓐ（　　）ⓑ（　　）ⓒ（　　）ⓓ（　　）

(2) 大陸上にある気団は乾燥しており、海洋上にある気団は水蒸気を多くふくんでいます。また一般に、日本付近の夏の天気図における等圧線の間隔は冬に比べて広いです。これらのことから、日本の太平洋側でふく、夏と冬との季節風を比較した文として最も適していると考えられるものを次のア～エから選びなさい。（　　　）

ア　夏は冬に比べ、風は強くふき、乾燥している。
イ　夏は冬に比べ、風は強くふき、しめっている。
ウ　夏は冬に比べ、風は弱くふき、乾燥している。
エ　夏は冬に比べ、風は弱くふき、しめっている。

中２理科　まちがいやすい操作や要点

化学変化と原子・分子
p.58〜63

□ **固体の加熱は試験管の底を少し上げる**
⇒加熱によって生じる液体(水など)が、試験管の加熱部分に流れないようにして、試験管の破損を防ぐためである。

□ **原子の数の比を表す**
⇒金属やその酸化物など、分子をつくらない物質の化学式では、原子の種類と数の比を表す。Ag_2O(酸化銀)は、Ag と O が２：１の数の比で結びついている物質。

□ **化学変化では結びつく原子が変わる**
⇒結びつく原子の組み合わせが変わり、物質の種類が変わるのが化学変化。原子や分子の並び方が変化し、物質は変化しないのが状態変化。

□ **水溶液は混合物である**
⇒化合物、単体は純粋な物質。食塩水は、水と塩化ナトリウムという２種類の化合物が混ざり合った混合物である。

光合成、人のからだ
p.64〜69

□ **ピントは遠ざけながら合わせる**
⇒顕微鏡は、対物レンズとプレパラートの間を遠ざけながらピントを合わせる。そのためピントを合わせる前に、横から見ながら対物レンズとプレパラートの間を近づけておく。

□ **植物は、昼は酸素、夜は二酸化炭素を出す**
⇒植物は、呼吸より光合成がさかんな昼は二酸化炭素を吸収し、酸素を出す。呼吸だけを行う夜は酸素を吸収して二酸化炭素を出す。

□ **ミジンコは多細胞生物**
⇒ミジンコは単細胞生物ではなく多細胞生物で、節足動物の甲殻類のなかまである。

□ **尿素は肝臓でつくられ、じん臓で尿に排出**
⇒タンパク質が分解されて生じる有害なアンモニアは、肝臓で尿素につくり変えられ、じん臓からこし出される。

□ **胆汁には消化酵素はない**
⇒胆汁には消化酵素はないが、脂肪を細かい粒にして消化を助けるはたらきがある。

電気の世界
p.70〜73

□ **電流や抵抗を求める式で電圧は分子になる**
⇒オームの法則により、電流、抵抗を求めるときの式は、電圧は必ず分数の分子になる。

$$\text{電流〔A〕}=\frac{\text{電圧〔V〕}}{\text{抵抗〔Ω〕}}\qquad \text{抵抗〔Ω〕}=\frac{\text{電圧〔V〕}}{\text{電流〔A〕}}$$

電圧を求めるときは、**電圧＝抵抗×電流**

□ **電力量や熱量を求めるときの時間は「秒」**
⇒電力量や熱量をジュール(J)の単位で求めるとき、時間の単位は「秒(s)」であることに注意する。

電力量〔J〕＝電力〔W〕×時間〔s〕

□ **誘導電流は磁極と動かす向きで決まる**
⇒コイルに流れる誘導電流の向きは、磁石の磁極か動かす向きのどちらかを変えると逆になる。磁石の磁極と動かす向きを同時に変えると、誘導電流の向きは変わらない。

天気とその変化
p.74〜79

□ **風がふいてくる方位が風向である**
⇒風がふいてくる方位が風向。風向が「北」とは、北から南に向かってふく風である。

□ **気圧がまわりより高ければ高気圧**
⇒等圧線が閉じているところで、まわりより気圧の高いところが高気圧、まわりより低いところが低気圧である。高気圧、低気圧を分ける基準になる気圧の値があるわけではない。

□ **台風には前線はない**
⇒寒気と暖気の境目が前線。台風は、暖気だけの中で発生した熱帯低気圧が発達したものだから、もともと前線はできない。

□ **露点と湿度、気温の関係**
⇒露点は、空気中の水蒸気量で決まり、気温とは関係しない。飽和水蒸気量は気温が高いほど大きいことから、次のことがいえる。

露点が一定(水蒸気量が一定)のとき…気温が高くなるほど、湿度は低くなる。

気温が一定(飽和水蒸気量が一定)のとき…露点が高いときほど、湿度は高くなる。

社会

1 日本の地域的特色 …… 82
世界と日本の自然、日本の人口とエネルギー、日本の農林水産業

2 九州地方と中国・四国地方のようす …… 84
九州地方のようす、中国・四国地方のようす

3 近畿地方・中部地方のようす …… 86
近畿地方のようす、中部地方のようす

4 関東地方・東北地方のようす …… 88
関東地方のようす、東北地方のようす

5 北海道地方のようす、身近な地域の調査 …… 90
北海道地方のようす、身近な地域の調査

6 ヨーロッパ人との出会いと全国統一 …… 92
ヨーロッパの動き、ヨーロッパ人の来航、全国統一への動き、桃山文化

7 江戸幕府の成立と鎖国 …… 94
江戸幕府の成立、さまざまな身分とくらし、鎖国の完成

8 産業の発達と幕府政治の展開 …… 96
諸産業と交通・都市の発達、幕府政治の動き、江戸時代の文化

9 欧米の進出と日本の開国 …… 98
欧米の進出、日本の開国と江戸幕府の滅亡

10 明治維新 …… 100
明治維新、自由民権運動と大日本国憲法、文明開化と殖産興業

11 日清・日露戦争と日本の産業革命 …… 102
不平等条約の改正、日清・日露戦争、日本の産業革命と近代文化

テストに役立つ

中２社会 覚えておきたい重要年代 …… 104

1 日本の地域的特色

基礎レベル問題

時間 30分　解答 別冊 p.34　得点　　／100

1 世界と日本の自然　次の問いに答えなさい。

7点×6

(1) 次の①と②の文が述べている地形を、それぞれ何といいますか。

① 川が山地から平地に出るところに、土《ど》砂《しゃ》を積もらせてできたゆるやかな傾斜地《けいしゃ ち》。

② 川が海や湖に出るところに、土砂を積もらせてできた低くて平らな地形。

①（　　　　）②（　　　　）

(2) 次の①と②の文が述べている風を、それぞれ何といいますか。

① 1年を通して西から吹《ふ》く風で、大陸西岸の気候に影響《えいきょう》をあたえる。

② 夏と冬とで反対の方向から吹く風で、大陸東岸の気候に影響をあたえる。

①（　　　　）

②（　　　　）

(3) 次の①と②の雨温図は、日本のどの気候区分のものですか。あとから1つずつ選びなさい。

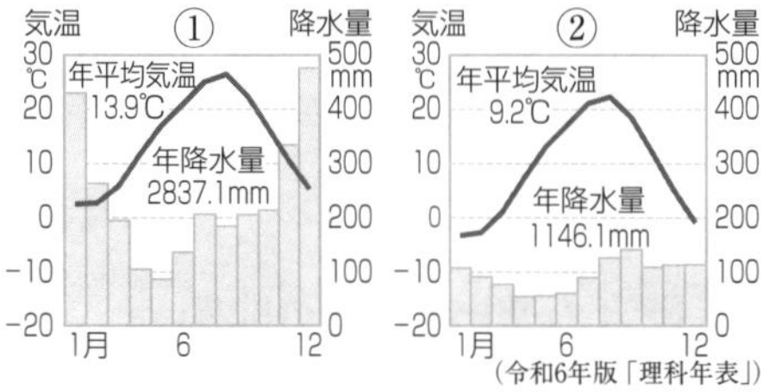

（令和6年版「理科年表」）

ア 北海道の気候　イ 日本海側の気候

ウ 南西諸島の気候　エ 瀬戸内《せとうち》の気候

①（　　　　）②（　　　　）

2 日本の人口とエネルギー　次の問いに答えなさい。

6点×5

(1) 右の人口ピラミッドは、何年の日本の人口構成を示すものですか。次から1つ選びなさい。

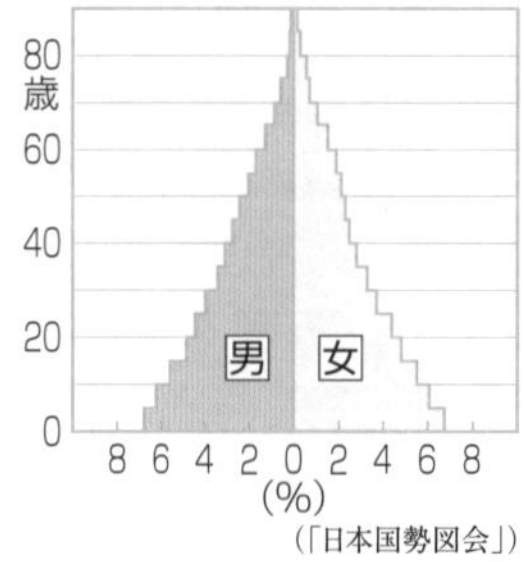

（「日本国勢図会」）

ア 1935年

イ 1960年

ウ 2020年

（　　　　）

(2) 次の①と②の文の［　　　］にあてはまる語句を答えなさい。

① 現在の日本は子どもの割合が低くなる［　　　］と、高齢者《こうれいしゃ》の割合が高くなる高齢化が同時に進行している。

② 地域の人口が著《いちじる》しく減少することを［　　　］といい、農村や山間で深刻である。

①（　　　　）

②（　　　　）

(3) 日本で最も多くの電力をおこしている発電を、次から1つ選びなさい。

ア 火力発電　イ 水力発電

ウ 原子力発電　エ 風力発電

（　　　　）

(4) 太陽光・風力・地熱などのように、温室効果ガスを排出《はいしゅつ》せず、くり返し利用することが可能なエネルギーのことを何といいますか。

（　　　　）

3 日本の農林水産業　次の問いに答えなさい。

7点×4

(1) 日本で食料自給率が最も低いものを、次から1つ選びなさい。

ア 米　イ 野菜

ウ 果実　エ 大豆《だいず》　（　　　　）

(2) 関東地方から九州地方北部にかけて帯のように連なる、工業地帯・地域が集中している地域を何といいますか。

（　　　　）

(3) 近年、高齢化が進むにつれて成長しているサービス業として、最もふさわしいものを次から1つ選びなさい。

ア 運輸業　イ 情報通信業

ウ 医療《いりょう》・福祉《ふくし》業　エ 教育産業

（　　　　）

(4) 石油や鉄鉱石などの鉱産資源や自動車などの輸送に使われる主要な輸送手段を、次から1つ選びなさい。（　　　　）

ア 鉄道　イ 船

ウ 自動車　エ 航空機

よくでるポイント **日本の人口**▷少子化と高齢化が同時に進む少子高齢社会。**日本の資源輸入先**▷石油はペルシア湾岸《わんがん》の国々、石炭はオーストラリアとインドネシア、鉄鉱石はオーストラリアとブラジルが上位。

入試レベル問題

時間 30分　解答 別冊 p.34　得点 ／100

1 世界と日本の自然・人口について、次の問いに答えなさい。

9点×5

入試 (1) 次の文中の X～Z に入る語句として適切なものを、それぞれあとの**ア・イ**から1つずつ選びなさい。 (兵庫県)

日本では、2011年に発生した［X］の後、防災対策がより進められた。右の図は、地震《じしん》に伴《ともな》う［Y］対策の標識の1つである。近い将来に発生が予測されている四国、紀《き》伊《い》半島から東海地方の沖合《おきあ》いにある［Z］の巨大地震では、大規模な［Y］の被害《ひがい》が考えられており、身近な地域の自然環境《かんきょう》の特徴《とくちょう》などを知ることが重要である。

X：ア　関東地震（関東大震災）　イ　東北地方太平洋沖地震（東日本大震災）

Y：ア　火災　イ　津波《つなみ》　Z：ア　南海トラフ　イ　日本海溝《かいこう》

X（　　　）Y（　　　）Z（　　　）

(2) 次の文が説明している語句を漢字2字で答えなさい。

夏から秋にかけて、赤道《せきどう》付近で発生する熱帯低気圧が発達したもので、日本に接近、上陸し、風水害をもたらす。（　　　）

(3) 右のような形をした人口ピラミッドを「つぼ型」といいます。現在、つぼ型の人口ピラミッドであると考えられる国を、次から1つ選びなさい。

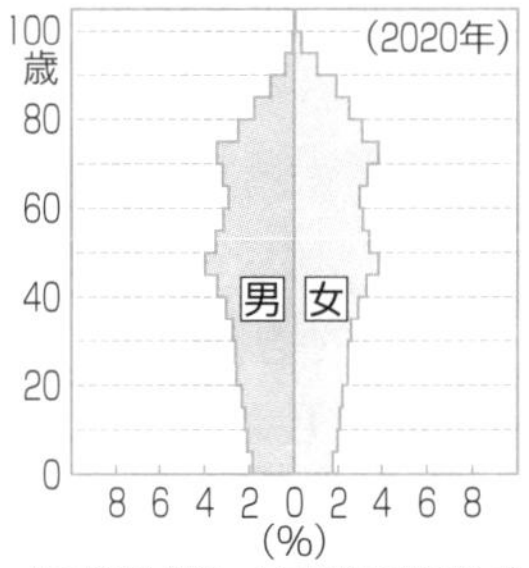

(国立社会保障・人口問題研究所調べ)

ア　インド　イ　エジプト　ウ　カンボジア　エ　イギリス

（　　　）

2 世界と日本の資源・産業、人口について、次の問いに答えなさい。

(1)②・(2)各8点、(3)12点、その他9点×3

(1) 次の文を読み、あとの問いに答えなさい。

◇ 近年、労働力が豊富で賃金が安い、アジアの国々へ工場を移す企業《きぎょう》が増えた。この影響で、日本国内でものを生産する力が衰《おとろ》えることが心配されている。

① グラフⅠは、日本の自動車生産・輸出と海外生産の変化です。上の文を参考に、A～C にあてはまるものを次から1つずつ選びなさい。

グラフⅠ

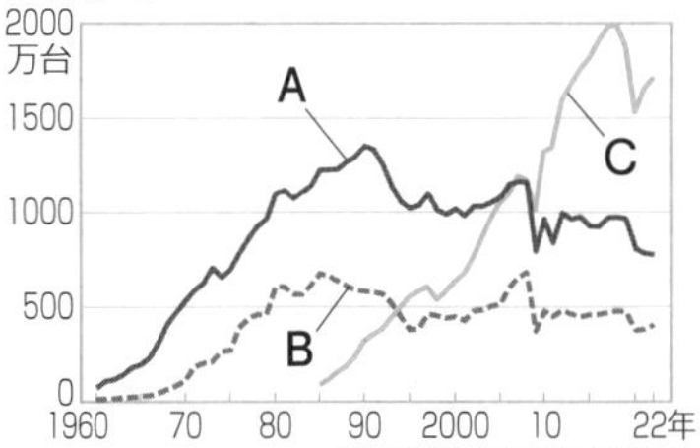

(2024年版「日本のすがた」)

ア　国内生産　イ　海外生産　ウ　輸出

A（　　　）B（　　　）C（　　　）

② 上の文の下線部の現象を何といいますか。解答欄《らん》に合うように答えなさい。

（産業の　　　）

入試 (2) 携帯《けいたい》電話の小型電池などに使われている金属に、コバルトやリチウムがあります。埋蔵《まいぞう》量が少なく、生産量が限られている、これらの金属の総称を何といいますか。 (和歌山県)

（　　　）

入試 ミス注意 (3) 右のグラフⅡは、2019年における、成田《なりた》国際空港と横浜《よこはま》港で扱《あつか》った輸出品の、重量と金額を示しています。成田国際空港と横浜港を比べると、それぞれで扱う輸出品の傾向には、違《ちが》いがあると考えられます。グラフから読み取れる、成田国際空港で扱う輸出品の重量と金額の関係を、横浜港で扱う輸出品の重量と金額の関係との違いに着目して、簡単に書きなさい。 (静岡県)

グラフⅡ

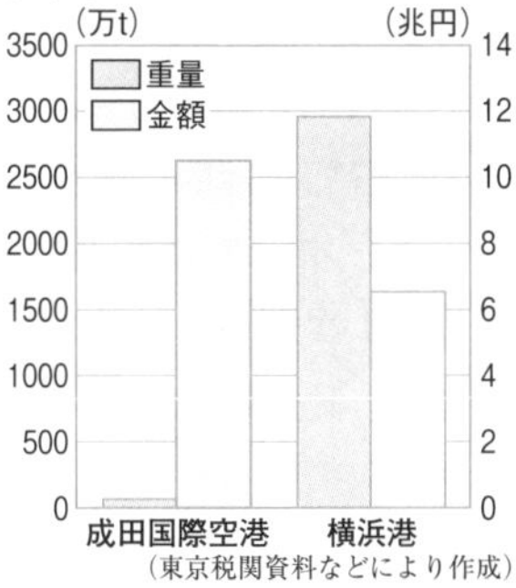

(東京税関資料などにより作成)

（　　　）

2 九州地方と中国・四国地方のようす

基礎レベル問題

時間 30分　解答 別冊p.35　得点　　／100

1 九州地方のようす　次の問いに答えなさい。

(2)(3)(4) 10点×3、その他7点×4

(1) 世界最大級のカルデラがある山を、次から1つ選びなさい。

ア　桜島《さくらじま》（御岳《おんたけ》）　　イ　霧島山《きりしまやま》
ウ　雲仙岳《うんぜんだけ》　　エ　阿蘇山《あそさん》

（　　　　）

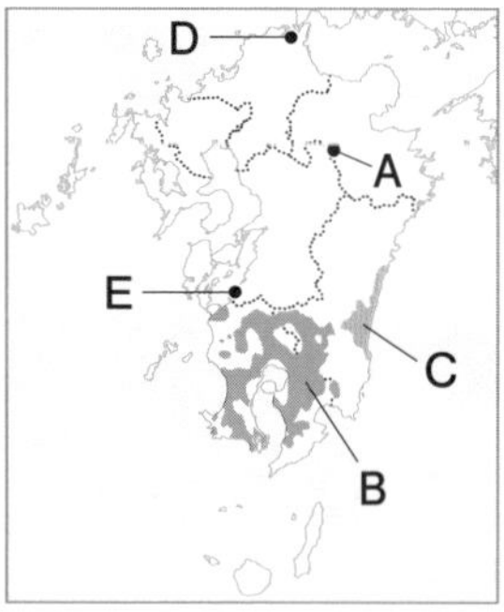

(2) 地図中のAの地域でさかんな、地下熱を利用した発電を何といいますか。

（　　　　）

(3) 火山灰が積もってできた地図中のBの台地を何といいますか。

（　　　　台地）

(4) 地図中のCの地域で行われている、ビニールハウスや温室を使った野菜の早づくりを何といいますか。

（　　　　）

(5) 地図中のDの都市を中心とする工業地帯は、ある工業をきっかけに発展しました。この工業を次から1つ選びなさい。

ア　鉄鋼業　　イ　石油化学工業
ウ　造船業　　エ　自動車工業

（　　　　）

(6) 地図中のEの都市では、水質汚染《おせん》を原因とする公害病が発生しました。この都市を次から1つ選びなさい。

ア　熊本市　　イ　北九州市
ウ　水俣《みなまた》市　　エ　延岡《のべおか》市

（　　　　）

(7) 地図中のDとEの都市は、環境《かんきょう》問題の改善に積極的に取り組む都市に指定されています。このような都市を何といいますか。次から1つ選びなさい。

ア　政令指定都市　　イ　地方中枢《ちゅうすう》都市
ウ　環境モデル都市　　エ　国際観光都市

（　　　　）

2 中国・四国地方のようす　次の問いに答えなさい。

7点×6

(1) 瀬戸内《せとうち》地域の気候の特色を、次から1つ選びなさい。

ア　全体的に雨が少ない。
イ　冬に降水量が多い。
ウ　夏と冬の気温差が大きい。
エ　夏に降水量が多い。

（　　　　）

(2) 右の写真は水不足に備えた、ため池です。この光景がみられる場所を次から1つ選びなさい。

（ピクスタ）

ア　鳥取平野　　イ　讃岐《さぬき》平野
ウ　宮崎平野　　エ　高知平野

（　　　　）

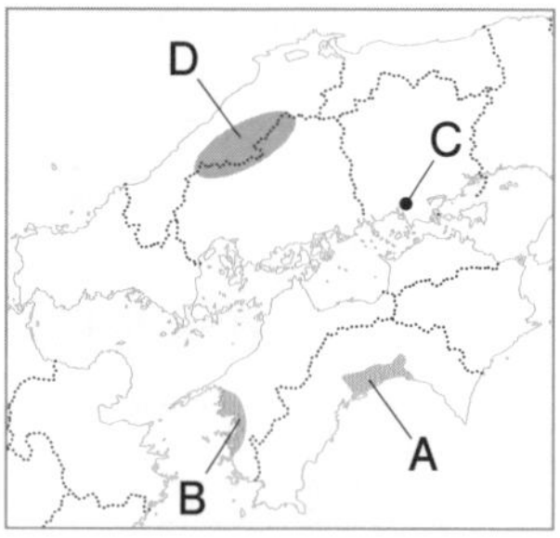

(3) 地図中のAの平野では、野菜の早づくりがさかんです。この平野を何といいますか。

（　　　　）

(4) 地図中のBの地域で栽培《さいばい》がさかんな果物を、次から1つ選びなさい。

ア　りんご　　イ　みかん
ウ　もも　　エ　ぶどう

（　　　　）

(5) 地図中のCの都市の臨海部は、石油化学工業や鉄鋼業が発達し、中国・四国地方の工業の中心となっています。この都市を次から1つ選びなさい。

ア　周南《しゅうなん》市　　イ　福山《ふくやま》市
ウ　倉敷《くらしき》市　　エ　今治《いまばり》市

（　　　　）

(6) 地図中のDの地域などでみられる、人口が減少し、日常生活が困難になる現象を何といいますか。（　　　　）

よくでるポイント　**九州地方の農業**▶筑紫平野で稲作、宮崎平野で促成栽培、シラス台地で豚・肉牛の飼育。
中国・四国地方の農業▶讃岐平野でため池を利用、高知平野で促成栽培。

入試レベル問題

時間 30分　解答 別冊 p.35　得点　／100

1 九州地方について、次の問いに答えなさい。

8点×5

(1) 次の①～③の文が述べている市町村を、地図中のア～エから1つずつ選びなさい。

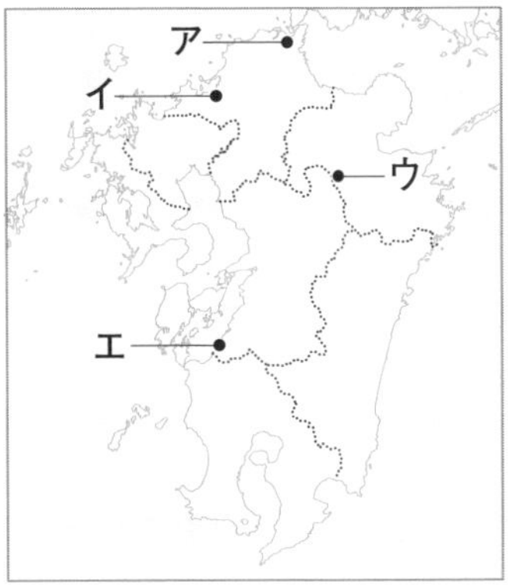

① かつて四大公害病の1つが発生した。現在は環境《かんきょう》モデル都市として、環境問題に積極的に取り組んでいる。

② 日本初の官営製鉄所が建てられたことをきっかけに、鉄鋼業が発達した。大気汚染《おせん》と水質汚濁《おだく》が深刻化したが、市や企業《きぎょう》、住民の努力で克服《こくふく》した。

③ 周辺に火山が多く、その地下熱を利用した地熱発電が行われている。

①（　　　）②（　　　）③（　　　）

入試 ミス注意 (2) 右の資料は福岡県、佐賀県、宮崎県、沖縄県の4県の産業等に関するものです。福岡県と宮崎県に該当《がいとう》するものを、資料のA～Dから1つずつ選びなさい。（佐賀県・改）

福岡県（　　　）
宮崎県（　　　）

資料

	大豆の収穫《しゅうかく》量(t)(2022年)	ブロイラー(食用鶏《にわとり》)の飼育羽数(千羽)(2023年)	金属製品の出《しゅっ》荷《か》額等(億円)(2021年)	宿泊《しゅくはく》旅行者数（千人）(2019年)	
				出張・業務	観光・レクリエーション
A	8930	3949	1064	586	683
B	0	628	566	662	5446
C	9790	1185	5816	3033	3682
D	76	28254	385	603	887

（2024年版「データでみる県勢」など）

2 中国・四国地方について、次の問いに答えなさい。

(3) 12点、その他8点×6

(1) 中国・四国地方はおおまかに、地図中の①～③の3つの地域に分かれます。それぞれの地域の特色を、次から1つずつ選びなさい。

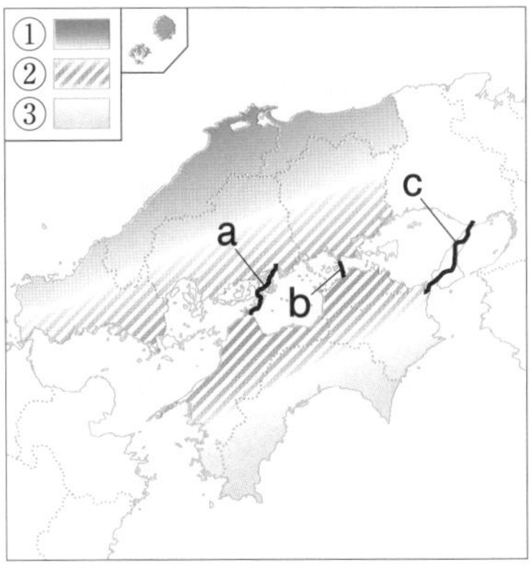

ア 暖流の黒潮《くろしお》の影響《えいきょう》で、1年を通じて温暖。平野部で促成《そくせい》栽培が行われている。

イ 中央部に3000mを超《こ》える山脈が南北に連なる。盆地《ぼんち》での果樹《かじゅ》栽培がさかん。

ウ 人口が集中しており、都市問題がみられる。工業が発達しており、石油化学コンビナートが点在している。

エ 冬は北西の季節風の影響で、雪が多い。工業はあまり発達しておらず、過疎《かそ》に悩《なや》む地域が多い。 ①（　　　）②（　　　）③（　　　）

(2) 地図中のa～cは本州四国連絡橋の3つのルートのいずれかを示しています。①神戸《こうべ》・鳴門《なると》ルート、②児島《こじま》・坂出《さかいで》ルート、③尾道《おのみち》・今治《いまばり》ルートにあてはまるものを1つずつ選びなさい。

①（　　　）②（　　　）③（　　　）

入試 (3) 右の資料は2022年における、日本の原油の生産量と輸入量を示しています。瀬戸内《せとうち》工業地域の臨海部には、石油化学工業の工場群が形成されています。日本において、石油化学工業の工場群が、臨海部に形成されるのはなぜですか。その理由を、資料から読み取れることに関連づけて、簡単に書きなさい。（静岡県）

資料

	生産量（千kL）	輸入量（千kL）
2022年	421	158642

（2023/2024年版「日本国勢図会」）

（　　　　　　　　　　　　　　　　　　　　）

3 近畿地方・中部地方のようす

基礎レベル問題

時間 30分　解答 別冊p.36　得点　　／100

1 近畿地方のようす 次の問いに答えなさい。

⑴⑵⑶7点×5、その他5点×7

⑴　下の地図中のAの湖、Bの島、Cの山地をそれぞれ何といいますか。

A（　　　　　　　）
B（　　　　　　　）
C（　　　　　　　）

⑵　地図中のAの湖でさかんにみられた、湖水の富栄養化で湖水が赤く染まる現象を何といいますか。

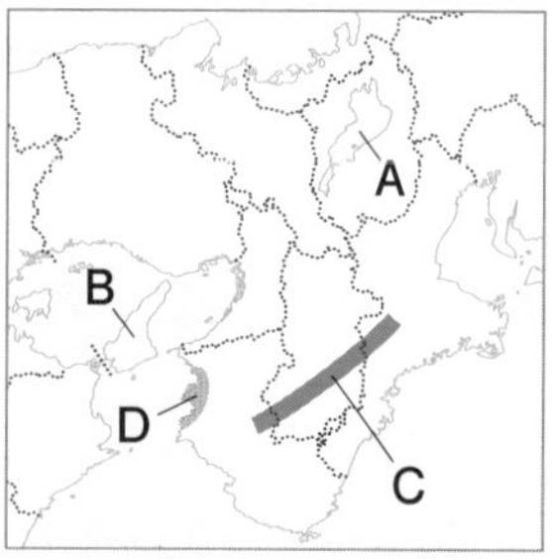

（　　　　　　　）

⑶　近畿《きんき》地方の大阪湾岸《わんがん》を中心に形成されている工業地帯を何といいますか。

（　　　　　　　）

⑷　地図中のDの地域で栽培《さいばい》がさかんな果物を、次から1つ選びなさい。

ア　ぶどう　　イ　もも
ウ　りんご　　エ　みかん　（　　　）

⑸　次のA～Cの文を読み、あとの問いに答えなさい。

A　江戸《えど》時代末期に開港した日本有数の貿易港がある。

B　江戸時代に商業の中心地として発展し、現在も近畿地方の経済《けいざい》の中心地である。

C　かつて平安京《へいあんきょう》が置かれた古都で、歴史的な建物や町並みが残る。

①　A～Cの文が述べている都市を、次から1つずつ選びなさい。

ア　京都市　　イ　神戸《こうべ》市
ウ　大阪市　　エ　奈良市

A（　　　）B（　　　）
C（　　　）

②　A～Cの都市と最も関係が深いものを、次から1つずつ選びなさい。

ア　問屋街《とんやがい》　　イ　阪神《はんしん》・淡路大震災《あわじだいしんさい》
ウ　西陣織《にしじんおり》　　エ　リアス海岸

A（　　）B（　　）C（　　）

2 中部地方のようす 次の問いに答えなさい。

5点×6

⑴　図Ⅰ中のAの地域には、川が運んできた土砂《どしゃ》が積もったゆるやかな傾斜地《けいしゃち》がみられます。この傾斜地を何といいますか。

図Ⅰ

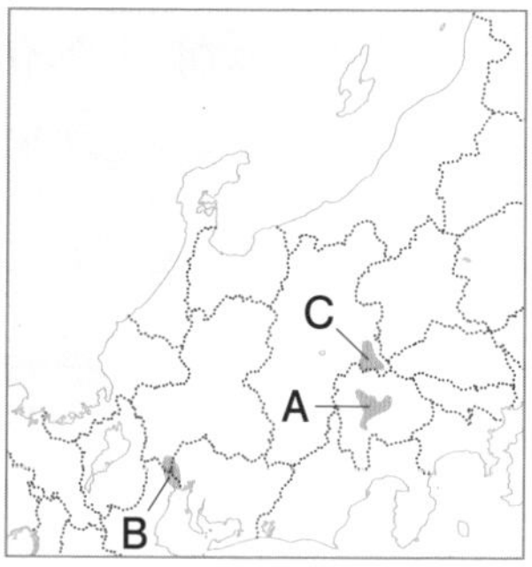

（　　　　　　　）

⑵　図Ⅰ中のAの地域で栽培がさかんな農作物を、次から1つ選びなさい。

ア　茶　　イ　ぶどう
ウ　菊《きく》　　エ　いちご

（　　　）

⑶　図Ⅰ中のBの地域には、洪水《こうずい》から田畑や家屋を守るために堤防《ていぼう》が築かれた地域がみられます。これを何といいますか。

（　　　　　　　）

⑷　図Ⅰ中のCの地域では、野菜の抑制《よくせい》栽培が行われています。この地域で栽培がさかんな農作物を、次から1つ選びなさい。

ア　レタス　　イ　だいこん
ウ　にんじん　　エ　ほうれんそう

（　　　）

⑸　図Ⅱ中のXとYの都市を、次の文を参考にして、下から1つずつ選びなさい。

図Ⅱ

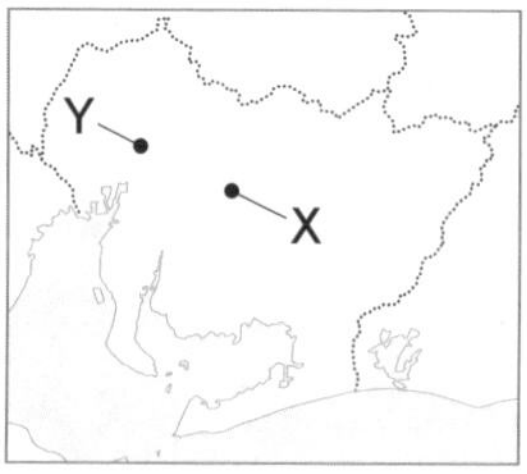

・Xの都市…中京工業地帯の中心地で、自動車工業が発達している。
・Yの都市…県庁所在地で、中部地方で人口が最も多い。

ア　東海《とうかい》市　　イ　名古屋《なごや》市
ウ　四日市《よっかいち》市　　エ　豊田《とよた》市

X（　　　）Y（　　　）

近畿地方の都市▷大阪市は問屋街、京都市は歴史的な建造物、神戸市は貿易港。
中部地方の産業▷甲府盆地でもも・ぶどうの栽培、豊田市で自動車の生産。北陸の平野で水田単作。

入試レベル問題

時間 30分　解答 別冊 p.36　得点　　／100

1 **近畿地方について、次の①～③の文を読んであとの問いに答えなさい。**　(2) 15点、その他10点×4

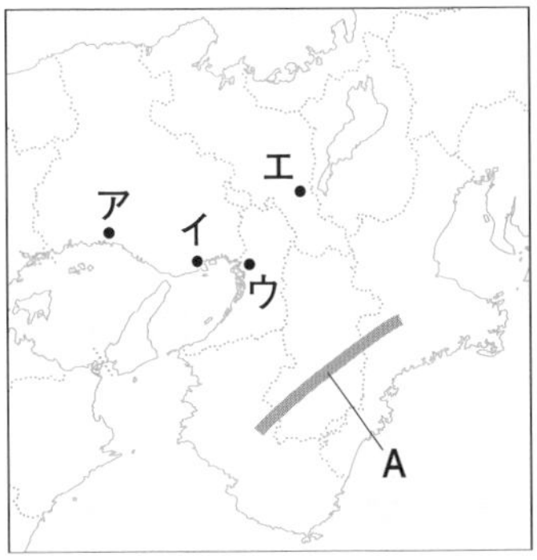

① 1000年以上にわたり、都が置かれ、歴史的な建造物や町並みが多く残る。その多くが世界遺産《いさん》に登録されている。

② 江戸時代末期に開港した日本有数の貿易港がある。ポートアイランドや六甲《ろっこう》アイランドなどの人工島が建設された。

③ 江戸時代に「天下の台所」とよばれ、商業が発達した。臨海部の埋立地《うめたてち》に、液晶《えきしょう》テレビや太陽電池などの工場が進出した。

(1) ①～③が説明している都市を、地図中の**ア～エ**から1つずつ選びなさい。

①（　　　　）②（　　　　）③（　　　　）

入試 (2) ゆうこさんは、京都市を訪れた際、外観が佐賀県でよく見るものとは異なるコンビニエンスストアがあることに気づきました。このことについて述べた説明文の[　　]に当てはまる内容を簡潔に書きなさい。（佐賀県）（　　　　）

京都市では歴史的な[　　　　　]ことを目的として、建物の高さやデザインなどに規制を設けるなどの取り組みを行っている。

(3) 地図中の**A**の山地の説明にあてはまるものを、次から1つ選びなさい。

ア 火山が多い。　**イ** 林業がさかんである。　**ウ** 日本アルプスの1つである。

（　　　　）

2 **中部地方について、次の問いに答えなさい。**　9点×5

(1) 中部地方は3つの地域に分かれます。地図中の**A～C**の地域にあてはまる文を、次から1つずつ選びなさい。

ア 中央部に3000m級の山々が連なる。盆地《ぼんち》で、ぶどう・もも・りんごの栽培がさかん。

イ 日本を代表する稲作《いなさく》地帯。冬は豪雪《ごうせつ》により農作業が難しいため、稲作だけを行う水田単作地帯が広がる。

ウ 高く険しい山地の南側にある地域で、平野では温暖な気候をいかした、きゅうり・なすの促成《そくせい》栽培が行われている。

エ 茶・みかんの栽培がさかん。交通の大動脈となっている新幹線と高速道路が通り、工業が発達している。

A（　　　　）B（　　　　）C（　　　　）

入試 ミス注意 (2) 右のグラフは、中京工業地帯、北陸工業地域、東海工業地域の、2021年における、工業出荷額《しゅっかがく》と、それぞれの工業出荷額に占《し》める工業製品の割合を示しています。東海工業地域にあたるものを**ア～ウ**から1つ選びなさい。（静岡県）

（　　　　）

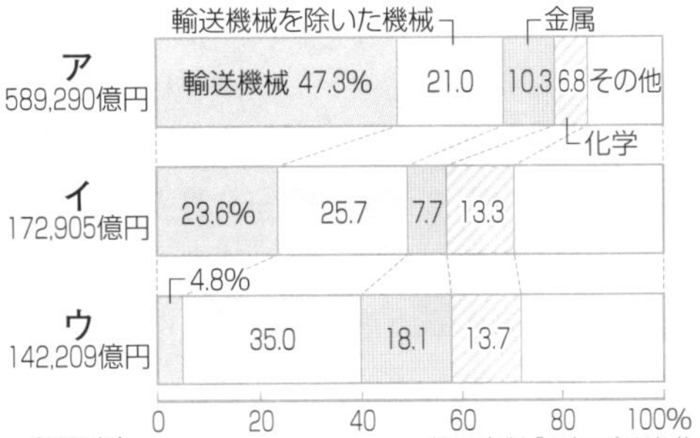

（2024年版「日本のすがた」）

(3) 地図中の鯖江《さばえ》市でさかんな地場産業を、次から1つ選びなさい。

ア 和紙　**イ** 銅器　**ウ** 刃物　**エ** 眼鏡枠《めがねわく》（フレーム）

（　　　　）

4 関東地方·東北地方のようす

基礎レベル問題

時間 30分　解答 別冊 p.37　得点　　／100

1 関東地方のようす 次の問いに答えなさい。

(5) 10点、その他9点×4

(1) 関東平野を広くおおっている、富士山《ふじさん》や浅間山《あさまやま》の噴火《ふんか》による火山灰が積もった赤土を何といいますか。

（　　　　　　　　）

(2) 地図中のXの地域では、夏でも涼《すず》しい気候をいかして、野菜の抑制栽培《よくせいさいばい》がさかんです。この地域で栽培がさかんな野菜を、次から1つ選びなさい。

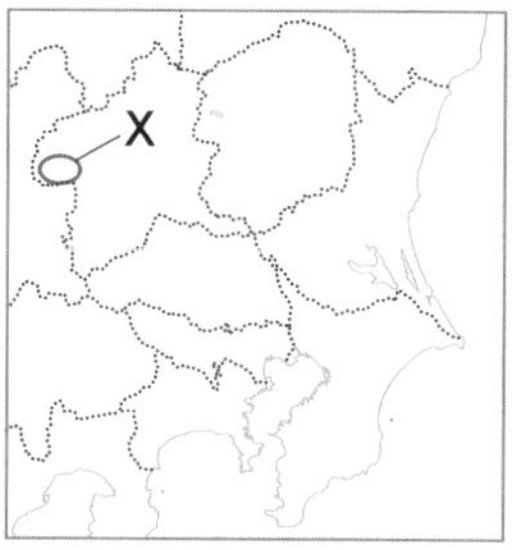

ア　キャベツ　　イ　たまねぎ
ウ　きゅうり　　エ　さつまいも

（　　　　）

(3) 下のグラフは、ある工業の都道府県別生産額の割合です。この工業は何ですか。次の文を参考にして、1つ選びなさい。

◇　東京には、出版社や新聞社が多くあるため、この工業が発達している。

(2022年)　(2024年版「データでみる県勢」)

ア　食料品工業　　イ　製紙・パルプ工業
ウ　印刷業　　エ　自動車工業

（　　　　）

(4) 東京大都市圏《けん》には、日本の総人口のうちどのくらいの人が住んでいますか。次から1つ選びなさい。

ア　約2分の1　　イ　約4分の1
ウ　約5分の1　　エ　約6分の1

（　　　　）

(5) 東京周辺の人口について述べた次の文の□にあてはまる語句を答えなさい。

◇　東京都心は、郊外《こうがい》や他県からの通勤・通学者が多いため、昼間人口が夜間人口と比べて□。

（　　　　　　　　）

2 東北地方のようす 次の問いに答えなさい。

9点×6

(1) 地図中のXの地域は世界自然遺産に登録されています。この地域を次から1つ選びなさい。

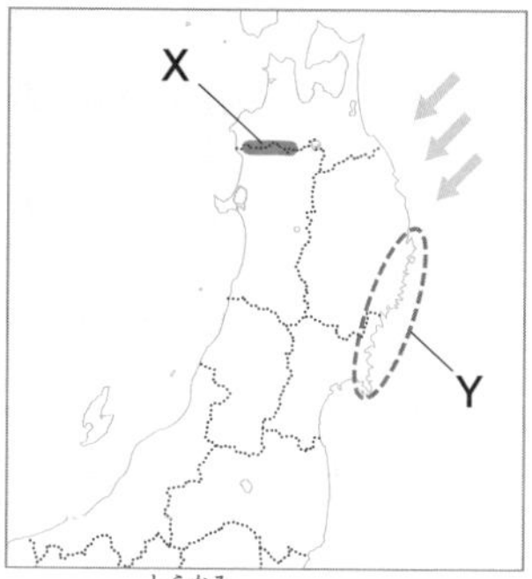

ア　奥羽《おうう》山脈　　イ　白神《しらかみ》山地
ウ　出羽《でわ》山地　　エ　北上《きたかみ》高地

（　　　　）

(2) 地図中のYの地域には、山地の沈降《ちんこう》によってできた入り組んだ海岸地形がみられます。この地形を何といいますか。

（　　　　　　　　）

(3) 地図中の➡は、夏に吹《ふ》く冷たい北東風で冷害を引き起こすことがあります。この風を何といいますか。

（　　　　　　　　）

(4) グラフⅠとⅡは、東北地方で栽培がさかんな果物の収穫量《しゅうかくりょう》の割合です。それぞれの果物を次から1つずつ選びなさい。

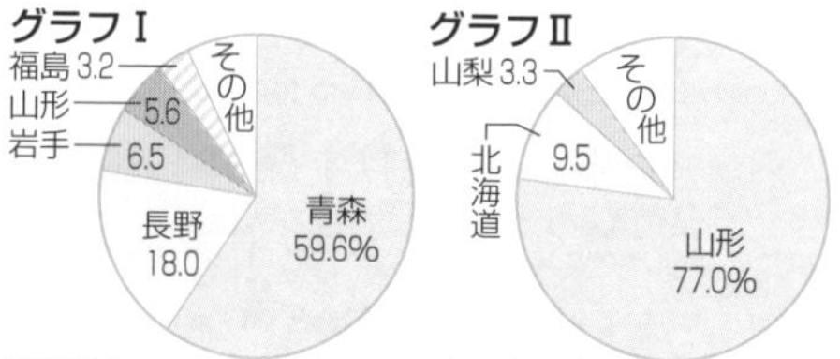

(2022年)　(2024年版「データでみる県勢」)

ア　もも　　イ　ぶどう
ウ　りんご　　エ　さくらんぼ

Ⅰ（　　　　）Ⅱ（　　　　）

(5) 東北地方の高速道路沿いにみられる工業団地では、おもにどの工業が発達していますか。次から1つ選びなさい。

ア　自動車工業　　イ　石油化学工業
ウ　鉄鋼業　　エ　せんい工業

（　　　　）

入試レベル問題

時間 30分　解答 別冊 p.37　得点　／100

1 関東地方について、次の問いに答えなさい。

9点×5

(1) 次の文が述べているのは、どの地域ですか。地図中のA～Dから1つ選びなさい。

◇ 高速道路の整備により工業団地が進出し、工業地域が形成された。電気機器や自動車の組み立て工場が多く、近年、工業生産額がのびている。（　　）

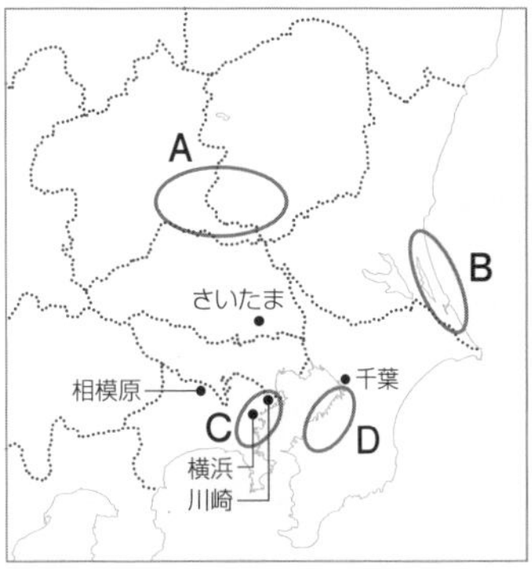

(2) 地図中にある5つの都市には、共通点があります。あてはまるものを、次から1つ選びなさい。

ア 国際的な貿易港がある。
イ 人口が100万人を超《こ》えている。
ウ 政令指定都市である。（　　）

(3) 右の表は、関東地方の4都県の昼間人口と夜間人口をまとめたものです。E～Gは、東京都・埼玉県・群馬県のいずれかです。EとFの都県の名をそれぞれ答えなさい。

E（　　）　F（　　）

	昼間人口（千人）	夜間人口（千人）
栃木県	1914	1933
E	1939	1939
F	16752	14048
G	6435	7345

（2020年）　（2024年版「データでみる県勢」）

入試 (4) 次の文は東京都の都心部などでみられる現象について説明したものです。文中の［　　］に適切な語句をおぎない、説明文を完成させなさい。（山口県）（　　）

ビルや商業施設《しせつ》が集中する都市の中心部の気温は、周辺部よりも高くなっている。このような現象は［　　］現象と呼ばれており、自動車やエアコンなどの排熱《はいねつ》が原因の1つと考えられている。

2 東北地方について、次の問いに答えなさい。

(4)10点（完答）、その他9点×5

(1) 次の文は、東北地方を流れる川について述べたものです。あてはまる川を、地図中のA～Dから1つ選びなさい。

◇ 日本三大急流の1つに数えられる。内陸部に盆地《ぼんち》、下流域に平野を形成し、盆地ではさくらんぼ（おうとう）などの果樹栽《さい》培《ばい》、平野では稲作《いなさく》がさかんである。（　　）

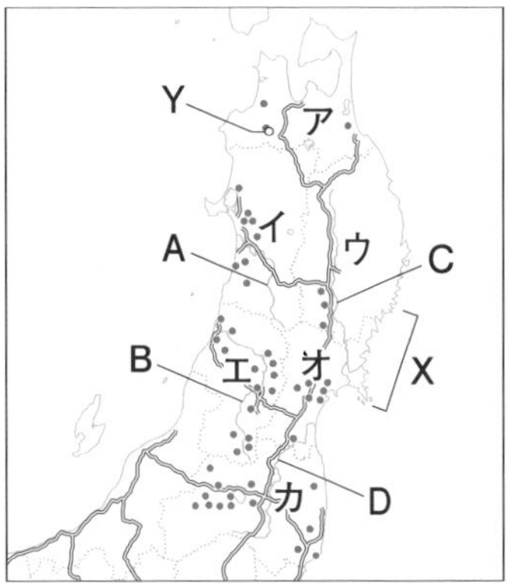

(2) 地図中のXの海岸でさかんに養殖《ようしょく》されている水産物を、次から2つ選びなさい。（　　・　　）

ア うなぎ　イ 真珠　ウ わかめ　エ かき

(3) 地図中の●で示した地域に分布しているのは、どのような工場ですか。次から1つ選びなさい。

ア 製鉄所　イ 石油化学工場
ウ 食料品工場　エ IC《アイシー》工場（　　）

入試 ミス注意 (4) 資料は「竿燈《かんとう》まつり」の様子です。これは提灯《ちょうちん》を米俵に見立て、米の豊作を祈《いの》る祭りです。この祭りが行われる県名を書きなさい。また、その県の地図上の位置を、地図中のア～カから1つ選びなさい。（富山県）

（　　）（　　）

（ピクスタ）

(5) 地図中のYでみられる伝統的工芸品を、次から1つ選びなさい。

ア 天童将棋駒《てんどうしょうぎこま》　イ 南部鉄器　ウ 会津塗《あいづぬり》　エ 津軽塗《つがるぬり》

（　　）

北海道地方のようす、身近な地域の調査

基礎レベル問題

時間 30分　解答 別冊 p.37　得点　／100

1 北海道地方のようす　次の問いに答えなさい。

4点×11

(1) 次の文の［X］と［Y］にあてはまる語句を答えなさい。

◇ 北海道には、古くから先住民族である［X］の人々が住んでいたが、明治《めいじ》政府による開拓《かいたく》が進むと、土地を奪《うば》われた。開拓の中心となったのが、兵士をかねた［Y］や移住者である。

X（　　　）Y（　　　）

(2) 地図中のA～Cの地形名を次から1つずつ選びなさい。

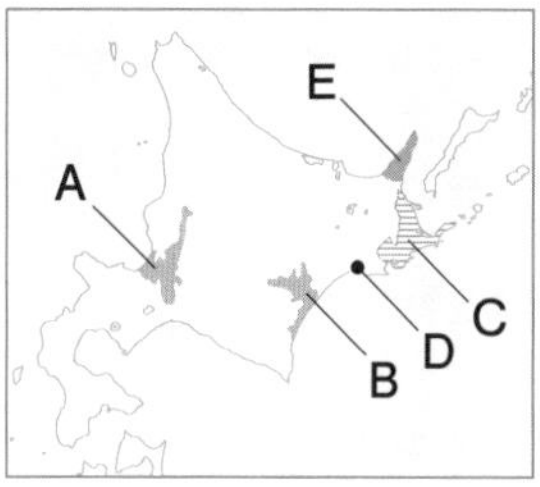

ア 根釧《こんせん》台地
イ 石狩《いしかり》平野
ウ 十勝《とかち》平野
エ 上川盆地《かみかわぼんち》

A（　　　）
B（　　　）C（　　　）

(3) 地図中のA～Cの地域で行われている中心的な農業を、次から1つずつ選びなさい。

ア 酪農《らくのう》　イ 稲作《いなさく》　ウ 畑作

A（　　　）B（　　　）
C（　　　）

(4) 次の文の［　　］にあてはまる語句を答えなさい。（　　　）

◇ 地図中のDの漁港を基地として行われてきた北洋漁業は、［　　］海や北太平洋などがおもな漁場だった。

(5) 下のグラフは、北海道の工業生産額の割合です。［X］にあてはまる工業をあとから1つ選びなさい。（　　　）

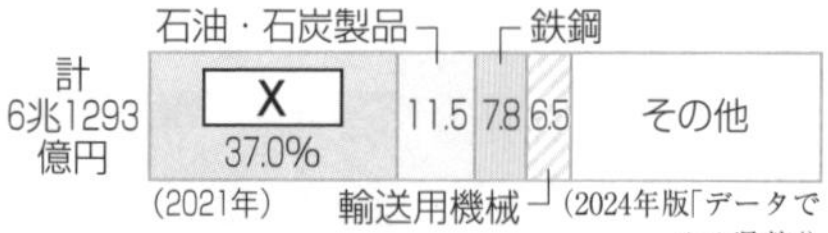

(2024年版「データでみる県勢」)

ア 輸送用機器　イ 電子部品
ウ 食料品　エ せんい製品

(6) 地図中のEの地域は、豊かな自然と動物が共存し、世界自然遺産に登録されています。この地域を何といいますか。漢字2字で答えなさい。（　　　）

2 身近な地域の調査　次の問いに答えなさい。

4点×14

(1) 次の①～③の調査方法を何といいますか。下から1つずつ選びなさい。

① 調べることについて、くわしく知っている人をたずねて話を聞く。

② 図書館や市役所などで、統計書や写真を使って調べる。

③ 地域を歩いて観察し、気づいたことをメモする。

ア 文献《ぶんけん》調査　イ 野外観察
ウ 聞き取り調査

①（　　）②（　　）③（　　）

(2) 地形図の決まりについて述べた次の文の［A］～［D］にあてはまる語句や数字を答えなさい。

① 実際の距離《きょり》は、［A］上の長さ×縮尺の分母で求める。

② 等高線は2万5千分の1の地形図では標高［B］mごと、5万分の1の地形図では［C］mごとに引かれている。

③ 地形図では、とくにことわりがない場合、上が［D］の方位を示す。

A（　　　）B（　　　）
C（　　　）D（　　　）

(3) 次の地図記号は何を表していますか。下から1つずつ選びなさい。

① 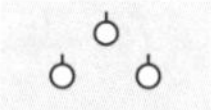　② 　③ 

④ 　⑤ 　⑥ 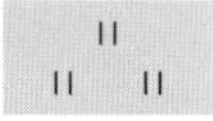

ア 果樹園　イ 田　ウ 市役所
エ 寺院　オ 病院　カ 図書館

①（　　）②（　　）③（　　）
④（　　）⑤（　　）⑥（　　）

(4) 右の図中のAとBのうち、傾斜《けいしゃ》が急なのはどちらですか。

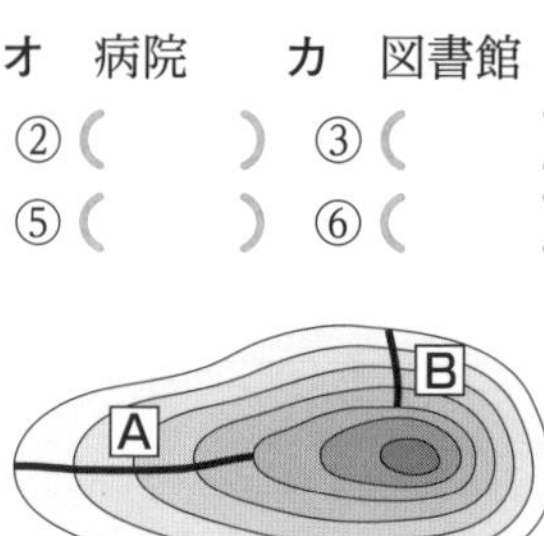

（　　　）

よくでるポイント **北海道の農業**▶石狩平野で稲作、十勝平野で畑作、根釧台地で酪農。**実際の距離の求め方**▶地図上の長さ×縮尺の分母。
等高線の決まり▶間隔がせまいほど傾斜が急。2万5千分の1では10mごと。

入試レベル問題

時間 30分　解答 別冊 p.38　得点　／100

1 **北海道地方について、次の問いに答えなさい。** (3)は30点、その他10点×4

(1) 次の①～③の文が説明している地域を、地図中のア～エから1つずつ選びなさい。

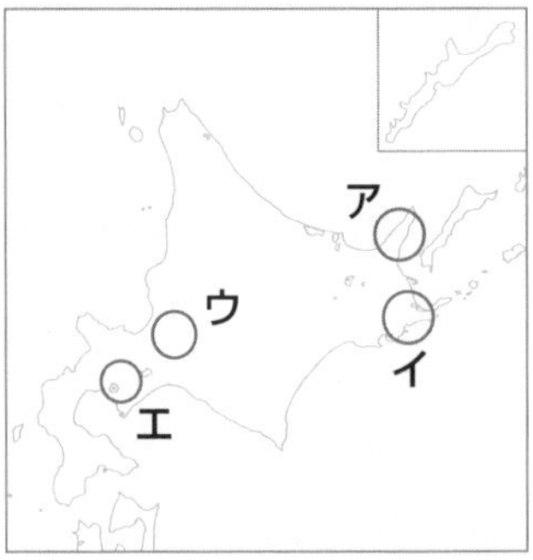

① 活火山があり、2000年に噴火《ふんか》した。周辺地域は「ジオパーク」に指定され、環境《かんきょう》問題の教育や防災学習に役立てられている。

② 先住民族の言葉で、「大地の果て」を意味するといわれる。豊かな自然と動植物が生息し、世界自然遺産に登録されている。

③ 北海道で最長の川の流域にある。かつては泥炭地《でいたんち》だったが、客《きゃく》土《ど》によって稲作《いなさく》に適した土地に改良された。

①（　　　）②（　　　）③（　　　）

入試 (2) 北海道地方では、さけを人工的に卵からかえして川に放流する漁業が行われています。このように稚魚《ちぎょ》などを卵からかえしてある程度まで育てた後、自然の海や川に放す漁業を何といいますか。（岡山県）

（　　　）

資料

地方	耕地の総面積（ha）	農家総数（戸）
北海道	1 141 000	34 913
東北	820 700	194 193
関東	566 090	178 191
中部	621 800	207 887
近畿	272 500	122 639
中国・四国	355 500	162 012
九州	547 400	175 870

※農家総数は個人経営体と団体経営体の合計

（2024年版「データでみる県勢」）

入試 (3) 右の資料は、全国を北海道、東北、関東、中部、近畿《きんき》、中国・四国、九州の7つに区分し、各地方における2020年の耕地の総面積と農家総数をそれぞれ表したものです。資料中の耕地の総面積と農家総数との関係からわかる北海道地方の農業の特徴《とくちょう》を、簡潔に書きなさい。（高知県）

（　　　）

2 **右の資料は、岡山県のある地域の地形図です。この地形図を見て、次の問いに答えなさい。** 10点×3

（地理院地図）

入試 ミス注意 (1) 資料中の●印Aの標高と●印Bの標高の差は何mか、答えなさい。（高知県）

（　　　m）

入試 (2) 資料中の●印Cから●印Dまでの地形図上の長さは3cmです。実際の直線距離《きょり》は何mか、答えなさい。（高知県）

（　　　m）

入試 (3) 下のア～エは、社会科の授業で、身近な地域の調査をしたときの、調査項目が書かれたカードの一部です。国土地理院発行の2万5千分の1地形図に表されていることが書かれたカードとして適当なものを、次から1つ選びなさい。（愛媛県）

ア　土地の起伏

イ　中学校の生徒数

ウ　バス停留所の位置

エ　果樹園で栽培されている果樹の種類

（　　　）

6 ヨーロッパ人との出会いと全国統一

基礎レベル問題

時間 30分　解答 別冊 p.38　得点　／100

1 ヨーロッパの動き 次の問いに答えなさい。

5点×6

(1)　1096年から、聖地エルサレムの奪回《だっかい》のために、ローマ教皇《きょうこう》の呼びかけで派遣《はけん》された軍隊を何といいますか。

（　　　　　　）

(2)　14世紀に、古代ギリシャ・ローマの学問や芸術を学びなおし、人間性を重視する文化がおこりました。この動きを何といいますか。カタカナで答えなさい。

（　　　　　　）

(3)　宗教改革について、次の問いに答えなさい。

①　免罪符《めんざいふ》の販売《はんばい》に抗議《こうぎ》して、ドイツで宗教改革を始めた人物を、次から1人選びなさい。（　　　　）

ア　カルバン　　イ　ガリレイ

ウ　ミケランジェロ　　エ　ルター

②　宗教改革の結果生まれた新しいキリスト教の教えを、何といいますか。

（　　　　　　）

③　ザビエルらが、カトリックを立て直すために設立した組織を何といいますか。

（　　　　　　）

ミス注意 (4)　16世紀の前半に世界一周を達成したのは、だれの船隊ですか。次から1人選びなさい。

ア　マゼラン　　イ　コロンブス

ウ　バスコ＝ダ＝ガマ　（　　　　）

2 ヨーロッパ人の来航 次の問いに答えなさい。

5点×4

(1)　1543年に鉄砲《てっぽう》が伝来したところを、右の地図中のア～エから1つ選びなさい。

（　　　）

(2)　日本に初めてキリスト教を伝えたのはだれですか。（　　　　）

(3)　キリスト教の信者となった大名《だいみょう》を何といいますか。（　　　　）

(4)　16世紀後半に行われた、日本とスペイン人やポルトガル人との貿易を何貿易といいますか。（　　　　）貿易

3 全国統一への動き 次の問いに答えなさい。

5点×6

(1)　織田信長《おだのぶなが》の動きについて、次の文の（　　）にあてはまる語句を、それぞれ答えなさい。

1560年、（ ① ）の戦いで今川義元《いまがわよしもと》を破り、1573年には（ ② ）幕府《ばくふ》を滅《ほろ》ぼした。また、1576年には琵琶湖畔《びわこはん》に（ ③ ）城を築いて統一の根拠地《こんきょち》とした。

①（　　　　）　②（　　　　）

③（　　　　）

ミス注意 (2)　織田信長は安土《あづち》城下などで市場《いちば》の税を免《めん》除《じょ》し、座《ざ》の特権を廃止《はいし》する政策を行いました。この政策を何といいますか。

（　　　　　　）

(3)　豊臣秀吉《とよとみひでよし》が行った、右の資料のような政策を何といいますか。

（　　　　）

（玄福寺）

(4)　豊臣秀吉が行った、農民などから刀・弓・やり・鉄砲などを取り上げた政策を何といいますか。（　　　　）

4 桃山文化 次の問いに答えなさい。

5点×4

(1)　右の写真は兵庫県にある世界遺産の城です。この城の名前を答えなさい。（　　　　）

（ピクスタ）

(2)　茶の湯（わび茶）を大成した人物の名前を答えなさい。

（　　　　　　）

(3)　ふすまや屏風《びょうぶ》に華《はな》やかな絵を描《えが》いた人物を次から1人選びなさい。

ア　一遍《いっぺん》　　イ　狩野永徳《かのうえいとく》

ウ　李参平《イサムピョン》《りさんぺい》　　エ　宗祇《そうぎ》　（　　　　）

(4)　17世紀初めに、京都でかぶき踊《おど》りを始めた人物はだれですか。（　　　　）

よくでるポイント **宗教改革**▶ローマ教会の免罪符販売に反対してルターが起こした。**キリスト教伝来**▶フランシスコ＝ザビエルが鹿児島に伝えた。**楽市・楽座**▶市場の税を免除し、座の特権を廃止した。**刀狩**▶一揆防止のために農民の武器を取り上げた。

入試レベル問題

時間 30分　解答 別冊 p.39　得点　／100

1 次の文を読んで、あとの問いに答えなさい。

(1)②・(6)は各10点、その他8点×6

A　a 織田信長は、足利義昭《あしかがよしあき》を追放して室町幕府《むろまちばくふ》を滅ぼした。

B　新航路の開拓《かいたく》をめざして出航した（ b ）は、西インド諸島に到達《とうたつ》した。

C　豊臣秀吉は、田畑の面積や収穫高、耕作者などを調べる太閤検地《たいこうけんち》を行った。

D　［ c ］の免罪符の販売に抗議して、宗教改革が始まった。

E　［ c ］は、d 聖地奪回のために十字軍を派遣した。

(1)　下線部 a について、次の問いに答えなさい。

入試 ①　1575年、織田信長が鉄砲を有効に用いて武田勝頼《たけだかつより》に勝利した戦いを、次から1つ選びなさい。（大阪府）（　　）

ア　長篠《ながしの》の戦い　イ　桶狭間《おけはざま》の戦い　ウ　関ヶ原《せきがはら》の戦い　エ　鳥羽《とば》・伏見《ふしみ》の戦い

②　織田信長は、安土城下などで楽市《らくいち》・楽座《らくざ》を行った。その内容を説明しなさい。

（　　　　　　　　　　）

(2)　（ b ）にあてはまる人物を、次から1人選びなさい。

ア　コロンブス　イ　マゼラン　ウ　バスコ＝ダ＝ガマ　（　　）

(3)　C の文について、次の問いに答えなさい。

入試 ミス注意 ①　「太閤検地」について述べた文として誤っているものを、次から1つ選びなさい。（高知県）

ア　検地の調査結果は、検地帳に記録された。

イ　農民は、石高《こくだか》に応じた年貢《ねんぐ》を納めることになった。

ウ　武士は、自分の領地の石高に応じて軍事上の負担を負うことになった。

エ　荘園《しょうえん》の領主である公家《くげ》や寺社は、持っていた土地の権利をすべて認められた。（　　）

②　豊臣秀吉は、ある国に明《みん》を征服《せいふく》するための道案内を要求して断られたため、2度にわたって侵《しん》略《りゃく》しました。ある国とはどこですか。（　　）

(4)　［ c ］に共通してあてはまる、カトリック教会の首長を何といいますか。（　　）

(5)　下線部 d の聖地とされた都市を、次から1つ選びなさい。

ア　ローマ　イ　コンスタンティノープル　ウ　エルサレム　エ　メッカ　（　　）

ミス注意 (6)　E のあとに起こった A～D の文を、時代の古い順にならべかえなさい。

（ E →　　→　　→　　→　　）

2 桃山《ももやま》文化について、次の問いに答えなさい。

8点×4

(1)　資料Ⅰは、ヨーロッパの貿易商人によって日本へもたらされた品々で、［　　］語を語源とするこれらの品名はそのまま日本語となりました。［　　］にあてはまる言語名を、次から1つ選びなさい。

Ⅰ

食品・嗜好品《しこうひん》	カステラ・パン・タバコ
日用品	カッパ・シャボン

ア　フランス　イ　ポルトガル　ウ　スペイン　エ　オランダ　（　　）

(2)　次の文の（　　）にあてはまる語句をあとから選びなさい。

桃山文化は、戦国の世をのりきった新興の（ ① ）や大商人の気風を反映した（ ② ）で壮大《そうだい》な文化である。

ア　貴族　イ　大名《だいみょう》　ウ　農民　エ　細やか　オ　豪華《ごうか》

①（　　）　②（　　）

(3)　資料Ⅱは、屏風《びょうぶ》やふすまなどに描《えが》かれた絵画です。この絵を描いた人物の名前を答えなさい。（　　）

Ⅱ

(Colbase)

7 江戸幕府の成立と鎖国

基礎レベル問題

時間 30分　解答 別冊 p.39　得点　　／100

1 江戸幕府の成立 次の問いに答えなさい。

5点×9

(1) 次の文の（　　）にあてはまる語句や人名を、それぞれ答えなさい。

1600年に起こった、（ ① ）と、豊臣《とよとみ》方をもりたてようとした石田三成《いしだみつなり》らの間で起こった戦いを（ ② ）の戦いという。この戦いののちの1603年に、（ ① ）は、朝廷《ちょうてい》から（ ③ ）に任命され、（ ④ ）幕《ばく》府《ふ》を開いた。

①（　　　　）②（　　　　）
③（　　　　）④（　　　　）

(2) 1603年に開かれた幕府における、将軍直属の家臣を次から1つ選びなさい。

ア 旗本《はたもと》・御家人《ごけにん》　イ 守護《しゅご》・地頭《じとう》
ウ 国司《こくし》・郡司《ぐんじ》　エ 摂政《せっしょう》・関白《かんぱく》

（　　　　）

(3) 古くから徳川《とくがわ》氏の家臣で大名《だいみょう》になったものを次から1つ選びなさい。

ア 親藩《しんぱん》　イ 譜代《ふだい》大名　ウ 外様《とざま》大名

（　　　　）

(4) 1615年に、大名が幕府に反抗《はんこう》することを防ぐための決まりが初めて出されました。この決まりを何といいますか。

（　　　　）

(5) 大名が幕府へ反抗することを防ぐ目的で、大名に1年おきに江戸と領地を往復させたしくみを何といいますか。

（　　　　）

(6) (5)のしくみを制度として定めた、第3代将軍はだれですか。（　　　　）

2 さまざまな身分とくらし 次の問いに答えなさい。

5点×4

(1) 右のグラフの身分別人口の中で、最も多いaの身分を答えなさい。（　　　　）

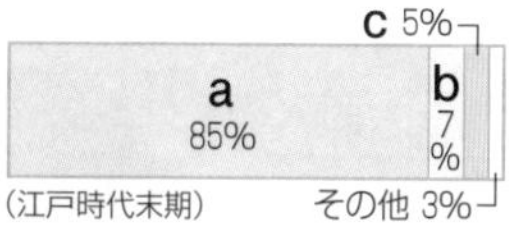

(2) 武士や町人のくらしについて、次の文の（　　）にあてはまる語句を、あとから1つずつ選びなさい。

① 武士は、（ a ）町に住み、領地や（ b ）の形で支給される俸禄《ほうろく》で生活し、ふだんは城の警備や領内の政治を行った。

② 町人は、幕府や藩《はん》に営業税を納めて営業を行い、町ごとに（ c ）が選ばれて町の自治を行った。

ア 町役人　イ 村方三役　ウ 門前
エ 城下　オ 徒弟《とてい》　カ 米

a（　　　　）b（　　　　）
c（　　　　）

3 鎖国の完成 次の問いに答えなさい。

5点×7

(1) 次の説明にあてはまる国・地域を、あとから1つずつ選びなさい。

① 対馬《つしま》藩の宗《そう》氏の仲立ちで、17世紀初めに日本と国交を回復した。

② アイヌの人たちが、松前《まつまえ》藩から不利な交易を強いられた。

ア 琉球《りゅうきゅう》　イ 朝鮮《ちょうせん》
ウ 蝦夷地《えぞち》　エ 台湾《たいわん》

①（　　　　）②（　　　　）

(2) 徳川家康《いえやす》が、大名や大商人にあたえた貿易の許可証を何といいますか。

（　　　　）

(3) 1637年、九州地方で、きびしい禁教と重税に反対して一揆《いっき》が起こりました。この一揆を何といいますか。

（　　　　）

(4) 1639年、幕府は鎖国を完成させるために、ある国の来航を禁止しました。ある国とはどこですか。

（　　　　）

(5) 右の資料の①人工島では、②ヨーロッパの国との貿易が行われました。①の人工島を何といいますか。また、②のヨーロッパの国の名前を答えなさい。

（長崎歴史文化博物館収蔵）

①（　　　　）②（　　　　）

よくでるポイント **旗本**▶将軍《しょうぐん》直属の１万石《ごく》未満の武士。**御家人**▶将軍直属の１万石未満の武士で、将軍には会えなかった。**参勤交代《さんきんこうたい》**▶大名に江戸と領地を１年おきに往復させた。**朱印船《しゅいんせん》**▶朱印状を持って東南アジアに渡航した貿易船。

入試レベル問題

時間 30分　解答 別冊 p.40　得点　　／100

1 次の資料を見て、あとの問いに答えなさい。　(2)②・(3)各 15 点、その他各 10 点× 4

A　江戸幕府《えどばくふ》のしくみ

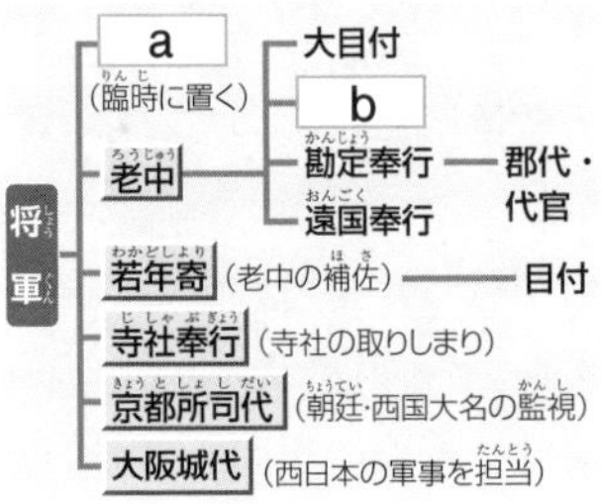

B　大名の分類

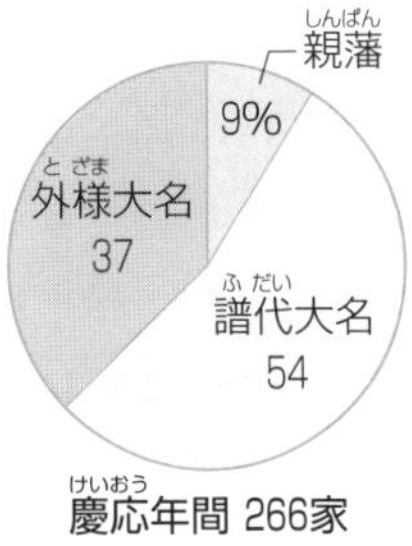

C　幕府の法令

一、学問と武道にひたすらはげむようにせよ。
一、［　　　　　　］
一、幕府の許可なく、かってに結婚《けっこん》してはいけない。
一、500石《こく》以上積める船をつくることを禁止する。
(注)1615年、1635年に出された法令の抜粋、要約。

D　御触書《おふれがき》

一、雑穀を食べ、米はむやみに食べないようにせよ。
一、田畑をよく手入れし、草も念を入れて取るようにせよ。不届きな百姓は、取り調べて処罰する。
(一部要約)

(1)　資料Aについて、次の問いに答えなさい。

①　資料中のaは、臨時に置かれた幕府の最高職です。この職を何といいますか。
（　　　　　）

②　資料中のbは、江戸の町政や警察・裁判などの仕事を行った役職です。この役職を何といいますか。
（　　　　　）

(2)　資料Bについて、次の問いに答えなさい。

ミス注意 ①　資料Bから、関ヶ原《せきがはら》の戦いのころに徳川氏に従った大名を選んで答えなさい。
（　　　　　）

②　資料B中の「親藩」とは、どのような大名ですか。簡単に答えなさい。
（　　　　　　　　　　　　　　　　　　　　）

入試 (3)　資料Cの［　　　］には、城に関わる内容が書かれています。この法令が出された目的に基づいて、［　　　］にあてはまる適当な内容を書きなさい。(岡山県)
（　　　　　　　　　　　　　　　　　　　　）

(4)　資料Dは、どのような目的で定められましたか。次から１つ選びなさい。（　　）

ア　年貢《ねんぐ》を確実に徴収《ちょうしゅう》するため。
イ　朝廷《ちょうてい》の動きを監視《かんし》するため。
ウ　幕府が貨幣《かへい》の鋳造権《ちゅうぞうけん》を独占《どくせん》するため。
エ　町人に営業税を確実に納めさせるため。

2 鎖国《さこく》について、次の問いに答えなさい。　10点×3

年代	主なできごと
1624	［A］船の来航を禁止する ↓ア
1635	日本人の海外渡航《とこう》・帰国を禁止する ↓イ
1639	［B］船の来航を禁止する ↓ウ
1641	平戸のオランダ商館を長崎の出島《でじま》に移す

(1)　年表中のA・Bに当てはまる国名の正しい組み合わせを、次から１つ選びなさい。

ア　A－ポルトガル　B－スペイン
イ　A－スペイン　B－イギリス
ウ　A－イタリア　B－ポルトガル
エ　A－スペイン　B－ポルトガル　（　　）

ミス注意 (2)　次のできごとが起こった時期を、年表中のア～ウから１つ選びなさい。（　　）

島原《しまばら》と天草《あまくさ》で、キリシタンへの弾圧《だんあつ》と重い年貢に苦しむ人々が一揆を起こし、約４か月にわたって幕府や藩の大軍と戦った。

(3)　右の写真は、キリシタンを発見するために使われた道具です。この道具を用いて行われた行為を何といいますか。（　　　　）

(Colbase)

8 産業の発達と幕府政治の展開

基礎レベル問題

時間 30分　解答 別冊 p.40　得点　　／100

1 諸産業と交通・都市の発達　次の問いに答えなさい。

5点×6

(1)　右の地図を見て、次の問いに答えなさい。

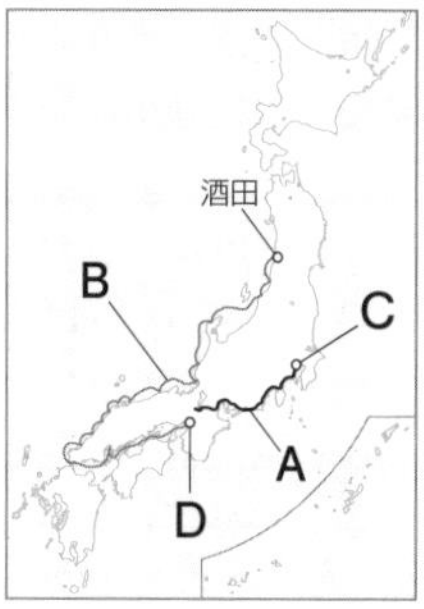

①　Aの街道《かいどう》の名前を答えなさい。（　　　）

②　Bの航路の名前を答えなさい。（　　　）

③　Cの都市は、政治の中心地だったことから、何と呼ばれましたか。（　　　）

④　Dの都市は、商業の中心地だったことから、何と呼ばれましたか。（　　　）

(2)　大商人や手工業者らは、同業者組合をつくって独占的《どくせんてき》な権利を得ました。この同業者組合を何といいますか。（　　　）

(3)　商人が米や特産物を管理・販売《はんばい》するのに利用した施設《しせつ》を、次から1つ選びなさい。

ア　両替商《りょうがえしょう》　イ　土倉《どそう》

ウ　酒屋《さかや》　エ　蔵屋敷《くらやしき》　（　　　）

2 幕府政治の動き　次の問いに答えなさい。

4点×10

(1)　徳川綱吉《とくがわつなよし》は、□の令（□の政策）を実施《じっし》し、動物愛護を行いました。□にあてはまる語句を答えなさい。（　　　）

(2)　徳川綱吉ののち、長崎貿易を制限して幕《ばく》府《ふ》の財政の立て直しをめざした人物を、次から1人選びなさい。

ア　新井白石《あらいはくせき》　イ　前野良沢《まえのりょうたく》

ウ　平賀源内《ひらがげんない》　エ　関孝和《せきたかかず》

（　　　）

(3)　享保《きょうほう》の改革について、次の問いに答えなさい。

①　享保の改革を行った人物の名前を答えなさい。（　　　）

②　裁判の基準を定め、公平な裁判を行うことを目的に制定された法令は何ですか。（　　　）

(4)　松平定信《まつだいらさだのぶ》の政治改革について、次の問いに答えなさい。

①　松平定信が行った幕府政治の改革を何といいますか。（　　　）

②　松平定信は、幕府の学問所においてある学問以外の講義を禁止しました。この学問を何といいますか。（　　　）

(5)　1825年、幕府は（　　）令を出して日本に近づく外国船の撃退《げきたい》を命じました。（　　）にあてはまる法令名を答えなさい。（　　　）

(6)　天保《てんぽう》の改革について、次の問いに答えなさい。

①　天保の改革を行った人物の名前を答えなさい。（　　　）

②　物価を引き下げることを目的に解散させた組合を、何といいますか。（　　　）

③　かつて、幕府の収入を増やすことを目的に、②の組合の結成を奨励《しょうれい》した老中《ろうじゅう》はだれですか。（　　　）

3 江戸時代の文化　次の問いに答えなさい。

5点×6

(1)　江戸時代に、①上方《かみがた》を中心に栄えた文化と②江戸を中心に栄えた文化を、それぞれ何文化といいますか。

①（　　　）文化

②（　　　）文化

(2)　次の①～④に関係の深い人物をあとから1人ずつ選びなさい。

①　浮世絵《うきよえ》(風景画)　②　俳諧《はいかい》(俳句《はいく》)

③　人形浄瑠璃《じょうるり》　④　こっけい本

ア　近松門左衛門《ちかまつもんざえもん》　イ　十返舎一九《じっぺんしゃいっく》

ウ　尾形光琳《おがたこうりん》　エ　狩野永徳《かのうえいとく》

オ　松尾芭蕉《まつおばしょう》　カ　歌川《うたがわ》(安藤《あんどう》)広重《ひろしげ》

①（　　　）②（　　　）

③（　　　）④（　　　）

よくでるポイント **五街道**▶東海道・甲州道中（街道）・中山道・奥州道中（街道）・日光道中（街道）。**享保の改革**▶徳川吉宗が行う。公事方御定書の制定、目安箱の設置。**寛政の改革**▶松平定信が行う。**天保の改革**▶水野忠邦が行う。株仲間の解散。

入試レベル問題

時間 30分　解答 別冊 p.41　得点　／100

1 次の A～E の文を読んで、あとの問いに答えなさい。

(2)は7点、(4)(6)は各10点、その他8点×3

A　江戸《えど》時代には交通の発達がめざましく、江戸を起点にして a 五街道《ごかいどう》が整備され、b 航路も発達した。都市では、とくに江戸と大阪が栄えた。

B　江戸幕府は、日本に近づくオランダと中国（清《しん》）以外の外国船の撃退《げきたい》を命じた。

C　老中水野忠邦《ろうじゅうみずのただくに》は、c 営業を独占している株仲間《かぶなかま》に解散を命じた。

D　第８代将軍徳川吉宗《とくがわよしむね》は、d 幕府政治の改革をすすめ、庶民《しょみん》の意見を積極的に聞こうとした。

E　老中松平定信は寛政《かんせい》の改革を行い、生活に苦しむ旗本《はたもと》や御家人《ごけにん》を救済する法令を出した。

(1)　右の地図中の**ア**～**オ**は、下線部 a の五街道を表しています。このうち、中山道《なかせんどう》を示したものを１つ選びなさい。（　　）

(2)　下線部 b の航路のうち、菱垣廻船《ひがきかいせん》や樽《たる》廻船が就航した航路を地図中の**カ**～**ク**から１つ選びなさい。（　　）

入試 ミス注意 (3)　江戸時代の社会のようすに関して述べた次の A・B の文の正誤の組み合わせとして正しいものを、あとから１つ選びなさい。（長崎県）

A　進んだ技術や道具が各地の農村に広まり、備中《びっちゅう》ぐわや千歯《せんば》こきが使用された。

B　商業の中心地である江戸は「天下の台所」と呼ばれ、多くの人々が暮らした。

ア　A－正　B－正　　**イ**　A－正　B－誤　　**ウ**　A－誤　B－正　　**エ**　A－誤　B－誤

（　　）

入試 (4)　下線部 c について、水野忠邦が株仲間に解散を命じたのはどのような目的があったからですか。その１つとして考えられることを、「物価」という言葉を用いて書きなさい。（三重県）

（　　）

(5)　下線部 d の改革を何といいますか。（　　）

(6)　B～E を年代の古い順にならべかえなさい。（　→　→　→　）

2 江戸時代の文化について、次の問いに答えなさい。

7点×7

(1)　次の①～⑤にあてはまる人物を、あとの**ア**～**ク**から１人ずつ選びなさい。

①　義理と人情の板ばさみで悩《なや》む男女の姿を人形浄瑠璃《じょうるり》の台本に書いた。（　　）

②　浮世草子《うきよぞうし》を著《あらわ》し、町人の生活や考え方をありのままに書いた。（　　）

③　娯楽《ごらく》性の強い歴史小説である『南総里見八犬伝《なんそうさとみはっけんでん》』を著した。（　　）

④　『古事記伝《こじきでん》』を著し、国学《こくがく》を大成した。（　　）

⑤　オランダ語の人体解剖書《かいぼうしょ》を翻訳《ほんやく》して、『解体新書《かいたいしんしょ》』として出版した。（　　）

ア　伊能忠敬《いのうただたか》　**イ**　滝沢《たきざわ》（曲亭《きょくてい》）馬琴《ばきん》　**ウ**　本居宣長《もとおりのりなが》　**エ**　松尾芭蕉《まつおばしょう》

オ　近松門左衛門《ちかまつもんざえもん》　**カ**　菱川師宣《ひしかわもろのぶ》　**キ**　井原西鶴《いはらさいかく》　**ク**　杉田玄白《すぎたげんぱく》

(2)　各地をめぐって、土地のようすなどを調査した人物としてあてはまらないものを、次から１人選びなさい。（　　）

ア　最上徳内《もがみとくない》　**イ**　伊能忠敬《いのうただたか》　**ウ**　間宮林蔵《まみやりんぞう》　**エ**　前野良沢《まえのりょうたく》

入試 (3)　江戸時代には、織物・瓦《かわら》・鍋《なべ》などの生産が行われていました。資料は、織物をつくっているようすを表した絵です。このように、19世紀ごろに発達した、作業する場所に働き手を集めて分業で製品を生産するしくみを何といいますか。（山口県・改）（　　）

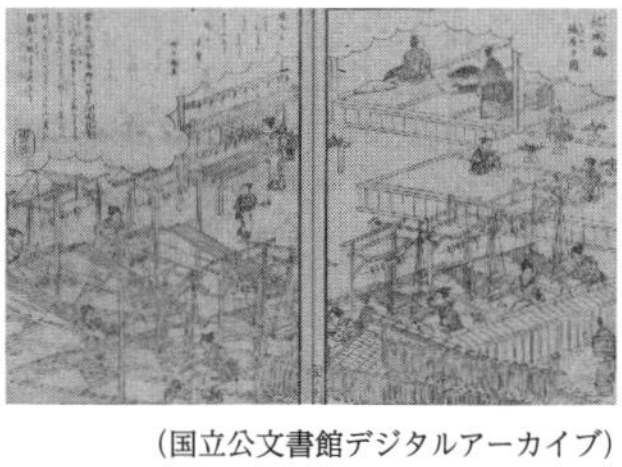

（国立公文書館デジタルアーカイブ）

9 欧米の進出と日本の開国

基礎レベル問題

時間 30分　解答 別冊 p.41　得点　／100

1 欧米の進出　次の問いに答えなさい。　5点×11

(1)　ピューリタン革命を指導した人物の名前を答えなさい。

(　　　　　　　)

(2)　ピューリタン革命ののちの1688年、イギリスで無血革命が起こりました。この革命を何といいますか。

(　　　　　　　)

(3)　(2)の革命において、国民の自由と権利を保障する文書が出されました。この文書を何といいますか。

(　　　　　　　)

(4)　アメリカ独立戦争のさいに出された、生命・自由・幸福の追求などをもりこんだ文書を何といいますか。　(　　　　　　　)

(5)　フランス革命について、次の問いに答えなさい。

①　1789年、国民議会が発表した、自由・平等・人民主権などを宣言した文書を何といいますか。

(　　　　　　　)

②　フランス革命ののちの1804年、皇帝《こうてい》となって帝政《ていせい》を開始した人物はだれですか。　(　　　　　　　)

(6)　アメリカの南北戦争中に、奴隷《どれい》解放宣言を出した大統領はだれですか。

(　　　　　　　)

(7)　アヘン戦争について、次の文の(　　)にあてはまる語句を、それぞれ答えなさい。

1842年、アヘン戦争の講和条約である(①)条約が結ばれ、清《しん》は領土の(②)をイギリスにゆずった。

①(　　　　　)　②(　　　　　)

(8)　次の文中のa・bから正しいものを、1つずつ選びなさい。

a〔ア　産業革命　　イ　宗教改革〕によって近代国家となったイギリスは、海外に勢力をのばし、機械で生産した安価な綿織物を、大量にb〔ア　ロシア　　イ　インド〕に輸出した。

a(　　　　　)　b(　　　　　)

2 日本の開国と江戸幕府の滅亡　次の問いに答えなさい。　5点×9

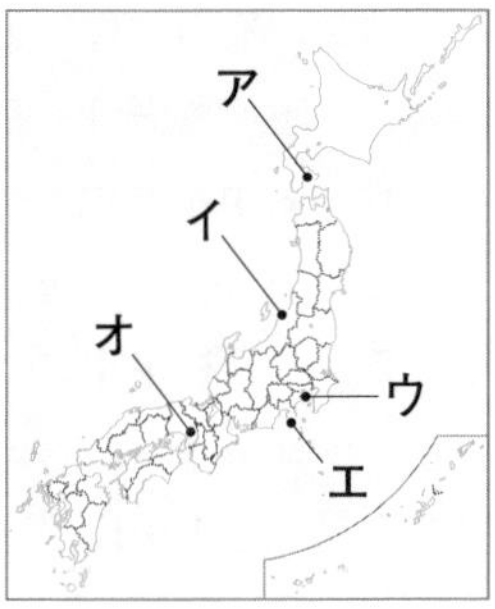

(1)　日米和親条約を結んだアメリカの使節の名前を答えなさい。

(　　　　　　　)

(2)　日米和親条約で港が開かれ、アメリカの領事が置かれた地を上の地図中のア～オから1つ選びなさい。　(　　　　)

(3)　日米修好通商条約では、日本には貿易品にかける税金の税率を自由に決める権利がありませんでした。この権利を何といいますか。　(　　　　　　　)

(4)　安政《あんせい》の大獄《たいごく》を行った大老《たいろう》を、次から1人選びなさい。

ア　松平定信《まつだいらさだのぶ》　　イ　田沼意次《たぬまおきつぐ》

ウ　井伊直弼《いいなおすけ》　　エ　新井白石《あらいはくせき》

(　　　　)

(5)　(4)の大老は、反対派によって暗殺されました。この事件を何といいますか。

(　　　　　　　)

(6)　次の文の(　　)にあてはまる語句を、あとのア～エから1つずつ選びなさい。

薩摩藩《さつまはん》と長州《ちょうしゅう》藩は、1866年、土佐《とさ》藩出身の(①)らの仲立ちで、(②)同盟を結んで、倒幕《とうばく》のために協力することを約束した。

ア　高杉晋作《たかすぎしんさく》　　イ　坂本龍馬《さかもとりょうま》

ウ　薩長《さっちょう》　　エ　薩英《さつえい》

①(　　　　)　②(　　　　)

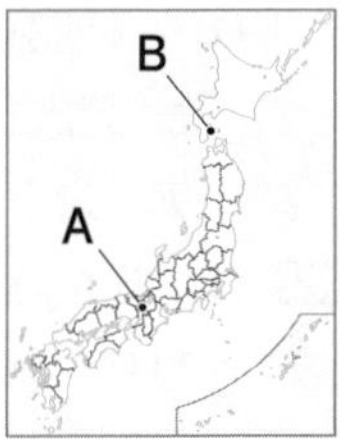

(7)　大政奉還《たいせいほうかん》を行った、幕《ばく》府《ふ》の将軍はだれですか。

(　　　　　　　)

(8)　右の地図中のAの地から始まりBの地で終わった、一連の戦争を何といいますか。

(　　　　　　　)

よくでるポイント **奴隷《どれい》解放宣言**▶リンカン大統領が南北戦争中に、奴隷制度の廃止を宣言。**日米和親条約**▶下田と函館の２港を開く。
日米修好通商条約▶日本が領事裁判権を認め、関税自主権がない不平等条約。５港を開く。

入試レベル問題

時間 30分　解答 別冊 p.41　得点　／100

1 右の年表を見て、次の問いに答えなさい。

8点×6

(1)（ a ）の革命は、クロムウェルの指導で進められました。この革命を何といいますか。

（　　　　革命）

(2) 下線部 b の名誉《めいよ》革命が起こった翌年、『権利章典』が出され、国民の自由と権利を保障し、［　　］の地位が確立しました。［　　］にあてはまる語句を答えなさい。

（　　　　）

年代	おもなできごと
1640 (1642)	（ a ）革命が起こる
1688	b 名誉革命が起こる
18世紀後半	c 産業革命が起こる
1775	アメリカで独立戦争が起こる
1789	フランス革命が起こる
1840	アヘン戦争が起こる
1861	d アメリカで南北戦争が起こる

入試ミス注意 (3) 下線部 c について、右の図は、産業革命によってイギリス社会がどのように変化したかについてまとめたものです。図のあ～うにあてはまる最も適切な語句を、次から１つずつ選びなさい。（長野県）

図　18 世紀後半から 19 世紀にかけてのイギリス社会の変化

［あ］を燃料とする［い］で動く機械が使われ始め，綿織物が大量に生産されるようになった。	製鉄に必要な［あ］や工業製品などの運《うん》搬《ぱん》のため，鉄道が利用されるようになった。	産業革命の進展にともない，資本家が労働者を雇《やと》い，利益の拡大をめざして生産活動をする［う］が広がった。

ア　社会主義　　イ　資本主義
ウ　蒸気《じょうき》機関　　エ　石油
オ　鉄鉱石　　カ　石炭

あ（　　　）い（　　　）う（　　　）

(4) 下線部 d のアメリカ南北戦争のときに、リンカン大統領は（　　）宣言を出して、北部を勝利に導きました。（　　）にあてはまる語句を答えなさい。

（　　　　）

2 次の文を読んで、あとの問いに答えなさい。

(4)は 20 点、その他 8 点×4

A　a 桜田門外《さくらだもんがい》の変が起こり、大老《たいろう》の井伊直弼《いいなおすけ》が暗殺された。

B　b 幕府が朝廷《ちょうてい》の許可を得ずに開国したことから、外国人を追い払えという考えや、朝廷の権威《けんい》を高めようとする考えが広がり、（ c ）運動が高まっていった。

C　d 薩摩藩《さつまはん》と長州《ちょうしゅう》藩は、薩長《さっちょう》同盟を結んだ。

D　1867 年、幕府は大政奉還《たいせいほうかん》を行った。

入試ミス注意 (1) 右の資料は、下線部 a にいたるまでのことがらを年代の古いものから順に左から並べたものです。資料中の X・Y にあてはまることがらとして最も適当なものを、次から１つずつ選びなさい。（千葉県）

ペリーが浦賀《うらが》に来航する ➡ ［X］ ➡ 日米修好通商条約が結ばれる ➡ ［Y］ ➡ 桜田門外《さくらだもんがい》の変が起こる

ア　アヘン戦争が起こる。　　イ　安政《あんせい》の大獄《たいごく》が起こる。
ウ　天保《てんぽう》の改革が行われる。　　エ　大政奉還《たいせいほうかん》が行われる。
オ　日米和親条約が結ばれる。

X（　　　）Y（　　　）

(2) 下線部 b について、日本は日米修好通商条約の第６条で、右の特権をアメリカに認めました。この特権を何といいますか。（　　　　）

> 第６条　日本人に対し法を犯したアメリカ人は，アメリカ領事裁判所において取り調べのうえ，アメリカの法律によって処罰《しょばつ》する。

(3)（ c ）にあてはまる語句を答えなさい。（　　　　運動）

(4) 下線部 d について、この同盟をひそかに結んだ薩摩藩と長州藩は、どのようなことを約束しましたか。「幕府」「欧米《おうべい》」の語句を用いて、簡単に説明しなさい。

（　　　　　　　　　　　　　　）

10 明治維新

基礎レベル問題

時間 30分　解答 別冊 p.42　得点　／100

1 明治維新 明治政府の政治について、次の問いに答えなさい。　4点×9

(1)　明治天皇《めいじてんのう》が神に誓《ちか》う形で発表された、新政府の政治の基本方針を何といいますか。

（　　　　　）

(2)　明治政府は、藩主《はんしゅ》に対して領地と人民を朝廷《ちょうてい》に返還《へんかん》させる政策を行いました。この政策を何といいますか。（　　　　　）

(3)　次の文の（　　）にあてはまる語句を、それぞれ答えなさい。

明治政府は（ ① ）を廃止《はいし》して府と県を置き、中央から府知事や（ ② ）を派遣《はけん》して、地方政治を行わせた。これを（ ③ ）という。

①（　　　　　）　②（　　　　　）

③（　　　　　）

(4)　明治政府は江戸時代の身分制度を廃止し、天皇の一族を皇族《こうぞく》とし、それ以外はすべて平等としました。このうち、もとの百姓《ひゃくしょう》と町人などは、華族《かぞく》・士族《しぞく》・平民《へいみん》のうちどれですか。（　　　　　）

(5)　次の文にあてはまる政策を、あとから1つずつ選びなさい。

①　土地の所有者に、税として地価の3％を現金で納めさせた。（　　　　　）

②　満《まん》20歳になった男子に、兵役《へいえき》の義務を負わせた。（　　　　　）

③　近代的な学校制度の基本を定めた。

（　　　　　）

ア　徴兵令《ちょうへいれい》　　イ　地租改正《ちそかいせい》

ウ　学制　　エ　五榜《ごぼう》の掲示《けいじ》

2 自由民権運動と大日本帝国憲法 次の問いに答えなさい。　(7)は各4点、その他5点×8

(1)　次の文の①には人名を、②には語句を、下から1つずつ選びなさい。

（ ① ）は、民撰議院《みんせんぎいん》設立の建白書《けんぱくしょ》を政府に提出して、（ ② ）運動の口火を切った。　①（　　　　　）　②（　　　　　）

ア　自由民権　　イ　伊藤博文《いとうひろぶみ》

ウ　尊王攘夷《そんのうじょうい》　　エ　板垣退助《いたがきたいすけ》

(2)　1877年に西南戦争を起こした人物を、次から1人選びなさい。

ア　大久保利通《おおくぼとしみち》　　イ　木戸孝允《きどたかよし》

ウ　西郷隆盛《さいごうたかもり》　　エ　岩倉具視《いわくらともみ》

（　　　　　）

(3)　次の文の（　　）にあてはまる語句を答えなさい。

1880年に、大阪で（　　）同盟が結成され、政府に国会の開設を求める請願書《せいがんしょ》を提出した。（　　　　　）

(4)　次の文の（　　）にあてはまる政党名や人名を答えなさい。

①　板垣退助らは、1881年に（　　）を結成した。

②　（　　）は、立憲改進党《りっけんかいしんとう》を結成し、党首となった。

①（　　　　　）　②（　　　　　）

(5)　大日本帝国憲法の草案作成の中心となった人物の名前を答えなさい。

（　　　　　）

(6)　大日本帝国憲法では、帝国議会は二院制とされました。衆議院《しゅうぎいん》と何院ですか。

（　　　　　）

(7)　次の文は、第1回衆議院議員総選挙の際の、選挙権所有者を説明しています。（　　）にあてはまる数字をそれぞれ答えなさい。

選挙権所有者は、1年に直接国税を（ ① ）円以上納める満（ ② ）歳以上の男子とされた。①（　　　　　）　②（　　　　　）

3 文明開化と殖産興業 次の問いに答えなさい。　4点×4

(1)　明治政府は、近代工業育成のため、現在の群馬県に製糸工場を建設しました。この工場を何といいますか。（　　　　　）

(2)　明治政府が太陰暦《たいいんれき》にかわり採用した新しい暦《こよみ》を何といいますか。（　　　　　）

(3)　『学問のすゝ《(す)》め』を著《あらわ》したのはだれですか。

（　　　　　）

(4)　ルソーの『社会契約《けいやく》論』を翻訳《ほんやく》して紹介《しょうかい》したのはだれですか。（　　　　　）

よくでるポイント **県令**▷廃藩置県で設けられた県の長官。のちの県知事。**地券**▷地租改正の際の土地所有を認める権利証。
自由民権運動▷藩閥政府を批判。国会の開設を求め、国民が政治に参加する権利の確立をめざす。

入試レベル問題

時間 30分　解答 別冊 p.42　得点　　／100

1 次の文を読んで、あとの問いに答えなさい。

(5)は10点、その他9点×6

A　新政府の政治の基本方針である a 五箇条《ごかじょう》の御誓文《ごせいもん》が出された。

B　江戸《えど》時代の身分制度を廃止《はいし》し、皇族以外の b 華族・士族・平民を平等とした。

C　横浜《よこはま》などで外国人居留地がつくられ、c 文明開化が進展した。

D　政府は、税収入を安定させるために、d 地租改正を行った。

E　岩倉具視が使節団の全権大使として欧米《おうべい》を訪問した。帰国後は、e 朝鮮《ちょうせん》をめぐる征韓論《せいかんろん》に反対した。

F　日本は、国境を画定するために、ロシアとの間で（ f ）条約を結んだ。

(1)　次の文は、下線部 a の五箇条の御誓文の一部です。（　　）にあてはまる語句を答えなさい。

一、広ク（　　）ヲ興《おこ》シ万機公論《ばんきこうろん》ニ決スヘ《べ》シ　（　　　　）

(2)　B の文について、もとの公家《くげ》や大名《だいみょう》は、新しく下線部 b のどの身分とされましたか。

（　　　　）

(3)　下線部 c の動きとしてあてはまらないものを、次から1つ選びなさい。

ア　中江兆民《なかえちょうみん》によるルソーの著作の翻訳《ほんやく》　イ　杉田玄白《すぎたげんぱく》によるオランダ語の人体解剖《かいぼう》書の翻訳

ウ　福沢諭吉《ふくざわゆきち》の『学問のすゝ《(す)》め』の発表　エ　太陰暦《たいいんれき》から太陽暦への変更　（　　　　）

ミス注意 (4)　下線部 d について、次の文の（　　）にあてはまる数字や語句を答えなさい。

土地の所有者に、地租として地価の（ a ）%を（ b ）で納めさせた。

a（　　　　）%　b（　　　　）

入試 (5)　下線部 e の理由について述べた次の文の［　　］にあてはまる内容を、簡潔に書きなさい。（北海道）

欧米諸国から戻ってきた岩倉具視や大久保利通らは、武力を用いて朝鮮を開国させるよりも、［　　］を優先させることを考えたため。

（　　　　）

(6)　（ f ）にあてはまる条約の名前を答えなさい。　（　　　　条約）

2 右の資料を見て、次の問いに答えなさい。

(2)は10点、(4)は8点、その他9点×2

(1)　a について、民撰議院設立の建白書は、政府に何の開設を要求したものですか。

（　　　　）

入試 ミス注意 (2)　直子さんは、右の資料の年表の矢印で示した部分に次のア～ウのできごとを書き加えようとしています。ア～ウのできごとを年代の古い順に並べ、記号で答えなさい。（滋賀県）

（　　→　　→　　）

ア　西南戦争の開始　イ　内閣制度の創設　ウ　国会期成同盟の結成

資料　自由民権運動に関連する年表

年	主なできごと
1874年	民撰議院設立《みんせんぎいんせつりつ》の建白書《けんぱくしょ》の提出………a
	↕
1889年	大日本帝国《ていこく》憲法の発布………b
1890年	第1回帝国議会が開かれる………c

入試 (3)　b の大日本帝国憲法で定められたことがらについて述べた文を、次から1つ選びなさい。（三重県）

ア　天皇は、日本国・日本国民統合の象徴《しょうちょう》とされた。

イ　予算や法律の成立には、議会の同意が必要とされた。

ウ　基本的人権は、永久の権利として保障された。

エ　首長と議員は、住民の選挙によって選ばれるとされた。　（　　　　）

(4)　c の帝国議会は、国民が選挙した議員で構成する［　　］と、皇族や華族、天皇が任命した議員などで構成する貴族院の二院制でした。［　　］にあてはまる語句を答えなさい。

（　　　　）

11 日清・日露戦争と日本の産業革命

基礎レベル問題

時間 30分　解答 別冊 p.43　得点　　／100

1 不平等条約の改正 次の問いに答えなさい。

6点×5

(1) 1886年に、不平等条約改正の声が高まることになった事件が和歌山県沖《おき》で起こりました。この事件を何といいますか。

（　　　　）

(2) 不平等条約の改正について、次の文の（　）にあてはまる人名や語句をあとから1つずつ選びなさい。

① 1894年、外務大臣（ a ）は、イギリスとの間で（ b ）権の撤廃《てっぱい》に成功した。

② 1911年、外務大臣（ c ）は、アメリカ合衆国《がっしゅうこく》との間で（ d ）権の回復に成功した。

ア 関税自主《かんぜいじしゅ》　イ 領事裁判《りょうじさいばん》（治外法）
ウ 陸奥宗光《むつむねみつ》　エ 小村寿太郎《こむらじゅたろう》

①a（　　　）　b（　　　）
②c（　　　）　d（　　　）

2 日清・日露戦争 次の問いに答えなさい。

5点×10

(1) 日清《にっしん》戦争の原因となった、東学《とうがく》を信仰《しんこう》する農民が中心となって朝鮮《ちょうせん》南部で蜂起《ほうき》したできごとを何といいますか。

（　　　　）

(2) 日清戦争の講和条約について、次の問いに答えなさい。

① 日清戦争の講和会議における日本の全権は、陸奥宗光とだれですか。

（　　　　）

② 日清戦争の講和条約の名前を答えなさい。

（　　　　条約）

③ この講和条約で、日本が領土として獲《かく》得《とく》したところを、右の地図中のア～エから1つ選びなさい。

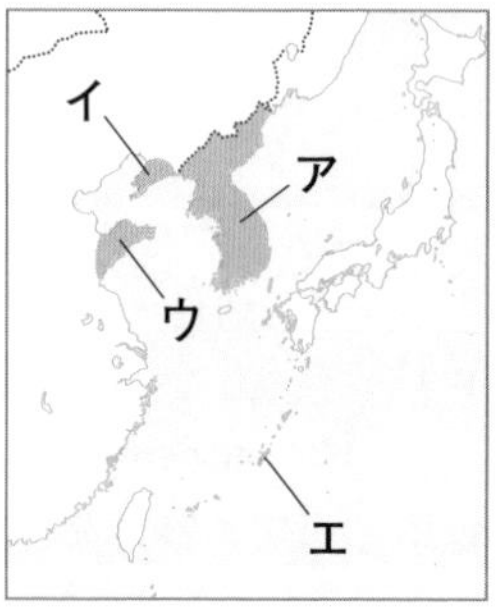

（　　　　）

ミス注意 (3) 次の文の（　）にあてはまる語句をそれぞれ答えなさい。

アジアで南下政策を進めるロシアは、フランス・ドイツをさそい、日本に対して（ a ）半島を清《しん》に返還《へんかん》するように強く求めた。このできごとを（ b ）という。

a（　　　）　b（　　　）

(4) 1902年、日本はロシアの南下に対抗《たいこう》して、ある国と同盟を結びました。ある国はどこですか。

（　　　　）

(5) 日露《にちろ》戦争の講和条約を何といいますか。

（　　　　条約）

(6) (5)の講和条約で日本の領土となったところを、次から1つ選びなさい。

ア 樺太《からふと》の南半分　イ 台湾《たいわん》
ウ 千島《ちしま》列島　エ 香港《ホンコン》

（　　　　）

(7) 1910年、日本はある国を併合《へいごう》しました。この国はどこですか。（　　　　）

3 日本の産業革命と近代文化 次の問いに答えなさい。

4点×5

(1) 日本の産業革命は、何工業から始まりましたか。次から1つ選びなさい。

ア 紡績《ぼうせき》・製糸業　イ 化学工業
ウ 造船業　エ 鉄鋼《てっこう》業

（　　　　）

(2) 日清戦争の賠償金《ばいしょうきん》をもとに、北九州に建設された工場を何といいますか。

（　　　　）

(3) 次の①～③にあてはまる人物を、あとから1人ずつ選びなさい。

① 『吾輩《わがはい》は猫《ねこ》である』を著《あらわ》した。
② 破傷風《はしょうふう》の血清療法《けっせいりょうほう》を発見した。
③ 「荒城《こうじょう》の月《つき》」、「花」などを作曲した。

ア 野口英世《のぐちひでよ》　イ 夏目漱石《なつめそうせき》
ウ 森鷗外《もりおうがい》　エ 黒田清輝《くろだせいき》
オ 滝廉太郎《たきれんたろう》　カ 北里柴三郎《きたさとしばさぶろう》

①（　　　）　②（　　　）
③（　　　）

よくでるポイント **鹿鳴館**▶上流社会の社交場で、外国人を招いて舞踏会が行われた。**八幡製鉄所**▶1901年から操業を始めた官営工場で、重工業発展の基礎となった。**三民主義**▶孫文が唱えた、民生主義・民族主義・民権主義のこと。

入試レベル問題

時間 30分　解答 別冊 p.43　得点　／100

1 右の年表を見て、次の問いに答えなさい。

(3) 20点(4) 16点、その他8点×4

年代	おもなできごと	
1894	a 不平等条約が改正される	
1894	b 日清戦争が起こる	↑
1901	（ c ）が操業を始める	
1902	d 日英同盟《にちえいどうめい》が結ばれる	X
1904	e 日露戦争が起こる	
1911	f 辛亥革命が起こる	↓

入試 (1)　下線部aについて、次の文は条約内容の改正がすべて実現するまでのできごとについて述べたものです。これらのできごとを年代の古い順に並べなさい。（和歌山県・改）

ア　井上馨《いのうえかおる》は、鹿鳴館《ろくめいかん》を建設して欧化《おうか》政策をとった。

イ　陸奥宗光は、イギリスと交渉《こうしょう》して、領事裁判権の撤廃に成功した。

ウ　小村寿太郎は、アメリカと交渉して、関税自主権の回復に成功した。

（　　→　　→　　）

(2)　日本の産業革命に大きな役割を果たした（ c ）の工場を何といいますか。（　　）

入試 (3)　右の表は、下線部b・eの戦争の、日本の死者と戦費を示しています。日本は日露戦争に勝利したものの、1905年に結ばれた講和条約の内容に不満をもった人々による暴動が起こりました。人々が講和条約の内容に不満をもった理由を、表から読み取れることに関連づけて、簡単に書きなさい。（静岡県）

	死者（万人）	戦費（億円）
日清戦争	1.4	2.3
日露戦争	8.5	18.3

注「日本長期統計総覧」により作成

（　　）

入試 (4)　下線部dについて、日本とイギリスが関係を強化しようとした理由を、「南下」という語を用いて、簡潔に書きなさい。（和歌山県）

（　　）

入試 (5)　Xの期間におけるわが国のできごとについて述べた次のP・Qの文の正誤の組み合わせを、あとから1つ選びなさい。（長崎県）

P　労働時間の制限など、労働条件を改善する工場法が制定された。

Q　足尾《あしお》銅山の鉱毒問題について、田中正造《たなかしょうぞう》が帝国《ていこく》議会で政府に質問し追及《ついきゅう》した。

ア　P－正　Q－正　　イ　P－正　Q－誤

ウ　P－誤　Q－正　　エ　P－誤　Q－誤　（　　）

(6)　下線部fの辛亥革命《しんがいかくめい》の中心となった人物を、次から1人選びなさい。

ア　洪秀全《ホンシュウチュワン》《こうしゅうぜん》　イ　孫文《スンウェン》《そんぶん》　ウ　李成桂《イソンゲ》《りせいけい》　エ　李舜臣《イスンシン》《りしゅんしん》　（　　）

2 次の問いに答えなさい。

8点×4

(1)　次の文にあてはまる人物を、あとから1人ずつ選びなさい。

①　「君死にたまふことなかれ」の詩で、戦場にいる弟の身を案じた。（　　）

②　黄熱病《おうねつびょう》の研究《(もう)》を行ったが、研究中に感染《かんせん》して死亡した。（　　）

③　ヨーロッパ文学を翻訳《ほんやく》する一方で、『阿部一族《あべいちぞく》』・『舞姫《まいひめ》』などを著した。（　　）

ア　野口英世《のぐちひでよ》　イ　志賀潔《しがきよし》　ウ　森鷗外《もりおうがい》　エ　高村光雲《たかむらこううん》

オ　与謝野晶子《よさのあきこ》　カ　黒田清輝《くろだせいき》　キ　島崎藤村《しまざきとうそん》　ク　石川啄木《いしかわたくぼく》

入試 (2)　明治時代以降に活躍《かつやく》した人物とその分野の組み合わせが最も適当なものを、次から1つ選びなさい。（沖縄県）（　　）

ア　北里柴三郎《きたさとしばさぶろう》…医学　イ　樋口一葉《ひぐちいちよう》…美術　ウ　黒田清輝《くろだせいき》…文学　エ　高村光雲《たかむらこううん》…音楽

中2社会　覚えておきたい重要年代

ヨーロッパ人との出会いと全国統一
p.92〜93

□ 1543年
鉄砲《てっぽう》が種子島《たねがしま》に伝わる
…〔以後予算《いごよさん》《1543》が増えた　鉄砲伝来《でんらい》〕

□ 1549年
キリスト教が伝来する
…〔以後よく《1549》広まる　キリスト教〕

□ 1573年
織田信長《おだのぶなが》が室町幕府《むろまちばくふ》をほろぼす
…〔一言《ひとこと》なみ《1573》だで　幕府の滅亡〕

□ 1590年
豊臣秀吉《とよとみひでよし》が全国を統一する
…〔一国は《1590》ついに統一　秀吉さん〕

江戸幕府の成立と鎖国
p.94〜95

□ 1600年
徳川家康《とくがわいえやす》が関ヶ原《せきがはら》の戦いで勝つ
…〔家康《いえやす》は一路雄々《いちろおお》《1600》しく　関ヶ原〕

□ 1603年
徳川家康《とくがわいえやす》が江戸幕府《えどばくふ》を開く
…〔家康は一路王座《いちろおうざ》《1603》に　まっしぐら〕

産業の発達と幕府政治の展開
p.96〜97

□ 1716年
徳川吉宗《とくがわよしむね》が享保《きょうほう》の改革を始める
…〔非難《ひなん》もいろ《1716》いろ　享保の改革〕

□ 1787年
松平定信《まつだいらさだのぶ》が寛政《かんせい》の改革を始める
…〔非難はな《1787》しよと　寛政の改革〕

□ 1841年
水野忠邦《みずのただくに》が天保《てんぽう》の改革を始める
…〔天保の　お日《1》がらはよい《841》改革じゃ〕

欧米の進出と日本の開国
p.98〜99

□ 1853年
ペリーが浦賀《うらが》に来航する
…〔浦賀にペリー　人は混《こ》み《1853》〕

□ 1854年
日米和親条約《にちべいわしんじょうやく》を結ぶ
…〔一夜越《いちやご》し《1854》です　和親条約〕

□ 1858年
日米修好通商《しゅうこうつうしょう》条約を結ぶ
…〔不平等　一番こわ《1858》い　通商条約〕

□ 1867年
徳川慶喜《とくがわよしのぶ》が大政奉還《たいせいほうかん》を行う
…〔一夜むな《1867》しく　大政奉還〕

明治維新
p.100〜101

□ 1871年
廃藩置県《はいはんちけん》を行う
…〔藩とはいわない《1871》　県という〕

□ 1873年
地租改正《ちそかいせい》を行う
…〔人はなみ《1873》だの　地租改正〕

□ 1889年
大日本帝国憲法《ていこくけんぽう》を発布《はっぷ》する
…〔いち早く《1889》憲法決めた　伊藤博文《いとうひろぶみ》〕

日清・日露戦争と日本の産業革命
p.102〜103

□ 1894年
日清《にっしん》戦争がおこる
…〔いち早く清《しん》《1894》を倒《たお》した　日本国〕

□ 1904年
日露《にちろ》戦争がおこる
…〔一苦《く》労《ろう》し《1904》たぜ　日露戦争〕

中2国語　よくある弱点とその対策

自立語・付属語

p.124〜127

□**動詞の活用の種類**

①「ナイ」を付けて、その活用語尾《ごび》を見よう。

操る　⇩操**ら**(ra)ない…**ア段**

捨てる⇩捨**て**(te)ない…**エ段**

借りる⇩借**り**(ri)ない…**イ段**

②カ変・サ変は、それぞれ**「来る」と「する」「〜する(ずる)」という決まった形しかない**ので、覚えておこう。

□**形容詞の活用**

①形容詞は、「ナイ」に続くのは**連用形**。**未然形は、助動詞「ウ」に続く形**。

②「〜う」の形は**連用形の音便形**。

安く（**連用形**）⇩安うございます。

□**「が」と「から」の見分け方**

◎「が」と「から」には**格助詞と接続助詞**があるので、付いている語が**体言か活用語か**で見分けよう。

ひまわりが、みごとに咲《さ》いた。（ひまわり：名詞）　⬇**格助詞**

学校へ行ったが、誰《だれ》もいなかった。（行った：動詞＋助動詞（活用語））　⬇**接続助詞**

□**「れる」「られる」の見分け方**

◎**受け身**は「〜される」、**可能**は「〜することができる」、**尊敬**は「お〜になる」と言い換えられ、**自発**は「自然に」という言葉を補っても意味が通じる。

古文・漢文

p.106〜111

□**歴史的仮名遣《かなづか》いの現代仮名遣いへの直し方**

◎歴史的仮名遣いを現代仮名遣いに直すときは、**読み方の原則に当てはめて**読み、**発音どおりに表記**する。

❶いふ→いう

❷よろづ→よろず

❸うつくしう(siu)て→うつくしゅう(syû)て

❹ゐたり→いたり

□**漢文の読み方**

①まず**「レ点」「一・二点」の読み方**に気をつけよう。

②次に、「不」を送り仮名にしたがって、**平仮名に直そう**。また**「於」は置き字なので読まない**ようにしよう。

□**漢詩の表現技法**

◎**対句法**《ついくほう》は場面の情景や心の動きを表現するときに、違《ちが》った題材の二つのものを対比して並べる技法である。風物や色彩《しきさい》など、対比して表現している部分を探そう。

入試レベル問題

時間 30分　解答 別冊p.45

得点 　/50

1 次の漢詩を読んで、あとの問いに答えなさい。

絶句　杜甫《とほ》

江《(コウ)かう》は碧《みどり》にして鳥は逾《いよい》よ白く
山は青くして花は然《も》えんと欲《(ホッ)ほつ》す
今春看《みすみ》す又《また》過ぐ
何《(イズ)いづ》れの日か是《こ》れ帰年ならん

江ハ碧ニシテ鳥ハ逾ヨ白ク
山ハ青クシテ花ハ欲スレ然エント
今春看ス又過グ
何レノ日カ是レ帰年ナラン

ミス注意 (1) この漢詩で鮮《あざ》やかに対比されている色彩《しきさい》を次のようにまとめたとき、（　）A～Dに当てはまる色を漢字一字で答えなさい。ただし、A・B・Cは詩の中から抜《ぬ》き出し、Dは考えて書きなさい。 5点×4

＊江の（ A ）……鳥の（ B ）
＊山の（ C ）……花の（ D ）

A（　　）・B（　　）・C（　　）・D（　　）

(2) ――線部には、作者のどんな思いが込《こ》められていますか。最も適切なものを次から選び、記号で答えなさい。 10点

ア なすすべもなく、時だけがむなしく過ぎてゆく嘆《なげ》き。
イ 静かに過ぎる時の中で平穏《へいおん》に暮らすことの安らぎ。
ウ 美しい季節が移ろっていくことの寂《さび》しさ。
エ 時代の変化の中で、老いを迎《むか》える悲しみ。

（　　）

入試

2 次の漢詩を読んで、あとの問いに答えなさい。 （北海道・改） 10点×2

黄鶴楼《くわうかくろう》にて孟浩然《まうかうねん》の広陵《くわうりよう》に之《ゆ》くを送る　李白《りはく》

故人西のかた黄鶴楼を辞し
煙花《えんくわ》三月［　　　］
孤帆《こはん》の遠影《ゑんえい》碧空《へきくう》に尽き
惟《た》だ見る長江《ちやうかう》の天際に流るるを

故人西ノカタ辞シ二黄鶴楼一ヲ
煙花三月下ル二揚*州一ニ
孤帆ノ遠影碧空ニ尽キ
惟*ダ見ル長江ノ天際ニ流ルルヲ

＊揚州《やうしう》…中国にある都市。
＊惟…ここでは、「唯」の字でも同じ。

(1) この漢詩の形式を何といいますか。□に当てはまる漢字一字を書きなさい。

□言絶句　（　　）

(2) ［　　］に当てはまる、――線部「下ル二揚州一ニ」の書き下し文を書きなさい。

（　　）

11 漢文・漢詩

よくでるポイント
漢詩の形式についての知識を深めながら、代表的な漢詩について、その読み方と内容について理解を深めよう。また、漢文の基本的な訓読についても確認《かくにん》していこう。

基礎レベル問題

時間 30分
解答 別冊p.45
得点 /50

1 次の漢詩の形式と表現技法に関する問いに答えなさい。

(1) **漢詩の形式** 次の文章は、漢詩の形式に関する説明です。(A)~(D)に当てはまる言葉をそれぞれあとから選び、記号で答えなさい。 3点×4

＊漢詩の形式は、句数と一行の字数で分類する。句数が四句の漢詩を(A)、八句の漢詩を(B)という。また一行の字数が五字のものを(C)、七字のものを(D)という。

ア 五言《ごごん》　イ 七言《しちごん》　ウ 絶句　エ 律詩《りっし》

A（　）・B（　）・C（　）・D（　）

(2) **漢詩の構成** 次の漢詩の各句は、どのような役割をもっていますか。次からそれぞれ一つずつ選び、記号で答えなさい。 2点×4

①起句（　）　②承句（　）　③転句（　）
④結句（　）

ア 前の句を受けて内容を発展させる。
イ 全体の詩想をまとめる。
ウ 詩想や趣向《しゅこう》を変化させる。
エ 詩の情景を歌い始める。

(3) **漢詩の表現技法** 情景や心情を表現するときに、違《ちが》った題材の二つのものを対比して並べる漢詩の表現技法は何ですか。次から選び、記号で答えなさい。 5点

ア 倒置法《とうちほう》　イ 対句法《ついくほう》　ウ 擬人法《ぎじんほう》

（　）

2 次の漢詩を読んで、あとの問いに答えなさい。

春暁《しゅんげう（シュンギョウ）》　孟《まう（モウ）》浩《かう（コウ）》然《ねん》

春眠《しゅんみん》暁《あかつき》を覚えず
処処啼鳥《ていてう（チョウ）》を聞く
夜来風雨の声
②花落つること知る多少

①春眠不覚暁
処処聞ク二啼鳥ヲ一
夜来風雨ノ声
花落ツルコト知ル多少

(1) **漢詩の形式** この漢詩の形式を漢字四字で答えなさい。 5点

□□□□

(2) **送り仮名・返り点**――線部①の部分に、書き下し文に合わせて、送り仮名《がな》と返り点をつけなさい。 10点

（春眠不覚暁）

(3) **詩句の意味**――線部②の意味を次から選び、記号で答えなさい。 10点

ア 花はいったいどれほど散ってしまったことだろう。
イ 花が散り始めたことは少しは知っているが。
ウ 花はたくさん散ったことを知ってはいるものの。
エ 花はきっと、いくらか落ちてしまったに違いない。

（　）

入試レベル問題

時間 30分
解答 別冊p.45

得点　　／50

1 次の文章を読んで、あとの問いに答えなさい。

1 与一《よいち》、かぶらを取つ《(トッ)》てaつがひ、よつ《(ヨッ)》ぴいて①ひやう《(ヒョウ)》ど放つ。小兵《こひやう(ヒョウ)》といbふぢやう、十二束三伏《そくみつぶせ》、弓は強し、浦響《うらひび》くほどA長鳴りして、あやまたず扇《あふぎ(オウギ)》の要《かなめ》ぎは《(ワ)》一寸ばかりおいて、ひいふつ《(フッ)》とぞ射切つ《(キッ)》たる。かぶらは海へ入りければ、扇は空へぞ上がりける。しばしは虚空《こくう》にひらめきけるが、春風に一《ひと》もみ二《ふた》もみもまれて、海へさつ《(サッ)》とぞ散つ《(チッ)》たりける。夕日のかかやいたるに、みな紅《ぐれなゐ(イ)》の扇の日出《い》だしたるが、白波の上に漂《ただよ》ひ《(イ)》、B浮《う》きぬ沈《しづ(ズ)》みぬ揺《ゆ》られければ、沖《おき》には平家《へいけ》、ふなばたをたたいて感じたり、陸《くが》には源氏《げんじ》、えびらをたたいてどよめきけり。

2 あまりのおもしろさに、感に堪《た》へ《(エ)》ざるにやとおぼしくて、舟《ふね》のうちより、年五十ばかりなる男《をのこ(オ)》の、黒革《くろかは(ワ)》を《(オ)》どしの鎧《よろひ(イ)》着て、白柄《しらえ》の長刀《なぎなた》持つ《(モッ)》たるが、扇立てたりける所に立つ《(タッ)》て②舞《ま》ひ《(イ)》しめたり。伊勢三郎義盛《いせのさぶらう(ロウ)よしもり》、与一が後ろへ歩ませ寄つ《(ヨッ)》て、

「御定《ごぢやう(ジョウ)》ぞ、つかまつれ。」

と言ひ《(イ)》ければ、今度は中差《なかざし》取つ《(トッ)》てcうちくはせ、よつ《(ヨッ)》ぴいて、しや《(シャ)》頸《くび》の骨をひやうふつ《(ヒョウフッ)》と射て、舟底へ逆さまに射倒《いたお》す。平家の方《かた》には音もせず、源氏の方にはまたえびらをたたいてどよめきけり。

「あ、射たり。」

と言ふ《(ウ)》人もあり、また、

③「情けなし。」

と言ふ《(ウ)》者もあり。

（「平家物語」）

(1) 〰〰線部a〜cを現代仮名遣《かなづか》いに直して、平仮名で書きなさい。 2点×3

a（　　　）・b（　　　）・c（　　　）

(2) ═══線部A・Bの主語を、文章中からそれぞれAは三字、Bは一字で抜《ぬ》き出しなさい。 3点×2

A　　　・B

(3) ──線部①と同様に矢音を表す言葉を、文章中から二つ抜き出しなさい。 4点×2

（　　　）・（　　　）

(4) 1段落から対句的《ついくてき》な表現で情景を描《えが》いている部分を二か所探して、それぞれ初めと終わりの五字を抜き出しなさい。(句読点も字数に含《ふく》む) 完答5点×2

〜

〜

難 (5) ──線部②とありますが、「年五十ばかりなる男」は、なぜ舞《まい》を舞ったと思われますか。文章中から理由が書かれている部分を二十五字以内で抜き出しなさい。 10点×1

ミス注意 (6) ──線部③の意味として、最も適切なものを次から選び、記号で答えなさい。 10点×1

ア 今ごろになって敵を射倒すなんて、だらしないことだ。
イ 舞を舞った男を射倒すなんて、無情なことをするものだ。
ウ 喜んでいる敵を射るのをやめるとは、情け深いことだ。
エ たとえどんな場面でも、敵に情けをかけてはならない。

（　　　）

10 平家物語

古典の代表的な軍記物語である『平家物語《へいけものがたり》』について、軍記物語の文章のもつ独特なリズムや歴史的仮名遣《かなづか》いに注意しながら、その内容を読み取ろう。

基礎レベル問題

時間 30分
解答 別冊 p.46

得点 /100

1 次の文章を読んで、あとの問いに答えなさい。

祇園精舎《ぎをんしやうじや(ギオンショウジャ)》の鐘《かね》の声、諸行《しよぎやう(シヨギョウ)》無常の響《ひび》きあり。沙羅双樹《しやらさうじゆ(シャラソウジュ)》の花の色、盛者必衰《じやうしやひつすい(ジョウシャヒツスイ)》の理《ことわり》をaあらはす。おごれる人も久しからず、ただ春の夜《よ》の夢のごとし。たけき者もbつひには滅《ほろ》びぬ、cひとへに風の前の塵《ちり》に同じ。

（「平家物語《へいけものがたり》」）

(1) **歴史的仮名遣い** 〰〰線部a～cを現代仮名遣《かなづか》いに直して、平仮名で書きなさい。 8点×3

a（　　）・b（　　）・c（　　）

(2) **文学史** 次の文章は「平家物語」に関する説明です。(A)～(F)に当てはまる言葉をそれぞれあとから選び、記号で答えなさい。 4点×6

＊「平家物語」は(A)時代に成立した(B)物語で、(C)時代の末期に(D)を柱として栄華《えいが》を誇《ほこ》った平家一門の興亡《こうぼう》を描《えが》いたものである。仏教の(E)に貫《つらぬ》かれ、(F)を巧《たく》みに交えた和漢混交文で書かれている。

ア 随筆《ずいひつ》　**イ** 漢語　**ウ** 軍記　**エ** 鎌倉《かまくら》　**オ** 平安《へいあん》
カ 戦国　**キ** 無常観　**ク** 平清盛《たいらのきよもり》

A（　　）・B（　　）・C（　　）・D（　　）
E（　　）・F（　　）

2 次の文章を読んで、あとの問いに答えなさい。

ころは二月《にんぐわつ(ガツ)》十八日の酉《とり》の刻ばかりのことなるに、①を《(オ)》りふし北風激しくて、磯《いそ》打つ波も高かりけり。舟《ふね》は、揺《ゆ》り上げ揺りすゑ《(エ)》漂《ただよ》へ《(エ)》ば、扇《あふぎ(オウギ)》もくしに定まらずひらめいたり。沖《おき》には平家、舟を一面に並べて見物す。陸《くが》には源氏《げんじ》、くつばみを並べてこれを見る。いづ《(ズ)》れもいづ《(ズ)》れも②晴れならずといふ《(ウ)》ことぞなき。

（「平家物語」）

(1) **現代語訳** ――線部①の現代語訳として、最も適切なものを次から選び、記号で答えなさい。 12点

ア 急に　**イ** 折から　**ウ** ときどき　**エ** 常に　（　　）

(2) ミス注意 **古典の表現** 文章中から、対句《ついく》的な表現で情景を描《えが》いている一続きの二文を探し、それぞれの初めの五字を抜《ぬ》き出しなさい。 完答20点

□□□□□・□□□□□

(3) **現代語訳** ――線部②の現代語訳として、最も適切なものを次から選び、記号で答えなさい。 20点

ア まことに晴れがましい。
イ 非常に晴れを望んでしている。
ウ あまり晴れやかといえない。
エ 晴れた空の明るさが際立《きわだ》つ。

（　　）

入試レベル問題

時間 15分　解答 別冊 p.46

得点　／50

入試 **1** 次は『枕草子』の【文章の一部】とその【現代語訳】です。これらを読んで、あとの問いに答えなさい。（滋賀県）

【文章の一部】

夏は□。月の頃はさらなり。闇もなほ、蛍の多く<u>飛びちがひたる</u>。また、ただ一つ二つなど、ほのかにうち光りて行くも、をかし。雨など降るも、をかし。

【現代語訳】

夏は□。月の出ている頃は言うまでもない。闇もやはり、蛍が多く飛びかっている（のがよい）。また、ほんの一、二匹が、ほのかに光って飛んで行くのも、趣がある。雨などが降るのも、趣がある。

(1) 【文章の一部】の中の――線部「飛びちがひたる」を現代仮名遣いに直して、すべて平仮名で書きなさい。　20点×1

（　　　　）

(2) 【文章の一部】の中の□に当てはまる適切な言葉を漢字一字で書きなさい。　20点×1

（　　　　）

(3) この作品と同じ「随筆」に分類できる作品として適切なものを、次から一つ選び、記号で答えなさい。　10点×1

ア『徒然草』　**イ**『竹取物語』

ウ『万葉集』　**エ**『平家物語』

（　　　　）

基礎レベル問題

時間 30分
解答 別冊p.46

得点 /100

1 次の文章を読んで、あとの問いに答えなさい。

仁和寺《にんなじ》にある法師、年寄るまで*石清水《いはしみづ》（ワ）（ズ）を拝まざりければ、①心うく覚えて、あるとき思ひたちて、ただ一人、徒歩《かち》より詣《まう》（モウ）でけり。*極楽寺《ごくらくじ》・高良《かうら》（コウ）などを拝みて、②かばかりと心得て帰りにけり。

さて、aかたへ（仲間）の人にあひ（イ）て、「年ごろ思ひ（イ）つること、果たしはべりぬ。聞きしにも過ぎて、尊《たふと》（トウト）く[A]bおはしけれ。そも、参りたる人ごとに山へ登りしは、③何事かありけん、ゆかしかりしかど、神へ参る[B]本意《ほい》（本来の目的である）なれとc思ひて、山までは見ず。」と[C]言ひ（イ）ける。

少しのことにも、先達《せんだち》（案内者）はあらまほしき（あってほしい）ことなり。

（第五十二段）
（「徒然草」）

*石清水…石清水八幡宮。男山の上にある。
*極楽寺・高良…石清水八幡宮のふもとにある寺。

(1) 〰〰線部a～cを現代仮名遣《かなづか》いに直して、平仮名で書きなさい。 10点×3

a（　　）・b（　　）・c（　　）

(2) [　]A～Cには、それぞれ係助詞である「ぞ」「こそ」が入ります。文末に注意して、どちらか適切なものを入れなさい。 10点×3

A（　　）・B（　　）・C（　　）

(3) ――線部①・③の現代語訳として最も適切なものをそれぞれ選び、記号で答えなさい。 8点×2

① **ア** ずっと覚えていて　**イ** ときどき思い出されて
ウ 残念なことに思われて　**エ** すばらしいことだと言われて
（　　）

③ **ア** 何事もあるはずもないのに　**イ** 何事かきっとあったのです
ウ 何事があるかわからないのですが　**エ** 何事があったのでしょうか
（　　）

(4) ――線部②とありますが、どんなことを思い込《こ》んだのですか。具体的に説明しなさい。 12点

（　　）

難
(5) この文章には法師の失敗談が書かれていますが、筆者は何がいけなかったと考えていますか。最も適切なものを選び、記号で答えなさい。 12点

ア 法師が他の参拝者を見下したこと。
イ 法師が他の参拝者と同じことをしなかったこと。
ウ 他の参拝者が不親切だったこと。
エ 参拝のための案内役がいなかったこと。

（　　）

よくでるポイント
古文独特の歴史的仮名遣《かなづか》いの読み方に注意しながら、表現に注意して、古典の代表的な随筆《ずいひつ》である『枕草子《まくらのそうし》』『徒然草《つれづれぐさ》』の内容を読み取ろう。

生することになります。

②、話はここで終わりません。右巻きのカタツムリに特化したヘビが分布していないハワイなどの地域でも、左巻きのカタツムリが生息しているからです。くり返しになりますが、右利きのヘビがいないなら左巻きのカタツムリは繁殖において［X］になってしまいます。ヘビなしでは左巻きのカタツムリの存在をうまく説明できそうにありません。

③適応でうまく説明できそうにない場合は、進化における制約を考慮する必要があるでしょう。そこで細博士がさらに注目したのは、「海洋島」という特殊な環境です。海洋島とは、海底火山の活動などによって形成された島のうち、大陸と一度も陸続きになったことのないものを指します。海洋島は海の中から誕生した陸地ですから、はじめは陸上の生物がまったく分布していません。その後、徐々に近くの陸地から生物が海洋島へと定着して、長い時間をかけて島の生態系が育まれていきます。カタツムリは海を泳いで渡れませんから、鳥などの飛翔《ひしょう》できる生物や流木などに付着して海洋島にたどり着いたと考えられます。

運良く海洋島にやってきた生物は、はじめは少数の個体から繁殖をスタートさせるしかありません。ここに、適応とは異なるプロセスが進化に大きな影響を及ぼす可能性があります。左巻きのカタツムリは繁殖において不利だとしても、たまたまそのような個体が何匹か現れて、しかも周りに右巻きの個体がそれほど多くいないのであれば、完全に排除されることなく生き延びることも無理ではありません。たとえ自然淘汰の上では多少不利だとしても、まったく子孫を残せずにすぐさま系統が途絶えてしまうわけではないのです。こうした偶然が進化におよぼす効果は「遺伝的浮動」と呼ばれており、繁殖や生存に有利な形質が生き残るという④決定論的な自然淘汰とは対照的な*メカニズムとなっています。

（鈴木紀之著『すごい進化』〈中公新書〉一部省略等がある。）

*自然淘汰……生物のうち、外界に適応したものは栄え適応しないものは滅びること。自然選択　*形質……生物の形の上での特徴　*メカニズム……仕組み

入試レベル問題

時間 15分　解答 別冊p.47

得点 ／50

入試 1 本文中の①②に当てはまる最も適切な語の組み合わせを、次のア〜エの中から選び、その記号を書きなさい。（和歌山県）　10点×1

ア ①そのうえ　②けれども
イ ①しかし　②つまり
ウ ①それでも　②ところが
エ ①だから　②ただし

（　）

入試 2 ——線部③「適応でうまく説明できそうにない場合は、進化における制約を考慮する必要があるでしょう。そこで細博士がさらに注目したのは、「海洋島」という特殊な環境です」とありますが、「海洋島」という特殊な環境で生じる「進化における制約」とはどのようなことですか。「分布」「繁殖」という語句を用いて、六十字以内で書きなさい。（句読点やその他の符号《ふごう》も一字に数える。）（和歌山県）　25点×1

入試 3 ——線部④「決定論的な自然淘汰とは対照的なメカニズム」とありますが、「遺伝的浮動」は、どのような点で「決定論的な自然淘汰とは対照的」なのですか。文中の言葉を用いて、二十五字以内で説明しなさい。（句読点やその他の符号も一字に数える。）（和歌山県）　15点×1

次の文章を読んで、あとの問いに答えなさい。

ほとんどのカタツムリの殻は右巻きです。上から見ると、中心から外へ時計回りに巻いています。それに対して左巻き（反時計回り）のカタツムリは珍しく、限られた種類でしか見つかっていません。①このような偏りが起こるのは、右巻きと左巻きでは同じ種類であっても互いにうまく交尾できないため、右巻きしかいない集団において突然変異によって左巻きのカタツムリが出現したとしても、繁殖できずに終わってしまうからです。ただでさえカタツムリは動きが遅いので交尾相手を探すのに苦労するのに、同じ巻きの方向の個体がいなければ交尾できるチャンスはほとんどありません。＊自然淘汰《とうた》に従えば、左巻きのような繁殖に不利な＊形質が右巻きの集団に広まるとは考えられません。

[①]左巻きのカタツムリは、現に世界中で何種類か知られています。例外的とはいえ、これだけ繁殖に不利な左巻きのカタツムリがなぜ健在なのでしょうか。京都大学の細将貴《ほそまさき》博士は、②まず「適応」にもとづいて左巻きのカタツムリの謎を解明しました。ヘビの仲間にはカタツムリだけを食べる変わった種類がいて、そのヘビの行動や歯の形態は、右巻きのカタツムリをうまく食べるように特化しています。ほとんどのカタツムリは右巻きなので、ヘビも「右利《き》き」になるように進化したのです。この状況では、ヘビにとって捕まえにくい左巻きのカタツムリが有利になります。左巻きのカタツムリは繁殖の上ではたしかに不利かもしれませんが、天敵であるヘビから逃げる上では右巻きの個体よりも有利だといえます。天敵による捕食がきっかけとなって左巻きの個体が少しずつ増えていけば、やがては左巻きだけの種類が誕

基礎レベル問題

時間 15分　解答 別冊p.47

得点　／50

1 ——線部①「このような偏り」とありますが、カタツムリの「偏り」について説明したものとして、最も適切なものを一つ選び、記号で答えなさい。　10点×1

ア 殻が左巻きの個体は多いが、右巻きの個体は少ないという偏り。
イ 殻が右巻きの個体は多いが、左巻きの個体は少ないという偏り。
ウ 同じ種類のカタツムリでも右巻きと左巻きが存在するという偏り。
エ 限られた種類だけ右巻きと左巻きの個体が交尾できるという偏り。

（　　）

2 ——線部②「まず『適応』にもとづいて左巻きのカタツムリの謎を解明しました」とありますが、その「解明」した理由について説明した次の文の（　）A・Bに当てはまる言葉を、Aは文章中から七字で、Bは二字で文章中から書き抜《ぬ》きなさい。　10点×2

・（ A ）を避《さ》けるためには、左巻きの個体のほうが（ B ）だから。

A □□□□□□□　B □□

3 [X]に当てはまる二字の言葉を、文章中から書き抜きなさい。　20点×1

□□

よくでるポイント
接続する語句の前後の関係や、指示する語句が指し示す内容に注意しながら、説明文で述べられている内容を、段落ごとの要点を整理して理解しよう。

ゆったりと膝のあたりまで巻きつけることが出来た。あの時の、橙色の帯の感触は今も私は覚えている。多分その姿は、珍妙であったにちがいない。風呂屋にいる人たちが笑っているのを子供心に感じながら、私はまだ明るい夕方の街に出た。銭湯のすぐそばで、半裸の男が道路に水を撒いていた。男は驚いて、二メートルほどの長い柄の柄杓《ひしゃく》を持ったまま、まじまじと私の姿をみつめた。私は広い道路の真ん中を、悠々と歩いて帰って行った。恥ずかしい気がした。が、一方、裸ではないのだという気持ちがあって、誇らしい思いもあったような気がする。つまり、三尺帯を巻きつけるとは、われながら□と言いたいところだったのだろう。

家まで、あと半丁*という所まで来た時、風呂敷包みを抱えて、私を迎えに来た姉に出会った。姉は私の奇妙な姿を見て、

「まあ！」

と、実に何ともいえない優しい笑顔を見せた。そして①ふだんより何倍も優しい語調で私を慰め、太い柳の木の下で、ぐるぐる巻きの帯を取り、風呂敷の中の浴衣を着せてくれた。私はこの時、初めて姉の姉らしさに触れたのである。私がようやく、自分以外の人間を意識する年齢になっていたからであろうか。②きょうだい愛をたっぷりと私は浴衣と共に着たのであった。

その後、この姉らしさはたびたび感ずるようになった。それは必ずしも「優しさ」となって現れるとは限らなかった。

（三浦綾子「草のうた」〈角川文庫〉による。）

＊二丁半……約二百五十メートル
＊三尺帯……長さ約百十四センチメートルの子供用の帯
＊半丁……約五十メートル

入試レベル問題

時間 15分
解答 別冊 p. 47

得点 ／50

入試 **1** 本文中の　　で示した部分には、大人になった筆者が、周囲から見たそのときの自分の様子を想像して表現した一文があります。その表現として最も適切な一文の、最初の五字を抜き出しなさい。

（静岡県・改）　20点×1

入試 **2** 次のア〜エの中から、本文中の□の中に補う語として最も適切なものを一つ選び、記号で答えなさい。

（静岡県・改）　10点×1

ア　失敗　　イ　異様　　ウ　名案　　エ　親切

（　　）

入試 **3** 姉が――線部①のようにしたことによって、このときの「私」のどのような気持ちが慰められたと考えられますか。本文中の、「私」の気持ちを表す言葉を用いて書きなさい。

（静岡県・改）　20点×1

（　　）

次の文章を読んで、あとの問いに答えなさい。

私が五歳頃であったろうか。ある夏の日、明るいうちに母と弟と三人で銭湯に行った。＊二丁半ほど離れたその銭湯の庭には、あやめの花がぞっくりと、見事に咲いていたことを覚えている。母より先に風呂から上がった私は、脱衣場で見知らぬ赤ん坊を膝に抱いた。その頃から私は赤ん坊が好きだったのだろう。ところがその子は、抱かれるや否や、私の着物をウンチで汚してしまった。入浴する前か後かは知らないが、おしめが取られていたのだった。

「よその赤ちゃんを抱いたりするから」

私は母に叱られた。私の母は賢い人だと思っているが、この時の叱責は私には納得出来なかった。よその子を抱くことが悪いとは、子供心にも思えなかったのだ。だがそのことは別として、着物を汚してしまったことは、悪かったとも思った。母は私の汚れた着物を持って、

「すぐに迎えに来るから、ここで待っていなさい。」

と、弟を連れて帰って行った。夏のことで、浴衣一枚しか着ていなかったから、その一枚を持って帰られると、着る物がなかった。裸で帰るわけにもいかず、私は家人の迎えを待っていた。だが、わが家からはなかなか迎えに来てはくれない。私は子供だったから、待てなかったのかも知れない。短い時間が長く思われたのかも知れない。私は裸でいつまでもその場にいるのが不安になった。私はついに帰ることにした。帰るといっても着るものはない。真っ裸で帰るわけにはいかない。と、どうしたことか、母は私の着物だけを持って、私の＊三尺帯を置いて行ったことに気づいた。私はその三尺帯を肩から斜めに体に巻きつけた。か細い子供の体である。幅広い三尺帯である。

基礎レベル問題

時間 15分　解答 別冊 p.48

得点　　／50

1 この文章に描《えが》かれている場面の季節が夏であることを、自然の風物の様子を描くことで表している一文と、「私」以外の人々の生活の様子を描くことで表している一文を探し、その初めの五字を書き抜《ぬ》きなさい。　15点×2

自然の風物 □□□□□

人々の生活 □□□□□

2 ——線部② 「きょうだい愛をたっぷりと私は浴衣と共に着たのであった。」による表現の効果を説明したものとして、最も適切なものを一つ選び、記号で答えなさい。　20点×1

ア 「私」が感じた姉の姉らしい優しさは、すぐに失われてしまうものであったことを、「浴衣」になぞらえて効果的に描いている。

イ 「私」に向けられた姉の優しさと母に対する不満を、それぞれの場面の「浴衣」に関わる行動を比較《ひかく》することで効果的に描いている。

ウ 「私」が姉の姉らしい優しさを強く感じたことを、「浴衣を着る」という実際の行動になぞらえる比喩《ひゆ》表現を用いて効果的に描いている。

エ 「私」が姉の姉らしさを理解できるほど成長していたことを、「浴衣を着る」という実際の行動の変化によって効果的に描いている。

（　　）

よくでるポイント
表現の工夫《くふう》に注意しながら、随筆《ずいひつ》に描《えが》かれている場面の情景や登場人物の様子を理解して、筆者が表現しようとしている主題をとらえよう。

を借りてのぞいた。やはり、あの少年がいる。鞄を手に、落ちつかないようすで船の付近を行きつ戻りつしている。*舫《もや》い杭《ぐい》の近くに取りつけた風力計は、ちぎれて吹き飛ばされそうだった。風が強い。そこへ少年の祖父も姿を見せて、ふたりで何やら話をしている。じきに並んで家のほうへ歩きだした。

飼育器の卵をずっと見守ってきた親代わりの生徒たちにとって、孵化の場面に立ち合うことは、どんなにか満足を覚えることだろう。あれほどの強度を持った殻を、まだ目もあかないひな鳥が、渾身《こんしん》の力をこめて毀《こわ》すのである。強風のために入り江の架橋も閉鎖され、遠回りを余儀《よぎ》なくされた生徒たちは、いつもより遅れて登校してきた。

その朝、飼育器の卵から、ひな鳥の鳴く声が聞こえた。皆がほかの授業を受けているときは紺野先生が見守っている。殻にひびが入ったら、知らせに行くと約束をした。その紺野先生のところへ、無線機を使った通信が入った。

「先生、*ハッチ・アウトはどうです。始まりましたか。」

島に住む、あの少年である。

「まもなくだよ。」

ちょうど、ひびが入り始めたので、紺野先生は送信機を卵のすぐ近くへ置いて生徒たちを呼びに行った。紺野先生が戻り、③ほかの授業をしていた生徒たちが飼育器のまわりに集まったとき、卵の殻にはすでに小さな穴があいていて、ひな鳥のくちばしの先が見えた。無線機の少年が言う。

「先生、もしかしたら、殻の破れる最初の瞬間に立ち合ったのはぼくだけですか。」

「そのようだね。声を聞いたかい。」

④「ええ、もちろん。」明朗な声が答えた。その場にいた生徒たちが羨んだのは言うまでもない。

（長野まゆみ『夏帽子』〈河出文庫〉）

*チャボ……小形の鶏　*舫い杭……船をつなぎとめるために立てた柱。

*ハッチ・アウト……孵化

入試レベル問題

時間 15分　解答 別冊 p.48

得点　／50

入試 **1** 次のア〜エの中から、本文中の　　で示した部分の表現の特徴として、最も適切なものを一つ選び、記号で答えなさい。（静岡県・改）20点×1

ア　文末に体言止めを多用することで簡潔で引き締まった印象を与えている。

イ　比喩表現を用いることで、「少年」の心情を効果的に表すとともに読者に親近感を与えている。

ウ　短い文を多く用いてその場の状況を語ることで、臨場感を高める効果を持たせている。

エ　回想的な場面を挿入することで、何気ない日常と過去につながりを持たせている。

（　　）

入試 **2** ――線部④から、「少年」が喜んでいることと、その場にいた生徒たちが羨んでいることが分かります。「少年」が喜び、生徒たちが羨んでいるのは、どのような出来事があったからですか。その出来事を、「少年」が喜ぶきっかけとなった紺野先生の行動を含《ふく》めて、五十字程度で書きなさい。（静岡県・改）30点×1

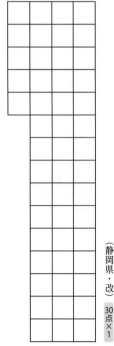

6 文学的文章②

次の文章を読んで、あとの問いに答えなさい。（静岡県・改）

これは、ひと家族しか住んでいない小さな島から、祖父が操舵する渡し船で、岬にある学校に通学する「少年」の話です。波が荒い日は、島から出ることができず、学校を休みます。

学校の飼育器では、人工孵化《ふか》をしているチャボ*の卵が、もうすぐ孵《かえ》るはずだった。祖父の船で島へ帰る間際、①少年はしきりに翌日の天候を気にしていた。暮れなずむ天は、うす紫と藍に染まり、たなびく夕もやを突き抜けて火炎の帯が一筋走っている。無線から、快晴だが強風であるとの予報が流れた。春の海風は気まぐれで、風向きは安定しない。少年の祖父も予想がつかないと②苦笑いした。

強風ならば、渡し船を出せないだろうとも言い、かたわらの少年は浮かない顔をして帰りの船に乗りこんだ。紺野先生は自分の下宿に少年を泊めてもよいと提案したが、彼の祖父は、孵化の場面に立ち合うのと同じくらい、望みが叶わないことを辛抱する気持ちも大事だと少年を諭した。夕闇のなか群青の水尾をひいて船は島へ向かった。

翌朝、紺野先生は早起きをした。入り江の架橋にある風向計のことが気になった。南西風が吹きつけ、勢いよく回転している。雲ひとつない快晴だったが、海面には白い角のような波が見えた。少年が案じていたとおり、船は渡れそうもない。次に、学校の理科室へ急いだ紺野先生は、飼育器の卵のようすを観察した。何ともいえないが、紺野先生の勘では今日中に孵化しそうである。その足で高台の気象観測所まで行き、岬の突端にあって見晴らしもよいその場から、少年の住む島を眺めた。

つないである船が見える。近くに人影があるように思い、観測所の双眼鏡

よくでるポイント
場面の描写《びょうしゃ》を通して、主人公が置かれている状況《じょうきょう》をつかもう。また、主人公の言動や心情の移り変わりに注目して、どんな心境に達しているかをおさえよう。

基礎レベル問題

時間 15分　解答 別冊p.48

得点　　/50

1 ――線部②「苦笑い」とありますが、この表現によって描《えが》かれている祖父の様子を説明したものとして最も適切なものを次から選び、記号で答えなさい。 20点×1

ア　天候を気にする少年を安心させられず、不安定な海の状態を不快に感じながらも、それを紛《まぎ》らそうとして、無理に笑っている様子。

イ　気まぐれで安定しない春の海の状態について理解できずに、天候を気にして、何度も空を見ている少年の幼さを恥《は》じている様子。

ウ　春の海の状態は、島に住んでいる自分にすら予想がつかないのに、無責任な予報を流している無線をばかにして嘲笑《ちょうしょう》する様子。

エ　明日の天候が不安定であることがわかっているのに、少年を学校に来させようとしている先生の横暴さに腹を立てている様子。

（　　）

2 ――線部③「ほかの授業をしていた生徒たち」とありますが、この「生徒たち」について説明した次の文の（　）A・Bに当てはまる言葉を、Aは文章中から六字で、Bは四字で文章中から書き抜《ぬ》きなさい。 15点×2

・卵をずっと（　A　）生徒たちは、ひな鳥の（　B　）である。

A

B

なかった。
心平はヤスを身体《からだ》の脇《わき》に引き寄せると、緊張して持つ手にギュッと力を入れた。左手でしっかりと丸太をつかんで、バランスがくずれないように身体を支えた。丸太はぬるぬるしてすべったので、心平は身体を支えるだけにした。それだけでも心強かった。
③雨鱒を突く体勢はすっかり整った。あとは、＊秀二郎爺《しゅうじろうじ》っちゃに教えてもらった手順を素早くやってのければよかった。心平は、もうヤスの重さは感じていなかった。④口が渇《かわ》いて、ドキドキする心臓の、大きくて早い鼓動だけが感じられた。
心平は、雨鱒に悟《さと》られないように、注意して、そっと、ヤスの穂先《ほさき》を雨鱒の頭上に持っていった。それでも、雨鱒は動かなかった。心平は、もうひと呼吸、そっとヤスの穂先を近づけた。
雨鱒の頭上で、切っ先の狙《ねら》いがピタリと定まった。あとはいっきに突けばよかった。
すると、心平は急に手が震《ふる》えた。刺激《しげき》が強すぎたのだ。ヤスの穂先がブルブルと震えてしまった。その瞬間《しゅんかん》、雨鱒はあっという間に反転して、石の向こう側に消えてしまった。
「はい！　逃げられだじゃ！」心平はがっかりした。水中をのぞいたまま声に出していった。
緊張がとけていった。急にヤスが手に重くなった。その時、心平は初めて背中に水滴《すいてき》が落ちたのを感じた。いつの間にか雨が降ってきたのだった。雨は、まだポツリポツリと散発的だった。気温がぐっと下がり始めたのがわかった。

＊ヤス……水中の魚を刺《さ》して捕らえる道具。
＊秀二郎爺っちゃ……魚捕りの名人。

（川上健一《かわかみけんいち》『雨鱒の川』〈集英社文庫〉）

入試レベル問題

時間 15分　解答 別冊 p.48

得点　／50

入試 1 ——線部②「心臓が大きく鼓動しているのがわかった。」とありますが、このときまでの心平と雨鱒に関する描写《びょうしゃ》を、次のように整理するとき、□に当てはまる表現を、文章中の言葉を用いて二十字以上、二十五字以内で書きなさい。（北海道・改）25点×1

心平に関する描写	雨鱒に関する描写
心平は身をかがめて近づいた。 ⇩ 心平はもう一歩前進し、川床の砂が少し舞いあがった。 ⇩ 心平はヤスの届く距離から、意を決してさらに近づいた。	雨鱒はじっと心平をみており、逃げるそぶりをみせなかった。 ⇩ □。 ⇩ 雨鱒は心平の手が届く距離まで近づいても逃げなかった。

入試 2 次は、この文章における表現上の工夫の一つをまとめたものです。□に当てはまる言葉を、文章中から五字で書き抜きなさい。（北海道・改）25点×1

●心平の緊張が最も高まっているときと解けたときの落差を、□の感じ方の変化によって表現している。

次の文章を読んで、あとの問いに答えなさい。

［これは、小学校三年生の心平《しんぺい》が、以前、捕《つか》まえようとしたが逃《に》げられた大きな雨鱒《あめます》を捕《と》るために、学校が終わった後、一人で川へ行ったときの話です。］

心平はいそいで水中をのぞき込《こ》むと、みうしなってなるものかと眼《め》を見開いて雨鱒のうしろ姿を追った。雨鱒は①背中の白い斑点《はんてん》をゆらめかせて、大きな丸石の向こう側に消えると、すぐに一回りしてまた姿をみせた。雨鱒は、大きな石と石の間から身を乗り出すようにして静止すると、じっと心平をみた。□呼吸していた。背ビレと胸ビレも□動かしていた。一点に静止するための動作だった。

*ヤスを突《つ》くには遠すぎたので、心平はそっと近づくことにした。

心平は身をかがめて近づいた。心平が近づいても、雨鱒はじっと心平をみているだけで、逃げるようなそぶりはちっともみせなかった。距離が縮まると、雨鱒の背中の斑点がはっきりとみてとれた。実にきれいだった。心平はもう一歩前進した。川床《かわどこ》の砂が少し舞《ま》いあがった。雨鱒はまだじっとして動かなかった。大きな眼が心平をみていた。心平はさらに雨鱒に近づいた。今度はヤスがとどく距離だった。しかし、もう少し近づけば万全だったので、心平はどうしようかと迷ったが、意を決して近づくことにした。心平はそっと注意して近づいた。まだ雨鱒は逃げなかった。もう、雨鱒は手のとどきそうな距離になっていた。心平は緊張《きんちょう》した。ゆっくりと、慎重《しんちょう》に前進した。②心臓が大きく鼓動《こどう》しているのがわかった。初めて魚を突いた時もこんな感じだったが、いま心平はそのことは忘れていた。眼の前の雨鱒のことしか頭に

基礎レベル問題

時間 15分　解答 別冊p.49　得点 ／50

1 ――線部①「背中の白い斑点」とありますが、この雨鱒の姿を心平がどう感じているかがわかる一文を書き抜《ぬ》きなさい。（15点×1）

（　　　　）

2 文章中の二つの□に共通して入る言葉として最も適切なものを次から選び、記号で答えなさい。（5点×1）

ア 素早く　イ ゆったりと　ウ 恐《おそ》る恐る　エ ぼんやりと

（　　　　）

3 ――線部③「雨鱒を突く体勢」とありますが、その「体勢」を具体的に表している段落の初めの五字を書き抜きなさい。（15点×1）

□□□□□

4 ――線部④「口が渇いて、ドキドキする心臓の、大きくて早い鼓動だけが感じられた。」とありますが、この表現からわかる心平の心情として最も適切なものを次から選び、記号で答えなさい。（15点×1）

ア あせりと絶望。　イ 諦《あきら》めと歓喜《かんき》。
ウ 期待と緊張。　エ 困惑《こんわく》と恐怖《きょうふ》。

（　　　　）

よくでるポイント　気持ちを直接表す言葉や、登場人物の行動・様子に注意して、その心情を捉《とら》えよう。また、出来事などによって、心情がどのように移り変わっていくかを読み取ろう。

次の詩を読んで、あとの問いに答えなさい。

（兵庫県・改）

凧《たこ》の思想

大岡信《おおおかまこと》

地上におれを縛《しば》りつける手があるから
おれは空の階段をあがつていける
肩《かた》をゆすつて風に抵抗《ていこう》するたびに
おれは空の懐《ふとこ》ろへ一段一段深く吸はれる
地上におれを縛りつける手があるから
おれは地球を吊《つ》りあげてゐる

（大岡信『故郷の水へのメッセージ』〈花神社〉より）

入試レベル問題

時間 15分
解答 別冊p.49

得点 ／50

入試 **1** ――線部「肩をゆすつて風に抵抗する」とありますが、どのような様子を表現していますか。最も適切なものを次から選び、記号で答えなさい。 25点×1

ア 向かい風に立ち往生する様子。
イ 向かい風に立ち向かう様子。
ウ 追い風にうまく乗っている様子。
エ 追い風に押《お》し流される様子。

（　　）

入試 **2** この詩には、「凧」以外に、人ではないものを人に見立てているものがあります。それを詩の中から書き抜《ぬ》きなさい。 25点×1

（　　）

よくでるポイント 表現技法・情景・心情などをつかんで、詩の内容を読み取り、主題を捉《とら》えよう。詩の題名は、主題を象徴《しょうちょう》している場合が多く、主題をつかむうえで、重要な手がかりになる。

次の詩を読んで、あとの問いに答えなさい。

おれはかまきり

かまきりりゅうじ

おう　なつだぜ
おれは　げんきだぜ
あまり　ちかよるな
おれの　こころも　かまも
どきどきするほど
ひかってるぜ

おう　あついぜ
おれは　がんばるぜ
もえる　ひをあびて
かまを　ふりかざす　すがた
わくわくするほど
きまってるぜ

（工藤直子《くどうなおこ》「のはらうたⅠ」〈童話屋〉より）

基礎レベル問題

時間 15分　解答 別冊p.49　得点 /50

ミス注意 **1** 用語・形式　この詩の用語・形式を次から選び、記号で答えなさい。　10点×1

ア　文語定型詩　イ　文語自由詩
ウ　口語定型詩　エ　口語自由詩
（　　）

2 表現　繰《く》り返し使われ、印象を強める働きをしている「音《おん》」を、詩の中から平仮名《ひらがな》一字で書き抜《ぬ》きなさい。　15点×1

□

3 表現技法　この詩全体に使われている、人でないものを人に見立てて表現する技法を何といいますか。次から選び、記号で答えなさい。　10点×1

ア　倒置《とうち》　イ　擬人法《ぎじんほう》
ウ　対句《ついく》　エ　反復
（　　）

4 主題　この詩に表れている「かまきりりゅうじ」の気持ちに合うものとして、最も適切なものを次から選び、記号で答えなさい。　15点×1

ア　いらいらしているおれのそばに近寄ると、危ないぞ。
イ　おれに逆らうと、とんでもないことになるぞ。
ウ　生き生きしているおれの姿を見てくれ。
エ　おれの強さにかなう者はいないはずだ。
（　　）

次の短歌を読んで、あとの問いに答えなさい。

（福島県・改）

A　＊みんなみの海《うみ》のはてよりふき寄《よ》する
　春のあらしの音ぞとよもす＊
太田《おおた》水穂《みずほ》

＊みんなみ……南。
＊とよもす……鳴り響《ひび》かせる。

B　をとめらが泳ぎしあとの遠浅《とほあさ》に
　浮環《うきわ》のごとき月うかびいでぬ
落合《おちあい》直文《なおぶみ》

C　夏はきぬ相模《さがみ》の海の南風《なんぷう》にわが瞳《ひとみ》燃《も》ゆ
　わがこころ燃ゆ
吉井《よしい》勇《いさむ》

D　しらしらと氷《こほり》かがやき
　千鳥《ちどり》なく
　釧路《くしろ》の海の冬《ふゆ》の月かな
石川啄木《いしかわたくぼく》

入試レベル問題

時間　15分
解答　別冊p.50

得点　／50

入試 **1** 昼間のにぎやかさとうって変わって訪《おとず》れた静けさが、直喩《ちょくゆ》を用いた自然物の情景によってうたわれている短歌はどれですか。A～Dから一つ選び、記号で答えなさい。

25点×1

（　　）

入試 **2** 次の文章は、A～Dの中の一つの短歌の鑑賞《かんしょう》文です。（　）に当てはまる最も適切な言葉を、その短歌の中から七字で書き抜《ぬ》きなさい。

25点×1

●新たな季節の訪れを実感し、潮風を身に受け、期待感に胸が躍《おど》るような心情をうたっている。「（　　　　）」という言葉が、前の句と対応して力強いリズムを生み出すとともに、心情の高まりを率直に表現している。

□□□□□□□

3 短歌

よくでるポイント
近代の短歌について、代表的な作品に触《ふ》れながら、独特のリズムや表現技法に注意しよう。また、短歌にうたわれている情景や作者の心情を理解しよう。

次の短歌を読んで、あとの問いに答えなさい。

A　ふるさとの訛《なまり》なつかし
停車場の人ごみの中に
そを聴《き》きにゆく
石川啄木《いしかわたくぼく》

B　みちのくの母のいのちを一目見ん一目みんとぞただにいそげる
斎藤茂吉《さいとうもきち》

C　のど赤き玄鳥《つばくらめ》ふたつ屋梁《はり》にゐ（イ）て足乳根《たらちね》の母は死にたまふ（モウ）なり
斎藤茂吉

D　なにとなく君に待たるるここちして出《い》でし花野の夕月夜《ゆふ（ウ）づくよ》かな
与謝野晶子《よさのあきこ》

E　街をゆき子供の傍《そば》を通る時蜜柑《みかん》の香《か》せり冬がまた来る
木下利玄《きのしたりげん》

基礎レベル問題

時間 15分　解答 別冊 p.50

得点　／50

ミス注意　**1** 短歌の形式　**次の特徴《とくちょう》に当てはまる短歌を、A～Eから全て選び、記号で答えなさい。**　7点×3

① 字余りの句がある。（　　）
② 二句切れである。（　　）
③ 四句切れである。（　　）

2 短歌の内容　**次の心情を表している短歌を、A～Eからそれぞれ選び、記号で答えなさい。**　7点×3

① ふるさとをなつかしむ思い。（　　）
② 情熱あふれる恋愛《れんあい》の感情。（　　）
③ 季節の到来《とうらい》に対する思い。（　　）

3 心情　**Bの短歌に表れている作者の心情として最も適切なものを選び、記号で答えなさい。**　8点×1

ア　遠く離《はな》れて暮らす母にいつまでも元気でいてほしいと願う心情。
イ　ふるさとに帰り、一刻も早く母に会って話をしたいという心情。
ウ　遠く離れた地で農耕に励《はげ》む母の生きざまをこの目で確かめたいという心情。
エ　死を迎《むか》えようとしている母の命があるうちに何としてでも会いたいという心情。
（　　）

入試レベル問題

時間 30分
解答 別冊p.51

得点　／50

入試
1 次の文の――線部の「から」と同じ意味で使われているものを一つ選び、記号で答えなさい。（新潟県・改）5点×1

● できることから始めてみる。

ア 新年度からバスで学校に行く。　イ 豆腐《とうふ》は主に大豆から作られる。

ウ 過去の経験から状況《じょうきょう》を判断する。　エ 練習が終わった人から帰宅する。

（　　）

2 次の各文の、――線部が接続助詞であるものを選び、記号で答えなさい。5点×1

ア 文化祭の行事は体育館でも行う。

イ この粉末は、水にでもよく溶《と》ける。

ウ いくら読んでもこの本はわからない。

（　　）

3 次の文の、――線部の副助詞と意味・用法が同じものを選び、記号で答えなさい。5点×1

● この案に彼《かれ》まで賛成するとは思わなかった。

ア 雲が切れるまで待って写真を撮《と》る。

イ 肉や魚を食べたうえに、果物まで食べた。

ウ 保護者まで競技に参加することになった。

（　　）

入試
4 次の文の――線部の「の」と同じ意味・用法のものを一つ選び、記号で答えなさい。（福島県・改）5点×1

● 人間であるかぎり、それぞれが自分の願望や欲望のかなうことを望んでいるわけですが、同時にそれを理性とか倫理《りんり》というものによってブレーキをかけているということになります。

ア 大きな声で歌うのは気持ちがよい。

イ 花の名前を祖母から教わる。

ウ ここにある白い自転車は兄のだ。

エ 父の訪《おとず》れた旅館が雑誌で紹介《しょうかい》された。

（　　）

5 次の各文の、――線部の助動詞の活用形を答えなさい。4点×5

(1) 下を見ると吸い込《こ》まれそうでこわい。（　　）

(2) 教室には誰《だれ》もいなかった。（　　）

(3) 説明を聞きたがらない人が多い。（　　）

(4) 今日は、学校のプールで泳いだ。（　　）

(5) ほめられれば、うれしいものだ。（　　）

入試
6 次の文の――線部の「ように」と文法上の働きが同じものを一つ選び、記号で答えなさい。（島根県）5点×1

● そしてそのまま射抜《いぬ》かれたように立ちつくした。

ア せきを切ったように話し出す。

イ 遅刻《ちこく》をしないように気をつける。

ウ やっと泳げるようになった。

エ 言われたように書いてください。

（　　）

入試
7 次の文の――線部と同じ働きの「られる」を含《ふく》む文を一つ選び、記号で答えなさい。（徳島県・改）5点×1

● 友人から励《はげ》ましの言葉をかけられる。

ア お客さんがもうすぐ家に来られる。

イ 頬《ほお》をなでる風が快く感じられる。

ウ 向こうの扉《とびら》からも外に出られる。

エ 先生に発表態度をほめられる。

（　　）

2 付属語

よくでるポイント
単語についての知識のうち、付属語の知識を深めよう。活用する付属語である助動詞と、活用しない付属語である助詞の違《ちが》いを理解し、識別できるようにしよう。

基礎レベル問題

時間 30分
解答 別冊p.51
得点 /100

1 助詞の種類 次の各文の、——線部の助詞の種類をあとから選び、記号で答えなさい。 5点×4

(1) ひまわりが、みごとに咲《さ》いた。
(2) 危ないから近寄らないでください。
(3) 学校へ行ったが、誰《だれ》もいなかった。
(4) 今日は、寒くありませんか。

ア 格助詞　イ 副助詞　ウ 接続助詞　エ 終助詞

2 助詞の用法 次の各文の、——線部の助詞「の」の意味・用法をあとから選び、記号で答えなさい。 5点×4

(1) あなたのも見せてくださいよ。
(2) 楽しげな鳥の声が聞こえてきました。
(3) これからお使いに行くのは、面倒《めんどう》だな。
(4) 君の欲《ほ》しかったのは、こんな本か。

ア 主語を示す。　イ 連体修飾語《しゅうしょくご》を示す。　ウ 体言と同じ働きをする。

3 助詞の用法 次の各文の、——線部の助詞と同じ意味・用法の助詞を含《ふく》む文を、あとからそれぞれ選び、記号で答えなさい。 4点×3

(1) 外国へ取材に出かける。
ア 兄は医者になった。　イ 水が氷になる。
ウ 庭に花を植える。　エ 本を買いに行く。

(2) 妹にまで笑われてしまった。
ア 夜まで雨が降り続く。　イ 友人にまで注意された。
ウ 朝十時まで寝《ね》た。　エ 明日までに考えておこう。

(3) サッカーが得意なのは知っている。
ア 家のほうへ行く。　イ 人を助けるのはよいことだ。
ウ これは、私の本だ。　エ 寒いのの暑いのと言うな。

ミス注意 4 助動詞の識別 次の各文から助動詞を全て抜《ぬ》き出しなさい。 5点×4

(1) あの本は、もう読んでしまった。
(2) よろしくお伝えくださいませ。
(3) すぐ見られるから待ってください。
(4) 今にも雨が降りそうだ。

5 助動詞の意味 次の——線部の、助動詞の意味をそれぞれあとから選び、記号で答えなさい。 4点×7

(1)
①寝ようとしても寝られない。
②先生は、先ほど帰られた。
③この絵を見ると、兄のことが思い出される。
④騒《さわ》いでいたので、先生にしかられた。

ア 受け身　イ 可能　ウ 自発　エ 尊敬

(2)
①僕《ぼく》も朝早く起きて運動しよう。
②宿題は十時までにはできよう。
③さあ、いっしょに出かけよう。

ア 推量　イ 意志　ウ 勧誘《かんゆう》

入試レベル問題

時間 30分
解答 別冊p.52

得点　　／100

入試
1 次の文の——線部の動詞の活用の種類と活用形を答えなさい。（熊本県）完答4点×1

●遅《おそ》い山の春がやっと来たんじゃ…。（　　）・（　　）

2 次の各文の（　）に「読む」という動詞を活用させて入れ、それぞれの活用形も答えなさい。完答3点×6

(1) 本を（　　）ときは静かに。（　　・　　）
(2) 君たち、静かに本を（　　）。（　　・　　）
(3) あまり本を（　　）ない。（　　・　　）
(4) 私は本を（　　）。（　　・　　）
(5) よく本を（　　）ばわかる。（　　・　　）
(6) 今日は本を（　　）ます。（　　・　　）

ミス注意
3 次の各文の——線部の動詞の活用の種類を答えなさい。3点×4

(1) 壁《かべ》の穴をコンクリートで塞《ふさ》ごう。（　　）
(2) そのマンガを僕《ぼく》にも見せてほしい。（　　）
(3) 母からスカーフを借りればよい。（　　）
(4) 放課後、友達と図書館で勉強する。（　　）

4 次の各文から音便になっている動詞を一つずつ抜《ぬ》き出しなさい。3点×5

(1) その本はまだ読んでいないので、明日買おう。（　　）
(2) 一時間も待ったが、友達に会えなかった。（　　）
(3) 話をよく聞いてから、行くかどうか決める。（　　）
(4) 庭に出て梅がようやく咲《さ》いたのを見ている。（　　）
(5) 弟は、食べたいと言って泣き出した。（　　）

5 次の五段活用の動詞を、可能動詞に直しなさい。3点×4

(1) 書く（　　）　(2) 走る（　　）
(3) 歌う（　　）　(4) 探す（　　）

入試
6 次の文の——線部の品詞名を答えなさい。また、その活用形として適当なものを一つ選び、記号で答えなさい。（愛媛県）完答4点×1

●わたしは、人間にとって大切なことは、その選択《せんたく》であり、選択を支える思慮《しりょ》深さであるということを学び、選択する人間を自分の哲学《てつがく》の根幹に据《す》えようと考えた。（　　）（　　）

ア 未然形　イ 連用形　ウ 終止形　エ 連体形

7 次の各文から活用する自立語を一つずつ抜き出し、その活用形も答えなさい。4点×8

(1) 今年は、台風があまり来ない。（　　・　　）
(2) もう、一つも席がない。（　　・　　）
(3) なんて爽《さわ》やかな朝でしょう。（　　・　　）
(4) もっと大きな声で歌おう。（　　・　　）

入試
8 次の文の——線部と活用の種類が同じ動詞を一つ選び、記号で答えなさい。（新潟県・改）3点×1

●朝起きると、すぐに散歩に出かけた。

ア 目を閉じると、次第に気持ちが穏《おだ》やかになった。
イ 家に帰ると、妹と弟が部屋の掃除《そうじ》をしていた。
ウ 山を眺《なが》めると、頂上に白い雲がかかっていた。
エ 姉が来ると、家がいつもよりにぎやかになった。

（　　）

よくでるポイント

文法の学習の基礎《きそ》である単語の知識を深めよう。活用する自立語である動詞・形容詞・形容動詞について、活用形と活用の種類を中心に理解を深めよう。

1 活用する自立語

基礎レベル問題

時間 30分
解答 別冊p.52

得点 ／100

1 動詞の活用の種類 次の動詞の活用の種類をあとから選び、記号で答えなさい。 2点×5

(1) 操《あやつ》る （　　） (2) 捨てる （　　）
(3) 来る （　　） (4) 借りる （　　）
(5) 承諾《しょうだく》する （　　）

ア 五段活用　イ 上一段活用　ウ 下一段活用
エ カ行変格活用　オ サ行変格活用

2 動詞の活用形 次の――線部の動詞の活用形を答えなさい。 2点×8

(1) 宿題は決して忘れない。 （　　）
(2) 大きな鳥が飛んでいく。 （　　）
(3) 食べることが好きだ。 （　　）
(4) 明日から始めよう。 （　　）
(5) 話をまじめに聞け。 （　　）
(6) 彼《かれ》はよく笑います。 （　　）
(7) 働けば豊かに暮らせる。 （　　）
(8) 結果を報告する。 （　　）

3 動詞の活用の種類 次の各組から、活用の種類が違《ちが》う動詞をそれぞれ一つずつ抜《ぬ》き出し、記号で答えなさい。 2点×4

(1) ア 飛ぶ　イ 述べる　ウ わかる　エ 輝《かがや》く （　　）
(2) ア 変える　イ 出る　ウ 避《さ》ける　エ 閉じる （　　）
(3) ア 信じる　イ 足りる　ウ 止まる　エ 着る （　　）
(4) ア 落ちる　イ 煮《に》る　ウ 起きる　エ 受ける （　　）

ミス注意

4 補助動詞 次の――線部が補助動詞であれば○、そうでなければ×を書きなさい。 2点×6

(1) ①（　　）母は台所にいる。
　②（　　）母は朝から出かけている。
(2) ①（　　）進路について友達に相談してみる。
　②（　　）友達と映画を見る約束をする。
(3) ①（　　）このまま変化していくと、原形をとどめない。
　②（　　）この通りをまっすぐ行くと公園がある。

5 形容詞 次の各文から形容詞を抜き出し、その活用形も答えなさい。 3点×10

(1) 昨日は、楽しく過ごした。 （　　・　　）
(2) この赤い花を十本買おう。 （　　・　　）
(3) 訓練はとてもつらかった。 （　　・　　）
(4) こうしたらよかろう。 （　　・　　）
(5) あと一分早ければ間に合った。 （　　・　　）

6 形容動詞 次の各文から形容動詞を抜き出し、その活用形も答えなさい。 3点×8

(1) 廊下《ろうか》は静かに歩こう。 （　　・　　）
(2) 連絡《れんらく》はないが、彼は元気でしょう。 （　　・　　）
(3) 草原の爽《さわ》やかな雰囲気《ふんいき》を楽しむ。 （　　・　　）
(4) あの人は朗《ほが》らかな性格なのだろう。 （　　・　　）

国語

1 活用する自立語 127
動詞の活用の種類、動詞の活用形、補助動詞、形容詞、形容動詞

2 付属語 125
助詞の種類、助詞の用法、助動詞の識別、助動詞の意味

3 短　歌 123
短歌の形式、短歌の内容、心情

4 詩 121
用語・形式、表現、表現技法、主題

5 文学的文章① 119

6 文学的文章② 117

7 随筆 115

8 説明的文章 113

9 徒然草・枕草子 111

10 平家物語 109

11 漢文・漢詩 107
漢詩の形式、漢詩の構成、漢詩の表現技法、送り仮名・返り点、語句の意味

テストに役立つ
中２国語　よくある弱点とその対策 105

中２範囲の５科の力が実戦レベルまで伸びる問題集

●編集協力　敦賀亜希子、小縣宏行、上保匡代、菊地あゆ子、村西厚子、Joseph Tabolt、編集企画 FUKU、晴れる舎 斉藤貞夫、菊地聡、坪井俊弘、長谷川千穂

●図版制作　(有)アズ、(株)アート工房、(有)ケイデザイン、ゼム・スタジオ

●イラスト　上保匡代

●写真提供　写真そばに記載

●カバー・本文デザイン　(株)明昌堂

● DTP　(株)明昌堂　データ管理コード：23-2031-2955(2023)

●この本は、下記のように環境に配慮して製作しました。
・製版フィルムを使用しない CTP 方式で印刷しました。
・環境に配慮した紙を使用しています。

①

●くわしくていねいな解説がついています。
●重要事項をまとめた memo コーナーで、関連内容を整理して確認できます。
●まちがえやすい所には ミス対策 があり、問題を解く上での注意点などがわかります。

本冊と軽くのりづけされていますので、はずしてお使いください。

英語 解答と解説

1 過去の文 本冊p.4・5

基礎レベル問題 p.4

1 (1) **wanted** (2) **liked** (3) **studied**
(4) **saw** (5) **met** (6) **made**

2 (1) **went** (2) **got** (3) **were**

3 (1) **was speaking** (2) **were running**

4 (1) **not** (2) **didn't** (3) **not**

5 (1) **Did** (2) **Did, didn't** (3) **Were, was**
(4) **Was, reading, wasn't**

6 (1) **did, helped** (2) **go, went**
(3) **was, doing, was studying**

解説

1 (3) y を i に変えて ed をつける。 (4)～(6)不規則動詞の過去形は1語ずつ覚える。

3 過去進行形は was、were のあとに動詞の ing 形を続ける。 (2) ミス対策 **running のつづりに注意。**

4 (2) did not の短縮形 didn't を入れる。 (3) was のあとに not を入れる。

5 (2) Did ～? には、Yes, ～ did. か No, ～ didn't. で答える。 (4)過去進行形の疑問文には be 動詞を使って答える。

6 疑問詞のあとは疑問文の形。過去の疑問文には過去の文で答える。(2) ミス対策 **goの過去形はwent。**

入試レベル問題 p.5

1 (1) **Yes, did** (2) **ate[had] lunch**
(3) **No, wasn't** (4) **did, watched, took**
(5) **went, eleven**

2 (1) **I got[woke] up at six (o'clock) this morning.**
(2) **Did they go to Hokkaido last summer?**
(3) **What were you doing at two p.m. today?**

3 **(例)Where did you buy[get] (it?)**

4 **(例)What did you do (there?)**

解説

1 (1)「アンは午前中、日本語を勉強しましたか」。Yes の答え。 (2)「彼女は正午に何をしましたか」。「彼女は昼食を食べました」と答える。 (3)「彼女は4時ごろ、部屋を掃除していましたか」。No の答え。 (4)「彼女は夕食後何をしましたか」。「テレビを見てから、入浴しました」。 (5)「彼女は何時に寝ましたか」。「11 時に寝ました」と答える。

2 (1)「起きる」は get[wake] up。 (2)「この前の夏」は last summer。 (3) ミス対策 **「あなたは何をしていましたか」は What were you doing? と過去進行形でたずねる。**「今日の午後2時に」は at two (o'clock) this afternoon などでも表せる。

3 メグがお気に入りのかばんについて、それを買った場所を答えているので、「あなたは(それを)どこで買いましたか」となるように英文をつくる。
〈対話文の訳〉メグ：これは私のお気に入りのかばんです。 サキ：あなたはいつもそれを使っていますよね。私はその色が好きです。あなたはそれをどこで買いましたか。 メグ：私はそれを駅の近くのデパートで買いました。

4 達也は東京で行った場所やしたことなどを答えているので、「あなたは(そこで)何をしましたか」となるように英文をつくる。Where did you go in Tokyo?(東京ではどこに行きましたか。)も可。
〈対話文の訳〉①週末はどうでしたか。 ②私は家族と東京に行きました。そこで楽しく過ごしました。 ③(例)あなたは(そこで)何をしましたか。 ④私は宇宙博物館に行きました。そこでたくさんのことを学び、宇宙に関する本を買いました。 ⑤それはいいですね。

2 未来の文 本冊p.6・7

基礎レベル問題 p.6

1 (1) **going** (2) **is going** (3) **are going**

2 (1) **isn't going** (2) **Are, going, am**
(3) **is, going**

3 (1) **will** (2) **I'll** (3) **will be**

4 (1) **will not** (2) **won't** (3) **Will, be**

5 (1) **Are, am** (2) **Will, will** (3) **going, going**
(4) **will, do, will** (5) **Will, be, won't**

解説

1 未来の予定はbe going to ～で表す。beは主語に合わせて、am、is、areを使い分ける。

2 (1)否定文はam、is、areのあとにnotを入れる。
(2)疑問文はbe動詞で文を始める。

3 (1)未来のことを表すときは動詞の前にwillを入れる。
(2) I willの短縮形はI'll。 (3) ミス対策 **willのあとのbe動詞は原形のbeにする。**

4 (1)否定文はwillのあとにnot。 (2) ミス対策 **空所の数からwill notの短縮形won'tを入れる。**
(3)疑問文はWillで文を始める。

5 (5) Willのあとのbe動詞は原形beにすることに注意。

入試レベル問題 p.7

1 (1) **going** (2) **will** (3) **be** (4) **It'll** (5) **be**

2 (1) **We're[We are] going to play tennis next Sunday.**
(2) **I will not be (at) home tomorrow afternoon.**
(3) **When will it rain today?**
(4) **How long are you going to stay there?**

3 **(例)What time will it[the concert] (start?)**

4 **(例)Next month, I am going to sing English songs for[to] (some) children. They study English. Will[Can] you come to my room and play the piano (for them)?**

解説

1 (2)(3)「～の天気はどうなるでしょうか」はHow will the weather be ~?でたずねる。 (4)(5) ミス対策 **未来の文に。It willを短縮形にする点に注意。**

2 (2) tomorrow afternoonはin the afternoon tomorrowでも表せる。 (3)天気を表すときは、主語にitを使う。 (4)「どのくらい(長く)」はHow longでたずねる。「滞在する」はstay。

3 春希は時刻を答えているので、「それ(コンサート)は何時に始まりますか」となるように、開始予定時刻をたずねる英文をつくる。
〈対話文の訳〉春希：私たちの学校の吹奏楽部は次の日曜日にコンサートを開きます。それを知っていましたか。 スミス先生：いいえ、知りませんでした。それはおもしろそうですね。(例)それは何時に始まりますか。 春希：午後2時です。このちらしをさし上げます。 スミス先生：ありがとう。

4 設問の条件にしたがって、「来月、私は子供たちに英語の歌を歌ってあげるつもりです。彼らは英語を勉強しています。あなたは私の部屋に来て、ピアノを弾いてくれませんか」という内容の英文をつくる。「～してくれませんか」はWill[Can] you ~?などで表せる。

3 接続詞(that、whenなど) 本冊p.8・9

基礎レベル問題 p.8

1 (1) **that** (2) **think that** (3) **know that** (4) **know**

2 (1) **When** (2) **when** (3) **when, gets[wakes]**

3 (1) **If** (2) **if** (3) **If, is**

4 (1) **because** (2) **Because**

5 (1) **think that he's** (2) **if you're free**
(3) **when I came home**

6 (1) **かけてきたとき** (2) **(もし)時間があれば**
(3) **と思います** (4) **あるからです**

解説

1 (4)接続詞のthatはよく省略される。省略されても文の意味は変わらない。

2 **3** ミス対策 **when, ifのあとの動詞の形に注意。**

> **memo** **whenやifのあとの動詞**
> when ～やif ～の中では、未来のことも現在形で表す。tomorrowなどの未来を表す語があっても現在形にすることに注意。

4 (2) Why ~? (なぜ～か)に、「～なので」と理由を答えるときはBecause ~.を使う。

5 (1) I think that ~.で「私は～と思う」。

6 (2) have timeで「時間がある」。

入試レベル問題 p.9

1 (1) **because** (2) **that** (3) **if** (4) **when**

2 (1) **(I) don't think she will come to the party(.)**

(2) **It was snowing when (he went out.)**

(3) **(These fish can't) live if the river isn't clean(.)**

(4) **(Last night, he) went to bed early because he was tired(.)**

3 **I don't think she can come(.)**

4 (1) **エ** (2) **ア** (3) **イ** (4) **ウ**

解説

1 (1)「雨が降っていたので、健太は外出しませんでした」。 (2)「私たちはキャシーが読書好きだということを知っています」。 (3)「もし晴れたら、明日テニスをしましょう」。 (4)「父が帰宅したとき、私はテレビを見ていました」。

2 (1) ミス対策 **「彼女は来ないと思う」は、英語では I don't think (that) she will come ～(彼女が来るとは思わない)と表す。** (2)「雪が降っていた」は It was snowing とする。

3 I don't think (that) ～. で「～ではないと私は思う」。並べかえた文は、「彼女は来られないと私は思います」の意味を表す。

4 (1) B が「来週」と答えているので、時をたずねる**エ**が入る。 (2)試合について説明している**ア**を入れると話の流れに合う。 (3) B が対戦相手を答えているので**イ**を入れる。 (4)「がんばれ」と応援しているので、**ウ**を入れると話の流れに合う。

〈対話文の訳〉 A：とても熱心にサッカーを練習しているのですね。次のトーナメントはいつですか。 B：来週です。それが私たちの最後のトーナメントです。 A：そうですか。最初にどの学校と対戦する予定ですか。 B：ワカバ中学校です。彼らはとてもよいチームです。 A：あなたのチームはきっと試合に勝つと思います。がんばれ。

4 have to、must

本冊p.10・11

基礎レベル問題 p.10

1 (1) **have** (2) **have to** (3) **has to**

2 (1) **don't have** (2) **don't have to**

(3) **doesn't have to**

3 (1) **Do, have, do** (2) **Does, have, does**

(3) **Does, have, doesn't**

4 (1) **must** (2) **must finish**

5 (1) **must not** (2) **mustn't go**

6 (1) **Must, must** (2) **Must, doesn't have**

7 (1) **必要はありません** (2) **撮ってはいけません**

解説

1 (1)(2)「～しなければならない」は動詞の前に have to を入れる。 (3)主語が 3 人称単数のときは has to。

2 (1)(2) have to の否定文は don't have to で、「～する必要はない」の意味になる。 (3) ミス対策 **主語が 3 人称単数のときは doesn't have to。**

3 (1) have to の疑問文は一般動詞の疑問文と同じで、Do で文を始める。 (2)主語が 3 人称単数のときは Does で始める。 (3) ミス対策 **No, he doesn't. の答えは「その必要はない」という意味になる。**

4 「～しなければならない」は must を使って表すこともできる。must のあとの動詞は原形にする。

(2)「～の世話をする」は take care of ～。

5 (1) must の否定文はあとに not を入れる。

(2) must not の短縮形は mustn't。

6 (2) ミス対策 **No の答え(～する必要はない)のときは、don't[doesn't] have to を使う。**

7 don't have to と must not の意味の違いに注意。

memo **否定の場合の意味**

・don't have to ～ →「～する必要はない」

・must not ～→「～してはいけない」(禁止)

入試レベル問題 p.11

1 (1) **must help** (2) **Do, have, do** (3) **must not**

(4) **Must, don't have** (5) **have to**

2 (1) **You must study hard.**

(2) **Do I have to play the piano?**

(3) **What time must we get[wake] up?**

(4) **She doesn't have to come with us.**

(5) **You must not eat here.**

3 **ウ**

4 **ア→ウ→オ→イ→エ**

解説

1 (1) 空所の数から must の文。must のあとの動詞は原形。 (2)あとの to から have to の疑問文にする。

(3)「～してはいけない」は must not ～ と表す。

(4) Must ～? の疑問文に No で答えるときは、don't have to を使う。 (5) will *must* のように助動詞を２つ並べて使うことはできないので注意。

2 (2) do を使うので、have to の疑問文で表す。

(3) What time(何時)のあとに must の疑問文を続ける。

3 あとに have to が続いていることから、否定の don't have to の形にする。「だから、あなたはパーティーに何も持ってくる必要はありません」の意味を表す。

4 don't have to ～(～する必要はない)を使う。

〈対話文の訳〉 A：サム、日本では生徒たちは自分たちで教室を掃除しなければなりません。 B：本当ですか？ それを知りませんでした。アメリカでは自分たちの教室を掃除する必要はありません。

5 助動詞／会話表現

本冊p.12･13

基礎レベル問題

p.12

1 (1) **May[Can]** (2) **May[Can] I**

2 (1) **Can[Will] you** (2) **Could[Would] you**

3 (1) **Shall, please** (2) **Shall we**

(3) **shall we, about**

4 (1) **should** (2) **Would** (3) **Why**

5 (1) **Can[Will], Sure[OK]**

(2) **May[Can], of**

(3) **Could[Would] you** (4) **How can**

(5) **should, should**

解説

1 「～してもいいですか」は May[Can] I ～? と表す。

2 (2)ていねいな依頼は Could[Would] you ～? と表す。

3 (1)「(私が)～しましょうか」は Shall I ～?、(2)「(いっしょに)～しましょうか」は Shall we ～?、(3)「～はどうですか」は How about ～? と表す。

4 (2)飲食物をすすめる「～はいかがですか」は Would you like ～? と表す。 (3)「～しませんか」は Why don't you ～? と表すことができる。

5 (1) Can[Will] you ～? に「いいですよ」と応じるときは Sure. などを使う。 (2)「もちろん」は of course。 (3)ていねいに頼むときは Could[Would] you ～? を使う。 (4)「～へはどう行けばよいですか」は How can I get to ～? と表す。 (5)「～すべきだ」は should。

入試レベル問題

p.13

1 (1) **Could[Would] you** (2) **shall[should] I**

(3) **May[Can] I** (4) **Shall I** (5) **Can[Will] you**

2 (1) **エ** (2) **イ** (3) **ア**

3 (1) **May[Can] I speak[talk] to Tom (, please)?**

(2) **Why don't you come with us? / Can [Will] you come with us?**

(3) **Shall[Should] I open the door?**

4 **help**

5 **(Why don't) you join us (?)**

解説

1 (2) What のあとは shall[should] I の疑問文が続く。 (3)「～してもいいですか」は May[Can] I ～?。

(5)「～してくれる？」という気軽な依頼は Can [Will] you ～? と表す。

2 (1)「あなたの国についてたずねてもいいですか」に対して「いいですよ。どうぞ」と質問をうながしている。 (2)「昼食を食べましょうか」「ええ、そうしましょう。おなかがすいています」。 (3)「こんにちは。いらっしゃいませ[お手伝いしましょうか]」「いいえ、けっこうです。見ているだけです」。

3 (1) 電話で「～をお願いします」は May[Can] I speak [talk] to ～ (, please)? と表す。 (2) **ミス対策** 「～しませんか」は **Why don't you ～? や Can[Will] you ～? を使う**。ほかに Would you like to come with us? や How about coming with us? などとしてもよい。

4 「いらっしゃいませ」は May I help you? と表す。

5 Why don't you ～? で、相手に提案して「～しませんか」。並べかえた文は、「私たちに参加しませんか」の意味を表す。

6 「～するために」「～するための」など 本冊p.14・15

基礎レベル問題 p.14

1 (1) **to see[meet]** (2) **to teach** (3) **to hear**

2 (1) **To do** (2) **To study**

3 (1) **to drink** (2) **to watch** (3) **to do** (4) **to visit**

4 (1) **to play** (2) **to go** (3) **to open**
(4) **to work** (5) **to win**

5 (1) **するために[しに]** (2) **読む(ための)**
(3) **買いたがっています** (4) **降り始めました**
(5) **時間です** (6) **学ぶためです**

解説

1 「～するために」は〈to ＋動詞の原形〉で表し、主語や時(現在か過去か)などによって形が変わることはない。 (3)感情を表す形容詞のあとに〈to ＋動詞の原形〉がくると、「～して」と感情の原因を表す。

2 Why ～? に「～するためです」と目的を答えるときは〈To ＋動詞の原形〉で文を始める。

3 「～するための」という意味で、名詞や代名詞を修飾するときは、そのあとに〈to ＋動詞の原形〉を続ける。

4 (1)～(3)〈to ＋動詞の原形〉は「～すること」の意味で動詞の目的語になる。

> **memo** 訳し方に注意
> ・want to ～：「～したい」
> ・like to ～：「～するのが好きである」
> ・start[begin] to ～：「～し始める」
> ・try to ～：「～しようとする」

(4)(5)不定詞は be 動詞に続けて補語になったり、主語になったりする。(主語には動名詞を使うのがふつう。)

5 (1)(6)「～するために」の意味。 (2)(5)「～するための」の意味。 (3)(4)「～すること」の意味。 (3) **ミス対策** **want to ～は「～したい」と訳す。**

入試レベル問題 p.15

1 (1) **I will try to use English (every day.)**
(2) **Do you know good places to visit (in Nagoya?)**
(3) **I'm happy to talk with you.**
(4) **I don't have anything to (do today.)**

2 (1) **She wants to have a cat.**
(2) **Do you have anything to eat?**

3 **ウ**

4 **エ→ウ→イ→ア**

5 **ウ→イ→エ→ア**

6 **3番目：カ　5番目：イ**

解説

1 (1)「～するように努力する」は try to ～。 (2)「訪れるのによい場所」は good places to visit。 (3)「～と話ができてうれしい」は be happy to talk with ～。 (4) **ミス対策** **anything を to do が後ろから修飾する形。**

2 (1)「ねこを飼う」は have a cat。 (2)疑問文で「何か食べるもの」はふつう anything to eat と表す。

3 「～するために」は〈to ＋動詞の原形〉で表す。

4 〈need to ＋動詞の原形〉で「～する必要がある」。
〈対話文の訳〉A：私は明日の朝６時に起きる必要があります。 B：本当ですか。今日は早く寝たほうがいいですよ。

5 My plan is to ～. で「私の予定は～することです」の意味を表す。
〈対話文の訳〉A：今週末のあなたの予定は何ですか。
B：私の予定は姉[妹]と買い物に行くことです。

6 過去のことについて話しているので、did you を使った疑問文をつくる。want to be ～で「～になりたい」。
〈対話文の訳〉A：あなたは子供のとき何になりたかったのですか。 B：医師です。私はたくさんの人を助けることに興味がありました。

7 「～すること」(不定詞・動名詞) 本冊p.16・17

基礎レベル問題 p.16

1 (1) **playing** (2) **to play** (3) **listening to**
(4) **writing**

2 (1) **Speaking** (2) **to watch[see]**
(3) **cooking** (4) **Reading, is**

3 (1) **helping** (2) **at playing**

4 (1) **○** (2) **to see** (3) **talking** (4) **playing**
(5) **having** (6) **○**

5 (1) **reading** (2) **raining** (3) **studying**
(4) **to go** (5) **to speak**

解説

1 (1)(2) like は不定詞も動名詞も目的語にとれる。
(3)(4) ミス対策 **enjoy、finish は動名詞を目的語にとる。**

2 (1)(3)(4)動名詞も主語になったり、be動詞のあとにきたりする。動名詞が主語になる場合は3人称単数扱いをする。

3 前置詞のあとに動詞がくるときは動名詞にする。
(1)「～してくれてありがとう」は Thank you for ~ing. と表す。 (2)「～するのが上手だ」は be good at ~ing。

4 (3) enjoy ~ing で「～して楽しむ」。 (5) ミス対策 **How about ~ing? で「～するのはどうですか」。**

5 (1) finish ~ing で「～し終える」。 (2) stop ~ing で「～するのをやめる」。 (5) need は不定詞を目的語にとる。need to ~で「～する必要がある」。

入試レベル問題 p.17

1 (1) **to see** (2) **writing** (3) **to ask**
(4) **using** (5) **watching**

2 (1) **Would you like to read this book?**
(2) **When did he start practicing the guitar?**
(3) **He tried to finish his homework.**
(4) **(Mary) went out of the room without saying anything(.)**

3 (1) **She enjoyed talking with her friend(s).**
(2) **Thank you for coming to the party.**
(3) **We started[began] thinking[to think] about the earth.**
(4) **What do you want to be[become] in the future?**

4 (1) **to practice** (2) **finished** (3) **listening**

解説

1 (3) I'd は I would の短縮形。would like to ~で「～したい」。 (4) be interested in ~で「～に興味がある」。あとに動詞がくるときは動名詞にする。
(5)「～するのをやめる」は stop ~ing。

2 (1)「～したいですか」は Would you like to ~? と表す。 (3)「～しようとする」は try to ~。 (4)「～しないで」は without ~ing と表す。

3 (2) Thank you for のあとに動名詞を続ける。
(3) start、begin は不定詞も動名詞も目的語にとることができる。 (4)「～になりたい」は want to be [become] ~。

4 (1) need to ~で「～する必要がある」。スピーチコンテストの前に熱心にすることは「練習」なので、practice を選ぶ。 (2)あとの making my speech から、「スピーチをやり終えた(とき)」となるように、finish を選び、過去形にする。 (3) By のあとなので、動名詞にする。あとの to に着目して、「～を聞くこと」の意味になるように listening to とする。
〈英文の訳〉私たちのクラスではスピーチコンテストがありました。コンテストの前、私はそれに向けてとても熱心に練習する必要がありました。コンテスト中ついに私のスピーチをやり終えたときには、ほっとしました。クラスメートのスピーチを聞くことで、次回に向けて、よりよいスピーチのやり方を学びました。

8 There is ~. の文 本冊p.18・19

基礎レベル問題 p.18

1 (1) **There is** (2) **There are** (3) **There is**
(4) **There were**

2 (1) **is not** (2) **weren't**

3 (1) **under** (2) **near** (3) **on** (4) **there**

4 (1) **Is there, there is**
(2) **Are there, there aren't**
(3) **Was there, there was**

5 (1) **How many, are there**
(2) **How many, are six**
(3) **How, children, were three**

解説

1 (3) ミス対策 **milk は数えられない名詞なので単数扱いをする。** (4) ミス対策 **be動詞は過去形にする。**

2 (2) ミス対策 **過去の否定の短縮形にすることに注意。**

3 (3)「壁に」は on the wall。on は接触していることを表す。 (4) ミス対策 **There was ~. の there には「そこに」の意味はない。「そこに」というときは文の最後に there を加える。**

4 There is ~. などの疑問文は be 動詞で文を始め、there と be 動詞を使って答える。

5 「～はいくつあるか」は〈How many ＋名詞の複数形〉のあとに are there ~? の疑問文を続ける。答えでは、There are[is] ~. を使って、数を答える。

入試レベル問題 p.19

1 (1) **There were two cups on the table.**
(2) **There are no sad stories in (this book.)**
(3) **Are there any good places to visit in (this city?)**

2 (1) **Yes, there are.**
(2) **There are two (books).**
(3) **There is a guitar.**

3 (1) **There are two girls by the door.**
(2) **Is there a supermarket near the station?**
(3) **There are twelve months in a year.**
(4) **How many English teachers are there in your school?**

4 **エ**

5 **エ**

解説

1 (2) ミス対策 **「1つも〜ない」は no 〜 と表す。**

2 それぞれ質問文は、(1)「机の上にペンはありますか」、(2)「机の上に本は何冊ありますか」、(3)「窓の下には何がありますか」の意味。

3 (2)「スーパーマーケット」は a supermarket。
(3) A year has twelve months. としてもよい。
(4) How many のあとに「英語の先生」を表す English teachers を置く。

4 「〜はありますか」は Is[Are] there 〜? でたずねる。there のあとが a library で単数なので is を選ぶ。

5 A は近くで図書館がどこにあるかたずねていて、B はバスを使えば市立図書館に行けると説明しているので、エを入れると話の流れに合う。
〈対話文の訳〉 A：すみません。この近くで図書館はどこに見つけられますか。　B：この辺りにはありません。バスを使えば市立図書館に行けます。
A：ありがとうございます。バスでそこへ行きます。

9 look、give、call などの文 本冊p.20・21

基礎レベル問題 p.20

1 (1) **look**　(2) **looks**　(3) **became**　(4) **sounds**

2 (1) **give**　(2) **show**　(3) **teaches**　(4) **ask**

3 (1) **to**　(2) **for**

4 (1) **call**　(2) **named**

5 (1) **sent him a letter**　(2) **she looked sad**
(3) **call her Lisa**　(4) **showed them to us**
(5) **looks like her mother**

6 (1) **bought**　(2) **became**
(3) **called**　(4) **looked**

解説

1 (1)(2)「〜に見える」は look のあとに形容詞がくる。(3) become のあとには形容詞も名詞もくる。　(4)「〜に聞こえる」は〈sound ＋形容詞〉。

2 give や show などの動詞は〈人＋物〉の順で目的語を2つとる。　(4)「(人)に質問をする」は〈ask ＋人＋ a question〉。

3 give には to を、make には for を使う。

> **memo** **「(人)に(物)を〜する」の書きかえ**
> ・give, tell, show, send など
> 〈give ＋人＋物〉→〈give ＋物＋ to ＋人〉
> ・make, buy, get など
> 〈make ＋人＋物〉→〈make ＋物＋ for ＋人〉

4 (2)「A を B と名づける」は〈name A B〉。

5 (1) ミス対策 **〈send ＋人＋物〉の語順。**　(4)〈show ＋物＋ to ＋人〉の語順。　(5) ミス対策 **「〜に似ている」は〈look like ＋名詞〉で表す。**

6 (1)「父は私にその本を買ってくれました」。　(2)「兄[弟]はよい医師になりました」。　(3)「友達は私をサキと呼びました」。　(4)「母は若く見えました」。

入試レベル問題 p.21

1 (1) **look**　(2) **lend**　(3) **ask**　(4) **call**　(5) **sounds**

2 (1) **to her**　(2) **teaches us**　(3) **call**

3 (1) **We call these flowers 'sakura' in (Japanese.)**
(2) **It's getting dark and cold.**
(3) **Could you tell me the way to the station?**
(4) **My mother made a cake for us.**

4 **(Can) you show me some(?)**

5 **(I'll show) you some pictures of it(.)**

解説

1 (1)「あなたは疲れているようですね。どうしたので

すか」。　⑵「あなたの鉛筆を私に貸してください」。⑶「私は彼に彼の学校についてたくさん質問するつもりです」。　⑷「彼はトーマス・ブラウンです。私たちは彼をトムと呼びます」。　⑸「あなたの考えはすばらしそうですね」。

2 ⑵ ミス対策 **「佐藤先生は私たちの音楽の先生です」→「佐藤先生は私たちに音楽を教えています」。**
⑶「英語でこの鳥の名前は何ですか」→「英語でこの鳥を何と呼びますか」。

3 ⑵「暗くなる」は get dark。　⑷ for があるので〈makc ＋物＋ for ＋人〉の形にする。

4 Can you ～?「～してくれませんか」のあとに、〈show ＋人＋物〉の語順で並べる。並べかえた文は、「私に数枚見せてくれませんか」の意味を表す。

5 〈show ＋人＋物〉の語順で並べる。some pictures of it で「それの数枚の写真」の意味を表し、ここでの it は前出の the baby lion を指している。並べかえた文は、「私はあなたにそれの写真を数枚見せましょう」の意味を表す。

10 比較⑴

本冊p.22・23

基礎レベル問題

p.22

1 ⑴ **longer, longest**　⑵ **larger, largest**
⑶ **busier, busiest**　⑷ **bigger, biggest**
⑸ **more beautiful, most beautiful**
⑹ **more famous, most famous**
⑺ **better, best**　⑻ **more, most**

2 ⑴ **older than**　⑵ **hotter than**　⑶ **earlier than**
⑷ **more interesting**　⑸ **more exciting than**

3 ⑴ **tallest in**　⑵ **fastest in**　⑶ **best of**
⑷ **most interesting of**

4 ⑴ **as, as**　⑵ **as, as**　⑶ **as interesting as**

5 ⑴ **not, as**　⑵ **isn't, as**　⑶ **doesn't, as, as**

解説

1 ⑶ y を i に変えて er、est をつける。　⑷ ミス対策 **語尾の g を重ねて er、est をつける。**　⑺⑻ ミス対策 **不規則に変化するので注意。**

2 ⑵ ミス対策 **hot は t を重ねて er。**　⑶ early は y を i に変えて er をつける。

3 ⑴⑵「家族の中で」「クラス(の中)で」は in ～。
⑶ ミス対策 **well(上手に)の最上級は best。「５人の中で」は of ～。**

4 ⑶ as と as の間の語は変化しない元の形(原級)。

5 「…ほど～ではない」は not as ～ as …。

入試レベル問題

p.23

1 ⑴ **most beautiful of**
⑵ **easier than**　⑶ **more popular than**

2 ⑴ **The moon is smaller than the earth.**
⑵ **I think fall is the best season (for sports.)**
⑶ **(Mt. Fuji) is higher than any other mountain (in Japan.)**
⑷ **Winter vacation isn't as long as summer vacation.**

3 ⑴ **taller**　⑵ **as old**　⑶ **older, youngest**

4 **エ→イ→ウ→ア**

5 **エ**

解説

1 ⑴ beautiful の最上級は前に most をつける。
⑵ ミス対策 **「問題１は問題３より難しい」→「問題３は問題１より簡単です」。**　⑶「その国では野球はサッカーほど人気がありません」→「その国ではサッカーは野球より人気があります」。

2 ⑵「いちばんよい季節」は the best season。　⑶「ほかのどの…よりも～」は〈比較級＋ than any other ＋単数名詞〉で表す。

3 それぞれ対話の意味は、⑴「健はトムより背が高いですか」「はい。でもリサより背が低いです」。　⑵「健はリサより年上ですか」「いいえ。彼はリサと同じ年齢です」。　⑶「トムはリサより年上ですか」「いいえ。彼は 12 歳で、３人の中でいちばん年下です」。

4 not as ～ as ... で「…ほど～でない」の意味を表す。
〈対話文の訳〉A：トムはこのクラスでいちばん背が高いのですか。　B：いいえ。彼はケンほど背が高くありません。

5 A は「とても空腹だ」と言っていて、B が「数分でそこに着ける」と応じているので、「いちばん近い、最寄りの」の意味を表す nearest が文意に沿う。
〈対話文の訳〉A：ここからいちばん近いのはどのレストランですか。私はとてもおなかがすいています。
B：ABC レストランはどうですか。そこならほんの数分で着けますよ。

11 比較(2)

本冊p.24・25

基礎レベル問題 p.24

1 (1) **better** (2) **better than**

2 (1) **Which, better, or** (2) **Which, better, or**

3 (1) **best of** (2) **best of**

4 (1) **What, best** (2) **Which[What], best**

5 (1) **Which, more, or** (2) **Who, faster, or**

6 (1) **Which, largest[biggest], is**
(2) **Who, best, can** (3) **What, as, is**

解説

1 「BよりAのほうが好き」は like A better than B。

2 「AとBではどちらのほうが好きか」は Which do [does] ~ like better, A or B? でたずねる。

3 「Aがいちばん好き」は like A the best。

4 「何[どの～]がいちばん好きか」は What[Which～] do[does] ... like the best? でたずねる。

5 (1)「AとBではどちらがより～か」は〈Which ... 比較級, A or B?〉でたずねる。 (2) **ミス対策** **人についてたずねるときは、ふつう who を使う。**

6 (1)「どの～がいちばん…か」は〈Which＋名詞〉が主語なので、あとに最上級のふつうの文が続く。
(3)「何の～」は what のすぐあとに名詞を続ける。

入試レベル問題 p.25

1 (1) **better than** (2) **Which, best**
(3) **taller, or** (4) **Which, biggest[largest], or**

2 (1) **No, isn't** (2) **or, Soccer**
(3) **most, Baseball**

3 **エ**

4 **3番目：ア　5番目：ウ**

5 **(例)I like sending an e-mail better (than talking on the phone).**

解説

1 (1)「BよりAのほうが好き」は like A better than B。
(2)「どの季節」は which season。 (4)「どれ」は which でたずねる。３つ以上のものを並べるときは、最後の語の前に接続詞(or)を入れる。

2 (1)「このクラスではテニスはバレーボールより人気がありますか」「いいえ」。 (2)「サッカーとバスケットボールではどちらがより人気がありますか」「サッカーです」。 (3)「このクラスでは何がいちばん人気のあるスポーツですか」「野球です」。

3 like ~ the best で「～がいちばん好き」。「～」が Which school event として文頭に出た形。「あなたはどの学校行事がいちばん好きですか」。

4 the best tennis player of ~ で「～の中でいちばん上手なテニス選手」の意味を表す。the five のように「(複数の人)の中で」には of を使う。
〈対話文の訳〉A：５人の中でいちばん上手なテニス選手はだれですか。　B：アヤです。先月、彼女は市のトーナメントで優勝しました。

5 質問は「Eメールを送るのと電話で話すのでは、どちらのほうが好きですか」。I like ~ better (than ...). の形を使って答える。～の部分に好きなほうを入れる。Talking on the phone is better. なども可。

12 受け身

本冊p.26・27

基礎レベル問題 p.26

1 (1) **cleaned** (2) **is played** (3) **are, by**
(4) **was, by** (5) **were used**

2 (1) **not** (2) **not made** (3) **was not**
(4) **were, built**

3 (1) **Is, used** (2) **Was, made** (3) **it was**
(4) **Were, eaten** (5) **were not**

4 (1) **interested in** (2) **made of** (3) **known to**
(4) **were, at** (5) **covered with[in]**

解説

1 受け身の文は〈be 動詞＋過去分詞〉の形で表す。be 動詞は am、is、are、was、were を使い分ける。
(3) read の過去分詞は read[red(レッド)]。

2 受け身の否定文は be 動詞の文と同じように、be 動詞のあとに not を置く。

3 受け身の疑問文は主語の前に be 動詞を置く。答えるときも be 動詞を使う。

4 (1)「～に興味がある」は be interested in ～。
(2)「(材料)でできている」は be made of ～。「(見た

目でわからない原材料)でできている」は be made from ～と表す。 (3)「～に知られている」は be known to ～。 (4)「～に驚く」は be surprised at ～。 (5)「～で覆われている」は be covered with [in] ～。

入試レベル問題 p.27

1 (1) **The key was not found there.**
(2) **What time is this shop closed?**
(3) **We are interested in history.**

2 (1) **Many[A lot of] teachers are needed in this country.**
(2) **What is this bag made of[from]?**
(3) **That picture[photo] was taken one[a] hundred years ago.**

3 **ウ**

4 **(The two languages) are taught in (my country.)**

5 **What is this flower called (in English?)**

6 **3番目：エ　5番目：ウ**

解説

1 (1)否定文なので not を補う。 (2)「閉められる」は is closed で表すので、is を補う。 (3)「～に興味がある」は be interested in ～。

2 (2)「(材料)でできている」は be made of ～、「(見た目でわからない原材料)でできている」は be made from ～。 (3)「(写真)を撮る」は take を使う。過去分詞は taken。

3 受け身なので過去分詞の written を選ぶ。

4 〈be 動詞＋過去分詞〉の受け身の形。並べかえた文は、「その２つの言語が私の国では教えられています」の意味を表す。

5 受け身の疑問文の形。並べかえた文は、「英語でこの花は何と呼ばれていますか」の意味を表す。

6 (is) spoken by many people で「多くの人々に話されている」。最後に as(～として)を続ける。
〈対話文の訳〉A：世界中で多くの人々が英語を使っています。 B：はい。英語は第一言語として多くの人々に話されています。

13 現在完了形(1)

本冊p.28・29

基礎レベル問題 p.28

1 (1) **visited** (2) **have met[seen]**
(3) **has seen[watched]** (4) **have been**
(5) **has climbed**

2 (1) **finished[done]** (2) **eaten[had]**
(3) **have gone** (4) **has lost**

3 (1) **lived** (2) **studied** (3) **has**
(4) **have known** (5) **has been**

4 (1) **times** (2) **already** (3) **since** (4) **for**

解説

1 「～したことがある」という経験は、〈have[has]＋過去分詞〉の現在完了形で表す。 (3)(5)主語が３人称単数なので has を使う。 (4)「～へ行ったことがある」は have been to ～。

2 「～したところだ」「～してしまった」という動作が完了したことも、〈have[has]＋過去分詞〉の現在完了形で表す。 (4)「なくす」は lose。過去分詞の lost を使う。

3 「ずっと～している」という過去から現在まで動作・状態が継続していることも、〈have[has]＋過去分詞〉の現在完了形で表す。 (4)「知り合いである」は know each other。know の過去分詞 known を使う。 (5) be の過去分詞は been。

4 (1)３回以上の回数を表すときには、～ times を使う。 (2)「もう、すでに」は already。 (3)「～から(ずっと)、～以来」は since ～。 (4)「３年前から」は「３年間」と考える。「～の間」のように、期間を表す場合は for を使う。

入試レベル問題 p.29

1 (1) **I have been to London twice.**
(2) **We have just written the report.**
(3) **They have gone to Canada.**
(4) **She has been here since last month.**
(5) **He has known her for three years.**
(6) **My mother has already read the book.**

2 **been**

3 **known**

4 **We have been (friends for ten years.)**

5 **イ**

解説

1 (1)「～に行ったことがある」は have been to ～で表す。　(2)「ちょうど」は just で、have と過去分詞の間に置く。　(3)「～に行ってしまった」は have gone to ～で表す。　(5)「知り合って３年になる」は「３年間知っている」と考えて現在完了形の継続で表す。　(6)「すでに」は already で、ふつう has と過去分詞の間に置く。read の過去分詞は read[red（レッド）]。

2 be の過去分詞は been。

3 have と for に着目して現在完了形になるように過去分詞を入れる。know each other で「知り合いである」の意味を表し文脈に合うので、know の過去分詞 known を入れる。

〈対話文の訳〉A：ジャックはあなたの友達ですか。　B：はい。私たちは 10 年間ずっと知り合いです。

4 〈have ＋過去分詞〉の現在完了形。並べかえた文は、「私たちは 10 年間ずっと友達です」の意味を表す。

5 since に着目して、現在完了形(継続)になるように**イ**を選ぶ。「彼女は先週からずっと病気です」の意味。

14 現在完了形(2)

本冊p.30・31

基礎レベル問題 p.30

1 (1) **have, visited**　(2) **has, eaten[had]**
(3) **never, to**　(4) **Have, have**
(5) **Have, been, haven't**　(6) **How, times**
(7) **How many times**　(8) **Twice**

2 (1) **not**　(2) **has not**　(3) **Has, has**
(4) **Have, done[finished], haven't**

3 (1) **haven't**　(2) **hasn't**
(3) **Have, been, haven't**　(4) **How long**

解説

1 (1)～(3)「一度も～したことがない」の意味を表す現在完了形の否定文は〈have[has] never ＋過去分詞〉の形で表す。　(4)(5)「今までに～したことがありますか」の意味を表す現在完了形の疑問文は〈Have[Has]＋主語＋ ever ＋過去分詞～?〉で表す。答えるときにも have[has]を使う。　(6)(7)回数は how many times を使ってたずねる。

2 (1)(2)「まだ～していない」の意味を表す現在完了形の否定文は〈have[has] not ＋過去分詞〉で表す。文末には否定文で「まだ」の意味を表す yet を置く。
(3)(4)疑問文は have[has]を主語の前に出す。疑問文での yet は「もう」の意味になる。

3 (4)「どのくらい(長く)～していますか」の意味を表す現在完了形の疑問文は、期間の長さをたずねる How long を文頭に置く。

入試レベル問題 p.31

1 (1) **Have you got to the station yet?**
(2) **How long has he lived in Japan?**
(3) **I've never been abroad.**

2 (1) **How many times have you climbed Mt. Fuji?**
(2) **I have not[I haven't / I've not] taken a bath yet.**
(3) **It has not[It hasn't / It's not] rained for a[one] week.**

3 (1) **ウ**　(2) **イ**

4 **sung**

5 **been**

6 **エ**

解説

1 (2)「いつから」は「どのくらい長く」と考えて、How long を文頭に置いて、現在完了形の疑問文の形を続ける。

2 (1)「何回」は How many times を文頭に置く。　(2)「風呂に入る」は take a bath で、take の過去分詞は taken。　(3)「雨が降る」は主語を It にして動詞は rain を使う。

3 (1)(2)現在完了形の文なので、過去分詞を選ぶ。

4 sing の過去分詞は sung。「あなたは今までに英語の歌を歌ったことがありますか」の意味を表す。

5 have never been (to ～)で「(～に)一度も行ったことがない」。there は「そこに」の意味で to は不要。

〈対話文の訳〉A：私は先月、初めて北海道を訪れました。　B：本当ですか。私はそこに一度も行ったことがありません。

6 あとの for ～に着目して、現在完了形(継続)の否定形を選ぶ。「祖父は大阪に住んでいて、私は彼に２か月間会っていません」の意味を表す。

数学 解答と解説

1 式の計算(1)

本冊p.34・35

基礎レベル問題

p.34

1 $\boldsymbol{2a^2}$、$\boldsymbol{-5ab}$、$\boldsymbol{-a}$、**4**

2 (1) **1**　(2) **2**　(3) **3**　(4) **4**

3 (1) **1次式**　(2) **2次式**
(3) **3次式**　(4) **2次式**

4 (1) $\boldsymbol{5a}$ **と** $\boldsymbol{-2a}$、$\boldsymbol{-3b}$ **と** $\boldsymbol{-6b}$
(2) $\boldsymbol{-3x^2}$ **と** $\boldsymbol{2x^2}$、$\boldsymbol{xy}$ **と** $\boldsymbol{-3xy}$

5 (1) $\boldsymbol{-a+7b}$　(2) $\boldsymbol{3x-2y}$
(3) $\boldsymbol{-x^2-3x-3}$

6 (1) $\boldsymbol{5a-b}$　(2) $\boldsymbol{-3x-2y}$
(3) $\boldsymbol{5x^2-7x}$

7 (1) $\boldsymbol{2a+b}$　(2) $\boldsymbol{-4x+9y}$
(3) $\boldsymbol{4a-3b+8}$

8 (1) $\boldsymbol{6a-5b}$　(2) $\boldsymbol{x^2+2x+3}$

9 (1) $\boldsymbol{5a+4c}$　(2) $\boldsymbol{4x^2-7x-4}$

10 (1) $\boldsymbol{-5x+15y}$　(2) $\boldsymbol{3a-2b}$
(3) $\boldsymbol{-3x+2y}$　(4) $\boldsymbol{-3a^2+2a}$

11 (1) **5**　(2) **−13**

解説

1 **単項式の和の形**に表して考えるとよい。

2 かけ合わされている**文字の個数**を数える。
(4)　$-xy^2z=-x\times y\times y\times z$ だから、次数は4

3 **各項の次数で最大のもの**を答えればよい。

4
> memo **同類項**▶文字の部分が同じ項。同類項は1つの項にまとめることができる。

(2)　$-3x^2$ と $5x$ は次数が異なるので同類項ではない。

5 (1)　$a+4b-2a+3b=a-2a+4b+3b=-a+7b$

6 (3)　$(4x^2-x)+(-6x+x^2)=4x^2-x-6x+x^2$
$=5x^2-7x$

7 **−(　)は、各項の符号を変えて**、かっこをはずす。
(2)　$(-x+4y)-(3x-5y)=-x+4y-3x+5y$
$=-4x+9y$

8 加法はそのまま同類項を加え、**減法はひく式の各項の符号を変えて**加えればよい。

9 (2) **ミス対策** **もとの式にかっこをつけてから計算！**
$(x^2-5x-9)-(-3x^2+2x-5)$
$=x^2-5x-9+3x^2-2x+5=4x^2-7x-4$

10 **ミス対策** **必ず多項式のすべての項にかける。除法は逆数をかけると考えればよい。**
(4)　$(15a^2-10a)\div(-5)=(15a^2-10a)\times\left(-\frac{1}{5}\right)$
$=15a^2\times\left(-\frac{1}{5}\right)-10a\times\left(-\frac{1}{5}\right)=-3a^2+2a$

11 それぞれの式を簡単にしてから代入するとよい。
(1)　$(5x-2y)-(4x-y)=5x-2y-4x+y$
$=x-y=3-(-2)=5$

入試レベル問題

p.35

1 (1) $\boldsymbol{-ab+a-4b}$　(2) $\boldsymbol{-3x^2-4xy-x}$
(3) $\boldsymbol{-\frac{5}{3}x+\frac{3}{2}y}$　(4) $\boldsymbol{\frac{1}{4}x^2-\frac{8}{3}x+\frac{1}{7}}$

2 (1) $\boldsymbol{-6x^2+4x+4}$　(2) $\boldsymbol{-3x-6y}$
(3) $\boldsymbol{5a-3b}$　(4) $\boldsymbol{\frac{5}{6}x+\frac{1}{10}y-\frac{5}{9}}$

3 (1) $\boldsymbol{-a+6b}$　(2) $\boldsymbol{13x-2y}$
(3) $\boldsymbol{7a-17b}$　(4) $\boldsymbol{3a-6b}$
(5) $\boldsymbol{\frac{8x+7y}{15}}$　(6) $\boldsymbol{\frac{7a+b}{12}}$

4 (1) $\boldsymbol{x^2+7x+5}$　(2) $\boldsymbol{4x^2-17x+5}$
(3) $\boldsymbol{-2x^2+16x}$　(4) $\boldsymbol{9x^2-12x+20}$

5 $\boldsymbol{4a-6b}$

6 (1) **7**　(2) **−9**　(3) **−8**

解説

2 (3)　$4a-\{b-(5a-2b)+4a\}=4a-(b-5a+2b+4a)$
$=4a-(3b-a)=4a-3b+a=5a-3b$

3 (6)　$\frac{3a-b}{4}-\frac{a-2b}{6}=\frac{3(3a-b)-2(a-2b)}{12}$
$=\frac{9a-3b-2a+4b}{12}=\frac{7a+b}{12}$

4 **ミス対策** **式を簡単にして、(　)をつけて代入。**
(4)　$A-(B-3A)=A-B+3A=4A-B$
$=4(2x^2-x+5)-(-x^2+8x)=9x^2-12x+20$

5 ある式を X とすると、$X-(3a-5b)=-2a+4b$
$X=-2a+4b+(3a-5b)=a-b$
正しい答えは、$a-b+(3a-5b)=4a-6b$

6 **ミス対策** **式を簡単にしてから代入する。**
(1)　$(7x-3y)-(2x+5y)$
$=7x-3y-2x-5y=5x-8y$
$=5\times\frac{1}{5}-8\times\left(-\frac{3}{4}\right)=1+6=7$

2 式の計算(2)　本冊p.36・37

基礎レベル問題　p.36

1 (1) $-15xy$　(2) $8ab$
(3) $-20xy^2$　(4) $-\frac{1}{4}a^2b$

2 (1) $-4a^2$　(2) $9x^2$
(3) $-x^3y^2$　(4) $16xy^3$

3 (1) $4a$　(2) $5x$
(3) $-7x^2$　(4) $-3a$

4 (1) $-5a$　(2) $2x$　(3) $-3ab$

5 (1) -96　(2) 30

6 (1) $10a+b$　(2) $10b+a$
(3) $9a-9b$

7 (1) (例) $2m+1$、$2n+1$　(2) (例) $2m+2n$
(3) (例) $2m-2n$

8 (1) $a=2b+9$　(2) $y=5x+10$
(3) $r=\frac{\ell}{4\pi}$　(4) $m=\frac{a}{8}-n$

解説

1 係数の積に、文字の積をかける。符号に注意。

2 ミス対策 **累乗部分を先に計算する。次の(1)(2)の符号のあつかいにも注意！**

(1) $-(2a)^2=-(2a\times2a)=-4a^2$

(2) $(-3x)^2=(-3x)\times(-3x)=9x^2$

(4) $4xy\times(-2y)^2=4xy\times4y^2=16xy^3$

3 わられる式を分子、わる式を分母とする**分数の形にして、約分**する。

(4) $6a^2b\div(-2ab)=-\frac{6a^2b}{2ab}=-\frac{\overset{3}{\cancel{6}}\times\overset{1}{\cancel{a}}\times a\times\overset{1}{\cancel{b}}}{\underset{1}{\cancel{2}}\times\underset{1}{\cancel{a}}\times\underset{1}{\cancel{b}}}$
$=-3a$

4 わる式を、**逆数をかける形**に直して計算する。

(3) $\frac{1}{6}a^2b\div\left(-\frac{1}{18}a\right)=\frac{a^2b}{6}\div\left(-\frac{a}{18}\right)$
$=-\left(\frac{a^2b}{6}\times\frac{18}{a}\right)=-\frac{\overset{1}{\cancel{a}}\times a\times b\times\overset{3}{\cancel{18}}}{\underset{1}{\cancel{6}}\times\underset{1}{\cancel{a}}}=-3ab$

5 **式を簡単にしてから**、x、y の値を代入する。

(1) $(-2x)^2\times xy=4x^2\times xy=4x^3y$
$=4\times(-2)^3\times3=-96$

6

> **memo** 整数(自然数)を文字を使って表す
> 5の倍数▶ n を整数とすると、$5n$
> 2けたの自然数▶ $\left(\begin{matrix}十の位の数\ x\\ 一の位の数\ y\end{matrix}\right)\rightarrow 10x+y$

(1) 十の位の数を a、一の位の数を b とすると、2けたの自然数は、$10\times a+b=10a+b$

(2) (1)の a と b を入れかえればよい。

(3) $(10a+b)-(10b+a)=10a+b-10b-a$
$=9a-9b\rightarrow9(a-b)$ と表せ、9の倍数である。

7 (3) $(2m+1)-(2n+1)=2m+1-2n-1$
$=2m-2n\rightarrow2(m-n)$ と表せ、2の倍数である。

8 **方程式を解くのと同じ要領**で、式を変形する。

(2) ミス対策 **マイナスの符号を見落とすな！**
$5x-y=-10\rightarrow-y=-5x-10\rightarrow y=5x+10$

入試レベル問題　p.37

1 (1) $-30x^2y$　(2) $18a^3$　(3) $7xy$
(4) $-\frac{5}{2}a$　(5) b　(6) $-2a$
(7) $2b$　(8) $\frac{5y}{4x^3}$

2 (1) 5　(2) $\frac{3}{2}$

3 (1) (例) $2n+1$、$2n+3$

(2) [説明] **連続する2つの奇数を $2n+1$、$2n+3$ とすると、これらの和は、**
$(2n+1)+(2n+3)=4n+4$
$=4(n+1)$
$n+1$ は整数だから、$4(n+1)$ は4の倍数であり、連続する2つの奇数の和は4の倍数になる。

4 (1) $x=7-\frac{7}{3}y$　(2) $y=4x-2$
(3) $c=-5a+2b$　(4) $a=\frac{7b-4}{5}$

5 $4:3$

解説

1 (8) $6xy^2\div\left(-\frac{3}{5}xy\right)\div(-2x)^3$
$=6xy^2\div\left(-\frac{3}{5}xy\right)\div(-8x^3)$
$=+\left(6xy^2\times\frac{5}{3xy}\times\frac{1}{8x^3}\right)=\frac{5y}{4x^3}$

3 ミス対策 **連続する2つの奇数を $2n+1$、$2n+2$ としないこと。**

5 円柱Aは、底面の半径 b cm、高さ a cm だから、体積は $\pi ab^2(\mathrm{cm}^3)$

円柱Bは、底面の半径 $\frac{1}{2}b$ cm、高さ $3a$ cm だから、体積は、$\pi\times\left(\frac{1}{2}b\right)^2\times3a=\frac{3}{4}\pi ab^2(\mathrm{cm}^3)$

求める比は、$\pi ab^2 : \frac{3}{4}\pi ab^2 = 1 : \frac{3}{4} = 4 : 3$

3 連立方程式の解き方 本冊p.38・39

基礎レベル問題 p.38

1 ㋐ −1　　㋑ −7

2 (1) **いえない。**

(2) **$x=18$、$y=1$ と $x=12$、$y=2$ と $x=6$、$y=3$**

3 **イ**

4 (1) **$x=2$、$y=2$**　(2) **$x=-1$、$y=3$**

(3) **$x=4$、$y=6$**　(4) **$x=2$、$y=-2$**

5 (1) **$x=2$、$y=4$**　(2) **$x=1$、$y=-1$**

(3) **$x=3$、$y=7$**

6 (1) **$x=-4$、$y=2$**　(2) **$x=-3$、$y=1$**

7 (1) **$x=4$、$y=9$**　(2) **$x=-2$、$y=4$**

(3) **$x=-1$、$y=-1$**　(4) **$x=2$、$y=-1$**

8 **$x=2$、$y=-2$**

解説

1 2元1次方程式 $3x+y=5$ に x の値を代入して、y の値を求めればよい。

2 (1) $x+6y=24$ の左辺に、$x=-10$、$y=5$ を代入すると、$-10+6\times5=20$ となり、右辺≒左辺 なので解とはいえない。

(2) 方程式を、$x=24-6y$ と変形し、この y に1から順に代入していくとよい。

$y=1$ のとき、$x=24-6\times1=18$

$y=2$ のとき、$x=24-6\times2=12$

$y=3$ のとき、$x=24-6\times3=6$

$y=4$ のとき、$x=24-6\times4=0$

$y \geqq 4$ のときは、x は自然数にならない。

※以下、連立方程式の上の式を①、下の式を②とする。

3 それぞれ x、y の値を代入し、①、②の両方の式が成り立つものをさがす。

4 (1) ①−②より、$5y=10$、$y=2$

これを①に代入して、$x+2\times2=6$、$x=2$

(3) ①×3＋②より、$x=4$ →①に代入して $y=6$

5 (1) ①を②に代入して、y を消去する。

(3) ①を $y=2x+1$ と変形して、②に代入する。

6 それぞれ**かっこをはずし、整理してから**、加減法や代入法を使って**一方の文字を消去**して解く。

(2) ①の式のかっこをはずして、整理すると、

$5x+3y=-12$ …③

③−②×5 より、$-7y=-7$、$y=1$ →②より $x=-3$

7 **係数が分数→分母の最小公倍数を両辺にかける。**

係数が小数→両辺を、10倍、100倍、…して整数に。

(1) **ミス対策** **数の項にも最小公倍数をかけるのを忘れないこと！**

①の両辺を6倍→ $3x-2y=-6$ …③

③に②を代入して y を消去し、x の値を求める。

(4) ②の両辺を10倍→ $3x+4y=2$ …③

①×3−③×2 より、$-23y=23$、$y=-1$

これを①に代入して、$2x-5\times(-1)=9$、$x=2$

8 **memo** **$A=B=C$ の形の連立方程式**

$\begin{cases} A=B \\ A=C \end{cases}$　$\begin{cases} A=B \\ B=C \end{cases}$　$\begin{cases} A=C \\ B=C \end{cases}$　のどれかの形に直す。

ミス対策 **計算しやすいものを選ぶこと。**

この場合なら、$\begin{cases} 3x-y=8 \\ 5x+y=8 \end{cases}$ を解けばよい。

入試レベル問題 p.39

1 (1) **$x=-2$**　(2) **$x=0$、$y=2$ と $x=2$、$y=7$**

2 **ウ**

3 (1) **$x=4$、$y=-9$**　(2) **$x=9$、$y=2$**

(3) **$x=2$、$y=-3$**　(4) **$x=2$、$y=-1$**

(5) **$x=-1$、$y=1$**　(6) **$x=2$、$y=-5$**

4 (1) **$x=-3$、$y=2$**　(2) **$x=2$、$y=-1$**

(3) **$x=7$、$y=2$**　(4) **$x=4$、$y=-2$**

(5) **$x=-11$、$y=4$**　(6) **$x=2$、$y=5$**

5 (1) **$x=-2$、$y=3$**　(2) **$x=\frac{2}{3}$、$y=\frac{4}{3}$**

解説

1 (2) **ミス対策** **条件に注意。式を変形して考える。**

$5x-2y+4=0$ → $2y=5x+4$ とすると、

$x=0$ のとき $y=2$、$x=2$ のとき $y=7$

$x=1$、3 のとき、y は整数にならない。

また、$x=4$ 以上のとき、y は10以下でない。

3 (3) ①＋②×2 より、$11x=22$、$x=2$

これを②に代入して、$3\times2-y=9$、$y=-3$

(5) ①×2＋②×3 より、$37y=37$、$y=1$

これを①に代入して、$3x+5\times1=2$、$x=-1$

4 かっこをはずしたり、係数を整数に直したりして、それぞれの**方程式を $ax+by=c$ の形にする。**

(5) $\left.\begin{array}{l} ①\times10 \text{ より、} 2x+8y=10 \\ ②\times8 \text{ より、} 4x+7y=-16 \end{array}\right\}$ を解く。

5 (2) $\begin{cases} x-16y+10=-8y \\ 5x-14=-8y \end{cases} \rightarrow \begin{cases} x-8y=-10 \\ 5x+8y=14 \end{cases}$

4 連立方程式の利用

本冊p.40・41

基礎レベル問題

p.40

1 (1) $a=2$、$b=-3$

(2) ① $\begin{cases} -a-2=b \\ -1+2a=b \end{cases}$ ② $a=-\dfrac{1}{3}$、$b=-\dfrac{5}{3}$

2 (1) $3x+2y=600$ (2) $\dfrac{x}{4}+\dfrac{y}{3}=2$

3 (1) $\begin{cases} x+y=75 \\ x=3y-5 \end{cases}$ (2) **55 と 20**

4 (1) $\begin{cases} x+y=7 \\ 250x+150y=1450 \end{cases}$

(2) **ケーキ… 4 個、シュークリーム… 3 個**

5 (1) $\begin{cases} x+y=38 \\ \dfrac{x}{24}+\dfrac{y}{4}=2 \end{cases}$

(2) **船で進んだ道のり…36 km、歩いた道のり… 2 km**

6 (1) $\begin{cases} \dfrac{70}{100}x+\dfrac{80}{100}y=8000 \\ x+y=11000 \end{cases}$

(2) **セーター…8000 円、シャツ…3000 円**

解説

1 **解を 2 つの方程式に代入し**、a、b についての方程式を解く。

(1) x、y の値を代入すると、$\begin{cases} 2a-6=-2 \\ 2-2b=8 \end{cases}$

となり、それぞれの 1 次方程式を解く。

2 (2) **時間＝道のり÷速さ** を使って式をつくる。

3 (1) 2 つの数の和は 75 → $x+y=75$

大きい数は小さい数の 3 倍よりも 5 小さい

→ $x=3y-5$

4 個数の関係、代金の関係からそれぞれ式をつくる。

5 (1) 道のりの和が 38 km だから、$x+y=38$ …①

かかった時間から、$\dfrac{x}{24}+\dfrac{y}{4}=2$ …②

(2) ②×24 として整理し、①との連立方程式を解く。

6

> **memo** 割合と割引き
>
> **割合**▶ a % → $\dfrac{a}{100}$、b 割 → $\dfrac{b}{10}$
>
> **定価の a %引き**▶定価 $\times\left(1-\dfrac{a}{100}\right)$

(1) **ミス対策** **定価の a %と a %引きを区別する。**

・定価 x 円の 30 % → $x\times\dfrac{30}{100}=\dfrac{30}{100}x$(円)

・定価 x 円の 30 %引き → $x\times\left(1-\dfrac{30}{100}\right)=\dfrac{70}{100}x$(円)

割引きされた値段から、$\dfrac{70}{100}x+\dfrac{80}{100}y=8000$

定価の関係から、 $x+y=11000$

入試レベル問題

p.41

1 (1) $a=2$、$b=1$ (2) $a=5$、$b=3$

2 **みかん… 8 個、りんご… 4 個**

3 **672**

4 **240 人**

5 **学校から公園までの道のりを x m、公園から動物園までの道のりを y m とすると、**

$\begin{cases} x+y=80\times50 & \cdots\cdots① \\ \dfrac{x}{60}+\dfrac{y}{70}+10=70 & \cdots\cdots② \end{cases}$

②を整理すると、$7x+6y=25200$ ……③

③−①×6 より、$x=1200$

①に $x=1200$ を代入して、

$1200+y=4000$、$y=2800$

道のりは正の数だから、これらは問題に適している。

(答) $\begin{cases} \text{学校から公園までの道のり} & 1200\text{m} \\ \text{公園から動物園までの道のり} & 2800\text{m} \end{cases}$

6 **列車の長さ…240 m、時速 72 km**

解説

1 (2) **解はどの方程式でも同じ**なので、まず、係数のわかる $\begin{cases} -x-5y=7 \\ 3x+2y=5 \end{cases}$ を連立方程式として解くと、

$x=3$、$y=-2$

この x、y の値を、残りの 2 つの方程式に代入して、$\begin{cases} 3a-2b=9 \\ 6b-2a=8 \end{cases}$ これを解いて、$\begin{cases} a=5 \\ b=3 \end{cases}$

3 X の百の位の数を x、一の位の数を y とすると、X は $100x+70+y$、Y は $100y+70+x$ と表せるから、

$\begin{cases} x+7+y=15 & \cdots\cdots① \\ (100x+70+y)-(100y+70+x)=396 & \cdots\cdots② \end{cases}$

これを解くと、$x=6$、$y=2$　よって、X は 672

4 この高校の昨年度の市内在住の生徒数を x 人、市外在住の生徒数を y 人とすると、生徒数の関係から、

$$\begin{cases} x+y=500 & \cdots\cdots① \\ \dfrac{80}{100}x+\dfrac{130}{100}y=500 & \cdots\cdots② \end{cases}$$

これを解くと、$x=300$、$y=200$

よって、今年度の市内在住の生徒数は、

$300\times\dfrac{80}{100}=240$(人)

6 **ミス対策** **列車の長さを道のりに加えること！　また、求めた秒速を時速に直すこと！**

列車の長さを x m、速さを秒速 y m とすると、

$\begin{cases} 1360+x=80y \\ 860+x=55y \end{cases}$　これを解くと、$\begin{cases} x=240 \\ y=20 \end{cases}$

y は秒速だから、時速に直すと、時速 72 km

5 1次関数

本冊p.42・43

基礎レベル問題

p.42

1 (1) **○**　(2) **×**　(3) **○**　(4) **×**

2 **ア、ウ**

3 (1) **2**　(2) **2**

4 (1) **−5**　(2) **−20**

5 (1) **14**　(2) **−1**

6 (1) **傾き 3、切片 −5**　(2) **傾き $\frac{1}{3}$、切片 −1**

(3) **傾き −5、切片 0**　(4) **傾き $-\frac{5}{2}$、切片 3**

7 **右の図**

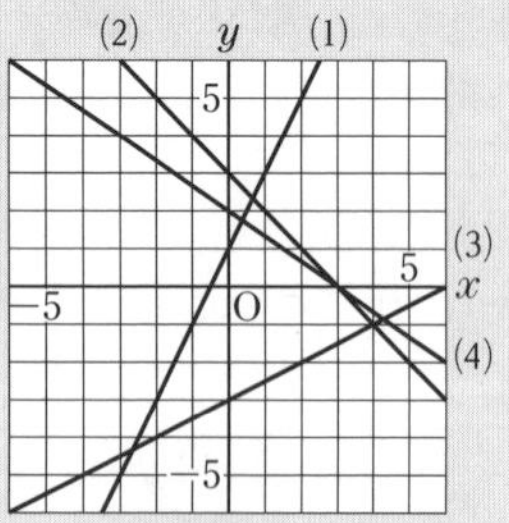

8 (1) $\boldsymbol{y=-2x+3}$

(2) $\boldsymbol{y=3x-6}$

(3) $\boldsymbol{y=5x+3}$

9 (1) $\boldsymbol{y=4x-2}$

(2) $\boldsymbol{y=-3x+9}$

10 (1) $\boldsymbol{y=3x+6}$

(2) $\boldsymbol{y=-2x+5}$

解説

1 $\boldsymbol{y=ax+b}$(a、b は定数)の形であれば、**y は x の1次関数**である。

(3) $b=0$ の場合で、1次関数であり比例の式。

(4) **ミス対策** **1次関数と反比例を区別！**

これは反比例の式であり、1次関数ではない。

2 式に表し、**$y=ax+b$ の形になるかどうか**を判断する。それぞれを式に表すと、ア $y=60x$、イ $y=x^2$、ウ $y=18-0.3x$、エ $y=\dfrac{36}{x}$ となる。

3 (2) $x=-2$ のとき、

$y=2\times(-2)-1=-5$

$x=3$ のとき、

$y=2\times3-1=5$

だから、変化の割合は、

$\dfrac{5-(-5)}{3-(-2)}=2$

> **memo** **変化の割合**
>
> **変化の割合＝$\dfrac{y\text{の増加量}}{x\text{の増加量}}$**
>
> 1次関数 $y=ax+b$ では、変化の割合は**一定で、a に等しい。**
>
> 上の式から、
>
> **(y の増加量)**
>
> **＝a×(x の増加量)**

4 1次関数 $y=-5x+3$ の変化の割合は −5 だから、

(2)で、y の増加量は、$-5\times4=-20$

5 $y=3x-1$ に、(1)は $x=5$ を代入して y の値を求め、(2)は $y=-4$ を代入して x の値を求める。

7 (3) 傾き $\dfrac{1}{2}$ の直線は、右へ 2 進むと、上へ 1 進む。

(4) **ミス対策** **x、y 座標がともに整数となる点を見つけて、グラフをかくこと！**　傾き $-\dfrac{2}{3}$ の直線は、右へ 3 進むと、下へ 2 進む。

8

> **memo** **傾き a、切片 b の直線の式▶ $y=ax+b$**

(2) 変化の割合は、グラフ上では直線の傾き。

(3) **平行な直線どうしは、傾きが等しい。**

9 (1) $y=4x+b$ とおき、点(2、6)の x、y の値を代入して、切片 b を求める。

10 1次関数の式を $y=ax+b$ とおいて、2点の座標を代入し、a、b の連立方程式を解く。

入試レベル問題

p.43

1 **ウ、エ**

2 (1) **−4**　(2) **8**

3 (1) $\boldsymbol{y=2x-1}$　(2) $\boldsymbol{a=2}$、$\boldsymbol{b=-5}$

(3) $\boldsymbol{-3\leqq y\leqq 3}$　(4) **10**

4 **ウ**

5 (1) $\boldsymbol{y=-\frac{1}{2}x+2}$　(2) $\boldsymbol{y=\frac{3}{5}x-\frac{12}{5}}$

解説

1 ア～エのそれぞれについて、y を x の式で表し、式の形が $y=ax+b$ であるものを選ぶ。

ア　立方体の体積＝1辺×1辺×1辺

より、$y=x^3$

イ　長方形の面積＝縦×横

より、$xy=50$、$y=\frac{50}{x}$

ウ　円の周の長さ＝2π×半径　より、$y=2\pi x$

エ　食塩の量＝食塩水の量×濃度

より、$y=x\times\frac{5}{100}$、$y=\frac{1}{20}x$

2 変化の割合は $-\frac{4}{5}$ だから、(1) $-\frac{4}{5}\times5=-4$

3 (4) $y=ax+b$ に2点の座標を代入して連立方程式を解くと、$a=3$、$b=1$ → $y=3x+1$

4 ア　$y=-3x+5$ に $x=-3$ を代入すると、

$y=-3\times(-3)+5=14$ →正しくない。

イ　$x=1$ のとき、$y=-3\times1+5=2$

$x=2$ のとき、$y=-3\times2+5=-1$

→正しくない。

ウ　$x=1$ のとき $y=2$、$x=2$ のとき $y=-1$

だから、y の変域は $-1\leqq y\leqq2$ →正しい。

エ　$x=1$ のとき $y=2$

$x=3$ のとき $y=-3\times3+5=-4$

だから、y の増加量は、$-4-2=-6$ →正しくない。

5 (2) ミス対策 **x、y 座標がともに整数である2点を見つける。その2点の座標から、傾きを求める。**

2点$(-1,\ -3)$、$(4,\ 0)$を通るから、傾きは$\frac{3}{5}$

$y=\frac{3}{5}x+b$ とおいて、$(4,\ 0)$を代入→ $b=-\frac{12}{5}$

6 方程式とグラフ　本冊p.44・45

基礎レベル問題　p.44

1 (1) $y=-2x+3$

(2) 右の図

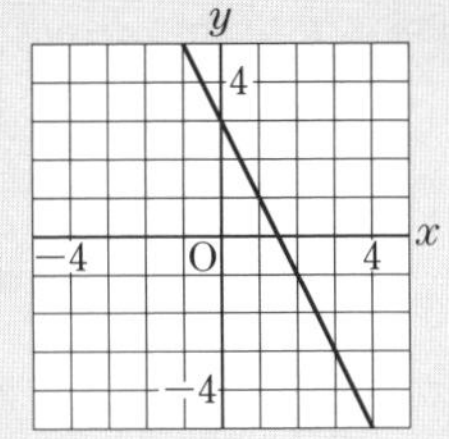

2 右下の図

3 (1) エ　(2) イ　(3) ウ

4 (1) $(2,\ -1)$

(2) $x=2$、$y=-1$

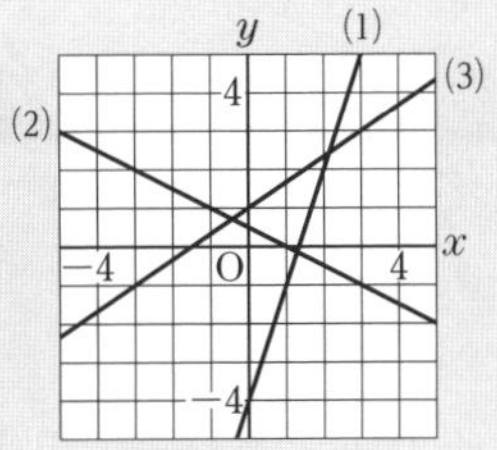

5 $(-2,\ 4)$

6 (1) $y=0.5x+12$

(2) 22 cm

7 (1) $(-4,\ 0)$

(2) 16 cm^2

8 (1) 10分

(2) 行き…分速 60 m、帰り…分速 80 m

解説

1 2元1次方程式 $ax+by=c$ のグラフは、式を**$y=$〜の形に変形**して、傾きと切片を求めてかく。

2 (2) 切片が整数にならないときは、**通る2点の座標**を求めてかくこともできる。

$x=3$ のとき $y=-1$、$x=1$ のとき $y=0$

だから、グラフは2点$(3,\ -1)$、$(1,\ 0)$を通る直線になる。

3 memo **$y=k$、$x=h$ のグラフ**

$y=k$ のグラフ▶点$(0,\ k)$を通り x 軸に平行

$x=h$ のグラフ▶点$(h,\ 0)$を通り y 軸に平行

ミス対策 **$y=-3$ → x がどんな値でも $y=-3$ だから、点$(0,\ -3)$を通り x 軸に平行と考える。**

4 memo **2直線の交点の座標が$(a,\ b)$**

⟺連立方程式の解 $x=a$、$y=b$

5 **4**の逆で、連立方程式を解くことで、2直線の交点の座標を求める。①+②より、$8x=-16$

よって、$x=-2$　これを①に代入して、$y=4$

したがって、直線①と②の交点は、$(-2,\ 4)$

6 表のどこをとっても、x の増加量3に対して、y の増加量は1.5で、**変化の割合は $1.5\div3=0.5$ で一定**である。したがって、**y は x の1次関数**である。

(1) x に比例する部分は $0.5x$、はじめの長さは 12 cm

(2) $y=0.5x+12$ に $x=20$ を代入→ $y=22$

7 (1) $y=2x+8$ に $y=0$ を代入→ $x=-4$

(2) A$(-4,\ 0)$、B$(0,\ 8)$だから、底辺 4 cm、高さ 8 cm の直角三角形の面積を求める。

8 グラフからは、たくやさんが公園まで一定の速さで20分間歩き、10分休んでから、15分かけて一定の速さで帰ってきたことが読み取れる。

(2) 行きは、1200 m を 20分→ $1200\div20=60$(m/min)

帰りは、1200 m を 15分→ $1200\div15=80$(m/min)

入試レベル問題　p.45

1 右の図

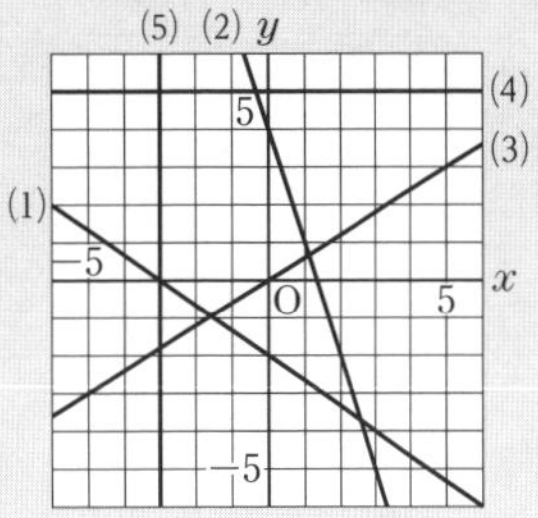

2 ウ

3 (1) $y=3x-5$

(2) $y=-\frac{1}{2}x+3$

(3) $\left(\frac{16}{7},\ \frac{13}{7}\right)$

4 (1) **右の図**

(2) **午前 10 時 12 分**

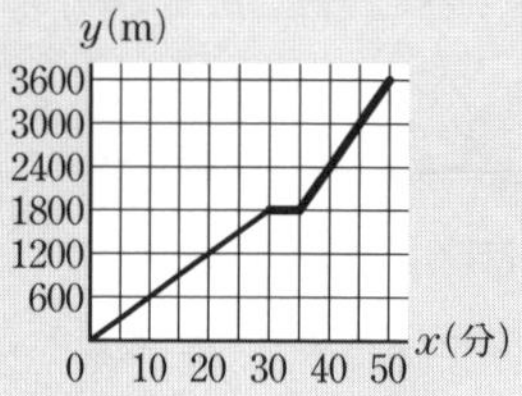

解説

1 (1)~(3) **基本は y=~の形に変形**して、切片と傾きからグラフをかく。2 点の座標を求めてかいてもよい。

(4) $y=5$ →点(0、5)を通り、x 軸に平行な直線。

(5) $x=-3$ →点(-3、0)を通り、y 軸に平行な直線。

2 $ax+by=1$ を y について解くと、

$$by=-ax+1、y=-\frac{a}{b}x+\frac{1}{b}$$

グラフから、この直線の切片は正だから、

$\frac{1}{b}>0$ より、$b>0$

また、右上がりの直線だから、$-\frac{a}{b}>0$

$b>0$ より、$a<0$

よって、a は負の数であり、b は正の数である。

4 (1) 休憩後は毎分 120 m の速さで 1800 m を走ったので、かかった時間は、1800÷120=15(分)、休憩時間は 20−15=5(分)となる。

(2) $0 \leqq x \leqq 30$ のとき、x と y の関係は、

健司…$y=60x$…① 美咲…$y=-240x+3600$…②

だから、①②を連立方程式として解いて、$x=12$

7 平行線と角

本冊p.46・47

基礎レベル問題

p.46

1 (1) **70°** (2) **50°** (3) **180°**

2 (1) **∠e** (2) **∠h**

3 **∠x=75°** **∠y=80°**

4 (1) **180** (2) **180** (3) **錯角**

5 (1) **ACB** (2) **ACD**

6 (1) **40°** (2) **135°**

7 (1) **3** (2) **4** (3) **4**

(4) **6** (5) **6**

8 (1) **900°** (2) **135°**

(3) **360°** (4) **36°**

解説

1 **対頂角は等しい**から、(1) ∠a=70°、(2) ∠b=50°

(3) ∠c の対頂角を考えると、∠a+∠b+∠c は一直線の角になるから 180°

3

> **memo** **平行線の性質、平行線になる条件**
> **2 直線が平行⇔同位角・錯角が等しい**

$\ell /\!/ m$ で、∠x は 75° の角の錯角だから ∠x=75°

また、∠y の対頂角と 80° の角は同位角。

4 **錯角が等しければ、2 つの直線は平行**であることを使って説明する。

5 ここでは、三角形の 3 つの内角の和は 180° であることを使って説明している。このほか、頂点 C を通り、辺 AB に平行な直線をひき、平行線の性質を使って説明することもできる。

6

> **memo** **三角形の内角・外角の性質**
> ① 3 つの**内角の和は 180°** である。
> ② 1 つの**外角**は、**それととなり合わない 2 つの内角の和に等しい。**

(1) ∠x=180°−(80°+60°)=40°

(2) 上の②の性質から、∠x=60°+75°=135°

7 多角形の内角の和は、1 つの頂点からひいた対角線によって、いくつの三角形に分けられるかを考えて求める。n 角形は($n-2$)個の三角形に分けられる。

8

> **memo** **多角形の内角の和・外角の和**
> **n 角形の内角の和 ▶ 180°×(n−2)**
> **多角形の外角の和 ▶ (何角形でも) 360°**

ミス対策 **内角の和は、7 にもどって考えよう！**

(1) 180°×(7−2)=180°×5=900°

(2) 正八角形の内角の和は、180°×(8−2)=1080°

したがって、1 つの内角は、1080°÷8=135°

(3) どんな多角形でも、外角の和は 360° である。

(4) 360°÷10=36°

入試レベル問題

p.47

1 (1) **∠x=37°** **∠y=93°** (2) **∠x=122°** **∠y=38°**

2 (1) **40°** (2) **17°**

3 (1) **75°** (2) **35°**

4 (1) **1800°** (2) **1260°** (3) **正八角形** (4) **50°**

5 **105°**

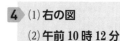

解説

1 (1) $\angle y=180°-(50°+37°)=93°$

(2) $\angle x=180°-58°=122°$、$\angle y=180°-142°=38°$

2 **三角形の内角・外角の性質**を使う。

(2) 右の図のような補助線をひく。三角形の内角・外角の性質から、

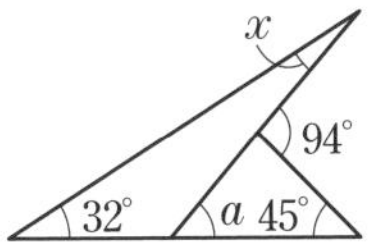

$\angle a=\angle x+32°$、$\angle a+45°=94°$

だから、

$\angle x+32°+45°=94°$、$\angle x=17°$

3 (1) **ミス対策** **補助線をひいて考えよう！**

右の図のように、直線 ℓ、m に平行な直線 n をひくと、

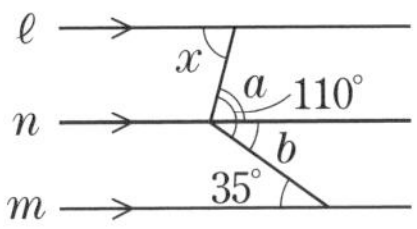

$\angle a=\angle x$、$\angle b=35°$ だから、$\angle x=110°-35°=75°$

4 (2) 1つの外角の大きさは、$180°-140°=40°$

多角形の外角の和は 360° だから、この正多角形は、$360°\div 40°=9$ より、正九角形。

1つの内角が 140° だから、この正九角形の内角の和は、$140°\times 9=1260°$

5 四角形の内角の和は 360° だから、

$\angle \mathrm{BAD}+\angle \mathrm{ABC}=360°-(90°+120°)=150°$

$\angle a+\angle b$

$=\frac{1}{2}(\angle \mathrm{BAD}+\angle \mathrm{ABC})$

$=\frac{1}{2}\times 150°=75°$

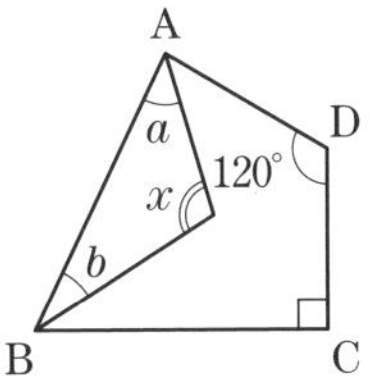

三角形の内角の和は 180° だから、$\angle x=180°-(\angle a+\angle b)=180°-75°=105°$

8 図形の合同と証明

本冊p.48・49

基礎レベル問題 p.48

1 (1) **辺 EF** (2) **$\angle$D**

(3) **四角形 ABCD≡四角形 EFGH**

2
- **㋐と㋔…1組の辺とその両端の角がそれぞれ等しい**
- **㋑と㋕…3組の辺がそれぞれ等しい**
- **㋒と㋓…2組の辺とその間の角がそれぞれ等しい**

3 **ア、ウ、エ**

4 (1) 仮定…**△ABC で、AB＝AC**

結論…**∠B＝∠C**

(2) 仮定…**2直線が平行**

結論…**錯角は等しい**

(3) 仮定…**x が 18 の倍数**

結論…**x は 6 の倍数**

5 (1) 仮定…**AB∥CD、AB＝DC**

結論…**AO＝DO**

(2) **△OAB と △ODC**

(3) ①**ウ** ②**エ** ③**イ**

解説

1 合同な図形では、**対応する辺や角は等しい。**

(1) 辺 AB と辺 EF、(2) ∠H と ∠D が対応する。

(3) **ミス対策** **対応する頂点の順に書くこと！**

2 memo 三角形の合同条件

① **3組の辺**がそれぞれ等しい。

② **2組の辺とその間の角**がそれぞれ等しい。

③ **1組の辺とその両端の角**がそれぞれ等しい。

㋐のように2つの内角が与えられているときは、残りの内角も調べること。

3 ウ **ミス対策** **2組の角が等しければ、残り1組の角も等しくなる！** ∠A＝∠D ならば、∠C＝∠F

4 「○○○ならば、□□□」のとき、○○○の部分が**仮定**、□□□の部分が**結論**。

5 証明では、まず、**仮定と結論をはっきりさせる**ことが大切である。

(2) 結論は、AO＝DO なので、これらを辺にもつ2つの三角形を考える。

(3) ①仮定 AB∥CD から、平行線の性質「錯角は等しい」が根拠として使える。

入試レベル問題 p.49

1 **ウ**

2 **60°**

3 (1) 仮定…**△ABC は正三角形、∠BAD＝∠CBE**

結論…**AD＝BE**

(2) ㋐ **∠BCE** ㋑ **∠CBE**

㋒ **1組の辺とその両端の角**

㋓ **△ABD≡△BCE**

㋔ **対応する辺の長さは等しい**

4 〔証明〕 **△ABF と △DBG において、**

△ABC≡△DBE だから、

AB=DB ……①

∠BAF=∠BDG ……②

∠ABC=∠DBE ……③

また、

∠ABF=∠ABC−∠EBC ……④

∠DBG=∠DBE−∠EBC ……⑤

③、④、⑤より、∠ABF=∠DBG ……⑥

①、②、⑥より、1組の辺とその両端の角がそれぞれ等しいから、△ABF≡△DBG

合同な図形の対応する辺は等しいから、

AF=DG

解説

1 ア 3組の辺がそれぞれ等しいから、

△ABC≡△DEF

イ 2組の辺とその間の角がそれぞれ等しいから、

△ABC≡△DEF

ウ 下の図のように、△ABC と △DEF が合同にならない場合がある。

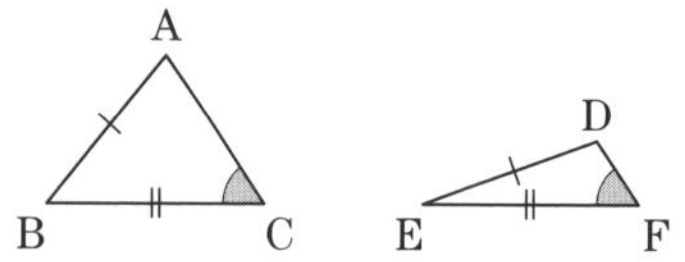

エ 1組の辺とその両端の角がそれぞれ等しいから、

△ABC≡△DEF

2 △ABD と △CBD において、

仮定から、AB=CB、AD=CD

共通な辺だから、BD=BD

よって、3組の辺がそれぞれ等しいから、

△ABD≡△CBD

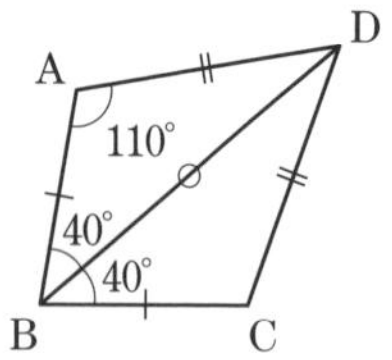

よって、

∠ABD=∠CBD=40°

三角形の内角の和は 180° だから、

∠ADB=180°−(110°+40°)=30°

したがって、∠ADC=2∠ADB=2×30°=60°

3 (1) **「○○○ならば、□□□」**の形に言いかえてみる。

4 ∠ABF と ∠DBG は、大きさの等しい ∠ABC と ∠DBE から、∠EBC をそれぞれひいた角であることを利用する。

9 三角形

本冊p.50・51

基礎レベル問題 p.50

1 (1) **2つの辺(2辺)が等しい**

(2) 仮定…**△ABC で、AB=AC**

結論…**∠B=∠C**

2 (1) **40°**　　(2) **45°**

3 ㋐ **∠CAD**　　㋑ **2組の辺とその間の角**

㋒ **90**

4 **イ**

5 (1) **整数 a、b で、$a+b$ が偶数ならば、a も b も偶数である。(正しくない)**

(2) **同位角が等しければ、2直線は平行である。(正しい)**

(3) **四角形で、向かい合った2組の辺がそれぞれ平行ならば、ひし形である。(正しくない)**

6 (1) **AB=BC=CA**　　(2) **∠A=∠B=∠C(=60°)**

7 ・**㋑と㋓…斜辺と他の1辺がそれぞれ等しい**

・**㋒と㋔…斜辺と1つの鋭角がそれぞれ等しい**

解説

1 (2) 「△ABC が二等辺三角形ならば、2つの底角は等しい。」と考え、それぞれ記号で表す。

2 (1) $\angle x=180^\circ-70^\circ\times2=40^\circ$

(2) $\angle x=(180^\circ-90^\circ)\div2=45^\circ$

3 「底辺を垂直に2等分する」を記号で表すと、BD=CD、AD⊥BC となる。これを証明する。

4 残りの角も調べて、**2つの角が等しい三角形**を選べばよい。

5 **ミス対策** **逆は正しいとは限らない。**正しくないときは、**反例**を1つ示せばよい。

> **memo** 逆
>
> A ならば B
>
> ↕ 逆
>
> B ならば A

(1) 例えば、$a=3$、$b=5$ のとき、逆は正しくない。

(3) 逆は、ひし形でない平行四辺形も考えられる。

7

> **memo** 直角三角形の合同条件
>
> ①**斜辺と1つの鋭角**がそれぞれ等しい。
>
> ②**斜辺と他の1辺**がそれぞれ等しい。

直角三角形では、斜辺を確認すること。

㋒の残りの角は 50° で、㋔とは、斜辺と1つの鋭角がそれぞれ等しくなっている。

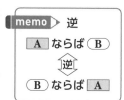

入試レベル問題　p.51

1 **48°**

2 (1)〔証明〕 **$\triangle BCD$ と $\triangle CBE$ において、**

仮定より、$BD=CE$ ……①

共通な辺だから、$BC=CB$ ……②

また、二等辺三角形の底角だから、

$\angle DBC=\angle ECB$ ……③

①、②、③より、2 組の辺とその間の角がそれぞれ等しいから、$\triangle BCD\equiv\triangle CBE$

(2)〔証明〕 (1) **より、合同な図形の対応する角は等しいから、$\angle DCB=\angle EBC$**

すなわち、$\triangle PBC$ で、$\angle PCB=\angle PBC$

2 つの角が等しいから、$\triangle PBC$ は二等辺三角形である。

3 **55°**

4 〔証明〕 **$\triangle ABD$ と $\triangle ACD$ において、**

共通な辺だから、$AD=AD$ ……①

AE は $\angle BAC$ の二等分線だから、

$\angle BAD=\angle CAD$ ……②

$AC/\!/BE$ で、平行線の錯角は等しいから、

$\angle CAD=\angle BED$ ……③

②、③より、$\angle BAD=\angle BED$

よって、$\triangle ABE$ は二等辺三角形だから、

$AB=BE$ ……④

仮定から、$AC=BE$ ……⑤

④、⑤より、$AB=AC$ ……⑥

①、②、⑥より、2 組の辺とその間の角がそれぞれ等しいから、$\triangle ABD\equiv\triangle ACD$

5 〔証明〕 **$\triangle ABF$ と $\triangle DAG$ において、**

仮定から、$\angle AFB=\angle DGA=90^\circ$ ……①

正方形の 4 辺は等しいから、$AB=DA$ ……②

$\angle BAF=\angle BAD-\angle DAG$

$=90^\circ-\angle DAG$ ……③

三角形の内角の和は 180° だから、$\triangle DAG$ で、

$\angle ADG=180^\circ-(\angle AGD+\angle DAG)$

$=180^\circ-(90^\circ+\angle DAG)$

$=90^\circ-\angle DAG$ ……④

③、④より、$\angle BAF=\angle ADG$ ……⑤

①、②、⑤より、直角三角形の斜辺と 1 つの鋭角がそれぞれ等しいから、

$\triangle ABF\equiv\triangle DAG$

解説

1 $\angle ACB=180^\circ-114^\circ=66^\circ$

$AB=AC$ だから、$\angle ABC=\angle ACB=66^\circ$

三角形の内角の和は 180° だから、

$\angle BAC=180^\circ-66^\circ\times2=48^\circ$

3 $DB=DC$ だから、

$\angle DCB=\angle DBE=47^\circ$

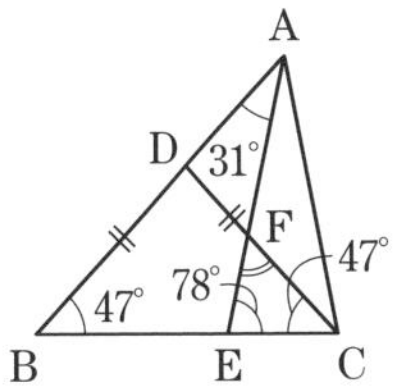

$\triangle ABE$ の内角と外角の関係から、

$\angle FEC$

$=\angle DBE+\angle DAF$

$=47^\circ+31^\circ=78^\circ$

三角形の内角の和は 180° だから、

$\angle EFC=180^\circ-(78^\circ+47^\circ)=55^\circ$

10 四角形　本冊p.52・53

基礎レベル問題　p.52

1 (1) **$AB/\!/DC$、$AD/\!/BC$**

(2) ① **16 cm**　② **13 cm**　③ **80°**　④ **100°**

2 (1) **$/\!/$**　(2) **BC**　(3) ① **$\angle DCB$**　② **$\angle CDA$**

(4) ① **CO**　② **DO**　(5) **$/\!/$**

3 (1) 仮定…**$OA=OC$、$OB=OD$**

結論…**$AB/\!/DC$、$AD/\!/BC$**

(2) ㋐ **$\angle COD$**　㋑ **2 組の辺とその間の角**

㋒ **$\angle OCD$**　㋓ **錯角**

4 (1) **長さが等しい**

(2) **垂直に交わる**

(3) **長さが等しく、垂直に交わる**

5 (1) **$\triangle BDE$、$\triangle CDE$**

(2) **$\triangle DBC$、$\triangle ACD$、$\triangle ABD$**

解説

1 memo 平行四辺形の性質

① 2 組の向かい合う辺は、それぞれ等しい。

② 2 組の向かい合う角は、それぞれ等しい。

③対角線は、それぞれの中点で交わる。

2 平行四辺形になるための 5 つの条件は、必ず覚える。

3 (1) この場合の結論は、平行四辺形の定義である $AB/\!/DC$、$AD/\!/BC$

4 長方形、ひし形、正方形は、**平行四辺形の特別な**

場合であるから、**平行四辺形の性質をもち**、かつ、(1)、(2)、(3)のそれぞれの性質ももっている。

5 memo 平行線と面積

2点P、Qが直線ABの同じ側にあるとき、

① **PQ∥AB ならば、△PAB＝△QAB**

② **△PAB＝△QAB ならば、PQ∥AB**

(2) ミス対策 **平行線が2組以上あるときは、底辺と高さの見方を変えてみるとよい。**

AD∥BC だから、△ABC＝△DBC …①

AB∥DC だから、△DBC＝△ACD …②

AD∥BC だから、△ACD＝△ABD …③

①、②、③より、**対角線は平行四辺形の面積を2等分する**ことがわかる。

入試レベル問題 p.53

1 (1) **20°** (2) **70°**

2 **イ、エ**

3 〔証明〕 **四角形 DHBF において、**

仮定から、HD∥BF、HD＝BF

1組の対辺が平行で、その長さが等しいので、

四角形 DHBF は平行四辺形である。

△BEI と △DGJ において、

AB＝CD、AE＝CG なので、

BE＝DG ……①

AB∥DC から、錯角なので、

∠BEI＝∠DGJ ……②

BH∥FD から、同位角、対頂角なので、

∠EIB＝∠EJF＝∠GJD ……③

②、③から、∠EBI＝∠GDJ ……④

①、②、④から、1組の辺とその両端の角がそれぞれ等しいので、△BEI≡△DGJ

4 (1)〔証明〕 **△BAE と △FAE において、**

仮定より、∠BAE＝∠FAE ……①

AF∥BE より、∠FAE＝∠BEA …②

AB∥FE より、∠BAE＝∠FEA …③

また、共通な辺だから、AE＝AE…④

①、②、③、④より、1組の辺とその両端の角がそれぞれ等しいので、△BAE≡△FAE

かつ、△BAE と △FAE は二等辺三角形。

したがって、BA＝BE＝FA＝FE

よって、四角形 ABEF はひし形である。

(2)〔証明〕 **仮定より、AB∥FE∥DC**

また、FD∥EC だから、四角形 FECD は平行四辺形である。よって、EC＝FD …①

また、(1) より、CD＝BA＝AF …②

①、②より、EC＋CD＝FD＋AF＝AD

5 **ウ**

解説

2 ア 図1のような四角形(台形)になる場合がある。

図1

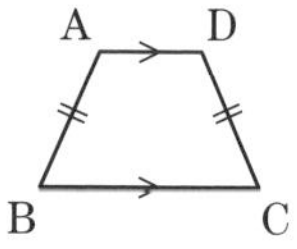

イ 1組の対辺が平行でその長さが等しいから、四角形ABCDは平行四辺形である。

図2

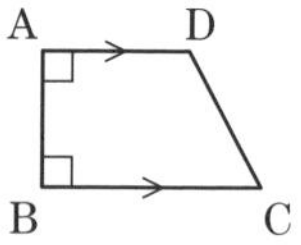

ウ 図2のような四角形(台形)になる場合がある。

図3

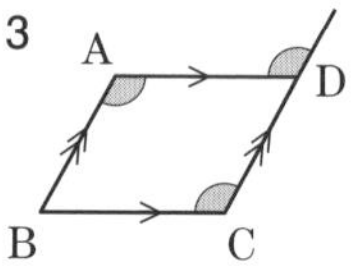

エ 図3のように、錯角が等しくなるから、AB∥DC となり、2組の対辺がそれぞれ平行だから、四角形ABCDは平行四辺形である。

図4

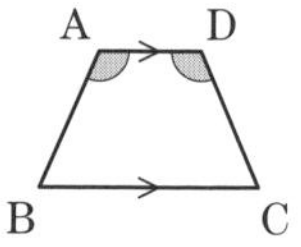

オ 図4のような四角形(台形)になる場合がある。

5 ア △ABC と △ACE で、AB、EC をそれぞれ底辺とみると、高さは等しいが、底辺 AB と EC の長さが等しくない。△ABC≒△ACE

イ △ABC と △BCE で、BC をそれぞれの底辺とみると、高さは等しくない。△ABC≒△BCE

ウ △ABC と △ABE で、AB をそれぞれの底辺とみると、高さは等しい。よって、△ABC＝△ABE

エ △ABC と △BCF で、BC をそれぞれの底辺とみると、高さは等しくない。△ABC≒△BCF

11 確率、データの活用 本冊p.54・55

基礎レベル問題 p.54

1 (1) **5通り** (2) **2通り** (3) $\frac{2}{5}$ (4) $\frac{3}{5}$

2 (1) ① **B** ② **C** ③ **C** ④ **A**

(2) **6通り** (3) $\frac{1}{3}$

3 (1) $\frac{1}{6}$ (2) **0** (3) $\frac{5}{6}$ (4) **1**

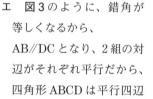

4 (1) 第1四分位数…**17m**　第2四分位数…**22m**
第3四分位数…**25m**　四分位範囲…**8m**

(2)
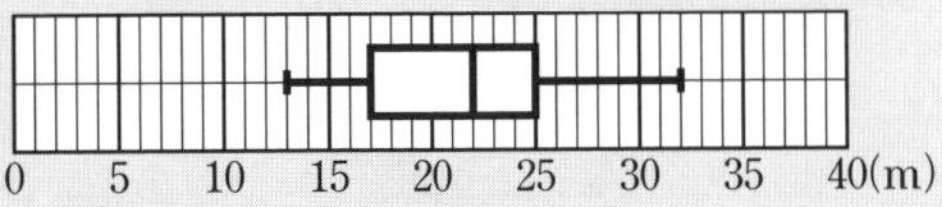

5 **ウ**

6 (1) **この図からはわからない**
(2) **正しい**　(3) **正しくない**

解説

1

> **memo** **確率の求め方**▶起こる場合が全部で n 通り、ことがらAの起こる場合が a 通り
> ➡ ことがらAの起こる確率 p　$p=\frac{a}{n}$

(4)　奇数が出る場合は3通り→確率は$\frac{3}{5}$

3 (2)　**けっして起こらない確率**だから、0

(3)　(1)が**起こらない確率**だから、$1-\frac{1}{6}=\frac{5}{6}$

4 (1)　データの数は10個だから、第2四分位数は5番目と6番目の**平均値**で、(21＋23)÷2＝22(m)
第1四分位数は、前半5個の中央値で、17(m)
第3四分位数は、後半5個の中央値で、25(m)

5　イは最大値が、エは最小値がヒストグラムと合わない。また、ヒストグラムより、データの値が20以下の個数が半数以上だから、中央値は20以下である。よって、中央値が20より大きいアは合わない。

6 (1)　**箱ひげ図の左右の長さは範囲の大きさ**であって、データの個数を表しているわけではない。したがって、各組の人数はこの図からはわからない。
(2)　箱の左右の幅は、2組のほうが1組より大きいので、2組のほうが四分位範囲は大きい。
(3)　4組の第2四分位数(中央値)は15mより小さいので、15m以上の人は半数以下である。

入試レベル問題

p.55

1 (1) $\frac{7}{36}$　(2) $\frac{1}{9}$　(3) $\frac{4}{9}$　(4) $\frac{5}{12}$

2 (1) $\frac{1}{8}$　(2) $\frac{7}{8}$

3 $\frac{3}{5}$

4 **5回**

5 **イ、エ**

解説

1 (1)　目の数の和が、5、10のとき。
(3)　目の数の積が、1、2、3、4、6、12のとき。
(4)　目の数の和が、2、3、5、7、11のとき。

2 (2) **ミス対策**▶**「少なくとも1枚は裏」＝「全部が表ではない」と考える。**
(1)から全部が表→$\frac{1}{8}$だから、$1-\frac{1}{8}=\frac{7}{8}$

3　赤玉を赤①、赤②、青玉を青①、青②、青③として、2個の玉の取り出し方を樹形図に表すと、

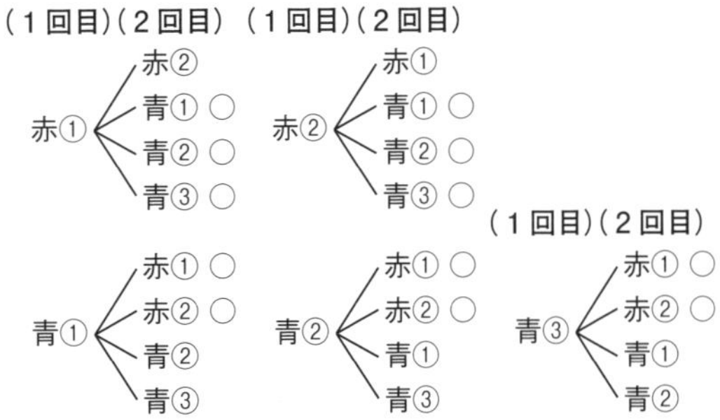

したがって、求める確率は、$\frac{12}{20}=\frac{3}{5}$

4　成功した回数を少ない方から順に並べると、

2　3　4　5　5　6　7　8　9　9　10
（4↑第1四分位数　6↑第2四分位数　9↑第3四分位数）

四分位範囲＝第3四分位数－第1四分位数
だから、9－4＝5(回)

5 ア　それぞれの箱ひげ図から平均点を読み取ることはできない。
イ　国語の最低点は30点以上、数学の最低点は20点、英語の最低点は20点以上。
30＋20＋20＝70(点)より、3教科の合計点の最低は70点以上だから、合計点が60点以下の生徒はいない。
ウ　第2四分位数は、全体の真ん中の得点、すなわち13番目の得点である。これより、第2四分位数が60点より高いとき、13人以上の生徒が60点以上であると考えられる。
国語の第2四分位数は60点より高いので、13人以上の生徒が60点以上であるといえる。
エ　第3四分位数は、得点の高いほうから6番目と7番目の平均値だから、箱ひげ図の右のひげの部分に6人の得点が含まれる。
英語の第3四分位数は80点より高いので、80点以上の生徒が6人以上いる。

理科　解答と解説

1 物質の成り立ち

本冊p.58・59

基礎レベル問題　p.58

1 (1) 固体A…**炭酸ナトリウム**　液体B…**水**
気体C…**二酸化炭素**
(2) **白色**　(3) **(うすい)赤色(桃色)**
(4) **白くにごる。**　(5) **分解(熱分解)**

2 (1) **黒(色→)白(色)(灰色も可)**
(2) 気体…**酸素**　固体…**銀**

3 (1) **電気分解**　(2) 陰極…**水素**　陽極…**酸素**

4 (1) **原子**　(2) **分子**

5 (1) ① **H**　② **N**　③ **Fe**　④ **Cu**
(2) ①**酸素**　②**塩素**　③**ナトリウム**
④**アルミニウム**

6 (1) **化学式**　(2) ①**酸素**　②**水素**　③**水**
④**二酸化炭素**
(3) ① N_2　② **Mg**　③ **NaCl**　④ **CuO**

7 (1) **単体**　(2) **化合物**

解説

1 　**炭酸水素ナトリウム**は**白色**で**重そう**ともよばれる粉末状の物質で、加熱すると、**炭酸ナトリウム、水、二酸化炭素**の３種類の物質に分解する。

(2)　固体Aは炭酸ナトリウムで、炭酸水素ナトリウムとは異なる物質である。

(3)　青色の**塩化コバルト紙**は、**水**にふれるとうすい赤色(桃色)に変化し、水の検出に使われる。

(4)　**石灰水**《せっかいすい》は**二酸化炭素**を確かめるときに使う。

(5)　１種類の物質が２種類以上の別の物質に分かれる化学変化を**分解**《ぶんかい》という。

2 　黒色の酸化銀を加熱すると、白色(灰色)の銀と気体の酸素に**分解**する。

酸化銀 ⟶ 銀 ＋ 酸素

3 　水を電気分解《でんきぶんかい》すると、**陰極**《いんきょく》に**水素**、**陽極**《ようきょく》に**酸素**が発生する。　**水 ⟶ 水素 ＋ 酸素**

4 　たとえば、水素という気体が示す性質は、水素原《げん》子《し》の性質ではなく、水素分子《ぶんし》が示す性質である。

5 　元素《げんそ》記号は、アルファベット１文字の場合は**大文字**、２文字の場合は**大文字＋小文字**。

ミス対策 **２文字の元素記号に注意！**
塩素の元素記号…cl(×)→ Cl
ナトリウムの元素記号…NA(×)→ Na

6 (3)　化合物《かごうぶつ》の化学式《かがくしき》は金属原子が先、ほかの原子は後。

7 　単体《たんたい》、化合物のどちらも純粋《じゅんすい》な物質である。

入試レベル問題　p.59

1 (1) **二酸化炭素**　(2) **塩化コバルト紙**
(3) ㋐…**イ、ウ**　㋑…**ア、エ**　(4) **3種類**

2 (1) **電流を流れやすくするため。**
(2) 気体A…H_2　気体B…O_2　(3) **ア**
(4) **分解しない。**

3 (1) **エ**
(2) $2NaHCO_3$　CO_2　H_2O
(CO_2 と H_2O は順不同)
(3) **ウ**　(4) X…**Mg**　Y…O_2　Z…**MgO**

解説

1 (3)
memo **炭酸水素ナトリウムと炭酸ナトリウムの性質のちがい**
水へのとけ方…炭酸ナトリウムのほうが水によくとける。
水溶液の性質…**フェノールフタレイン溶液**を加えると、炭酸ナトリウムの水溶液のほうが**濃**《こ》**い赤色**に変化する(強いアルカリ性)。

2 (1)　加えた水酸化ナトリウム自体は変化しない。

(3) **ミス対策** **気体Aは水素、気体Bは酸素。それぞれ気体が燃えるか、ものを燃やすかどうかを調べる。**

3 (2)　炭酸水素ナトリウム($NaHCO_3$)を加熱すると、炭酸ナトリウム(Na_2CO_3)、二酸化炭素(CO_2)、水(H_2O)に分解する。**矢印の左右で原子の種類と数が同じ**になるように、炭酸水素ナトリウムの数を２個にする。

(3)　**水素**(H_2)と**酸素**(O_2)が結びつくと、**水**(H_2O)ができる。矢印の左右で原子の種類と数が同じになるように、水素分子と水分子の数を２個ずつにする。

(4)　**マグネシウム**(Mg)と**酸素**(O_2)が結びついて、**酸化マグネシウム**(MgO)ができる。矢印の左右で原子の種類と数が同じになるので、Xは**Mg**、YはO_2である。

2 いろいろな化学変化 本冊p.60・61

基礎レベル問題 p.60

1 (1) **進む。** (2) **硫化鉄** (3) **つかない。**

2 (1) **酸素** (2) **酸化** (3) **酸化物**
(4) **酸化マグネシウム**

3 (1) A…**酸素** B…**二酸化炭素**
(2) **激しく熱や光を出して酸素と結びつく変化。**

4 (1) **酸素** (2) **炭素、酸素** (3) **還元**
(4) **酸化**

5 (1) **(原子の)数**
(2) ① **Fe** ② **FeS** ③ **Cu** ④ **CuO**
⑤ **$2H_2$** ⑥ **H_2O** ⑦ **C** ⑧ **2Cu**
⑨ **$2H_2O$** ⑩ **O_2**

解説

1 (1) **熱**と**光**を出す激しい化学変化が起こり、いったん反応が始まると発生する熱によって、加熱しなくても反応は進む。
(2) 鉄と硫黄《いおう》が結びついてできた**硫化鉄**《りゅうかてつ》である。
鉄 ＋ 硫黄 ⟶ 硫化鉄（$Fe + S \longrightarrow FeS$）
(3) ミス対策 **硫化鉄になると、磁石につくという鉄の性質は失われる。**

2 (2)、(3) 物質が**酸素**と結びつく化学変化を**酸化**《さんか》といい、できた物質（化合物）をとくに**酸化物**《さんかぶつ》という。
(4) **マグネシウム ＋ 酸素 ⟶ 酸化マグネシウム**
（$2Mg + O_2 \longrightarrow 2MgO$）

3 燃焼は**激しい酸化**で、物質が**熱や光を出しながら酸素と結びつく**化学変化《かがくへんか》である。

> memo **おだやかな酸化**
> **金属のさび** 金属が空気中の酸素と結びつく変化で、**おだやかに進む酸化**である。

4 (3) 酸化銅のような**酸化物から酸素をうばう**化学変化を**還元**《かんげん》という。物質が酸素と結びつく**酸化とは逆の変化**である。
(4) 炭素は、酸化銅から酸素をうばって結びつき、二酸化炭素になり、酸化銅は還元されて銅になる。**酸化と還元は同時に起こっている。**

5 化学反応式《かがくはんのうしき》は、次の①～③の手順で書く。
① 反応する物質と生成する物質を確認する。
② 反応する物質と生成する物質を、⟶の左右にそれぞれ**化学式**で正確に書く。
③ ⟶の左右で**原子の種類と数**を一致《いっち》させる。

入試レベル問題 p.61

1 (1) **二酸化炭素** (2) **（赤色の）金属光沢を示す。**
(3) **$2CuO + C \longrightarrow 2Cu + CO_2$**
(4) 酸化銅…**還元** 炭素…**酸化** (5) **H_2O**

2 (1) **エ** (2) **FeS** (3) **11.0 g** (4) **ウ**

解説

1 (2) 赤褐色《せきかっしょく》の物質は金属の銅だから、固いもので強くこすると金属光沢が出る。また、電流が流れるという**金属に共通する性質**を示す。
(3) ミス対策 **酸化銅は還元されて銅に、炭素は酸化されて二酸化炭素になる！**
酸化銅 ＋ 炭素 ⟶ 銅 ＋ 二酸化炭素
(5) 酸化銅を**水素**で還元すると、**銅**と**水**ができる。水素は酸化銅中の酸素をうばって結びつき（酸化）、**水**になる。酸化銅は還元されて銅になる。
酸化銅 ＋ 水素 ⟶ 銅 ＋ 水
$CuO + H_2 \longrightarrow Cu + H_2O$

2 この実験では、**鉄**（Fe）と**硫黄**（S）が結びついて、**硫化鉄**（FeS）ができる。
(1) 反応前の混合物には鉄粉がそのまま残っているので、磁石につく。一方、反応後にできた**硫化鉄**からは鉄の性質が失われているので、**磁石にはつかない。**
(3) **鉄と硫黄は7：4の質量比**で結びつくので、鉄粉7.0 gと硫黄4.0 gが結びついて、鉄粉が1.0 g残る。黒い物質（硫化鉄）の質量は、結びついた鉄と硫黄の質量の和になるので、
$7.0\ g + 4.0\ g = 11.0\ g$
(4) ミス対策 **硫化鉄に塩酸を加えると、硫化水素が発生！**

> memo **硫化水素とは**
> 硫化水素は、卵が腐《くさ》ったようなにおいがする**有毒**《ゆうどく》な気体。硫化水素が発生する実験をするときは、**窓を開け**、**換気**に十分気をつけるようにする。また、においは試験管に鼻を近づけてかがず、**手であおいで**かぐようにする。

3 化学変化と質量 本冊p.62・63

基礎レベル問題 p.62

1 (1) **硫酸バリウム**　(2) **変化しない。**

2 (1) **CO_2**　(2) **変化しない。**
(3) **小さくなる。**　(4) **質量保存の法則**

3 (1) **5.5 g**　(2) **0.2 g**

4 (1) **1.0 g**　(2) **0.2 g**　(3) **4 : 1**

5 (1) **酸化マグネシウム**　(2) **0.5 g**
(3) **3 : 2**

6 (1) **発熱反応**　(2) **吸熱反応**
(3) **下がる。**　(4) **熱**

解説

1 (2)　容器の中で**沈殿《ちんでん》**ができる化学変化が起こるが、容器での物質の出入りはなく、**質量は変化しない。**

2 (1)　発生した気体は二酸化炭素である。
炭酸水素ナトリウム ＋ 塩酸
⟶ 塩化ナトリウム ＋ 水 ＋ 二酸化炭素
$(NaHCO_3+HCl \longrightarrow NaCl+H_2O+CO_2)$

(3)　ふたを開けると、発生した**気体が容器から出ていく**ので質量は小さくなる。

(4)　**質量《しつりょう》保《ほ》存《ぞん》の法則《ほうそく》**は、化学変化だけでなく状態変《じょうたいへん》化《か》など、**すべての物質の変化について成り立つ。**
反応前の質量の総和＝反応後の質量の総和

3 (1)　3.5 g＋2.0 g＝5.5 g
(2)　1.2 g－1.0 g＝0.2 g

4 (2)　1.0 g－0.8 g＝0.2 g
(3)　(2)で求めた、酸素の質量から、質量の比は、**銅：酸素＝ 0.8：0.2 ＝4 ： 1**となる。

5 (3)　グラフから、酸素の質量を求めると、加熱するマグネシウムの質量がいずれの場合も、質量の比は、**マグネシウム：酸素＝3 ： 2**となる。

6　反応が進むにつれて、**発熱反応《はつねつはんのう》**では周囲の温度が上がり、**吸熱反応《きゅうねつはんのう》**では周囲の温度が下がる。

入試レベル問題 p.63

1 (1) **黒色**
(2) **$2Cu+O_2 \longrightarrow 2CuO$**
(3) **右図**
(4) **4 ： 1**　(5) **3.5g**

図2

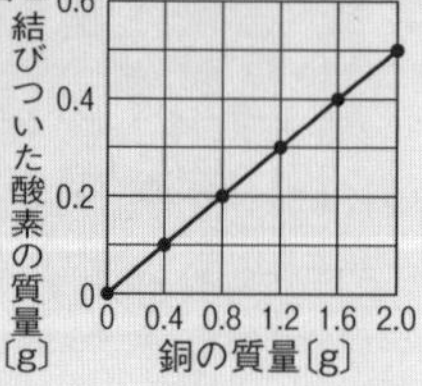

2 (1) **$(HCl+NaHCO_3 \rightarrow) NaCl+H_2O + CO_2$(順不同)**
(2) **右図**

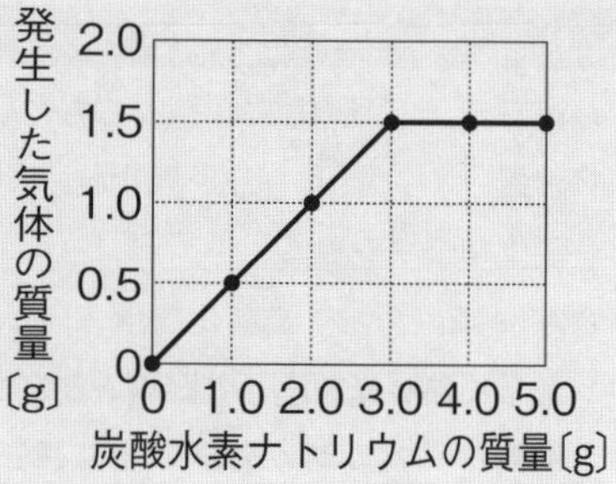

(3) ① **1.0 g**　② **2.5 g**

解説

1 (3)　**酸化銅の質量－銅の質量＝酸素の質量**より、結びついた酸素の質量は、次のようになる。

銅の質量〔g〕	0	0.4	0.8	1.2	1.6	2.0
結びついた酸素の質量〔g〕	0	0.1	0.2	0.3	0.4	0.5

(4)　上の表より、いずれも**銅：酸素＝4 ： 1**

2 (3)　(2)のグラフより、加えた炭酸水素ナトリウムの質量が 3.0 g のとき、50 mL のうすい塩酸と炭酸水素ナトリウムは過不足なく反応していることがわかる。

①　塩酸 50 mL に炭酸水素ナトリウム 2.0 g はすべて反応するので、塩酸が 2 倍の 100 mL になっても、発生する気体の質量は塩酸 50 mL のときと変わらず 1.0 g である。

②　うすい塩酸 100 mL とちょうど反応する炭酸水素ナトリウムの質量を x とすると、
50 mL：100 mL ＝ 3.0 g：x　x ＝ 6.0 g
よって、うすい塩酸 100 mL と炭酸水素ナトリウム 5.0 g では、炭酸水素ナトリウムはすべて反応して、うすい塩酸があまる。炭酸水素ナトリウム 3.0 g がすべて反応したとき、1.5 g の気体が発生するので、炭酸水素ナトリウム 5.0 g を加えたときに発生する気体の質量を y とすると、3.0 g：5.0 g ＝ 1.5 g：y　y ＝ 2.5 g

4 葉のつくりとはたらき 本冊p.64・65

基礎レベル問題 p.64

1 (1) A…**接眼レンズ**　C…**反射鏡**
(2) **200 倍**　(3) **D**

2 (1) **葉緑体**　(2) 記号…**B**　名称…**道管**

(3) **気孔**　　(4) **裏側**

3 (1) A…**二酸化炭素**　B…**酸素**
(2) **葉緑体**

4 (1) **デンプン**　(2) **葉緑体**

5 (1) **二酸化炭素**　(2) **呼吸**

6 (1) **A**　(2) **蒸散**

解説

1 (2)　**顕微鏡《けんびきょう》の倍率＝接眼レンズの倍率×対物レンズの倍率**

2 (1)　**葉緑体《ようりょくたい》**は、光が当たると**光合成《こうごうせい》**が行われる部分である。

(2) ミス対策▶ **葉の道管《どうかん》と師管《しかん》の位置は、右の図のように、茎《くき》の維管束《いかんそく》とのつながりからつかんでおこう！**

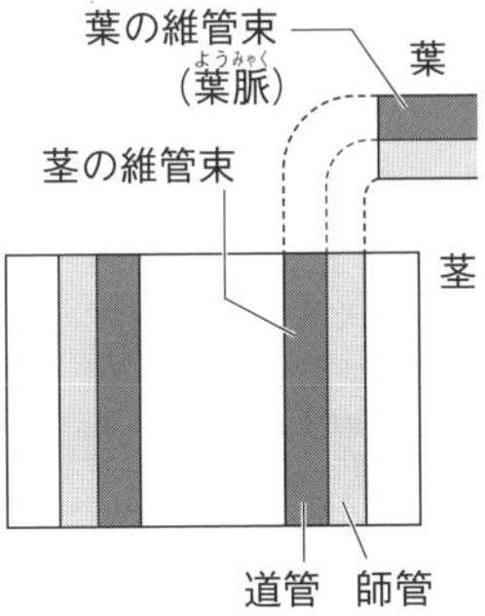

3　光合成は、**二酸化炭素**と**水**を原料に、**光のエネルギー**を使ってデンプンなどの**栄養分**(**有機物**)を合成するはたらきで、そのとき、**酸素**ができる。

4 (1)　**ヨウ素液**はデンプンを検出する試薬である。

(2) ミス対策▶ **葉のふの部分には葉緑体がない！**

5 (1)　石灰水《せっかいすい》は、**二酸化炭素を通すと白くにごる**性質があり、二酸化炭素があるかどうかを調べるときに使われる。

6 (1)　ワセリンは油の一種で、水にとけない物質なので、葉にぬると、**気孔《きこう》**がふさがれて、**蒸散《じょうさん》**ができなくなる。

入試レベル問題　p.65

1 (1) A…**道管**　B…**師管**
(2) **根で吸収した物質(水や養分)**　(3) **光合成**
(4) **二酸化炭素、酸素、水蒸気**

2 (1) **対照実験**
(2) ① **イ**　② **ア**　X…**二酸化炭素**

解説

1 (1)、(2) ミス対策▶ 根から吸収した水や養分は**道管**を通り、光合成によってできたデンプンは水にとける物質に変えられて**師管**を通って運ばれる。

(4)　**光合成**、**呼吸《こきゅう》**のはたらきによって、酸素、二酸化炭素が出入りし、蒸散のはたらきで水蒸気が出る。

> **memo ▶ 植物のはたらきと気体の出入り**
> **光合成**　**二酸化炭素**をとり入れ、**酸素**を出す。
> **呼吸**　**酸素**をとり入れ、**二酸化炭素**を出す。
> **蒸散**　**水蒸気《すいじょうき》**を出す。

2 (2)　試験管Aでは、オオカナダモが**光合成と呼吸を同時**に行っているが、光合成による気体の出入りのほうが多いため、**全体では二酸化炭素を吸収し、酸素を出している**ことになる。つまり、溶液中の二酸化炭素は減っていく。溶液中の二酸化炭素が減ると、溶液の色はもとの青色にもどる。一方、試験管Bでは、光が当たらないため光合成は行われず、呼吸によって溶液中の二酸化炭素はふえていく。二酸化炭素は水にとけると酸性になるため、溶液は酸性になり、溶液の色は黄色に変化する。

5 細胞、からだのつくり 本冊p.66･67

基礎レベル問題　p.66

1 (1) **A**　(2) a…**細胞壁**　b…**核**
c…**葉緑体**　d…**細胞膜**　(3) **細胞質**

2 (1) **単細胞生物**　(2) **多細胞生物**　(3) **組織**
(4) **器官**

3 (1) C…**胃**　D…**大腸**　(2) **だ液**
(3) デンプン…**ブドウ糖**
タンパク質…**アミノ酸**　(4) **E**

4 (1) A…**毛細血管**　B…**肺胞**　(2) **酸素**
(3) **横隔膜**

5 (1) A…**肺循環**　B…**体循環**　(2) **b、d**
(3) **ア、ウ**

6 (1) **じん臓**　(2) **肝臓**　(3) **尿**

解説

1　動物と植物の細胞《さいぼう》に共通してあるのは、**核《かく》**、**細胞《さいぼう》膜《まく》**である。植物の細胞には**葉緑体**、**液胞《えきほう》**、**細胞壁《さいぼうへき》**があるが、葉緑体は緑色をした部分の細胞にあり、根などの細胞にはない。

2　形とはたらきの同じ**細胞**が集まって**組織《そしき》**ができ、いくつかの組織が集まって特定のはたらきをする**器《き》官《かん》**がつくられる。**個体《こたい》**はいくつかの器官が集まってできている。

3 (1)　Aはだ液せん、Bは肝臓《かんぞう》、Eは小腸を表す。

(2)　だ液はデンプンを消化《しょうか》する。

(3)　消化液《しょうかえき》のはたらきによって、デンプンは**ブドウ糖**、タンパク質は**アミノ酸**、脂肪《しぼう》は**脂肪酸《しぼうさん》**と**モノグリセリド**に分解《ぶんかい》される。

4 (2)　**酸素**が**肺胞《はいほう》**から**毛細血管《もうさいけっかん》**に入り、**二酸化炭素**が毛細血管から肺胞に出る。

(3)　肺には筋肉《きんにく》がなく、肺自身で運動はできない。**ろっ骨《こつ》**と**横隔膜《おうかくまく》**で囲まれた空間(胸腔《きょうこう》)を広げたりせまくしたりして、肺に空気を出し入れする。

5 (2)　肺を通り、からだの各部分に行くまでの血液には酸素が多くふくまれている。

(3)　組織液《そしきえき》(血しょうの一部がしみ出したもの)が、血液と細胞との間で物質交換のなかだちをする。

6 (2) **ミス対策**▶ **じん臓《ぞう》と肝臓のはたらきに注意。**
肝臓は有害なアンモニアを分解して尿素《にょうそ》をつくり、じん臓は尿素などを尿《にょう》としてこし出す。

入試レベル問題　p.67

1 (1) **多細胞生物**　(2) **1個**
(3) **a…細胞壁**　**c…核**　(4) **c**　(5) **b**

2 (1) **組織**　(2) **消化酵素**　(3) **すい液**
(4) **小腸**　(5) **柔毛**　(6) **リンパ管**
(7) **イ、ウ**

3 (1) **A…ア**　**B…エ**　(2) **ア**
(3) **X…柔毛**　**Y…肺胞**

解説

1 (3)　AとCにあるaは**細胞壁《さいぼうへき》**、BとCにあるcは核、dは**細胞膜**である。

(4)　核は**酢酸《さくさん》カーミン**や**酢酸《さくさん》オルセイン**などの染色液で**赤色**に染まる。

2

memo▶ **消化液がはたらく栄養分**

だ液(だ液せん)→デンプン
胃液《いえき》(胃)→タンパク質
胆汁《たんじゅう》(肝臓)→脂肪の消化を助ける。
すい液(すい臓)→デンプン、タンパク質、脂肪
小腸の壁の消化酵素→デンプン、タンパク質

(7) **ミス対策**▶ aは**リンパ管**、bは**毛細血管**。**アミノ酸とブドウ糖は毛細血管に**、**脂肪酸とモノグリセリド**は脂肪に合成されて**リンパ管**に入る。

3 (1)　**心臓や静脈《じょうみゃく》にある弁《べん》**は、**血液の逆流を防ぐ**はたらきがあり、血液が逆流しそうになると閉じ、血液が正しい向きに流れるときには開くようになっている。

(2)　**酸素は肺で血液中**にとりこまれるので、血液中の酸素の量は、肺を通過する前(①)で最小、肺を通過したあと(②)で最大になる。

また、**尿素はじん臓で血液中からとり除かれる**ので、血液中の尿素の量は、じん臓を通過する前(④)で最大、じん臓を通過したあと(③)で最小になる。

6 感覚器官と運動のしくみ

本冊p.68・69

基礎レベル問題　p.68

1 (1) ①**鼻**　②**目**　③**耳**　④**皮膚**　(2) **脳**

2 (1) **A…虹彩**　**B…水晶体(レンズ)**
C…網膜　(2) **C**

3 (1) **A…鼓膜**　**B…耳小骨**
C…うずまき管　(2) **C**

4 (1) **A…感覚神経**　**B…運動神経**
(2) **中枢神経**　(3) **末しょう神経**

5 (1) **反射**　(2) **脊髄**

6 (1) **関節**　(2) **けん**
(3) 曲げるとき…㋐　のばすとき…㋑

解説

1 (2)　感覚器官《かんかくきかん》で受けとられた刺激《しげき》は、神経《しんけい》を通って**脳《のう》**に伝えられて初めて刺激として感じる。

2 (2)　**虹彩《こうさい》**はのび縮みして**目に入る光の量を調節**する。**水晶体《すいしょうたい》**は光を**屈折**させて**網膜《もうまく》に像を結ぶ**。

3 (2)　**鼓膜《こまく》**は**音の振動《しんどう》**をとらえて振動し、**耳小骨《じしょうこつ》**はその振動を**うずまき管《かん》**に伝える。

4　刺激を受けとって反応するまでの刺激の伝わり方をしっかり押さえておこう。

5 (2) **ミス対策**▶ **刺激は脳にも伝わることに注意！**
反応の命令は脊髄《せきずい》から出され、刺激が脳に伝わって熱いと感じたときには、反応は終わっている。

6 (3) **ミス対策**▶ **関節《かんせつ》**をへだてて一対の筋肉が骨につ

き、一方の筋肉《きんにく》が縮むとき、もう一方の筋肉はゆるむ。

入試レベル問題　p..69

1 (1) **感覚器官**

(2) ①記号…**C**　名称…**網膜**

②記号…**B**　名称…**水晶体(レンズ)**

③記号…**A**　名称…**虹彩**　(3) **皮膚**

2 (1) **脊髄**　(2) **中枢神経**

(3) **C…感覚神経**　**E…運動神経**　(4) ① **A**

② **D、C、B、E、F**　(5) **小さくなる。**

3 (1) 感覚器官…**エ**　脳…**イ**

(2) **ア**

解説

1 (3)

memo　皮膚のはたらき

皮膚は、**からだの保護、汗《かん》せんによる体温調節**のはたらきとともに、**感覚器官**でもあり、**さわられたこと、温かさ、冷たさ、圧力《あつりょく》**を感じる感覚点がある。

2 (4) **ミス対策** **反射では、脊髄から直接命令の信号が筋肉に伝えられる！**

(5)　明るいところでは**虹彩がのびてひとみが小さく**なり、目に入る光の量を少なくする。暗いところでは**虹彩が縮んでひとみが大きく**なり、目に入る光の量を多くする。

3 (1) **ミス対策** 下線部のとき、**刺激や命令の信号が伝わった経路！**

感覚器官(皮膚)→脊髄→脳→脊髄→運動器官(筋肉)　となっているので、感覚器官はエ、脊髄はア、脳はイ、運動器官はウである。

(2)　筋肉は関節をまたいで２つの骨についていて、けんは筋肉が骨につく両端の部分である。また、うでを曲げるときに縮む筋肉は、いわゆる「ちからこぶ」ができる側の筋肉である。

7 電流のはたらき　本冊p.70・71

基礎レベル問題　p.70

1 (1) **ア**　(2) ㋐　(3) **並列回路**

2 ①**電球**　②**電源(電池)**　③**電流計**

④ Ⓥ　⑤ 　⑥ 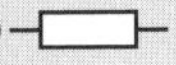

3 (1) 電流計…**イ**　電圧計…**ア**

(2) ① **0.3 A**　② **6.00 V**

4 (1) **1 V**　(2) **0.3 A**　(3) **6 V**　(4) **0.4 A**

5 ㋐ **25 Ω**　㋑ **0.8 A**　㋒ **1.5 V**

6 (1) **電気エネルギー(の量)**　(2) **18 W**

7 (1) **電力[W]**　(2) **55800 J**

解説

1 (1)　電流《でんりゅう》は電源(電池)の**＋極《プラスきょく》から出て－極《マイナスきょく》**に流れこむと決められている。

(2)　電流の道すじが１本の**直列回路《ちょくれつかいろ》**では、１つの豆電球をはずすと、回路が切られるので、もう１つの豆電球は消える。

(3)　電流の道すじが１本の㋐は**直列回路**、道すじが２本に分かれている㋑は**並列回路《へいれつかいろ》**である。

2　①～⑥の電気用図記号は、正確にかけるようにしておこう。

3 (1)　電流計は電流をはかろうとする部分に**直列**につなぐ。電圧計は電圧をはかろうとする部分に**並列**につなぐ。

(2) **ミス対策** ①電流計の－端子《マイナスたんし》は 500 mA を使用したから、上の目盛りの数値を 100 倍して読む。

300 mA=0.3 A

②電圧計の－端子は 15 V を使用したから、上の目盛りの数値をそのまま読む。１目盛りが 0.5 V であることに注意する。

4 (1)　直列回路の電熱線 P、Q に加わる電圧の和は電源の電圧に等しい。　4 V－3 V＝1 V

(2)　直列回路の電流はどこも等しい。

(3)　図２は並列回路なので、各電熱線に加わる電圧は電源の電圧に等しい。

(4)　電熱線 R、S を流れる電流の和は、回路全体を流れる電流に等しい。　1.6 A－1.2 A＝0.4 A

5　次の**オームの法則**を使って計算する。

電圧〔V〕＝抵抗〔Ω〕×電流〔A〕

㋐ $\dfrac{10\ \mathrm{V}}{0.4\ \mathrm{A}}=25\ \Omega$　㋑ $\dfrac{6\ \mathrm{V}}{7.5\ \Omega}=0.8\ \mathrm{A}$

㋒ $5\ \Omega\times0.3\ \mathrm{A}=1.5\ \mathrm{V}$

6 ⑴ 電力《でんりょく》は１秒間に消費する電気エネルギーの量を表す。**電力〔W〕＝電圧《でんあつ》〔V〕×電流《でんりゅう》〔A〕**

⑵ $9\ \mathrm{V}\times2\ \mathrm{A}=18\ \mathrm{W}$

7 ⑵ **ミス対策** **電力量《でんりょくりょう》の単位が「J」のときの時間の単位は「秒(s)」であることに注意する！**

$930\ \mathrm{W}\times60\ \mathrm{s}=55800\ \mathrm{J}$

入試レベル問題　p.71

1 ⑴ **トースター**　⑵ **1814 W**
⑶ **26400 J**　⑷ **3.7 kWh**

2 ⑴ **13.5 W**　⑵ **4050 J**　⑶ **3780 J**

3 ⑴ **4 Ω**　⑵ **1.8 A**　⑶ **カ**

解説

1 ⑴ 電力が大きいほど、流れる電流は大きい。

⑵ すべての電気器具の**電力の和**である。

$44+740+830+200=1814\ \mathrm{W}$

⑶ **ミス対策** **時間の単位を「秒」に換算《かんさん》！**

$44\ \mathrm{W}\times(10\times60)\ \mathrm{s}=26400\ \mathrm{J}$

⑷ **ミス対策** **電力の単位を「kW」に換算！**

$1000\ \mathrm{W}=1\ \mathrm{kW}$ より、$740\ \mathrm{W}=0.74\ \mathrm{kW}$ だから、

$0.74\ \mathrm{kW}\times5\ \mathrm{h}=3.7\ \mathrm{kWh}$

2 ⑴ 電熱線に流れる電流は、

$9\ \mathrm{V}\div6\ \Omega=1.5\ \mathrm{A}$　よって、電力は、

$9\ \mathrm{V}\times1.5\ \mathrm{A}=13.5\ \mathrm{W}$

⑵ $13.5\ \mathrm{W}\times(5\times60)\ \mathrm{s}=4050\ \mathrm{J}$

⑶ 水が得た熱量は、次の式で求める。

熱量＝4.2×水の質量×水の上昇温度

５分間の水の上昇温度は、図２から９℃だから、

$4.2\times100\times9=3780\ \mathrm{J}$

3 ⑴ $750\ \mathrm{mA}=0.75\ \mathrm{A}$ である。

オームの法則より、$\dfrac{3.0\ \mathrm{V}}{0.75\ \mathrm{A}}=4\ \Omega$ となる。

⑵ **並列回路《へいれつかいろ》**では、それぞれの**抵抗器《ていこうき》に加わる電圧の大きさは等しく、電源装置の電圧と等しく**なる。また、枝分かれしたあとの抵抗器を流れる電流の大きさの和は、**回路全体の電流と等しく**なる。6.0 V の電圧を加えると、3.0 V の電圧を加えたときの２倍の電流が流れるので、抵抗器 X には、$0.75\ \mathrm{A}\times2=1.5\ \mathrm{A}$、抵抗器 Z には、$0.15\ \mathrm{A}\times2=0.3\ \mathrm{A}$ の電流が流れる。

よって、電流計が示す値《あたい》は、

$1.5\ \mathrm{A}+0.3\ \mathrm{A}=1.8\ \mathrm{A}$ となる。

⑶ オームの法則より、抵抗器 Y の抵抗《ていこう》の大きさは、$\dfrac{3.0\ \mathrm{V}}{0.375\ \mathrm{A}}=8\ \Omega$、抵抗器 Z の抵抗の大きさは、$\dfrac{3.0\ \mathrm{V}}{0.15\ \mathrm{A}}=20\ \Omega$ となる。２個の抵抗器を直列につなぐと、回路全体の抵抗はそれぞれの抵抗器の抵抗の和になるので、そのときに流れる電流を求めると、

抵抗器 X と抵抗器 Y　$\dfrac{6.0\ \mathrm{V}}{(4+8)\ \Omega}=0.5\ \mathrm{A}=500\ \mathrm{mA}$

抵抗器 X と抵抗器 Z　$\dfrac{6.0\ \mathrm{V}}{(4+20)\ \Omega}=0.25\ \mathrm{A}=250\ \mathrm{mA}$

抵抗器 Y と抵抗器 Z　$\dfrac{6.0\ \mathrm{V}}{(8+20)\ \Omega}=0.214\cdots$ より、

約 214 mA となる。

すなわち、①と③は抵抗器 X か抵抗器 Z、②と③は抵抗器 X か抵抗器 Y になるので、③は抵抗器 X、①は抵抗器 Z、②は抵抗器 Y となる。

8 電流と磁界　本冊p.72･73

基礎レベル問題　p.72

1 ⑴ **磁力線**　⑵ **A…イ　B…エ　C…イ**

2 ⑴ **ウ**
⑵ **電流の向きを逆にする。磁石のN極を下にしておく。(磁石の磁界の向きを逆にする。)**

3 ⑴ **電磁誘導**　⑵ **イ**

4 ⑴ **A**　⑵ **周波数**　⑶ **① B　② A　③ A**

5 ⑴ **－極**　⑵ **陰極線(電子線)**　⑶ **－**

6 ⑴ **静電気**　⑵ **電子**

解説

1 ⑵ 電流のまわりの磁界《じかい》の向きは、**電流の向きに対して右回り**(時計回り)である。

2 ⑴ 磁石の磁界の向きは、N極から出てS極に向かう向きである。

⑵ 電流の向きと磁界の向きのどちらかを逆にする。

3 ⑵ **ミス対策** 誘導電流《ゆうどうでんりゅう》の向きが変わるのは、**磁石の磁極《じきょく》と動かす向き**のどちらか一方だけを変えたと

きである。両方とも変えると、電流の向きは変わらない。

4 (1)　A の図で、波形の山と谷では、電流の向きが逆に流れていることを示す。

5　**陰極線**《いんきょくせん》(電子線《でんしせん》)は放電管《ほうでんかん》の－極《マイナスきょく》から飛び出す、－の電気を帯びた**電子**《でんし》**の流れ**である。十字形のかげができたのは、A から飛び出した電子が直進して金属板と衝突《しょうとつ》し、その部分だけガラス面に到達《とうたつ》しないために発光しないからである。

6

memo **静電気**《せいでんき》**の発生と静電気の力**

静電気は、摩擦《まさつ》した物体間で**電子**が移動することによって生じる。

電子を失った物体→＋《プラス》**の電気を帯びる。**

電子をもらった物体→－の電気を帯びる。

＋と－の電気には**引き合う力**、＋と＋、－と－の電気には**しりぞけ合う力**がはたらく。

入試レベル問題　p.73

1 (1) **b**　(2) B 点…**エ**　C 点…**イ**

2 (1) **電子**　(2) **A**

3 (1) **直流**　(2) **ウ**　(3) **エ**

解説

1 (1)　A の磁針の向きから、コイルの中の磁界の向きは左向きである。この向きに**右手の親指を合わせてコイルをにぎる**と、電流の向きは４本の指の向きになる。

2 (2)　**陰極線**《いんきょくせん》**は－の電気を帯びているので、＋極側に引かれて曲がる**。陰極線が曲がったのは上向きだから、電極 A が＋極である。

3 (1)　流れる**向きが一定の電流を直流**《ちょくりゅう》、**周期的に変化する電流を交流**《こうりゅう》という。

(2)　コイルに流れる**電流の向きが逆**になると、コイルにはたらく**力の向きも逆**になるので、端子 A 側から見ると、上では左向き、下では右向きの力がはたらく。

(3)　コイルにはたらく力を大きくするには、コイルを流れる電流を大きくして電流がつくる磁界を強くしたり、磁石がつくる磁界を強くしたりすればよい。

ア　電圧は変わらないので、コイルの電気抵抗を大きくするとコイルを流れる電流は小さくなる。

イ　コイルのエナメル線の巻数を少なくすると、コイルを流れる電流がつくる磁界は弱くなる。

ウ　磁石のＳ極を上にすると磁石がつくる磁界の向きは逆になるが、強さは変わらない。

9　気象の観測、前線と天気の変化　本冊p.74・75

基礎レベル問題　p.74

1 (1) **1.5m (1.2～1.5m)**

(2) 天気…**雨**　風力…**3**　風向…**北東**

2 (1) **等圧線**　(2) A…**低気圧**　B…**高気圧**

(3) 気圧…**1004 hPa**　風向…**ア**　(4) **P 地点**

3 (1) **B**　(2) **A**

4 (1) **温度や湿度が一様な大きな空気のかたまり**

(2) A…**シベリア気団**　B…**オホーツク海気団**

C…**小笠原気団**

(3) ① **C**　② **B**　③ **A**

5 (1) **気団**

(2) A…**寒冷前線**　記号… 

B…**温暖前線**　記号… 

(3) A…**イ、ウ**　B…**ア、エ**

解説

1 (1)　気温は地面の影響を受けない高さではかる。

(2)　**矢羽根の数**が３本なので風力《ふうりょく》は３、矢の向きが**風のふいてくる方向**を表し、風向《ふうこう》は北東。

2 (2)　等圧線《とうあつせん》が閉《と》じて、まわりより気圧《きあつ》が高いところを**高気圧**《こうきあつ》、気圧が低いところを**低気圧**《ていきあつ》という。

(3) **ミス対策**　低気圧の中心に向かって反時計回りにふきこむような風がふく。

(4)　等圧線の間隔がせまいところほど、気圧の差が大きく、風が強い。

3　**高気圧**の中心付近では**下降気流**《かこうきりゅう》、時計回りに風がふき出す。**低気圧**の中心付近では**上昇気流**《じょうしょうきりゅう》、反時計回りに風がふきこむ。

4 (3)　陸上の気団は乾燥《かんそう》し、海上の気団はしめっている。南の気団の温度は高く、北の気団の温度は低い。

5　**寒冷前線**は寒気《かんき》が暖気《だんき》を押《お》し上げて進み、積乱雲《せきらんうん》が発達する。**温暖前線**《おんだんぜんせん》は暖気が寒気の上へはい上がって進み、乱層雲《らんそううん》が発達する。

入試レベル問題 p.75

1 (1) **13.0 ℃**　(2) **77 %**　(3) **低くなる。**
(4) **100 %**

2 (1) **寒冷前線**　(2) **エ**　(3) **ウ**
(4) ① **下がり**　② **北**

3 (1) ① **イ**　② **エ**　(2) **下図**

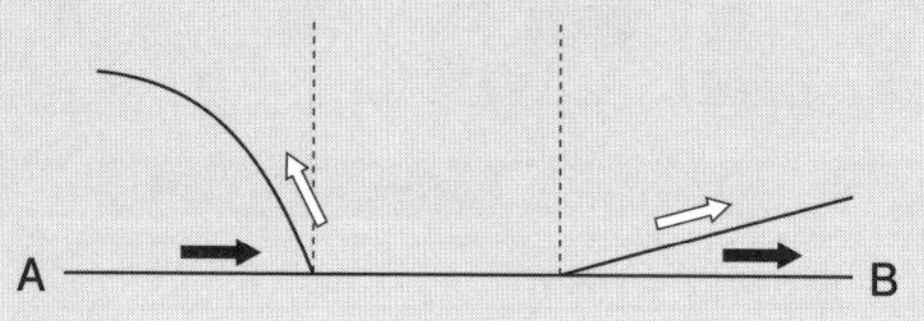

解説

1 (1)　乾球温度計《かんきゅうおんどけい》の示度《しど》が気温を示す。

(2)　乾球は 13 ℃、乾球と湿球《しっきゅう》の示度の差は 2 ℃だから、湿度表《しつどひょう》より、湿度は 77 %である。

(3)　乾球と湿球の示度の差が大きくなるのは、空気が乾燥して**湿球から水がさかんに蒸発《じょうはつ》**し、熱をうばって湿球の温度を下げるからである。

2 (1)、(2)　**気温と風向《ふうこう》の変化**に注目する。気温が 16 時から 17 時の間に急に下がり、風向が南寄りから北寄りに変わっていることから、**寒冷前線《かんれいぜんせん》**が通過したことがわかる。

(3)　寒冷前線付近で発達する**積乱雲《せきらんうん》**のために、天気が急変し、突風《とっぷう》がふき、強いにわか雨が降る。

3 (1)　日本付近の低気圧では西側に**寒冷前線**、東側に**温暖前線《おんだんぜんせん》**ができる。温暖前線付近では**乱層雲《らんそううん》**が生じる。

(2)　寒冷前線は**寒気《かんき》が暖気《だんき》を押《お》し上げ**ながら進み、前線面の傾きは急で強い**上昇気流《じょうしょうきりゅう》**が生じる。

10 水蒸気と雲のでき方、圧力 本冊p.76・77

基礎レベル問題 p.76

1 (1) **飽和水蒸気量**　(2) **大きくなる。**
(3) **露点**　(4) **10 ℃**

2 (1) **しめりけ(の度合い)**
(2) ① **水蒸気量**　② **飽和水蒸気量**
(3) **50 %**　(4) **55 %**

3 (1) **A**　(2) ① **下がる。**　② **上がる。**

4 (1) **上昇気流**
(2) 体積…**膨張する。(大きくなる。)**
湿度…**下がる。**　(3) **露点**

5 **900 Pa**

解説

1 (3)　凝結《ぎょうけつ》とは水蒸気が液体の水に変化すること。この変化が始まるときの温度が**露点《ろてん》**である。

(4) **ミス対策**　空気 A がふくんでいる水蒸気量 9.4 g/m^3 は、グラフから **10 ℃の飽和水蒸気量《ほうわすいじょうきりょう》と等しい**。したがって、空気 A は、温度が下がって 10 ℃より低くなると水蒸気が凝結を始める。

2 (2) **ミス対策**　湿度を求める式で、分母は**飽和水蒸気量**、分子はふくまれている**水蒸気量**である。

(4)　水蒸気量は 12.8 g/m^3、25 ℃の飽和水蒸気量は 23.1 g/m^3 だから、

$$\frac{12.8\ \mathrm{g/m^3}}{23.1\ \mathrm{g/m^3}} \times 100 = 55.4\cdots\% \rightarrow 55\ \%$$

3 (1)　晴れの日の 14 時ごろに最高になり、4 ~ 6 時ごろ最低になる A が気温のグラフ、気温とほぼ逆の変化をしている B が湿度のグラフである。

(2)　ふつう晴れの日は、**気温が上がるときは湿度は下がり、気温が下がる**ときは**湿度は上がる。**

4 (2)　上空ほど**気圧が低い**ので、**空気は上昇すると膨《ぼう》張《ちょう》する**。そのとき空気の**温度は下がる**。

(3)　**雲は水蒸気が凝結して水滴に変化**したもので、雲が発生し始めるときの温度は露点に等しい。

5　**質量 100 g の物体にはたらく重力《じゅうりょく》の大きさが 1 N** だから、この直方体の物体にはたらく重力の大きさは、1800 g ÷ 100 g/N ＝ 18 N である。

ここで、**力を受ける面の面積の単位は〔m^2〕にする**ことに注意する。

10 cm ＝ 0.1 m、20 cm ＝ 0.2 m だから、A の面の面積は、0.1 m × 0.2 m ＝ 0.02 m^2 となる。

よって、圧力《あつりょく》$= \dfrac{18\ \mathrm{N}}{0.02\ \mathrm{m^2}} =$ 900 Pa と求められる。

入試レベル問題 p.77

1 (1) 湿度…**低くなる。**　露点…**変化しない。**
(2) **高くなる。**　(3) **気温が高いとき**

2 (1) **(小さな)水滴(水の粒)**
(2) ① **ア、エ**　② **イ、ウ**　(3) **上昇するとき**

3 (1) **ア**　(2) **ウ**

解説

1 (1) **ミス対策** **気温が高くなると、飽和水蒸気量が大きくなる！** 空気中の水蒸気量が変化しなければ**湿度は低くなる。露点は変化しない。**

(2) 気温が変化しないから、飽和水蒸気量は変化しない。露点が高くなるとは、ふくまれる**水蒸気量が大きくなる**ことだから、**湿度は高く**なる。

(3) 湿度が同じとき、気温が高いほうが**飽和水蒸気量が大きい**ので、**露点は高く**なる。

ミス対策 **露点は空気中の水蒸気量で決まり、気温とは関係しないことに注意！**

2 (2) 空気は、膨張すると温度が下がり、圧縮《あっしゅく》されると温度が上がる。

3 (1) 9時のときの水温は24.1℃。グラフより24.1℃での**飽和水蒸気量**を読むと21.9 g/m^3 とわかる。

(2) まず9時での湿度は、

$\frac{21.9\ g/m^3}{24.4\ g/m^3} \times 100 = 89.7\cdots$ で、約90％。10時から16時までは、水温（空気中の**露点**）はあまり変化せず、**室温が上がっているので湿度はしだいに下がる**。16時から17時は室温が下がるが水温（空気中の露点）は上がっているので、湿度は上がる。

11 大気の動きと日本の天気

本冊p.78・79

基礎レベル問題

p.78

1 (1) **偏西風** (2) **西** (3) **太陽のエネルギー**

2 (1) **季節風** (2) 夏…**大陸** 冬…**海洋**

(3) 夏…**海洋** 冬…**大陸** (4) **ア**

3 (1) A…**陸風** B…**海風** (2) **A**

4 (1) **西高東低** (2) **シベリア気団** (3) **晴れ**

5 (1) **小笠原気団** (2) **イ**

6 (1) **春や秋** (2) **停滞前線（梅雨前線）**

(3) **オホーツク海気団、小笠原気団**

(4) **熱帯低気圧**

解説

1 (2) 偏西風《へんせいふう》は、西から東へ向かってふき、地球を1周している。

(3) 地球が受けとる太陽のエネルギーは赤道付近で多く、北極や南極付近では少ないために温度差が生じ、偏西風、極付近や赤道付近でふく風など、大規模な大気の循環《じゅんかん》が起こる。

2 (2) 大陸はあたたまりやすく冷めやすい。海洋はあたたまりにくく冷めにくい。

(3)、(4) 温度の高いほうが気圧は低く、温度の低いほうが気圧は高くなる。風は気圧の高いほうから低いほうへ向かってふく。

3 (1) 陸からふく風が**陸風**《りくかぜ》、海からふく風が**海風**《うみかぜ》。

(2) **ミス対策** 夜は、海に比べて冷えやすい陸のほうが気圧が高くなり、陸から海に向かって風がふく。

4 (1) **西**の大陸側に**高気圧**、日本の**東**の海上に**低気圧**が発達する**西高東低**《せいこうとうてい》の気圧配置《きあつはいち》である。

5 (2) 夏は東の太平洋上に高気圧が発達して、**南東の季節風**《きせつふう》**が日本にふきこみ、むし暑い**日が続く。

6 (4) **台風**《たいふう》は、熱帯低気圧のうち中心付近の**最大風速が17.2m/s以上**になったものである。

入試レベル問題

p.79

1 (1) **移動性高気圧** (2) **偏西風**

(3) **停滞前線** (4) **ウ** (5) **南高北低**

2 (1) ⓐ**ア** ⓑ**ウ** ⓒ**カ** ⓓ**ク**

(2) **エ**

解説

1 Aは春や秋、Bは台風、Cはつゆ、Dは夏によく見られる天気図である。

(2) 高気圧や低気圧が**西から東へ移動する**のは、上空をふく**偏西風**の影響を受けるからである。

(4) 停滞前線《ていたいぜんせん》をつくる気団の勢力がほぼつり合い、前線がほとんど動かないため、くもりや雨の日が長く続く。

2 (1) 夏の晴れた日の昼ごろは、陸のほうが海より温度が高くなり、気圧は低くなる。そのため、気圧の高い**海から陸に向かって風がふく**。これが**海風**である。

(2) 等圧線《とうあつせん》の間隔が広い夏のほうが風は弱くふく。冬に大陸からふく乾燥した**季節風**は、日本海の上空を通るときに水蒸気を多くふくむが、日本列島の山脈にぶつかって雪を降らせて水蒸気を失う。このため、太平洋側に乾燥した季節風がふく。

社会　解答と解説

1 日本の地域的特色　本冊p.82・83

基礎レベル問題　p.82

1 (1) ①**扇状地《せんじょうち》**　②**三角州《さんかくす》**

(2) ①**偏西風《へんせいふう》**　②**季節風(モンスーン)**

(3) ①**イ**　②**ア**

2 (1) **ア**　(2) ①**少子化《しょうしか》**　②**過疎《かそ》(化《か》)**

(3) **ア**　(4) **再生可能エネルギー**

3 (1) **エ**　(2) **太平洋《たいへいよう》ベルト**

(3) **ウ**　(4) **イ**

解説

1 (3)　雨温図①は冬の降水量が多いので日本海側の気候、雨温図②は冬の寒さがきびしく1年を通じて降水量が少ないため、北海道の気候と判断する。

memo　日本各地の雨温図

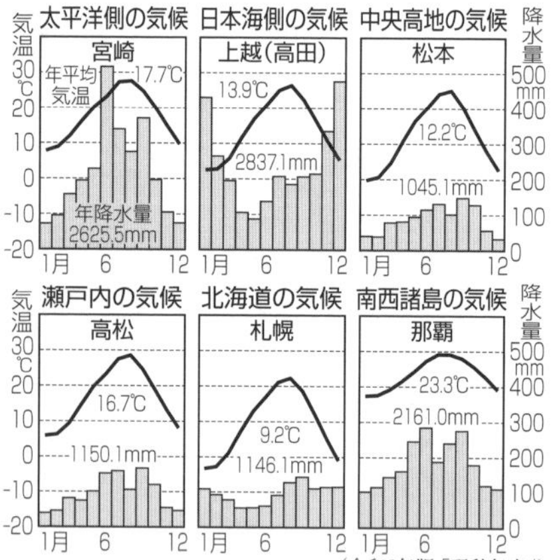

(令和6年版「理科年表」)

2 (1)　この人口ピラミッドは富士山《ふじさん》型と呼ばれ、発展途上国に多くみられる。1935年の日本は発展途上国と同様に子どもが多く、高齢者《こうれいしゃ》が少ない状態であったため、富士山型の人口ピラミッドであった。

(4)　再生可能エネルギーとは、自然の働きをいかして半永久的・継続《けいぞく》的に得られるエネルギーのこと。水力・地熱・太陽光・風力・バイオマス発電などがある。

3 (1)　日本の食料自給率は、先進国中最低レベル。とくに、大豆《だいず》と小麦の自給率が低い。

(3)　医療《いりょう》・福祉《ふくし》業の1つとして、介護《かいご》サービスがあげられる。

(4)　鉱産資源や自動車は大きくて重量があるため、大きいものや重いものを大量に運べる船で輸送される。

入試レベル問題　p.83

1 (1) X－**イ**　Y－**イ**　Z－**ア**　(2) **台風**

(3) **エ**

2 (1) ①A－**ア**　B－**ウ**　C－**イ**　②**空洞化《くうどうか》**

(2) **レアメタル(希少金属)**

(3) [例] **重量は軽いが、金額は高い。(重量が軽いわりに金額が高い。)**

解説

1 (1)　Y 津波《つなみ》から逃《のが》れる人がえがかれた「津波避難《ひなん》場所」を示す標識である。このような、だれにでもわかりやすい絵を用いて表した標識を、ピクトグラムという。Z 深い海底に広がる、幅《はば》をもった溝《みぞ》をトラフという。南海トラフでは、過去に何度も大地震が発生してきた。

(2)　台風は集中豪雨《ごうう》による洪水《こうずい》、崖《がけ》くずれ、強風による被害《ひがい》などをもたらす。

(3)　つぼ型の人口ピラミッドは、おもに先進国でみられる。ア～エのうち、先進国はイギリス。

2 (1)　①近年、労働力が豊富で賃金の安いアジアの国々に工場を移す自動車会社が増えている。そのため、Cの海外生産が増え、現在はAの国内生産を大きく上回っている。Bは1980年代後半に減少していることから輸出と判断する。1980年代にアメリカとの間で、自動車分野で日本の輸出超過による貿易摩擦《ぼうえきまさつ》が生じたため、日本は輸出を減らした。

(2)　再利用可能なレアメタルなどをふくむ電子機器の廃棄《はいき》物は、大都市で多く出ることから「都市鉱山」と呼ばれる。

(3)　海上輸送は重い品物の輸送に適しており、石油や石炭、鉄鉱石などの燃料や資源、自動車などの工業製品を輸送する。航空輸送は運賃が高くて積める量が少ないため、軽量・小型で高価な電子部品などの輸送が多い。

2 九州地方と中国・四国地方のようす

本冊p.84・85

基礎レベル問題

p.84

1 (1)**エ**　(2)**地熱発電**　(3)**シラス(台地)**
(4)**促成栽培《そくせいさいばい》**　(5)**ア**　(6)**ウ**　(7)**ウ**

2 (1)**ア**　(2)**イ**　(3)**高知平野**　(4)**イ**
(5)**ウ**　(6)**過疎《かそ》(化)**

解説

1 (1)　カルデラとは、火山の噴火《ふんか》によって山頂付近が落ちこんでできた大きなくぼ地。

(2)　Aはくじゅう連山。この地域は火山に囲まれており、その地下熱を利用した地熱発電が行われている。

(3)　シラス台地は、桜島《さくらじま》や霧島《きりしま》連山の噴火による火山灰が積もってできた土地。

(4)　Cは宮崎平野で、きゅうりやピーマンなど、野菜の早づくり(促成栽培)がさかん。

(5)　Dは福岡県北九州《きたきゅうしゅう》市。この地域には20世紀初めに八幡《やはた》製鉄所がつくられたことによって鉄鋼業が発達し、北九州工業地帯へと発展した。

(6)　水俣《みなまた》市にある化学工場から有機水銀が流されたことによって、周辺地域で水俣病が発生した。

(7)　Dの北九州市は大気汚染《おせん》、Eの水俣市は水質汚《お》濁《だく》の公害を克服《こくふく》して、それぞれの経験を生かした「環境《かんきょう》モデル都市」としての街づくりを進めている。

2 (1)　瀬戸内《せとうち》は1年を通じて降水量が少ない。これは、季節風が中国山地と四国山地によってさえぎられ、季節風の影響《えいきょう》を受けにくいためである。

(2)　**ミス対策** **ため池の役割は要チェック！**
　瀬戸内の気候に属する讃岐《さぬき》平野は、水不足になることが多かった。そのため、古くからため池の水を農業や生活用水に利用してきた。

(3)　Aの高知平野は、沖合《おきあい》を流れる暖流(日本海流)の影響《えいきょう》で、冬でも温暖な気候である。この気候を生かして、冬から春にかけてビニールハウスの中で野菜を栽培《さいばい》する促成栽培がさかんである。

(4)　愛媛県の海沿いの山の斜面《しゃめん》は日当たりがよいため、暖かい気候に合ったみかんの栽培がさかん。愛媛県のみかんの収穫《しゅうかく》量は、和歌山県とならんで全国有数である。

(5)　倉敷《くらしき》市の臨海部にある水島《みずしま》地区は、瀬戸内を代表する工業地域で、石油化学コンビナートや製鉄所がみられる。

(6)　Dの中国山地周辺地域では、過疎(化)が深刻な問題となっている。

入試レベル問題

p.85

1 (1)**①エ　②ア　③ウ**
(2)福岡県－**C**　宮崎県－**D**

2 (1)**①エ　②ウ　③ア**　(2)**①c　②b　③a**
(3)［例］**原油の多くを輸入しており、海外から船で運び入れるのに便利であるから。**

解説

1 (1)　①は水俣市、②は北九州市、③はくじゅう連山についての説明。

(2)　福岡県は九州の政治・経済の機能が集まっているので、出張・業務での宿泊旅行者数が多いC。宮崎県はシラス台地で畜産《ちくさん》がさかんなので、ブロイラーの飼育《しいく》数が多いD。観光・レクリエーションでの宿泊旅行者数が多いBは亜熱帯《あねったい》の自然が広がる沖縄《おきなわ》県、残るAは佐賀《さが》県である。

2 (1)　中国・四国地方は、中国山地の北側の山陰《さんいん》、瀬戸内海に面する瀬戸内《せとうち》、四国山地の南側の南四国の3つの地域に分かれる。ア促成栽培が行われているのは高知平野。イは中部地方の中央高地。ウ倉敷《くらしき》市水島《みずしま》地区や、山口県岩国《いわくに》市や周南《しゅうなん》市などに石油化学コンビナートがみられる。エ山陰は積雪が多く、過疎《かそ》(化)に悩《なや》む地域が多い。

(2)　aの尾道《おのみち》(広島《ひろしま》県)・今治《いまばり》(愛媛《えひめ》県)ルートにはしまなみ海道、bの児島《こじま》(岡山《おかやま》県)・坂出《さかいで》(香川《かがわ》県)ルートには瀬戸大橋《せとおおはし》、cの神戸《こうべ》(兵庫《ひょうご》県)・鳴門《なると》(徳《とく》島《しま》県)ルートには明石海峡《あかしかいきょう》大橋などがかかっている。

(3)　資料から、日本は原油の生産が少なく、大部分を輸入にたよっていることが読み取れる。原油はタンカーで海上輸送されるので、輸入に便利な臨《りん》海《かい》部に石油化学工業の工場が集まっている。鉄鉱石や石炭を原料とする製鉄所も、似た分布を示している。

3 近畿地方・中部地方のようす

本冊p.86・87

基礎レベル問題

p.86

1 (1) A －**琵琶湖《びわこ》**　B －**淡路島《あわじ》**　C －**紀伊《きい》山地**

(2) **(淡水《たんすい》)赤潮《あかしお》**　(3) **阪神《はんしん》工業地帯**

(4) **エ**　(5) ① A －**イ**　B －**ウ**　C －**ア**

② A －**イ**　B －**ア**　C －**ウ**

2 (1) **扇状地《せんじょうち》**　(2) **イ**　(3) **輪中《わじゅう》(地帯)**　(4) **ア**

(5) X －**エ**　Y －**イ**

解説

1 (2)　琵琶湖では、生活排水《はいすい》や工場廃水《はいすい》が流されることが原因で水質汚染《おせん》が深刻になった。

(3)　阪神《はんしん》工業地帯は金属・機械・化学の各種重化学工業がどれもよく発展《はってん》しているのが特徴《とくちょう》である。

(4)　和歌山県の海沿いの山の斜面《しゃめん》は日当たりがよいため、暖かい気候に合ったみかんの栽培《さいばい》がさかん。和歌山県のみかんの収穫量は、愛媛県とならんで全国有数である。

(5)　A 江戸《えど》時代末に、外国との通商条約によって開港した近畿《きんき》地方の港は神戸《こうべ》港のみである。1995年には阪神《はんしん》・淡路大震災《あわじだいしんさい》により、コンテナ埠頭《ふとう》などが大きな被害《ひがい》を受けた。B 江戸時代に商業の中心地として発展した大阪《おおさか》は、「天下の台所」と呼ばれた。C 平城京《へいじょうきょう》が置かれていた奈良《なら》市とまちがえないようにする。

2 (1)　A は山梨県の甲府盆地《こうふぼんち》で、典型的な扇状地がみられる。

(2)　**ミス対策** **山梨県で栽培がさかんなくだものをおさえておこう！**　甲府盆地では、ぶどうやももの栽培がさかんで、山梨県全体の収穫量はともに全国一。2位に長野県がきていたらぶどう、福島県がきていたらもも。

(3)　輪中は、木曽《きそ》川・長良《ながら》川・揖斐《いび》川が合流する下流域にみられる。

(4)　C は八ヶ岳《やつがたけ》の山ろくで、高原野菜のレタスやはくさいの抑制《よくせい》栽培がさかん。夏でも涼《すず》しい気候を利用する、人工的に明かりを当てて生長を遅《おく》らせるなどの方法で、出荷《しゅっか》時期を調整する栽培方法が抑制栽培である。

(5)　X 豊田《とよた》市は東名《とうめい》高速道路沿いの内陸部に位置。Y 名古屋《なごや》市の人口は 200 万人をこえる。

入試レベル問題

p.87

1 (1) ①**エ**　②**イ**　③**ウ**

(2) 〔例〕**景観を保護《ほご》する**　(3) **イ**

2 (1) A －**イ**　B －**ア**　C －**エ**　(2) **イ**　(3) **エ**

解説

1 (1)　①かつて平安京《へいあんきょう》が置かれた京都《きょうと》市である。京都市や宇治《うじ》市に分布する寺社《じしゃ》が「古都京都の文化財」として世界遺産《いさん》に登録されている。②神戸《こうべ》市では六甲《ろっこう》山地のすそ野の丘陵《きゅうりょう》をけずってニュータウンを建設し、そこから出た土砂《どしゃ》を使ってポートアイランドや六甲《ろっこう》アイランドなどの埋立地《うめたてち》をつくった。③大阪湾岸《わんがん》に進出した先端《せんたん》技術(ハイテク)産業は、他のアジア諸国との激しい競争にさらされている。

(2)　京都市では、コンビニエンスストアが周囲の歴史的建造物になじむよう、店舗《てんぽ》の看板に落ち着いた色合いを用いたり、瓦《かわら》や竹を壁《かべ》に取り入れたりしている。

(3)　A の紀伊《きい》山地は温暖で降水量が多いため、森林がよく育つ。吉野《よしの》すぎ、尾鷲《おわせ》ひのきなどの高級木材が生産されているが、高齢《こうれい》化によって林業の後《こう》継者《けいしゃ》が減るなどの問題をかかえている。

2 (1)　中部地方は日本海側の北陸《ほくりく》地方、内陸部の中央高地、太平洋側の東海地方の3つの地域に分かれる。**ア** 中央高地にある長野盆地《ぼんち》や松本盆地でりんごの栽培、甲府《こうふ》盆地でぶどう・ももの栽培がさかん。**イ** 北陸地方にある越後《えちご》平野は日本を代表する稲作《いなさく》地帯。**ウ** は中国・四国地方の南四国についての説明。**エ** 東海地方にある静岡県で茶・みかんの栽培がさかん。東海地方には交通の大動脈である東海道新幹線と東名高速道路が通り、首都圏《けん》と西日本を結んでいる。

(2)　出荷額《しゅっかがく》が最大で、輸送機械をはじめとする機械工業の割合が高い**ア**は中京《ちゅうきょう》工業地帯である。東海《とうかい》工業地域でも浜松《はままつ》市などで自動車工業がさかんで、輸送機械の割合は高い(**イ**)。北陸《ほくりく》工業地域では、銅器やアルミニウムの生産がさかんなので、金属工業の割合が比較《ひかく》的高い**ウ**となる。

(3)　鯖江《さばえ》市は国内の眼鏡《めがね》枠の約9割の生産量を占《し》めている。

4 関東地方・東北地方のようす

本冊p.88・89

基礎レベル問題

p.88

1 (1) **関東ローム**　(2) **ア**　(3) **ウ**
(4) **イ**　(5) **多い**

2 (1) **イ**　(2) **リアス海岸**　(3) **やませ**
(4) Ⅰ**ウ**　Ⅱ**エ**　(5) **ア**

解説

1 (1) 関東ロームのうち、水が得やすい低地には水田が、水が得にくい台地には畑が広がっている。

(2) Xは群馬県の嬬恋《つまごい》村のあたり。嬬恋村は高原にあるため夏でも涼《すず》しく、この気候をいかして、キャベツなどの高原野菜の抑制栽培《よくせいさいばい》がさかんである。

(3) 印刷業は人口が多い都道府県で発達している。

(4) 東京大都市圏《けん》の人口は約3400万人。東京・大阪・名古屋《なごや》の三大都市圏を合わせると日本の約半分の人口におよぶ。

(5) 夜間人口に対する昼間人口の比率（昼間人口÷夜間人口×100）を昼夜間人口比率といい、東京都は100をこえている。

2 (1) 青森県と秋田県にまたがる白神《しらかみ》山地には、貴重なぶなの原生林が残されている。

(3) **ミス対策** **やませの風向きは要注意！**　やませはオホーツク海から吹《ふ》いてくる冷たい北東風である。やませが吹く日数が長いと、低温と日照不足により冷害がおきやすい。

(4) 青森県は、津軽《つがる》平野を中心にりんごの栽培がさかん。山形県は、山形盆地を中心にさくらんぼ（おうとう）の栽培がさかん。

(5) 東北地方には自動車部品工場が多数立地し、中部地方や関東地方の自動車工場に部品を供給《きょうきゅう》している。また、IC《アイシー》（集積回路《しゅうせきかいろ》）の生産もさかんである。

入試レベル問題

p.89

1 (1) **A**　(2) **ウ**　(3) E－**群馬県**　F－**東京都**
(4) **ヒートアイランド**

2 (1) **B**　(2) **ウ・エ**　(3) **エ**
(4) **秋田県・イ**
(5) **エ**

解説

1 (1) 北関東工業地域に属する群馬県と栃木県では、東北自動車道や関越《かんえつ》自動車道沿いに工業団地が進出したことにより、工業が発展した。

(2) いずれも政令《せいれい》指定都市であるが、相模原《さがみはら》市と千《ち》葉《ば》市の人口は100万人を超《こ》えていない。

(3) Eは昼間人口と夜間人口の変化が少ないことに着目する。群馬県は通勤・通学するには東京から遠く、東京に通う人が少ないため、昼間人口と夜間人口の変化が少ない。Fは昼間人口が夜間人口を大幅《おおはば》に上回ることから、昼間に他県から通ってくる人が多い東京都。Gは夜間人口が昼間人口を大幅に上回ることから、昼間は東京へ通う人が多い、埼玉県となる。

2 (1) 文は山形県を流れる最上《もがみ》川の説明。最上川の流域には、山形盆地《ぼんち》・新庄《しんじょう》盆地・庄内《しょうない》平野がある。

(3) IC《アイシー》工場は輸送に便利な高速道路沿いに分布していることが多い。アの製鉄所とイの石油化学工場は原料の鉄鉱石や石油の輸入、製品の輸送に便利な臨海部にある。ウには分布の特徴《とくちょう》はない。

(4) 米俵《こめだわら》を模《も》した提灯《ちょうちん》を、長い竹にぶら下げて練り歩く祭りである。

memo 東北地方の祭り

青森ねぶた祭（青森市）
秋田竿燈《かんとう》まつり（秋田市）
仙台七夕《せんだいたなばた》まつり（仙台市）
} 東北三大祭り

(5) アは山形県、イは岩手県、ウは福島県の伝統的工芸品。

5 北海道地方のようす、身近な地域の調査

本冊p.90・91

基礎レベル問題

p.90

1 (1) X－**アイヌ**　Y－**屯田兵《とんでんへい》**
(2) A－**イ**　B－**ウ**　C－**ア**
(3) A－**イ**　B－**ウ**　C－**ア**
(4) **オホーツク**　(5) **ウ**　(6) **知床《しれとこ》**

2 (1) ①**ウ**　②**ア**　③**イ**
(2) A－**地図（地形図）**　B－**10**　C－**20**　D－**北**
(3) ①**ア**　②**ウ**　③**エ**　④**カ**　⑤**オ**　⑥**イ**
(4) **B**

解説

1 (1)　北海道《ほっかいどう》の先住民族であるアイヌの人々は、独特の生活・文化を確立していたが、屯田兵《とんでんへい》などによる開拓《かいたく》が進むと居住の場を奪《うば》われていった。

(2)(3)　A の石狩《いしかり》平野では稲作《いなさく》、B の十勝《とかち》平野では畑作、C の根釧《こんせん》台地では酪農《らくのう》がさかん。

(4)　D は釧路《くしろ》港。釧路港は北洋漁業の基地として発展してきたが、アメリカ合衆国《がっしゅうこく》やロシアが排他《はいた》的経済《けいざい》水域を設定して他国の漁業を制限したため、水揚《みずあ》げ量が減少した。

(5)　北海道は農業・水産業がさかんなため、それらの産物を原料にした食料品工業が発達している。

2 (3)　**ミス対策 似ている地図記号を混同しないように！**　①の果樹園(ó)は広葉樹林(Q)の地図記号と似ているので、間違えないように注意すること。

memo 新しい地図記号

老人ホームや風車など、新しくできた地図記号は、しっかりおさえておくこと。

図書館	風車
博物館・美術館	自然災害伝承碑《さいがいでんしょうひ》
老人ホーム	

(4)　等高線の間隔《かんかく》が広いほど傾斜《けいしゃ》はゆるやか。

入試レベル問題　p.91

1 (1) **①エ　②ア　③ウ**

(2) **栽培《さいばい》漁業**　(3) **［例］北海道地方は、他の地方に比べて一戸あたりの耕地面積が大きい。**

2 (1) **110**(m)　(2) **750**(m)　(3) **ア**

解説

1 (1)　①は有珠山《うすざん》・洞爺湖《とうやこ》周辺地域の説明。②は知床《しれとこ》の説明、③は石狩《いしかり》平野の説明。

(2)　「自然の海や川に放す」という点に着目する。将来にわたって水産資源を安定的に利用できるようにするため、こうした「つくり育てる漁業」が行われるようになった。人工的な池や網《あみ》を張った海で、魚介類《ぎょかいるい》を大きくなるまで育てる漁業は養殖《ようしょく》業という。

(3)　北海道の耕地の総面積が他の地方より大きいのに対して、農家総数は著しく少ないことから考える。たとえば、北海道の一戸あたりの耕地面積は 1141000 ÷ 34913 により約 32.7ha、近畿《きんき》は 272500 ÷ 122639 により約 2.2ha。

2 (1)　「甲山《かぶとやま》」の頂上の標高 164m から、100m の標高の間に 6 本の等高線が引かれていることから、この地形図の等高線は標高 10m おき、つまり縮《しゅく》尺《しゃく》2 万 5 千分の 1 であることがわかる。このことから、A の標高は 130m、B の標高は 20m とわかり、130 − 20 により 110m となる。

(2)　実際の直線距離《きょり》＝地図上の長さ×縮尺の分母の公式に当てはめる。3 (cm) × 25000 = 75000 (cm)。単位を直すと 750m となる。

(3)　ア　等高線の間隔《かんかく》から読み取れる。イ　小中学校の分布は地図記号からわかるが、生徒数までは読み取れない。ウ　バス停留所を示す地図記号はない。エ　果樹園の分布は地図記号からわかるが、果樹の種類までは読み取れない。

6 ヨーロッパ人との出会いと全国統一　本冊p.92・93

基礎レベル問題　p.92

1 (1) **十字軍**　(2) **ルネサンス**

(3) **①エ　②プロテスタント(新教)**

③イエズス会

(4) **ア**

2 (1) **ウ**　(2) **(フランシスコ =) ザビエル**

(3) **キリシタン大名**　(4) **南蛮《なんばん》**

3 (1) **①桶狭間《おけはざま》　②室町《むろまち》　③安土《あづち》**

(2) **楽市《らくいち》・楽座《らくざ》**　(3) **太閤《たいこう》検地(検地)**　(4) **刀狩《かたながり》**

4 (1) **姫路城《ひめじじょう》**　(2) **千利休《せんのりきゅう》**

(3) **イ**　(4) **(出雲《いずも》の)阿国《おくに》**

解説

1 (1)　エルサレムは、ユダヤ教、キリスト教、イスラム教の聖地。

(3)①　ドイツで宗教改革を始めたのはルター、スイスで宗教改革を始めたのはカルバンである。

2 (1)　日本に初めて鉄砲《てっぽう》が伝えられたのは、鹿児島県の種子島《たねがしま》である。

(4)　当時は、スペイン人・ポルトガル人を南蛮人と呼んだ。

3 (1)①　桶狭間の戦いで今川義元《いまがわよしもと》を破ったことは、織《お》田《だ》信長《のぶなが》が全国統一を進める第一歩になった。

②　戦乱が続く中で、室町幕府《ばくふ》の力はないも等し

い状況《じょうきょう》になっていた。

(3)(4)　太閤検地と刀狩で兵農分離《へいのうぶんり》が進み、身分制度の基礎《きそ》が固まった。

4 (1)　織田信長の安土城、豊臣秀吉《とよとみひでよし》の大阪《おおさか》城も同じような天守閣《てんしゅかく》をもつが、現存していない。

(3)　一遍《いっぺん》は時宗《じしゅう》を開き、李参平《イサムピョン》《りさんぺい》は有田焼《ありたやき》を始めた。

入試レベル問題　p.93

1 (1)①**ア**

②(解答例)**市場《いちば》の税を免除《めんじょ》し、座の特権を廃《はい》止《し》した。**

(2)**ア**　(3)①**エ**　②**朝鮮《ちょうせん》**

(4)**ローマ教皇《きょうこう》(法王)**

(5)**ウ**　(6)**(E →)B → D → A → C**

2 (1)**イ**　(2)①**イ**　②**オ**

(3)**狩野永徳《かのうえいとく》**

解説

1 (1)①　**イ**は織田信長が今川義元《いまがわよしもと》を破った戦い、**ウ**は徳《とく》川家康《がわいえやす》が石田三成《いしだみつなり》らを破った戦い、**エ**は明治元年に起こった新政府軍と旧幕府《ばくふ》軍との戦いである。

②　楽市・楽座の実施《じっし》で、だれでも自由に商工業を営めるようにし、領国を経済的に発展させようとした。

(2)　マゼラン船隊は世界一周を達成し、バスコ＝ダ＝ガマはインド航路を発見した。

(3)　**ミス対策** **豊臣秀吉の政策の内容と目的をおさえておこう！**

memo　豊臣秀吉《とよとみひでよし》の政策

太閤検地(検地)…田畑の面積を調べ、収穫《しゅうかく》高を石高《こくだか》で表し、年貢《ねんぐ》を確実に徴収《ちょうしゅう》する。

刀狩…農民の一揆を防ぎ、田畑の耕作に専念させる。

朝鮮侵略《しんりゃく》…明征服《みんせいふく》のための道案内を朝鮮に要求→断られ、文禄《ぶんろく》の役《えき》・慶長《けいちょう》の役の２度にわたって朝鮮を侵略する。

(4)　十字軍遠征《じゅうじぐんえんせい》の失敗の結果、ローマ教皇と西ヨーロッパの封建貴族の力はおとろえた。

2 (1)　逆に屏風《びょうぶ》、刀のように、日本語がポルトガル語になる例もあった。

(2)　質素で気品のある東山《ひがしやま》文化(室町《むろまち》時代)から一転して、桃山《ももやま》文化は雄大で豪華《ごうか》な特色を示した。

(3)　狩野永徳《かのうえいとく》ら狩野派の障壁画《しょうへきが》は、安土城や大阪城などに描《えが》かれた。

7　江戸幕府の成立と鎖国　本冊p.94・95

基礎レベル問題　p.94

1 (1)①**徳川家康《とくがわいえやす》**　②**関ヶ原《せきがはら》**

③**征夷大将軍《せいいたいしょうぐん》**　④**江戸《えど》**

(2)**ア**　(3)**イ**　(4)**武家諸法度《ぶけしょはっと》**

(5)**参勤交代《さんきんこうたい》(の制度)**　(6)**徳川家光《とくがわいえみつ》**

2 (1)**百姓《ひゃくしょう》**　(2)**a －エ　b －カ　c －ア**

3 (1)①**イ**　②**ウ**　(2)**朱印状《しゅいんじょう》**

(3)**島原《しまばら》・天草一揆《あまくさいっき》**　(4)**ポルトガル**

(5)①**出島《でじま》**　②**オランダ**

解説

1 (1)　関ヶ原の戦いは、「天下分け目の戦い」といわれ、これに勝った徳川家康が全国支配の実権をにぎり、1603年には江戸幕府《ばくふ》を開いた。

(2)　**イ**は鎌倉《かまくら》・室町《むろまち》幕府における幕府の役職、**ウ**は律令《りつりょう》制における地方の官吏《かんり》、**エ**は朝廷《ちょうてい》の役職。

(3)　**ミス対策** **江戸時代の大名には、３つの種類があることを覚えておこう。**

memo　大名の種類

親藩《しんぱん》…徳川氏の一族の大名。尾張《おわり》・紀伊《きい》・水《み》戸《と》の三家は、特に御三家《ごさんけ》と呼ばれた。

譜代《ふだい》大名…関ヶ原の戦い以前から、徳川氏の家臣だった大名。

外様《とざま》大名…関ヶ原の戦いのころに、徳川氏に従った大名。

(5)　江戸と領地を往復させることで大名の経済力《けいざいりょく》を弱め、幕府に反抗《はんこう》する力をなくそうとした。

2 (1)　約７％の武士が、他の約93％の身分の人たちを支配していた。

3 (1)　①対馬《つしま》は朝鮮《ちょうせん》半島と九州《きゅうしゅう》の間に位置する島であることから考える。②松前《まつまえ》藩は現在の北海道《ほっかいどう》南部を支配していた。

(2)　朱印状をもって行う貿易を、朱印船貿易と呼ぶ。朱印船貿易のさいに東南アジアに移住した人々が、東南アジア各地に日本町を形成した。

(3)　島原・天草一揆は、九州地方の島原・天草地方で起こった、キリスト教徒を中心とする百姓らによる一揆である。

入試レベル問題　p.95

1 (1) ①**大老《たいろう》**　②**町奉行《まちぶぎょう》**

(2) ①**外様大名**

②(解答例)**徳川氏の一族の大名。**

(3)〔例〕**新しく城を築くことを禁止する。(城を修理するときは、必ず幕府に申し出よ。)**

(4) **ア**

2 (1) **エ**　(2) **イ**　(3) **絵踏《えふみ》**

解説

1 (1)①　幕府の臨時の最高職を大老、常設の政務の最高職を老中《ろうじゅう》という。

(2)①　外様大名は、江戸から遠い地域に置かれた。また、親藩・譜代大名は、江戸の周辺や重要地に置かれた。

(3)①　資料Cは武家諸法度の一部である。武家諸法度は、1615年に徳川秀忠《ひでただ》の名前で出されたのが最初である。新しく城を築くことは禁止され、城を修理するときは許可が必要とされた。この政策《せいさく》には大名の軍事力を弱める目的があった。違反《いはん》した場合は、藩の取りつぶしや領地がえなどの処分が下された。

(4)　百姓《ひゃくしょう》に対してぜいたくをいましめ、田畑の耕作に専念《せんねん》するよう求めている。こうした統制により、より確実に年貢《ねんぐ》を徴収《ちょうしゅう》することをめざした。

2 (2)　1637～38年に島原《しまばら》・天草一揆《あまくさいっき》が起こった。

(3)　イエスやマリアの像を踏めなかった者をキリシタンと判断し、取り締まった。

memo **鎖国《さこく》中の貿易相手と交易地**

オランダ…長崎湾内《わんない》の出島で交易

中国…長崎の唐人屋敷《とうじんやしき》で交易

朝鮮《ちょうせん》…対馬《つしま》藩(長崎県)と交易、朝鮮通信使

琉球《りゅうきゅう》…薩摩《さつま》藩(鹿児島県)と交易

アイヌの人々…蝦夷地《えぞち》の松前《まつまえ》藩(北海道)と交易、シャクシャインの戦い

8 産業の発達と幕府政治の展開

本冊p.96・97

基礎レベル問題　p.96

1 (1) ①**東海道《とうかいどう》**　②**西廻《にしまわ》り航路**

③**将軍のおひざもと**　④**天下の台所**

(2) **株仲間《かぶなかま》**　(3) **エ**

2 (1) **生類憐《しょうるいあわれ》み**　(2) **ア**

(3) ①**徳川吉宗《とくがわよしむね》**　②**公事方御定書《くじかたおさだめがき》**

(4) ①**寛政《かんせい》の改革**　②**朱子学《しゅしがく》**

(5) **異国船打払令《いこくせんうちはらいれい》**

(6) ①**水野忠邦《みずのただくに》**　②**株仲間**

③**田沼意次《たぬまおきつぐ》**

3 (1) ①**元禄《げんろく》**　②**化政《かせい》**

(2) ①**カ**　②**オ**

③**ア**　④**イ**

解説

1 (1)①　五街道《ごかいどう》は江戸《えど》を起点として整備された主要街道で、東海道、中山道《なかせんどう》、甲州道中《こうしゅうどうちゅう》(街道《かいどう》)、日光《にっこう》道中(街道)、奥州《おうしゅう》道中(街道)のこと。

②　日本の周囲には、西廻り航路、東廻り航路、江戸・大阪間の航路(南海路)が整備された。

2 (1)　徳川綱吉《つなよし》は、自分が戌年《いぬどし》うまれだったことから、とくに犬を大事にさせたとも言われている。

(2)　徳川綱吉は、貨幣《かへい》の質を落として発行量を増やしたため、物価が上昇《じょうしょう》した。新井白石《あらいはくせき》は、この状況《じょうきょう》を打開しようとして財政の立て直しを進めた。

(3)　**ミス対策▶ 享保《きょうほう》の改革・寛政の改革・天保《てんぽう》の改革を幕政《ばくせい》の三大改革という。混同しないように注意しよう！**

memo **幕政の三大改革**

享保の改革…第８代将軍徳川吉宗、公事方御定書、目安箱《めやすばこ》の設置

寛政の改革…老中松平定信《ろうじゅうまつだいらさだのぶ》、幕府の学問所で朱子学以外の講義禁止、旗本《はたもと》・御家人《ごけにん》の借金帳消し

天保の改革…老中水野忠邦、株仲間の解散

3 (1)　元禄文化は上方《かみがた》(京都や大阪)の町人を中心とした活気ある文化である。化政文化は江戸の町人を中心とした皮肉やこっけいが喜ばれた文化である。

(2)　ウの尾形光琳《おがたこうりん》は、はなやかな装飾画《そうしょくが》を大成した。

入試レベル問題 p.97

1 (1) **エ**　(2) **キ**　(3) **イ**

(4) 〔例〕**物価の引き下げを図る目的。（物価の上昇《じょうしょう》をおさえる目的。）**

(5) **享保《きょうほう》の改革**　(6) **D → E → B → C**

2 (1) **①オ　②キ　③イ　④ウ　⑤ク**

(2) **エ**

(3) **工場制手工業《こうじょうせいしゅこうぎょう》（マニュファクチュア）**

解説

1 (1)　アは奥州道中（街道）、イは日光道中（街道）、ウは甲州道中（街道）、オは東海道である。

(2)　カは東廻り航路、クは西廻《にしまわ》り航路である。

(3)　B 江戸は政治の中心地、大阪は商業の中心地であることをおさえておこう。

memo　都市と交通の発達

江戸…政治の中心地→将軍のおひざもと
大阪…商業の中心地→天下の台所
京都…朝廷《ちょうてい》がある、文化の中心地
五街道…東海道、中山道、甲州道中（街道）、日光道中（街道）、奥州道中（街道）
航路…西廻り航路→東北などの米を大阪へ
東廻り航路→東北などの米を江戸へ

(4)　株仲間は、商工業者の独占的《どくせんてき》な同業者組合である。水野忠邦は、株仲間を解散させれば物価を下げることができると考えた。しかし、物価の上昇にはさまざまな要因があり、物価は下がらなかった。

2 (1)①　近松門左衛門《ちかまつもんざえもん》は、実際に起こった事件をもとに人形浄瑠璃《じょうるり》や歌舞伎《かぶき》の台本を著《あらわ》した。代表作に『曾根崎心中《そねざきしんじゅう》』などがある。

②　浮世草子《うきよぞうし》は、上方を中心に栄えた、人々のくらしや考え方をもとに描《えが》かれた小説である。

④　国学《こくがく》は、儒教《じゅきょう》や仏教が伝わる前の、日本古来の文化や日本人の考え方を明らかにしようとする学問である。

(2)　前野良沢《まえのりょうたく》は『解体新書《かいたいしんしょ》』の出版にたずさわった。

(3)　地主《じぬし》や商人が、労働者を一つの仕事場に集め、作業を分担させた。

9　欧米の進出と日本の開国　本冊p.98・99

基礎レベル問題 p.98

1 (1) **クロムウェル**　(2) **名誉《めいよ》革命**

(3) **権利（の）章典**　(4) **（アメリカ）独立宣言**

(5) **①（フランス）人権宣言　②ナポレオン**

(6) **リンカン（リンカーン）**

(7) **①南京《ナンキン》　②香港《ホンコン》**　(8) **a －ア　b －イ**

2 (1) **ペリー**　(2) **エ**

(3) **関税自主権**　(4) **ウ**　(5) **桜田門外《さくらだもんがい》の変《へん》**

(6) **①イ　②ウ**

(7) **徳川慶喜《とくがわよしのぶ》**　(8) **戊辰《ぼしん》戦争**

解説

1 (1)　絶対王政を倒《たお》し、共和政を始めたが、やがてクロムウェルが独裁政治を行った。

(4)　アメリカの東部には、イギリスの 13 の植民地が形成されていたが、課税を強化されたため、独立を求めて立ち上がった。

2 (2)　**ミス対策**　**日米和親条約《にちべいわしんじょうやく》と日米修好通商条約《にちべいしゅうこうつうしょうじょうやく》で開かれた港をおさえておこう！**　アの函館《はこだて》は、日米和親条約と日米修好通商条約の両方での開港地である。

(3)　もう一つの不平等な内容は、領事裁判権（治外法権）を認めたことである。

(6)　薩長《さっちょう》同盟を結んだときの薩摩藩《さつまはん》の代表は西郷隆盛《さいごうたかもり》、長州《ちょうしゅう》藩の代表は木戸孝允《きどたかよし》である。

(7)　第 15 代将軍徳川慶喜は、政権を返還《へんかん》したのち、新政府の要職について政治の中心になろうとしたが、失敗した。

入試レベル問題 p.99

1 (1) **ピューリタン**

(2) **議会**　(3) **あ－カ　い－ウ　う－イ**

(4) **奴隷《どれい》解放**

2 (1) **X －オ　Y －イ**

(2) **領事裁判権《りょうじさいばんけん》（治外法権《ちがいほうけん》）**

(3) **尊王攘夷《そんのうじょうい》**

(4) 〔例〕**幕府《ばくふ》をたおして、欧米《おうべい》の勢力に対抗《たいこう》できる政権をつくること。**

解説

1 (2)　国王は議会の承認《しょうにん》がなければ法律の停止や新しい課税ができないこととされた。

(3)　**あ**石炭は鉄鋼《てっこう》の原料、蒸気《じょうき》機関や家庭の燃料として用いられるようになった。産業革命《さんぎょうかくめい》の前までは、エネルギーの中心は木炭だった。**う**自由な競争のもと、資本家が利益の拡大を目的に生産するしくみである。

(4)　リンカン大統領《だいとうりょう》率いる北部は奴隷制に反対し、自由貿易と奴隷制の維持《いじ》をとなえる南部と対立していた。

2 (1)　ペリーの来航(1853年)→日米和親条約の調印(1854年)→日米修好通商条約の調印(1858年)→安政《あんせい》の大獄《たいごく》(1858年～59年)→桜田門外《さくらだもんがい》の変(1860年)の順となる。

> **memo** 明治維新《めいじいしん》までの主な動き
>
> **攘夷から倒幕《とうばく》へ**…薩摩藩と長州藩が攘夷の不可能を知る
>
> **薩長同盟**…薩摩藩と長州藩が同盟を結ぶ、坂《さか》本龍馬《もとりょうま》らが仲介《ちゅうかい》
>
> **大政奉還《たいせいほうかん》**…徳川慶喜が朝廷に政権を返上する
>
> **王政復古《おうせいふっこ》の大号令**…天皇《てんのう》中心の政治にもどることや、幕府の廃止《はいし》を宣言

(3)　「攘夷」とは、外国人を日本から撃退《げきたい》しようとする考え方である。

10 明治維新

本冊p.100・101

基礎レベル問題　p.100

1 (1) **五箇条《ごかじょう》の御誓文《ごせいもん》**

(2) **版籍奉還《はんせきほうかん》**　(3) ①**藩**　②**県令《けんれい》(県知事)**

③**廃藩置県《はいはんちけん》**

(4) **平民**　(5) ①**イ**　②**ア**　③**ウ**

2 (1) ①**エ**　②**ア**

(2) **ウ**　(3) **国会期成《こっかいきせい》**

(4) ①**自由党《じゆうとう》**　②**大隈重信《おおくましげのぶ》**

(5) **伊藤博文《いとうひろぶみ》**　(6) **貴族院《きぞくいん》**

(7) ① **15**　② **25**

3 (1) **富岡《とみおか》製糸場**　(2) **太陽暦《たいようれき》**

(3) **福沢諭吉《ふくざわゆきち》**　(4) **中江兆民《なかえちょうみん》**

解説

1 (2)(3)　版籍奉還→廃藩置県の順で、中央集権国家の基礎《きそ》が確立した。

(5)①　地租改正《ちそかいせい》による地租納入を義務づけられた人の条件をおさえておくこと。

2 (3)　国会期成同盟による国会開設の請願書《せいがんしょ》提出の翌年、政府は10年後に国会を開設することを約束した。

(6)　帝国議会の議院は衆議院《しゅうぎいん》と貴族院で、両院は対等の権限をもっていたが、選挙で選ばれるのは衆議院議員だけだった。

(7)　**ミス対策** **1890年の第1回総選挙での選挙権の条件をしっかりおさえておこう！**　直接国税の額は、しだいに引き下げられて、1925年には、税額の制限はなくなった。

3 (1)　富岡製糸場は現在の群馬県富岡市に建設された。この地域は養蚕《ようさん》がさかんで、製糸業に都合がよかった。

(2)　太陰暦《たいいんれき》は月の動きをもとにした暦《こよみ》。

入試レベル問題　p.101

1 (1) **会議**　(2) **華族《かぞく》**

(3) **イ**

(4) a－**3**　b－**現金(貨幣《かへい》)**

(5)〔例〕**国力の充実《じゅうじつ》(国内の整備)**

(6) **樺太《からふと》・千島交換《ちしまこうかん》**

2 (1) **国会(議会)**

(2) **ア→ウ→イ**　(3) **イ**

(4) **衆議院《しゅうぎいん》**

解説

1 (2)　身分制度の廃止《はいし》によって、天皇の一族を皇族《こうぞく》、公家《くげ》や大名《だいみょう》を華族、武士を士族《しぞく》、百姓《ひゃくしょう》・町人を平民とし、皇族以外はすべて平等とされた。

(4)　地租改正の結果、政府の税収入は安定したが、農民の負担は減らなかった。

(5)　征韓論《せいかんろん》をめぐる対立について述べている。国力の充実のため、学制・兵制・税制の整備による「富国強兵《ふこくきょうへい》」が図られた。

(6)　樺太《からふと》はすべてロシア領、千島《ちしま》列島はすべて日本領として国境を画定した。

2 (1)　民撰議院とは国会(議会)のことで、民撰議院設立の建白書の提出が自由民権運動の口火となった。

(2)　アは 1877 年、ウは 1880 年、イは 1885 年。

(3)　ア・ウ・エは日本国憲法《けんぽう》下における政治について述べている。

(4)　帝国《ていこく》議会は衆議院・貴族院の二院制。第二次世界大戦後の国会は衆議院・参議院《さんぎいん》の二院制である。

11　日清・日露戦争と日本の産業革命

本冊p.102・103

基礎レベル問題　p.102

1 (1) **ノルマントン号事件**

(2) ① a −**ウ**　b −**イ**　② c −**エ**　d −**ア**

2 (1) **甲午《こうご》農民戦争**

(2) ①**伊藤博文《いとうひろぶみ》**　②**下関《しものせき》**

③**イ**

(3) a −**遼東《リアオトン》《りょうとう》**　b −**三国干渉《さんごくかんしょう》**

(4) **イギリス**　(5) **ポーツマス**　(6) **ア**

(7) **韓国《かんこく》**

3 (1) **ア**　(2) **八幡《やはた》製鉄所**

(3) ①**イ**　②**カ**　③**オ**

解説

1 (1)　ノルマントン号事件では、イギリス人船員は全員救助され、日本人乗客は全員死亡したが、イギリス人船長は軽い罪《つみ》ですんだ。このため、不平等条約の改正を求める世論が高まった。

(2)　ミス対策 **不平等条約改正の内容と達成した人物を混同しないように！**　1894 年−領事裁判権撤廃《てっぱい》−陸奥宗光《むつむねみつ》、1911 年−関税自主権の完全な回復−小村寿太郎《こむらじゅたろう》、の関係をしっかりおさえておこう。

2 (2)(3)　日本が領土として獲得《かくとく》したのは遼東半島などだが，のちにロシア・フランス・ドイツによる三国干渉を受けたため、還付金をとって中国に返還した。

(5)　日露《にちろ》戦争の講和会議は、仲介《ちゅうかい》を受けたアメリカのポーツマスで開かれた。

memo　日清《にっしん》戦争と日露戦争の比較《ひかく》

●日清戦争（1894〜1895 年）

講和条約…下関条約，伊藤博文・陸奥宗光

獲得したもの…遼東半島、台湾《たいわん》、賠償金《ばいしょうきん》など

影響《えいきょう》…三国干渉

●日露戦争（1904 年〜1905 年）

講和条約…ポーツマス条約、小村寿太郎

獲得したもの…樺太《からふと》（サハリン）の南半分、韓国での日本の優越《ゆうえつ》権

影響…賠償金なし→日比谷《ひびや》焼き打ち事件

3 (1)　産業革命は、軽工業→重工業の順におこった。

(2)　北九州《きたきゅうしゅう》工業地帯の基礎《きそ》となった。

入試レベル問題　p.103

1 (1) **ア→イ→ウ**　(2) **八幡《やはた》製鉄所**

(3)［例］**日清《にっしん》戦争と比べて死者や戦費が増えたが、賠償金《ばいしょうきん》が得られなかったから。**

(4)［例］**ロシアの南下に対抗するため。**

(5) **ア**　(6) **イ**

2 (1) ①**オ**　②**ア**　③**ウ**

(2) **ア**

解説

1 (1)　不平等条約とは、幕末《ばくまつ》の 1858 年に結ばれた日米修好通商条約などのことである。

(2)　八幡製鉄所は、日清戦争の賠償金の一部で建設され、日本の重工業発展の基礎となった。

(3)　死者・戦費とも日露戦争の方が多いことが読み取れる。戦争中、国民は重税に苦しんだが、ロシから賠償金を得られないことがわかると、日比谷《ひびや》焼き打ち事件などの暴動を起こした。

(4)　ロシアは、1900 年の義和団《ぎわだん》事件を鎮圧《ちんあつ》した後も満州《まんしゅう》に兵をとどめるなど、東アジアでの勢力を拡大していた。

2 (1)①　与謝野晶子《よさのあきこ》が日露戦争に対する反戦の意を表した詩とされる。

②　赤痢菌《せきりきん》を発見した志賀潔《しがきよし》、破傷風《はしょうふう》の血清療法《けっせいりょうほう》を発見した北里柴三郎《きたさとしばさぶろう》と混同しないようにする。

③　島崎藤村《しまざきとうそん》は『若菜集《わかなしゅう》』、石川啄木《いしかわたくぼく》は『一握《いちあく》の砂』の作者。

(2)　イは文学、ウ・エは美術で活躍《かつやく》した。

多い。それぞれの句の対応関係を捉《とら》えることが漢詩の理解につながる。

(2) 作者は、**故郷へ帰るすべもないまま、季節だけが過ぎていくこと**を嘆《なげ》いているのである。

〈現代語訳〉

川の碧《みどり》を背景にして鳥の白さが際立《きわだ》っている
青々とした山で花は燃えるように咲《さ》いている
今年の春も、みるみるうちに過ぎていく
いったいいつの日に故郷に帰ることができるのか

2

(1) 四句から成る漢詩を絶句《ぜっく》という。絶句は各句の文字数で分類され、一句が五字のものを五言《ごごん》絶句、一句が七字のものを七言《しちごん》絶句という。

(2) 一・二点は、下の字から、二字以上隔《へだ》てた上の字へ返ることを示している。よって、ここでは「揚州《ようしゅう》」を先に読んでから「下」に返って読む。

〈現代語訳〉

古くからの友人(孟浩然)が、ここ西の地にある黄鶴楼に別れを告げ、花が一面にさき、春がすみの立つ三月に、揚州へと長江を下っていく。黄鶴楼の楼上から見ると、遠くにぽつんと見えるほの姿も青空の中に消えていき、私が見るものは、長江が天の果てまで流れゆく風景ばかりである。

〈現代語訳〉 時は二月十八日、午後六時頃《ごろ》のことであったが、折から北風が激しく吹《ふ》いて、岸に打ちつける波も高かった。舟《ふね》は、揺《ゆ》り上げられ揺り落とされて漂《ただよ》っているので、(竿《さお》の先の)扇《おうぎ》も少しの間も静止せず揺れ動いている。沖には平家が、海上一面に舟を並べて見物している。陸には源氏が、馬のくつわを並べてこの様子を見守っている。どちらもどちらも、まことに晴れがましい情景である。

入試レベル問題 p.108

1
(1) a **つがい**　b **いうじょう**　c **うちくわせ**
(2) A**かぶら**　B**扇**
(3) **ひいふつ(と)・ひやうふつ(と)**〈順不同〉
(4) **・かぶらは海~がりける。**
・沖には平家~めきけり。
(5) **あまりのおもしろさに、感に堪へざるにやとおぼしくて**(25字)
(6) **イ**

解説

1
(1) b「いふぢやう」の「ぢやう」の部分が「au」と母音が連なっていることに注意。「yô」と伸《の》ばして読む。また、「ぢ」は「じ」と直す。
(2) Aはかぶら矢が飛んでいく様子、Bは扇が海上で漂《ただよ》っている様子を表している。
(3) 矢音を**擬声語**《ぎせいご》で表現している。
(4) かぶら矢と扇の様子、平家と源氏の様子を、それぞれ**対句**《ついく》を用いて表現している。
(5) 2段落の初めに、男が舞《まい》を舞《ま》った理由が書かれている。男は、**見事に扇が射抜《いぬ》かれたのに感動して舞を舞った**のである。
(6) **ミス対策** 現代語と古語の意味の違《ちが》いに注意する。「情けなし」は現代語の「情けない」とは異なり、「**無情だ**」という意味である。

〈現代語訳〉 与一《よいち》はかぶら矢を取ってつがえ、十分に引き絞《しぼ》ってひょうと放った。(与一は)小柄《こがら》な武者ではあるが、矢は十二束三伏《みつぶせ》で、弓は強く、(かぶら矢は)浦《うら》一帯に鳴り響《ひび》くほど長くうなりを立てて、狙《ねら》いたがわず扇の要《かなめ》から一寸ほど離《はな》れた所をひいふっと射切った。かぶら矢は(飛んで)海へ落ち、扇は空へと舞い上がった。しばらくの間は空に舞っていたが、春風に一もみ二もみもまれて、海へさっと散っていった。夕日の輝《かがや》く中、真っ赤な地に金色の日の描《えが》いてある扇が、白波の上に漂《ただよ》い、浮《う》いたり、沈《しず》んだり揺られているので、沖では平家が船端《ふなばた》をたたいて感嘆《かんたん》し、陸では源氏がえびらをたたいてはやしたてた。

あまりのおもしろさに、感に堪《た》えなかったのであろう、舟の中から、年の頃《ころ》は五十歳《さい》くらい、黒《くろ》革《かわ》おどしの鎧《よろい》を着、白柄《しらえ》の長刀《なぎなた》を持った男が、扇の立ててあった所に立って舞を舞った。伊勢三郎《いせのさぶろう》義盛《よしもり》が与一の後ろに寄ってきて、「ご命令だ、射よ。」と言ったので、与一は今度は中差《なかざし》を取ってしっかり弓につがえ、十分に引き絞《しぼ》って、(舞を舞っている男の)頸《くび》の骨をひょうふっと射て舟底に逆さまに射倒《いたお》した。平家の方《かた》は全く静まり返り、源氏の方はまたえびらをたたいてはやしたてた。「ああ、よく射た。」と言う者もいれば、また、「無情なことをするものだ。」と言う者もいた。

11 漢文・漢詩

本冊p.106・107

基礎レベル問題 p.107

1
(1) A ウ　B エ　C ア　D イ
(2) ①エ　②ア　③ウ　④イ　(3) イ

2
(1) **五言絶句**　(2) **春眠不レ覚エ暁ヲ**
(3) ア

解説

1
(1)・(2)漢詩の形式についての知識を深めよう。

2
(3)ここでは、「知る多少」で「**どれほどかわからない**」という意味を表す。

〈現代語訳〉
春の眠《ねむ》りは心地《ここち》良く、朝が来たのにも気がつかないくらいだ
あちらこちらで鳥の鳴く声が聞こえる
昨夜は、風雨の音がしていた
花はどれほど散ってしまったことだろう

入試レベル問題 p.106

1
(1) A**碧**　B**白**　C**青**　D**赤[紅・朱]**　(2) **ア**

2
(1) **七**　(2) **揚州に下る**

解説

1
(1) **ミス対策** 漢詩には**対句**《ついく》が使われていることが

9 徒然草・枕草子

本冊p.110・111

1 基礎レベル問題 p.111

(1) a **かたえ**　b **おわしけれ**　c **おもいて**
(2) A **こそ**　B **こそ**　C **ぞ**　(3) ①ウ　③エ
(4) 例 **極楽寺・高良だけが石清水の全てだということ。**
(5) エ

解説

1 (1) 語頭以外のハ行音の読み方に注意しよう。
(2) 古典文法の基礎《きそ》として、**係り結びの法則**について覚えておこう。
(3) ①「心うし」は「**残念だ**」という意味の古語。
③「か」は、**疑問を表す係助詞**。
(4) 「かばかり」は「**これだけ**」という意味。「か」は指示語。その直前にある「極楽寺《ごくらくじ》・高良《かうら》などを拝みて」を指している。法師は、石清水《いわしみず》(石清水八幡宮《はちまんぐう》)のふもとにある**極楽寺・高良などが石清水の全てだと思い込《こ》んで帰ってしまった**のである。
(5) 最後の一文に、この文章の作者の感想が書かれている。作者は、**このような場合にも**「**先達《せんだち》(案内者)**」**が必要なのだ**と述べている。

〈現代語訳〉 仁和寺《にんなじ》にいたある法師が、年を取るまで石清水八幡宮に参拝したことがなかったので、残念なことに思われて、あるとき思いたって、たった一人で徒歩で参拝に出かけた。法師は、(石清水八幡宮のある山のふもとにある)極楽寺や高良神社などに参拝して、これだけのものと思い込んで帰ってしまった。
　さて、(帰ってきてから)仲間に向かって、「長年の間念願だったことを、果たしました。(石清水八幡宮は)うわさに聞いていたのよりも勝《まさ》って、尊《とうと》い様子でいらっしゃいました。それにしても、参拝している人がみな山に登っていったのは、何事かあったのでしょうか。それを知りたかったのですが、神に参拝することが本来の目的だと思い、山までは見ませんでした。」と言った。
　ほんのちょっとしたことにも、その道の案内者は、あってほしいものである。

入試レベル問題 p.110

1 **とびちがいたる**
2 **夜**
3 **ア**

解説

1 語頭以外の「は・ひ・ふ・へ・ほ」は「わ・い・う・え・お」と読むので、「飛びちがひたる」の「ひ」は「い」に直す。
2 「月の頃《ころ》」「闇《やみ》」などから夜であることがわかる。また、『枕草子《まくらのそうし》』の有名な一節なので、暗記しておくとよい。
3 古典の三大随筆《ずいひつ》として名高いのが、清少納言《せいしょうなごん》の『枕草子』、兼好法師《けんこうほうし》の『徒然草《つれづれぐさ》』、鴨長明《かものちょうめい》の『方丈記《ほうじょうき》』なのでまとめて覚えておく。**イ**は伝奇《でんき》物語、**ウ**は和歌集、**エ**は軍記物語である。

10 平家物語

本冊p.108・109

基礎レベル問題 p.109

1 (1) a **あらわす**　b **ついには**　c **ひとえに**
(2) A エ　B ウ　C オ　D ク　E キ　F イ
2 (1) イ　(2) **沖には平家・陸には源氏**　(3) ア

解説

1 (1) 語頭以外のハ行音の読み方に注意しよう。
(2) 古典を学習するときは、**作品の時代背景**についての理解も深めるようにしよう。

〈現代語訳〉 祇園精舎《ぎおんしょうじゃ》の鐘《かね》の音には、諸行無常の響《ひび》きがある。沙羅双樹《しゃらそうじゅ》の花の色は、盛者必衰《じょうしゃひっすい》の道理を表している。繁栄《はんえい》を極《きわ》めた者も、永遠には続かない。ただ春の夜の夢のようなものである。強大な力を誇《ほこ》る者も最後には滅《ほろ》びてしまう。ただただ風の前の塵《ちり》と同じである。

2 (1) 「をりふし」は、現代仮名遣《かなづか》いでは「**おりふし**」と読むことにも注意する。
(2) ミス対策 対句《ついく》的な表現とは、二つの似たものや事柄《ことがら》を同様の構成で並べて、文の調子を整える表現技法。「沖《おき》・陸《くが》」「平家・源氏《げんじ》」のような**対になる語句**を対応させて表現している。
(3) そのまま現代語訳すると「晴れがましくないということはない」となる。**二重否定**になっていることに注意。

葉のもつ「自分を包む」というイメージを、「きょうだい愛をたっぷりと」与《あた》えられたことに重ね、「私」の感じた「きょうだい愛」の強さを表現しているのである。

入試レベル問題 p.114

1 **多分その姿**

2 ウ

3 例 **恥ずかしい気持ち。**

解説

1 この部分は、「私」が裸《はだか》に三尺帯《さんじゃくおび》を巻きつけただけで帰ろうとしている場面。大人になった筆者は、その姿を客観的に捉《とら》えて、「珍妙《ちんみょう》であったにちがいない」と想像している。

2 □の直前の「われながら」は、自分を自分で評価する様子を表す副詞。その意味を考えると、ここでは、□には、**ア**「失敗」、**イ**「異様」などの否定的な評価は適さない。また、**エ**「親切」に該《がい》当《とう》する「私」の言動は存在しない。

3 裸に三尺帯を巻きつけただけの姿を「恥《は》ずかしい気がし」てもいた「私」は、姉の「優《やさ》しい笑顔《えがお》」によって慰《なぐさ》められたのである。

8 説明的文章

本冊 p.112・113

基礎レベル問題 p.113

1 **イ**

2 A **天敵による捕食**　B **有利**

3 **不利**

解説

1 ――線部①は、「この(ような)」という直前の内容を指示する連体詞(指示語)を含《ふく》んでいる。これは、引用部の初めの三つの文を指している。その三つの文には、「ほとんどのカタツムリの殻《から》は右巻き」であり、「それに対して」、「左巻き(反時計回り)のカタツムリは珍《めずら》しく、限られた種類でしか見つかって」いないと述べられている。これが、――線部①の「偏《かたよ》り」に当たる。

2 この文章では、筆者が、「左巻きのカタツムリの謎《なぞ》」を「解明」しているが、まず、前半では、それを『適応』にもとづいて」解明している。筆者は、「右巻きのカタツムリをうまく食べるように特化」した「天敵であるヘビ」、つまり「天敵による捕食《ほしょく》」から「逃《に》げる上では右巻きの個体よりも有利」なので、「適応」したと解明している。

3 筆者は、「適応」にもとづく解明に続いて、「適応でうまく説明できそうにない場合」について述べている。「適応」にもとづく考え方では「有利」であった「左巻きのカタツムリ」は、その「適応」が必要でない場所では、「繁殖《はんしょく》に不利な形質」になってしまうと述べられている。

入試レベル問題 p.112

1 **ウ**

2 例 **はじめは陸上の生物がまったく分布しておらず、運良くたどり着いた生物が、少数の個体から繁殖をスタートさせるしかないこと。**(59字)

3 例 **繁殖や生存に不利な形質が偶然生き残るという点。**(23字)

解説

1 a・bには、どちらも、前の内容とは逆の内容が続く逆接の接続詞が適する。

2 「制約」とは、条件などによって自由を制限すること。「海洋島」での「制約」は、「はじめは陸上の生物がまったく分布して」おらず、「運良く海洋島にやってきた生物」は、「少数の個体から繁殖《はんしょく》をスタートさせるしか」ないということである。

3 「繁殖や生存に有利な形質が生き残る」と「決定論的な自然淘汰《とうた》」は、「〜という」で結びついているので、両者の内容はイコール。「偶然《ぐうぜん》が進化に及《およ》ぼす効果」である「遺伝的浮動《ふどう》」は、それと「対照的」なので、〝繁殖や生存に不利な形質が偶然生き残ってしまう〟ことと考えられる。

る。

2 心平の視線において、雨鱒は、「一点に静止」しており、「じっと心平をみているだけで、逃《に》げるようなそぶりはちっともみせなかった」のである。雨鱒は、優雅《ゆうが》でおおらかに動く存在として描かれているのである。「呼吸」する様子、「背ビレと胸ビレ」を動かす様子も、同様に、優雅でおおらかな動きであると考えられる。

3 ——線部③の直前の段落で、「雨鱒を突《つ》く体勢はすっかり整った」心平の様子を描いている。

4 ——線部④は、「雨鱒を突く体勢」が「すっかり整っ」て、「雨鱒に悟《さと》られないように、注意して、そっと」雨鱒を突こうとする直前の様子である。この部分には、「雨鱒を突く」直前の「期待と緊張《きんちょう》」が描かれている。

入試レベル問題 p.118

1 例 **雨鱒はじっとして動かず、大きな眼が心平をみていた**(24字)

2 **ヤスの重さ**

解説

1 「大きな眼《め》が心平をみていた」という雨鱒の視線を描くことで、緊張している心平とは対照的な、ふてぶてしい雨鱒の様子を強調している。

2 心平は、緊張しているときは、ヤスの重さを感じていなかったが、「緊張がとけていった」ときには、「ヤスが手に重くなった」と感じている。

6 文学的文章②

本冊 p.116・117

基礎レベル問題 p.117

1 ア

2 A **見守ってきた**　B **親代わり**

解説

1 「苦笑い」という表現は、主に、「不快感や怒《いか》りを紛《まぎ》らすために無理に笑おうとしている様子」を描《えが》くときに用いられる。——線部②の「苦笑い」は、祖父が、「翌日の天候」を気にしている少年を安心させたいが、「気まぐれで、風向きは安定しない」天候の「予想がつかない」ことに対する不快感を紛らそうとする「苦笑い」として表現されている。

2 この問題で引用されている部分は、——線部③の「生徒たち」と「紺野《こんの》先生」、「少年」が、「飼育器の卵をずっと見守ってきた親代わり」の存在として、その卵の「孵化《ふか》の場面に立ち合う」場面である。

入試レベル問題 p.116

1 ウ

2 例 **紺野先生が無線機の送信機を卵の近くへ置いたことで、少年だけが殻の破れる最初の瞬間に立ち合うことができたこと。**(54字)

解説

1 この部分の文章では、「やはり、あの少年がいる。」「風が強い。」のような短い文を連ねている。それによって、臨場感を高めているのである。

2 少年が喜んだのは、登校できなかったにもかかわらず、自分だけが「殻《から》の破《やぶ》れる最初の瞬間《しゅんかん》に立ち会った」ことである。そしてそれは、立ち会えなかった生徒たちには、羨《うらや》ましいことだった。

7 随筆

本冊 p.114・115

基礎レベル問題 p.115

1 (自然の風物)**二丁半ほど**
(人々の生活)**銭湯のすぐ**

2 ウ

解説

1 小説や随筆《ずいひつ》などの文学的文章では、自然の風物や人々の生活を描《えが》くことで、季節感を表現することが多い。「あやめの花」は、主に初夏に咲《さ》く。また、人々が「道路に水を撒《ま》いてい」る様子は、暑い夏の季節に見られる光景である。

2 ——線部②の表現は、「私(＝筆者)」が「姉の姉らしさに触《ふ》れた」ことを、「浴衣《ゆかた》を着る」という具体的な行為《こうい》になぞらえて混在させる比喩《ひゆ》表現を用いたものである。それによって、「着る」という言と対応して力強いリズムを生み出す」とあるので、「わが瞳《ひとみ》燃《も》ゆ」と対応する「わがこころ燃ゆ（七字）」が当てはまる。

〈短歌の解釈《かいしゃく》〉

A　南方の海の果てから吹《ふ》き寄せる春のあらしが、激しい音を鳴り響《ひび》かせている。

B　少女たちが楽しく泳いだ後の遠浅の海は、日が沈《しず》み、静けさの中に、浮環《うきわ》（浮輪《うきわ》）のような月がぽっかりと浮《う》かび出ている。

C　夏がきた。相模湾《さがみわん》から吹いてくる爽《さわ》やかな南風を感じて、夏がきた喜びに私の瞳《ひとみ》は輝《かがや》く。私の心は燃え立つ。

D　海には白々《しらじら》とした氷の輝《かがや》きが見え、浜辺《はまべ》では千《ち》鳥《どり》が鳴いている。ふと気づくと、釧路《くしろ》の海の沖《おき》合《あ》いには、寒々とした冬の月が掛《か》かっている。

4 詩

本冊 p.120・121

基礎レベル問題　p.121

1 エ

2 ぜ

3 イ

4 ウ

解説

1 ミス対策▶ **使われている用語（言葉）と詩の形式**を押《お》さえよう。「おれはかまきり」に使われている言葉は**口語**で、各行の音数は一定ではないので**自由詩**。

memo　**詩の用語と形式**

①用語による分類

文語詩…昔の文章語（文語）で書かれた詩。

口語詩…現代の言葉（口語）で書かれた詩。

②形式による分類

定型詩…各行の音数や、各連の行数が決まっている詩。

自由詩…音数や行数に決まりのない自由な詩。

2 「～ぜ」は、きっぱりとした断定を示す言い方で、印象を強める働きがある。

3 かまきりを人に見立てて表現することで、**夏の暑さをものともしない、生き生きとした様子**を印象深く表現している。

4 **かまきりの元気いっぱいな姿**や、**自分の姿にほれぼれしている感じ**を押《お》さえよう。周囲に対する攻撃的《こうげきてき》な姿勢というわけではないので、ア・イは不適切。ここでは自分の強さを表しているわけではないので、エも不適切。

入試レベル問題　p.120

1 イ

2 空

解説

1 この詩は、「凧《たこ》」の立場で語っているものである。それを踏《ふ》まえて、「おれ（凧）」のどういう様子を表現しているかを考える。直後の行に「凧」が空にあがっていく様子が書かれていることや、「抵《てい》抗《こう》する」という言葉の意味に注目すると、風に立ち向かう様子だとわかる。**ア**…「立ち往生する」が不適切。**ウ・エ**…「凧」は向かい風であがっていくものなので、不適切。

2 四行目に注目する。「懐《ふとこ》ろ」のもともとの意味は、「着物を着たときの胸の内側」のこと。擬人《ぎじん》法を用いて「凧」が「空」へどんどん高くあがっていく様子を表現している。一・五行目「地上におれを縛《しば》りつける手がある」の「手」は、「凧」を持つ人間の手のことで、擬人法ではないので注意する。

5 文学的文章①

本冊 p.118・119

基礎レベル問題　p.119

1 **実にきれいだった。**

2 イ

3 **心平はヤス**

4 ウ

解説

1 この引用部では、心平《しんぺい》の視線を通して、雨鱒《あめます》の「背中の白い斑点《はんてん》」が印象的に描《えが》かれている。——線部①のある一文でも、「背中の白い斑点をゆらめかせて、大きな丸石の向こう側に消える」のように、雨鱒の動きを強調するように「背中の白い斑点」を描いている。このような表現から、心平にとって、「背中の白い斑点」が雨鱒の美しさの象《しょう》徴《ちょう》であり、大きな魅力《みりょく》になっていることがわかイ「大豆から」の「から」は「材料」、ウ「経験から」の「から」は「原因・理由」を表している。

2 接続助詞は、**主に活用語に接続する。** ウの「でも」は動詞「読む」の連用形に接続している。アは名詞に、イは名詞＋助詞に接続している。

3 問題文とウの「まで」は**類推の意味の副助詞。**

4 格助詞「の」の働きは、「が」に言い換《か》えられれば、部分の主語を示す働き、前後に体言(名詞)があれば、連体修飾《しゅうしょく》語を示す働き、「こと・もの」に言い換えられれば、体言の代用の働きと判断する。「欲望のかなう」の「の」は、「欲望がかなう」と「が」に言い換えられるので、部分の主語を示す働きの格助詞。同様に、エ「父の訪《おとず》れた」の「の」も、「父が訪れた」と「が」に言い換えられる。ア「歌うのは」、ウ「兄のだ」の「の」は体言の代用の働きをする格助詞。どちらも、「こと・もの」に言い換えられる。イ「花の名前を」の「の」は、前後に体言(名詞)があるので、連体修飾語を示す働きの格助詞。

5 助動詞の活用形は、他の活用語と同様、下に続く語からも判断できるが、特殊《とくしゅ》な活用のしかたをするものもあるので、それぞれの活用表を覚えておくのがよい。

6 「射《い》抜《ぬ》かれたように」の「ように」は、助動詞「ようだ」の連用形。助動詞「ようだ」の表す意味は、主に推定・比《ひ》喩《ゆ》(たとえ)。ここでは、「まるで射抜かれたように」と、前に「まるで」を補って言い換えられるので、「比喩(たとえ)」の意味を表していると判断できる。同様に、ア「せきを切ったように」も「まるでせきを切ったように」と補って言い換えられる。助動詞「ようだ」の表す意味は、主に推定・比喩(たとえ)だが、その他にもさまざまな用法があるので注意しよう。イ、ウの「ように」は動作の目的、エの「ように」は、既《すで》にわかっていることを示す前置きの意味を表している。

7 助動詞「れる・られる」の表す意味は、受け身・可能・自発・尊敬の四つ。そのうち、この文の「られる」は、他から動作・作用を受けるという意味の「受け身」。同様に、エ「ほめられる」の「られる」も、他から動作・作用を受けるという意味で用いられている。ア「来られる」の「られる」は尊敬、イ「感じられる」の「られる」は自発、ウ「出られる」の「られる」は可能。

3 短歌

本冊 p.122・123

基礎レベル問題

p.123

1 ①A・C ②A ③E

2 ①A ②D ③E

3 エ

解説

1 ミス対策 ②・③短歌の表現技法の「**句切れ**」を理解しよう。短歌は、「五・七・五・七・七」の五句から成るが、その中でいったん歌の意味が切れるところが「句切れ」。**どの句で意味が切れているか**を見極《みきわ》める。②は、Aが二句目の「訛《なまり》なつかし」で言い切る形になっているので、**二句切れ**の短歌。③は、Eが四句目の「蜜柑《みかん》の香《か》せり」で言い切る形になっているEが**四句切れ**の短歌。

2 ①Aの短歌には、都会にいる作者が、そこで耳にした**ふるさとの訛《なまり》になつかしさを感じている思い**がうたわれている。③Eの短歌には、街を歩いていて子どものそばを通ったときに捉《とら》えたみかんの香《かお》りに、**冬の到来《とうらい》を感じた様子**がうたわれている。

3 Bの短歌は、「一目見ん／一目みんとぞ」と同じ言い回しを繰《く》り返す部分に、**母のもとへひたすら急ごうとする作者の切迫感《せっぱくかん》**が表れている。そこから、「母のいのち」が死に近づきつつあるのだということを捉えよう。

入試レベル問題

p.122

1 B

2 わがこころ燃ゆ

解説

1 問題文の「昼間のにぎやかさとうって変わって訪《おとず》れた静けさ」「直喩《ちょくゆ》を用いた自然物」などに注目して考える。Bの短歌の「をとめらが泳ぎし」は「昼間のにぎやかさ」を表す。そして、それが過ぎた後の月が浮《う》かぶ静かな情景が、「浮環《うきわ》のごとき(のような)」という直喩を用いてうたわれている。

2 鑑賞《かんしょう》文の「新たな季節の訪れを実感し」から、Cの短歌「夏はきぬ」に着目できる。また、「前の句ることができるものがある。その可能動詞は、**下一段活用**になる。

6　「大切な」は、言い切りの形にすると「大切だ」となる形容動詞。形容動詞は、活用する自立語で、用言（動詞・形容詞・形容動詞）の一つである。言い切りの形（終止形）が「だ・です」で終わり、状態・性質などを表す。形容動詞の活用のしかたは「～だ」型と「～です」型の二種類あるが、「～だ」型は、「（未然形）だろ／（連用形）だっ・で・に／（終止形）だ／（連体形）な／（仮定形）なら」のように活用し、命令形は存在しない。「～だ」型の形容動詞の活用語尾《ごび》は、全て異なるので、判別しやすい。

7　(4)「大きな」は形容動詞と間違《まちが》えやすいので注意。「大きな」は**活用しない自立語の一つである連体詞**。

8　動詞の活用の種類のうち、五段活用・上一段活用・下一段活用は、「ない」を付けてみて、直前が**ア**段の音なら五段活用、**イ**段の音なら上一段活用、**エ**段の音なら下一段活用と見分ける。**カ**行変格活用は「来る」一語で、**サ**行変格活用は「する」と「～する」という形の複合動詞。「起きる」に「ない」を付けると、「起き（ない）」と直前が**イ**段の音になるので、上一段活用。同様に**ア**「閉じる」も、「ない」を付けると、「閉じ（ない）」と直前が**イ**段の音になる。**イ**「帰る」は五段活用、**ウ**「眺《なが》める」は下一段活用、**エ**「来る」は**カ**行変格活用。

2 付属語

本冊 p.124・125

基礎レベル問題　p.125

1　(1) ア　(2) ウ　(3) イ　(4) エ

2　(1) ウ　(2) イ　(3) ウ　(4) ア

3　(1) エ　(2) イ　(3) イ

4　(1) **た**　(2) **ませ**　(3) **られる**　(4) **そうだ**

5　(1) ① **イ**　② **エ**　③ **ウ**　④ **ア**
(2) ① **イ**　② **ア**　③ **ウ**

解説

1　活用しない付属語である助詞の種類を覚えよう。

memo　**助詞の種類**

① **格助詞**……文節と文節がどんな関係であるかを示す。
② **接続助詞**…文や文節をいろいろな関係でつなぐ。
③ **副助詞**……文にさまざまな意味を添《そ》える。
④ **終助詞**……文の終わりに付き、気持ちや態度を示す。

2　(1)・(3)体言と同じ働きをする格助詞「の」は、「（の）もの・こと」など**名詞に置き換《か》えることができる**。(4)主語を示す格助詞「の」は、**「が」に置き換えられる**。

3　(1)の「に」は**目的を表す格助詞**。**ウ**は場所を表す格助詞。**ア・イ**は結果を表す格助詞。(2)の「まで」は他の人からも「笑われ」たことを**類推させる意味の副助詞**。ア・ウ・エの「まで」は限度を表す。(3)の「の」は**体言と同じ働きをする格助詞**。**ア・ウ**は連体修飾語《しゅうしょくご》を示す格助詞。**エ**は並立《へいりつ》の関係を示す格助詞。

4　ミス対策▶ 文から助動詞を抜《ぬ》き出すには、まず文を文節に区切り、そこから自立語を取り除き、残った付属語が活用するかどうかを考えるとよい。

5　(1)①「寝《ね》ることができない」と言い換えられるので**イ**「**可能**」。

入試レベル問題　p.124

1　エ

2　ウ

3　ウ

4　エ

5　(1) **連用形**　(2) **連用形**　(3) **未然形**　(4) **終止形**
(5) **仮定形**

6　ア

7　エ

解説

1　格助詞の「から」は、体言（名詞）に付き、その文節が連用修飾《しゅうしょく》語であることを示す働きをする。「できることから」の「から」は、「できること」が「起点」であることを表す連用修飾語であることを示している。同様に、**エ**「終わった人から」の「から」も「終わった人」が「起点」であることを示している。**ア**「新年度から」の「から」は「開始の時点」、

国語 解答と解説

1 活用する自立語

本冊 p.126・127

基礎レベル問題

p.127

1 (1)ア (2)ウ (3)エ (4)イ (5)オ

2 (1)**未然形** (2)**連用形** (3)**連体形** (4)**未然形** (5)**命令形** (6)**連用形** (7)**仮定形** (8)**終止形**

3 (1)イ (2)エ (3)ウ (4)エ

4 (1)①× ②○ (2)①○ ②× (3)①○ ②×

5 (1)**楽しく・連用形** (2)**赤い・連体形** (3)**つらかっ・連用形** (4)**よかろ・未然形** (5)**早けれ・仮定形**

6 (1)**静かに・連用形** (2)**元気でしょ・未然形** (3)**爽やかな・連体形** (4)**朗らかな・連体形**

解説

1 動詞の活用の種類の見分け方を理解しよう。

memo **動詞の活用の種類の見分け方**

①「ない」を付けて、活用語尾《ごび》の変化を見る。

操《あやつ》る →操**ら**(ra)ない…ア段▼**五段活用**

借りる→借**り**(ri)ない…イ段▼**上一段活用**

捨てる→捨**て**(te)ない…エ段▼**下一段活用**

②**カ行変格活用**は「来る」一語。

③**サ行変格活用**は「する」と「〜する」の形の複合動詞。

2 活用形は、下に続く語から判断する。

3 (1)**イ**「述べる」が**下一段活用**。他は五段活用。(2)**エ**「閉じる」が**上一段活用**。他は下一段活用。(3)**ウ**「止まる」が**五段活用**。他は上一段活用。(4)**エ**「受ける」が**下一段活用**。他は上一段活用。

4 ミス対策 補助動詞は、**助詞「て(で)」**のあとに続いている。

5 形容詞の活用は、その活用語尾を正しく捉《とら》えておくことが大切。特に形容詞の連用形は、あとに続く語によって**「かっ・く・う」と三つの形に変化する**ので注意する。

6 形容動詞の活用は、「**だ**」で言い切るものと「**です**」で言い切るものがある。「だ」で言い切る形容動詞の連用形は、あとに続く語によって「**だっ・で・に**」と三つの形に変化するので注意する。

入試レベル問題

p.126

1 **(活用の種類)カ行変格活用 (活用形)連用形**

2 (1)**読む・連体形** (2)**読め・命令形** (3)**読ま・未然形** (4)**読む・終止形** (5)**読め・仮定形** (6)**読み・連用形**

3 (1)**五段活用** (2)**下一段活用** (3)**上一段活用** (4)**サ行変格活用**

4 (1)**読ん** (2)**待っ** (3)**聞い** (4)**咲い** (5)**言っ**

5 (1)**書ける** (2)**走れる** (3)**歌える** (4)**探せる**

6 **(品詞名)形容動詞 (活用形)エ**

7 (1)**来・未然形** (2)**ない・終止形** (3)**爽やかな・連体形** (4)**歌お・未然形**

8 **ア**

解説

1 動詞の活用の種類のうち、五段活用・上一段活用・下一段活用は、「ない」を付けてみて、直前が**ア段の音なら五段活用**、**イ段の音なら上一段活用**、**エ段の音なら下一段活用**と見分ける。**カ行変格活用は「来る」一語**で、**サ行変格活用は「する」と「〜する」という形の複合動詞**。「やっと来|た」の「来」は、**カ行変格活用**で、言い切りの形は「来る」。動詞の場合、「た」が続く活用形は**連用形**。

2 (1)は「とき」という体言に続くので**連体形**。(2)は文の内容から**命令形**で言い切る形がよい。(3)は「ない」に続くので**未然形**。(4)は普通《ふつう》の言い方で言い切るので**終止形**。(5)は「ば」に続くので**仮定形**。(6)は「ます」に続くので**連用形**。

3 ミス対策 (1)五段活用の動詞は、未然形にア段の活用語尾《ごび》とオ段の活用語尾があることに注意する。「う」に続くときには**オ段の活用語尾**に変化する。

4 五段活用の動詞には、連用形の活用語尾に「読ん|で」「待っ|た」「聞い|て」などの**音便形**になるものがある。

5 五段活用の動詞には、「書く」に対する「書ける」のように、可能の意味を含《ふく》む**可能動詞**を対応させ

①